Valerie Kastrup & Christa Kleindienst-Cachay

# Sport unterrichten – (k)ein Traumjob?

## Sportlehrkräfte berichten aus ihrem Berufsalltag

Eine empirische Studie zu
professionsspezifischen Belastungen,
Ressourcen und Bewältigungsstrategien
im Sportlehrerberuf

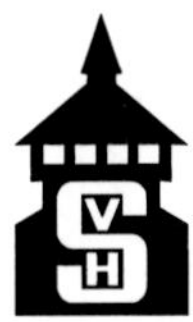

Schneider Verlag Hohengehren

**Umschlaggestaltung:** medienwerkstatt adrion, Bietigheim-Bissingen

**Umschlagfotos:**
Bild unten links: © Microgen – stock.adobe.com
Bild oben links: © Victor Ciobanu – shutterstock.com
Bilder oben rechts und unten links: © Universität Bielefeld,
Abteilung Sportwissenschaft

Gedruckt auf umweltfreundlichem Papier (chlor- und säurefrei hergestellt).

**Bibliografische Information der Deutschen Nationalbibliothek**

Die Deutsche Nationalbibliothek verzeichnet diese Publikation in der Deutschen Nationalbibliografie; detaillierte bibliografische Daten sind im Internet über ›http://dnb.dnb.de‹ abrufbar.

ISBN: 978-3-8340-2153-3

Schneider Verlag Hohengehren, Wilhelmstr. 13,
D-73666 Baltmannsweiler
www.paedagogik.de


Printed in Germany – Druck: Format Druck, Stuttgart

# Inhaltsverzeichnis

**Dank**

Wir möchten uns an dieser Stelle ganz herzlich bei allen Sportlehrerinnen und Sportlehrern, die an unserer Studie teilgenommen haben, dafür bedanken, dass sie sich für unsere Befragungen Zeit genommen und uns Einblick in ihren Berufsalltag und die damit verbundenen Belastungen und Ressourcen gewährt haben! Dank gebührt auch der Unfallkasse Nordrhein-Westfalen für die finanzielle Förderung des Projekts! Ohne diese Unterstützung hätte die umfangreiche Studie nicht durchgeführt werden können.

Außerdem gilt unser Dank den Studierenden Arne Dornseifer, Cornelia Penning, Benedikt Rütter und Maximilian Weitkamp, die in ihren Qualifikationsarbeiten Teilaspekte des Projekts bearbeitet und so wesentlich zum Gelingen beigetragen haben! Dank gebührt auch den Hilfskräften Katharina Blum, Jana Lohre, Esther Mylius, Katrin Neumann, Maria Schulz, Tim Schumacher und Sarah Hallmann für die Aufbereitung und Auswertung der Daten sowie Jan-Friedrich Starck, Ilka Bathge sowie Carla Steinlechner für ihre Hilfe bei der Erstellung des Manuskripts für das vorliegende Buch!

Valerie Kastrup & Christa Kleindienst-Cachay

# TEIL I EINLEITUNG

## 1 Problemstellung und Vorgehensweise

*Problemstellung*

Die schönste Nebensache der Welt: Sport unterrichten. Vormittags ein wenig Fitness, der Nachmittag bleibt zum Müßiggang. Ferien ohne Ende. Keine lästigen Klausurkorrekturen. Einigermaßen motivierte Kinder. Frische Luft im Sommer. Jogginghose bei der Arbeit. Die Rente halbwegs sicher. Kurz: Ein echter Traumjob! Genau dies scheint das Bild zu sein, das die Öffentlichkeit von Sportlehrkräften hat und das sich in Etikettierungen wie „Freizeitlehrer" und „Hobbylehrer" widerspiegelt. Damit wird zum Ausdruck gebracht, dass es dieser Berufsgruppe offensichtlich gelungen ist, ihr Hobby zum Beruf zu machen, und dass diese Lehrkräfte ein Leben lang viel Spaß und wenig Verantwortung haben.

Geht man von einem solchen Bild über Sportlehrer/-innen aus, dann scheint es eigentlich nur konsequent zu überlegen, ob bei diesen Lehrkräften die Relation von Arbeitsleistung und Entlohnung stimmig ist, was zur Schlussfolgerung führen könnte, dass diese Berufsgruppe im Vergleich zu Lehrkräften anderer Fächer zu wenig arbeitet. In diesem Sinne sind Untersuchungen zur Arbeitszeit von Lehrkräften zu sehen, die von Unternehmensberatungen im Auftrag einzelner Landesregierungen (so z. B. 1999 von Mummert & Partner in NRW) durchgeführt wurden. Dabei werden die Unterrichtszeit, die Unterrichtsvor- und -nachbereitung, Belastungen durch Korrekturen, Konferenzen, Klassenlehrertätigkeiten und Klassenfahrten sowie Fort- und Weiterbildungen mit eingerechnet. Ziel solcher Untersuchungen ist es, die durchschnittliche berufsbedingte Arbeitszeit und die Aufgabenstrukturen der Lehrer/-innen verschiedener Fächer zu ermitteln und zu vergleichen, um so Vorschläge zu einer differenzierten Arbeitszeitregelung und einer gerechten Verteilung der Arbeitslasten an den Schulen zu entwickeln.

Das im Zusammenhang mit der vorliegenden Studie interessante Ergebnis der Untersuchung von Mummert und Partner war, dass Lehrkräfte im Fach Sport einen deutlich geringeren Durchschnittsarbeitsaufwand aufwiesen als Lehrkräfte anderer Fächer. Die Folgerung, die daraus abgeleitet wurde und wird, ist – aus der Sicht der Unternehmensberatung – stimmig: Die zu unterrichtenden Stunden der Sportlehrer/-innen müssen aufgestockt werden, um den Arbeitsaufwand an den der Lehrer/-innen anderer Fächer anzugleichen und so Gerechtigkeit im Hinblick auf die Arbeitsbelastung aller Lehrkräfte zu schaffen.

Aber nicht nur von außen, im Auftrag der Politik, wird kritisch auf die Arbeitsleistung von Sportlehrkräften geblickt, auch innerhalb der Lehrerschaft selbst gibt es eine heftige Diskussion über die Arbeitsleistung der Lehrkräfte unterschiedlicher Fächer. So hat die Vereinigung der Korrekturfächer in NRW bereits zwei juristische Verfahren gegen Schulministerien angestrengt, mit dem Ziel, die Pflichtstundenzahl der Lehrer/-innen mit Korrekturfächern gegenüber jenen Kollegen/Kolleginnen, die keine Korrekturfächer unterrichten, also auch den Sportlehrkräften, zu verringern.

Die Diskussion um die Vergleichbarkeit der Arbeitsleistungen von Lehrkräften verschiedener

Schulfächer wird bereits seit längerer Zeit mit unterschiedlicher Intensität geführt, jedoch meist ohne konkrete Folgen. Dies änderte sich aber ab dem Jahr 2003: In Hamburger Schulen wird seither ein neues Arbeitszeitmodell umgesetzt, das für jede Unterrichtsstunde – differenziert nach Fach, Schulform und Klassenstufe – einen bestimmten Zeitwert vorsieht.[1] In diesem Zeitwert soll neben der Unterrichtsstunde mit der Klasse auch der Aufwand für Stundenvorbereitung, Hausaufgabenkontrolle, Klausuren und Notengebung, Klassenlehrertätigkeit etc. mit eingerechnet werden. Für Sportlehrkräfte bedeutet dies, dass sie deutlich mehr Stunden unterrichten müssen als Lehrkräfte sogenannter Korrekturfächer, weil ihr Zeitwert pro gehaltener Stunde niedriger angesetzt wird. Als Variation dieses Modells gibt es in manchen Bundesländern sogenannte Bandbreitenmodelle, mit denen eine gleichmäßige Arbeitsbelastung zu realisieren versucht wird.

Reflektiert man den bislang beschriebenen Sachverhalt, nämlich die Art der Kommunikation über Sportlehrkräfte, die angeordneten Untersuchungen zur Arbeitsbelastung, die Schlussfolgerungen daraus sowie die sich abzeichnenden arbeitszeitrechtlichen Maßnahmen, so scheint eines offenkundig: Sportlehrkräfte erscheinen in der Öffentlichkeit als diejenigen, die es im Vergleich mit anderen Lehrkräften leichter haben, und diesen Vorteil gilt es im Sinne einer „gerechten“ Arbeitsverteilung, z. B. durch Erhöhung ihres Stundendeputats, zu minimieren. Diese Argumentation erscheint zunächst einleuchtend und schlüssig. Demnach müsste sich aber das Fach Sport als Fach mit hohem Attraktivitätsgrad für Lehrer/-innen identifizieren lassen. Denn wer sein Hobby zum Beruf machen kann, indem er/sie Sportwissenschaft im Lehramt studiert, der wird dieses Fach doch möglichst lange und mit möglichst hohem Stundenumfang unterrichten wollen!

Aber genau dies – so zeigt ein Blick in die Realität der Schulen – lässt sich nicht feststellen. Vielmehr ist es eine gängige Praxis, dass viele Sportlehrkräfte mit zunehmendem Alter ihre Stundenzahl im Fach Sport erheblich reduzieren oder sogar vollständig in ihr zweites Fach wechseln. Exakte Zahlen hierfür liegen allerdings bisher noch nicht vor. Aber schon eine Befragung von Garske und Holtz aus dem Jahr 1985 zeigt, dass es das Ziel vieler Sportlehrkräfte ist, in ihrem Lehrauftrag möglichst zu einem Verhältnis von 30% Stunden im Fach Sport, zu 70% im jeweiligen anderen Fach zu gelangen.

In besonderem Maße trifft dieses „Abwahlverhalten“ auf weibliche Sportlehrkräfte zu. Und so beklagen Sportlehrerinnen, dass sie an ihrer Schule kaum noch Fachkolleginnen hätten, weil immer mehr Sportlehrerinnen ihr Deputat im Fach Sport reduzierten oder ganz aufgäben, mit der Folge, dass kompetente Berufskolleginnen zur Diskussion fachspezifischer Probleme fehlten und die Fachkultur Sport an den Schulen mehr und mehr durch männliche Lehrkräfte bestimmt werde. In Baden-Württemberg und Bayern hat die Reduktionsstrategie weiblicher Sportlehrkräfte noch gravierendere Auswirkungen als in anderen Bundesländern, weil dort

---

1 Dieses Modell wurde seit 2003 mehrfach evaluiert, wird vielerorts in Variationen umgesetzt und ist weiterhin in kontroverser Diskussion. Vgl. https://www.buergerschaft-hh.de/parldok/dokument/65301/fuenf_vor_zwoelf_keine_zeit_fuer_bildung_mit_dem_lehrer_innen_arbeitszeitmodell.pdf

dadurch die ordnungsgemäße Erteilung des Sportunterrichts gefährdet ist. In diesen Bundesländern wird nämlich in den Jahrgangsstufen sieben bis elf nicht koedukativ unterrichtet, und es gibt eine Vorschrift, dass Mädchen im Sportunterricht nur von Sportlehrerinnen unterrichtet werden sollen. In dem Maße, in dem nun aber weibliche Sportlehrkräfte fehlen, müssen männliche Lehrer auch im Mädchensport eingesetzt werden, was zu Problemen führt,[2] z. B. aufgrund körperlicher Berührungen bei der Hilfestellung oder der Demonstration von Turnübungen, bei spezifischen Abwehrtechniken in den Sportspielen oder bei Übungen im Inhaltsbereich Ringen und Kämpfen. Zudem ist zu bedenken, dass den Schülerinnen gleichgeschlechtliche Identifikationspersonen im Sport als wirksame Modelle für eine erfolgreiche Sozialisation zum Sport zunehmend fehlen. Langfristig ist zu befürchten, dass es zu geringeren Zahlen weiblicher Sportstudierenden und damit langfristig zu einem Mangel an weiblichen Sportlehrkräften kommen wird.

Bezieht man nun die beiden oben geschilderten Aspekte aufeinander: das Bild, das in der Öffentlichkeit von Sportlehrkräften gezeichnet wird, und das Verhalten von Sportlehrkräften in Bezug auf den Verbleib in ihrem Fach, so zeigt sich eine enorme Differenz zwischen Fremdbeurteilung und der Wahrnehmung der Betroffenen, d.h. der Sportlehrkräfte. Viele von ihnen erfahren die Tätigkeit in ihrem Fach offenbar keinesfalls als die Verwirklichung ihres Hobbys, sondern als eine enorm belastende Aufgabe, der sie mit zunehmendem Alter auszuweichen versuchen.

Angesichts dieser Tatsache sollte gezielt nach den Ursachen gefragt werden: warum steigen so viele Sportlehrer/-innen mit zunehmendem Alter vorzeitig aus dem Fach Sport aus, indem sie entweder ihre Stundenzahl im Fach Sport stark reduzieren oder gar gänzlich in ihr anderes Fach wechseln?[3] Sind hier spezifische Belastungen im Zusammenhang mit dem Unterrichten des Faches Sport verantwortlich zu machen, die im Rahmen der bislang durchgeführten Arbeitszeituntersuchungen nicht genügend in den Blick kommen?

Die *zentrale Forschungsfrage* der vorliegenden Arbeit und empirischen Studie lautet deshalb: Welche Bedingungen im Sportlehrerberuf wirken belastend und können zu einem vorzeitigen Rückzug oder Ausstieg von Sportlehrkräften aus dem Fach Sport führen? Da jedoch der einseitige Blick nur auf die Belastungen im Sportlehrerberuf unter Umständen die Realität nicht angemessen abbilden würde, soll darüber hinaus danach gefragt werden, welche Bedingungen im Sportlehrerberuf entlastend wirken können, bzw. welche Möglichkeiten der Bewältigung belastender Situationen sich den Sportlehrkräften bieten.

Fokussiert man die Frage nach den Gründen des Ausstiegs, dann lassen sich in einem ersten Zugriff folgende Belastungen erkennen:

- Das Unterrichten fordert die Lehrkräfte physisch in besonderem Maße, u. a. durch die

---

2 Der Vorsitzende des Baden-Württembergischen Sportlehrerverbandes weist in einem von uns geführten Experteninterview ausdrücklich auf die Problematik hin, den mono-edukativen Sportunterricht angesichts der geringer werdenden Zahl weiblicher Sportlehrkräfte gemäß der Verordnung durchzuführen. Vielfach unterrichteten männliche Lehrkräfte auch Mädchensportgruppen.

3 Vgl. zu dieser Forderung nach Forschungen zu diesem Phänomen bereits Cachay (2003).

Demonstration von Techniken, durch das Geben von Hilfestellung, durch das ständige Aktivieren der Schüler/-innen zu körperlicher Tätigkeit, durch eigenes „Mitmachen", durch das ständige Stehen, das laute Sprechen oder gar Schreien, verbunden mit einem hohen Geräuschpegel in den Übungsstätten.

- Im Sportunterricht können sich Schüler/-innen häufiger und schwerwiegender verletzen als dies im sonstigen Unterricht der Fall ist, was für die Sportlehrkräfte zu einem erheblichen Aufmerksamkeits- und Verantwortungsdruck führt.
- Der Wechsel vom Klassenzimmer zur Sportstätte und zurück, verbunden mit dem Umkleiden, verringert die Pausenzeiten und erfordert ein striktes Zeitmanagement.
- Das Unterrichten in Sporthallen, insbesondere in Dreifachhallen, erfolgt meist bei hohem Lärmpegel.
- Das Unterrichten in Hallenbädern findet in feuchtwarmer, chlorbelasteter Luft und unter hohem Geräuschpegel statt.
- Der Unterrichtsraum der Sportlehrkräfte ist vielfach nach außen offen und damit der ständigen Beobachtung von außen ausgesetzt.
- Sportlehrkräfte haben aufgrund der hohen Mobilität der Schüler/-innen im Sportunterricht mit größeren organisatorischen und disziplinarischen Problemen zu kämpfen als Lehrkräfte anderer Fächer, in denen die Sitzordnung im Klassenzimmer einen stabilen Ordnungsrahmen vorgibt.
- Der Status des Faches Sport und der Status der Sportlehrkräfte an einer Schule sind im Vergleich zu anderen Fächern und Fachlehrkräften niedriger.
- Die gesellschaftliche Kommunikation über die berufliche Tätigkeit der Sportlehrkräfte ist meist wenig wertschätzend.

Um die Belastungsfaktoren zu ordnen und weitere zu identifizieren, bietet es sich an, auf gängige Einteilungsmuster sozialwissenschaftlicher Forschungen zurückzugreifen. Geeignet scheint es, die Belastungsfaktoren entlang folgender Dimensionen systemischer Strukturebenen zu ordnen: sachlich, räumlich, zeitlich und sozial (vgl. Borggrefe & Cachay, 2010, S. 50f.).

Die oben genannten Belastungen, die sich der *Sachstruktur* des Faches, den *räumlichen und zeitlichen Bedingungen* sowie dem *sozialen Kontext*, in den Sportlehrkräfte eingebunden sind, zuordnen lassen, stellen eine komplexe Anforderungsstruktur dar, die in ihrer Wirkung auf die jeweiligen Personen differenziert untersucht werden muss. Es ist zu prüfen, welche der oben beschriebenen Bedingungen für welche Personen, abhängig von Alter, Geschlecht, Studiengang und Schulform, als besonders belastend empfunden werden. Zugleich ist aber auch nach den Strategien der Bewältigung bzw. den Ressourcen zu fragen, über die Sportlehrkräfte verfügen bzw. verfügen sollten, um daraus Ansätze sowohl für eine strukturelle Verbesserung als auch für eine individuell-subjektive Bewältigung der Situation entwickeln zu können.

Die genannten Belastungen, die in die Anforderungsstruktur des Faches Sport eingehen, gelten zwar prinzipiell für Männer und Frauen gleichermaßen, doch ist zu vermuten, dass Sportlehrerinnen von bestimmten Belastungsfaktoren in besonderem Maße betroffen sind.[4] Daher gilt es, die spezifischen Belastungen für Frauen im Sportlehrerberuf differenziert herauszuarbeiten, was bedeutet, dass die Anforderungsstrukturen der Sportlehrertätigkeit in Bezug auf *geschlechtsspezifische Besonderheiten* gesondert betrachtet werden müssen.

Im Rahmen der Untersuchung ist zu bedenken, dass die verschiedenen Untersuchungsaspekte für Sportlehrkräfte in den verschiedenen Schulformen (Grund-, Haupt-, Real-, Gesamtschule und Gymnasium) eine unterschiedliche Bedeutung haben dürften. Insbesondere die Schülerklientel wird einen entscheidenden Einfluss auf die Belastung der Sportlehrkräfte haben. Hinzu kommt, dass die Lehrer/-innen je nach Schulform unterschiedlich viele Fächer unterrichten müssen. Insofern wird der Einsatz im Fach Sport mehr oder weniger umfangreich ausfallen, was sich wiederum auf die Belastungswahrnehmung der Lehrer/-innen durch die spezifischen Bedingungen im Fach Sport auswirken dürfte.

*Vorgehensweise*

Es erfolgt zunächst im theoretischen Teil der Arbeit (Teil II, Kap.2) eine Darstellung des Forschungsstandes zu Belastungen, zur Bewältigung und zur Berufszufriedenheit von Lehrkräften allgemein und von Sportlehrkräften im Besonderen. Sodann wird in Teil III ein theoretischer Bezugsrahmen zur Beschreibung der gesundheitlichen Belastungen und deren Bewältigung entwickelt (Kap.3). Dabei verlangt die Beantwortung der für die Untersuchung zentralen Fragen nach einem theoretischen Zugriff, der geeignet ist sowohl die spezifischen Belastungsquellen des Sportlehrerberufs als auch die Belastungsbewältigungsmöglichkeiten von Sportlehrkräften in den Blick zu nehmen. Hierfür bietet sich ein theoretisches Modell auf der Grundlage des Belastungs-Bewältigungs-Paradigmas an, wie es im Salutogenesemodell von Antonovsky angelegt ist (1979, 1997). Im Anschluss an die Darstellung dieses Modells wird dann auf dieser Grundlage ein Bezugsrahmen für die nachfolgende empirische Studie entwickelt, in den verschiedene Faktoren, die das Belastungsempfinden von Sportlehrkräften beeinflussen, eingehen, wie z.B. Geschlecht, Alter und Berufserfahrung der Lehrkräfte, ferner strukturelle Bedingungen, wie Schulform, Höhe des Sportstundendeputats sowie sachliche, räumliche, zeitliche und soziale Bedingungen des Unterrichtens (Kap. 4). Auf der Basis dieser theoretischen Überlegungen werden dann die Forschungsfragen, die die nachfolgende empirische Erhebung leiten, präzisiert (Kap. 5).

Die empirische Studie folgt im Teil IV. Es handelt sich um ein zweistufiges empirisches Verfahren, bei dem quantitative und qualitative Verfahren kombiniert werden (Fragebogenuntersuchung gefolgt von problemzentrierten Interviews). Bei der Ergebnisdarstellung werden zunächst die Ergebnisse der quantitativen Studie beschrieben und diskutiert (Kap. 6). Sodann folgen die Ergebnisse der qualitativen Studie (Kap. 7). Dabei erfolgt die Darstellung entlang der theoretisch begründeten Elemente aus dem Belastungs-Bewältigungs-Paradigma und beginnt mit den von den Sportlehrkräften wahrgenommenen Belastungsfaktoren (Kap. 7.3). Die

---

4 Darauf verweisen u.a. die Studien von Schaarschmidt (2005) sowie Kastrup, Dornseifer & Kleindienst-Cachay (2008).

Aussagen der Lehrkräfte zu den verschiedenen Faktoren werden sowohl qualitativ ausgewertet als auch gewichtet und dann in ihren Interferenzen näher beleuchtet. Dem Salutogenesemodell entsprechend wird im Anschluss an die Identifizierung der subjektiv wahrgenommenen Belastungen deren Bedeutung im Hinblick auf gesundheitliche Risiken in den Blick genommen (Kap. 7.4).

Die Kapitel 7.5 und 7.6 gehen dann der Frage nach, über welche arbeitsinhärenten Ressourcen Sportlehrkräfte verfügen. Es geht dabei um positiv wahrgenommene Seiten des Sportlehrerberufs. Darüber hinaus werden die von den befragten Sportlehrkräften angewandten Bewältigungsformen vorgestellt und erörtert (Kap. 7.7). Im Anschluss daran erfolgt eine vergleichende Betrachtung der Ergebnisse zu Belastungen, Ressourcen und Bewältigungsstrategien im Hinblick auf die Faktoren Alter, Geschlecht und Schulform (Kap. 7.8).

Im abschließenden Resümee und Ausblick (Teil V) werden die gewonnenen Erkenntnisse vor dem Hintergrund der leitenden Forschungsfrage nochmals zusammenfassend reflektiert (Kap.8), Anschlussofferten für weitere Forschungen aufgezeigt sowie Vorschläge zur Implementation der Forschungsergebnisse entwickelt (Kap. 9).

# TEIL II FORSCHUNGSSTAND[5]

# 2 Studien zu Belastungen, zur Bewältigung und zur Berufszufriedenheit von Lehrkräften

## 2.1 Zur Belastung und Berufszufriedenheit von Lehrkräften allgemein

Fragt man nach Arbeiten zum vorliegenden Forschungsproblem, so zeigt sich, dass die berufliche Anforderung von Lehrkräften allgemein bereits seit langer Zeit Thema der Forschung ist. So wurden bereits in den 1970er und 1980er Jahren Themen wie Berufszufriedenheit bei Lehrkräften (vgl. Merz, 1979) Ängste von Lehrkräften (vgl. Hackfort & Schwenkmetzger, 1982; Allmer, 1982) und Stress (vgl. Saupe & Möller, 1981) behandelt. Ab den 1990er Jahren erfolgten Forschungen zum sozial-psychologischen Konstrukt des Burnouts im Lehrerberuf (vgl. Barth, 1992; Byrne, 1994; Burisch, 1994; Burke, Greenglass & Schwarzer, 1996; Körner, 2002).[6] Wesentliches Ergebnis dieser letztgenannten Studien ist, dass vor allem überaus engagierte Personen, deren Erwartungen im Lehrberuf nicht vollständig realisierbar sind, vom „Ausbrennen“ betroffen sind. Sowohl in Deutschland als auch in anderen westlichen Ländern zeigen Forschungen, dass die Zahlen zum Burnout-Phänomen im Lehrerberuf alarmierend hoch sind. Laut Körner, die in ihrer Studie mit 975 Gymnasiallehrkräften auf einen Wert von knapp 24 % an Lehrkräften kommt, die hochgradig vom Ausbrennen betroffen sind (vgl. Körner 2002, S. 179), schwanken die Werte, je nach Studie, zwischen 20 % und 30 %, (vgl. Körner 2002, S. 84 ff). Und gemäß der Studie von Poschkamp (2011, S.8) leiden 86% der krankheitsbedingt aus dem Lehrberuf Ausscheidenden am Burnout-Syndrom. Damit haben Lehrer/-innen innerhalb der Sozialberufe das größte Risiko für diese Erkrankung (vgl. Statistisches Bundesamt Deutschland, Pressemitteilung Nr. 434 vom 25.11.2010.)[7]

Die Studien von Wendt (2001) und Böhm-Kasper et al. (2001) befassen sich mit verschiedenen Arten der beruflichen Belastung von Lehrkräften. Wendt (2001), der 1105 Berliner Lehrer/-innen aller Schulformen untersucht hat, beschäftigt sich mit subjektiv erlebten Belastungen, vergleicht hoch und niedrig belastete Lehrkräfte und kommt zu dem Ergebnis, dass die objektiven Anforderungen (z. B. Belastungen durch Schulfächer) offenbar keine hinreichende Erklärung für die Höhe der subjektiven Belastungen liefern, da die von ihm gefundenen subjektiven Belastungsunterschiede zwischen den Schulfächern gering sind. Eine Forschergruppe um Böhm-Kasper (vgl. Böhm-Kasper et al. 2001), die Gymnasiallehrkräfte in unterschiedlichen Bundesländern befragte, kommt hingegen zu dem Ergebnis, dass es sehr wohl Unterschiede gibt, die durch Schulfächer bedingt sind. So erfahren sich Lehrpersonen mit Schwerpunkten im sprachlichen und mathematisch-naturwissenschaftlichen Bereich in Bezug auf die

[5] Die Arbeiten zum Forschungsstand wurden im Jahr 2012 abgeschlossen.

[6] Czerwenka (1996, S. 295) zählt in den Jahren zwischen 1980 und 1990 im deutschsprachigen Raum 75 und in den USA 2496 Publikationen, die sich mit dem Burnout-Phänomen bei Lehrkräften befassen.

[7] Vgl. ähnlich Schaarschmidt & Kieschke, 2007, S. 23f.

Dimension der zeitlichen Beanspruchung deutlich höher belastet als Lehrer/-innen anderer Fächer.

Dauber und Vollstädt (2004) fanden in einer Studie der Universität Kassel, dass schwierige Schüler, große Klassen und hohe Pflichtstundendeputate die hauptsächlichen Belastungsfaktoren für Lehrkräfte darstellen und zu einer Gefährdung der psychischen und physischen Gesundheit führen (vgl. Dauber & Vollstädt, 2004). Die etwas später durchgeführte Studie von Dauber & Döring-Seipel (vgl. Dauber & Döring-Seipel 2010; Döring-Seipel & Dauber 2013) setzte sich das Ziel, die Bedingungen und Ressourcen, die zur Aufrechterhaltung und zum Schutz der Gesundheit von Lehrkräften beitragen, insgesamt zu untersuchen. Dazu wurden Lehrkräfte mit gutem Gesundheitszustand mit solchen, deren Gesundheitszustand schlecht beurteilt wurde, mit einem Fragebogen untersucht und die Ergebnisse verglichen (vgl. Dauber & Döring-Seipel, 2010). Sowohl erkrankte als auch gesunde Lehrer/-innen arbeiten unter vergleichbaren Rahmenbedingungen, aber die subjektive Wahrnehmung und Verarbeitung dieser Bedingungen unterscheidet sich in erheblichem Maße. Während gesunde Lehrer/-innen in ihren beruflichen Anforderungen eine positive Herausforderung sehen, bewerten Lehrkräfte, deren Gesundheitszustand schlecht ist, dieselben Anforderungen als Belastung. Die Verfasser führen dies darauf zurück, dass die gesund bleibenden Lehrkräfte offenbar über mehr persönliche Ressourcen verfügen als die erkrankten und erkrankte Lehrkräfte eher auf problematische Bewältigungsformen, wie z. B. Resignation oder Medikamentenkonsum, zurückgreifen.

Ab 2001 wurden aus der Potsdamer Lehrerstudie um den Persönlichkeitspsychologen Schaarschmidt mehrfach Ergebnisse zum Verhältnis von Belastungen und Beanspruchungsmustern von Lehrkräften publiziert.[8] Anhand einer Fragebogenstudie zeigten sich vier verschiedene, arbeitsbezogene Verhaltens- und Erlebensmuster (AVEM) bei den untersuchten Lehrkräften: Das Muster G ist Ausdruck von Gesundheit, im Muster S drückt sich das Verhältnis gegenüber der Arbeit in Schonung aus, das Risikomuster A entspricht dem Verhalten überhöhten Engagements bei verminderter Widerstandsfähigkeit gegenüber Belastungen sowie negativen Emotionen und das Risikomuster B steht für Burnout, das von Resignation und permanentem Überforderungserleben gekennzeichnet ist.

- Muster G: Hohes berufliches Engagement, ausgeprägte Widerstandsfähigkeit gegenüber Belastungen, positives Lebensgefühl („Gesundheitsideal“)
- Muster S: ausgeprägte Schonungstendenz gegenüber beruflichen Anforderungen
- Risikomuster A: überhöhtes Engagement (Selbstüberforderung), das keine gleichermaßen hohe Entsprechung im Lebensgefühl findet; verminderte Widerstandsfähigkeit gegenüber Belastungen
- Risikomuster B: reduziertes Arbeitsengagement, das mit verminderter Belastbarkeit und negativem Lebensgefühl einhergeht (vgl.Schaarschmidt & Kieschke, 2007, S. 88)

Festzuhalten ist, dass Schaarschmidt in keiner anderen als hoch belastet einzustufenden Be-

8 Vgl. Schaarschmidt (2004); Schaarschmidt & Kieschke (2007).

rufsgruppe einen derart hohen Anteil an gesundheitlich problematischen Mustern gefunden hat wie bei Lehrkräften. Dies weist auf ein erhebliches Maß an Gesundheitsgefährdung im Lehrerberuf hin (vgl. Abbildung 1):

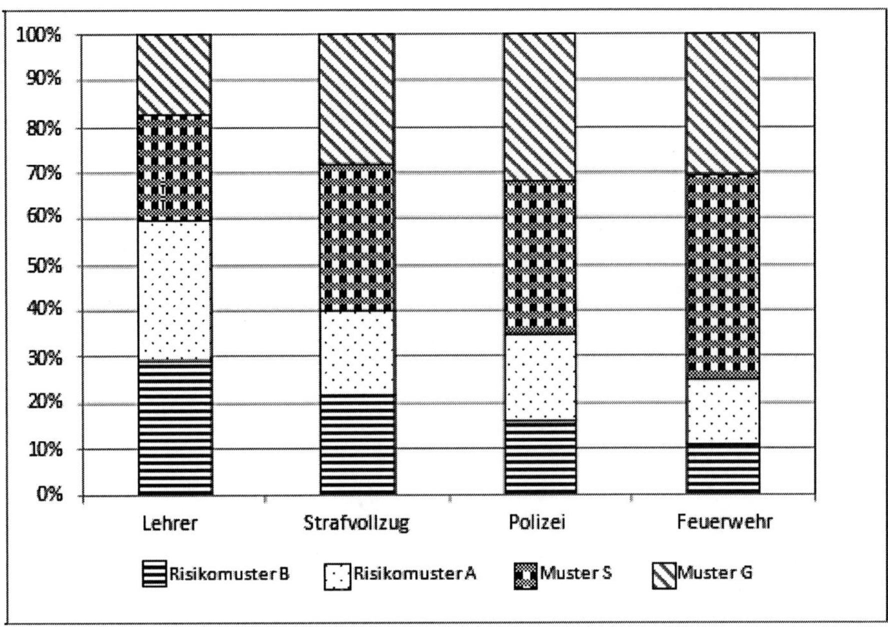


Abbildung 1: Die Bewältigungsmuster im Berufsvergleich (Schaarschmidt & Kieschke, 2007, S. 90)

Wie aus Abbildung 1 ersichtlich, zeigen 59% der befragten Lehrkräfte ein risikoreiches Belastungs- und Bewältigungserleben (Risikomuster A und B). Diese Lehrkräfte leiden unter Selbstüberforderung, Resignation und herabgesetzter Widerstandsfähigkeit sowie negativen Emotionen, was sich nachteilig auf ihr psychisches und physisches Befinden auswirkt. Die beiden in der Tabelle aufgeführten Risikomuster A und B treten am häufigsten bei Lehrkräften an Grundschulen und Gymnasien auf, aber das gefährlichste Muster B ist bei Hauptschullehrkräften weit verbreitet. Die am meisten belastenden schulischen Arbeitsbedingungen bestehen aus drei Faktoren: Verhalten schwieriger Schüler/-innen, Klassenstärke und unterrichtete Stundenzahl. Der Anteil des wünschenswerten G-Musters ist bei Lehrkräften dagegen sehr gering (17%) (vgl. Schaarschmidt & Kieschke, 2007, S. 89f.). Als wichtige entlastende und die Belastungsfaktoren abpuffernde Bedingung wird das Erleben sozialer Unterstützung, vor allem durch die Schulleitung, genannt (vgl. Schaarschmidt, 2005, S. 136).

Die Forschungsgruppe stellt darüber hinaus fest, dass das Geschlecht einen entscheidenden Einfluss auf die Beanspruchungssituation der Lehrkräfte hat, und zwar zuungunsten der weiblichen Lehrkräfte: deren Widerstandsfähigkeit gegenüber Belastungen sei generell niedriger einzustufen, was Schaarschmidt zum einen auf das im Vergleich zu den männlichen Kollegen stärkere emotionale Engagement von Lehrerinnen zurückführt, zum anderen auf die außerberuflich höheren Anforderungen (v. a. durch familiale Pflichten). Letztere erschweren die Regenerierung und vermindern die Belastbarkeit (vgl. Schaarschmidt, 2005, S. 136). In Bezug auf die Variable Alter stellt die Forschergruppe fest, dass bereits Lehramtsstudierende und Referendare hohe Anteile im Risikomuster B (25%) und noch höhere im Muster „Schonung" (31%) zu verzeichnen haben. Auch verstärke sich die Beanspruchung über die Berufsjahre hinweg noch weiter (vgl. Schaarschmidt, 2005, S. 136).

Aus den Ergebnissen über Lehrkräfte aller Fächer hinweg leitet Schaarschmidt die Forderung ab, dass man bestimmte Rahmenbedingungen des Lehrerberufs verändern müsse, wie z. B. Klassengröße und Unterrichtstundenzahl, aber auch bestimmte Arbeitsbedingungen vor Ort, insbesondere solche, die das soziale Klima betreffen. Dringend erforderlich sei es, den Lehrernachwuchs schon im Studium besser auf die beruflichen Anforderungen vorzubereiten, sodass die Lehrkräfte später in der Lage sind, die Beanspruchungen besser zu bewältigen (vgl. Schaarschmidt, 2005, S. 138 ff.).

Was die Pensionierungsgründe von Lehrkräften betrifft, so ist der Anteil von Lehrkräften, die Dienstunfähigkeit als Grund für die Pensionierung angeben, im Jahr 2009 mit 22% höher als in allen anderen Bereichen des öffentlichen Dienstes. Dort liegt der Anteil der Dienstunfähigen mit 17% deutlich niedriger (vgl. Statistisches Bundesamt Deutschland, Pressemitteilung Nr. 434 vom 25.11.2010). Zu einer vorzeitigen Dienstunfähigkeit von Lehrkräften führen mit einem Anteil von 52% psychische und psychosomatische Leiden (vgl. Jehle & Schmitz, 2007, S. 178ff.). Allerdings ist in diesem Zusammenhang darauf hinzuweisen, dass die Quote der Dienstunfähigkeit bei Lehrkräften im Jahr 2010 auf dem tiefsten Stand seit der statistischen Datenerfassung im Jahr 1993 war: Noch im Jahr 2000 erfolgten 64% aller Pensionierungen von Lehrkräften aufgrund von Berufsunfähigkeit (vgl. Statistisches Bundesamt Deutschland, Pressemitteilung Nr. 434 vom 25.11.2010 sowie Pressemitteilung Nr. 042 vom 05.02.2008). Der seither sukzessive abnehmende Trend dürfte im Wesentlichen auf die im Jahr 2001 eingeführten Abschläge bei der Altersversorgung aufgrund berufsunfähigkeitsbedingter Pensionierung vor Vollendung des 63. Lebensjahres zurückzuführen sein. Hinzu kommt die zunehmende Inanspruchnahme der Altersteilzeitregelung durch die Beschäftigten. Diese ermöglicht ein vorzeitiges Ausscheiden aus dem aktiven Berufsleben vor dem offiziellen Ende der Dienstzeit mit dem 65. Lebensjahr, ohne dass Abschläge fällig werden. Insofern dürfte es sich nur scheinbar um reduzierte Berufsunfähigkeitsquoten handeln. Laut Gehrmann (2007, S. 196) könnte man neben der Begründung durch die Altersteilzeit aber auch folgende Schlussfolgerungen ziehen, nämlich, dass sich dienstunfähige Lehrer/-innen den vorzeitigen Berufsausstieg finanziell nicht mehr leisten können bzw. dass es seit einiger Zeit schwieriger geworden ist, ein ärztliches Gutachten zu erhalten, das die Dienstunfähigkeit attestiert. Empirische Daten zu den konkreten Ursachen des beobachtbaren Rückgangs liegen bislang allerdings nicht vor.

Mit den individuell verschiedenen Umgangsweisen der Lehrkräfte mit beruflichen Belastungen beschäftigen sich insgesamt nur wenige Arbeiten. Sieland (2007) richtet sich mit einem theoretischen Beitrag zum Thema Belastungsbewältigung an Lehrkräfte, Schulleitungen und an für die Arbeitsbedingungen der Lehrkräfte verantwortliche Personen in der Bildungspolitik und -verwaltung und stellt das sogenannte „Lüneburger Modell" zur Entwicklungs- und Belastungsregulation vor, das an verschiedenen Schulen als Präventionsmodell versuchsweise eingeführt wurde. In diesem Modell wird von der Annahme ausgegangen, dass sich Lehrkräfte für die Entwicklung der Qualität ihrer Leistungen und für die Prozesse und Strukturen, die ihre Leistung und ihr Wohlbefinden garantieren, selbst verantwortlich fühlen müssen. Sie sollten sich daher in diesen Bereichen engagieren, um selbst zur Belastungsregulierung beizutragen (vgl. Sieland, 2007, S. 220). Das Ziel des Verfassers ist es, Arbeits- und Lernbedingungen zu schaffen, „die sowohl eine effiziente Erreichung der Organisationsziele als auch eine Erfüllung der individuellen Bedürfnisse und Ziele ermöglichen“ (Sieland, 2007, S. 211). Die Wirkungsweise des Modells bezieht sich auf zwei Bereiche: zum einen werden unterstützende Strukturen und Prozesse im Lehrerberuf aufgezeigt. Zum anderen wird an den Lehrkräften angesetzt, indem diese „Methodenkompetenzen zur Entwicklungs- und Belastungsregulation sowie Inhaltskompetenzen gemäß ihrer individuellen Entwicklungsziele erwerben“ (Sieland, 2007, S. 225).

Zu Bewältigungsformen gibt die Studie von Herzog (2007) Aufschluss, deren zentrales Interesse in der Erforschung von Bewältigungsprozessen und der Erfassung von deren Wirksamkeit bei Lehrkräften besteht. Der Autor trifft hinsichtlich der Bewältigungsmöglichkeiten eine Unterscheidung zwischen reaktiven und proaktiven Bewältigungsformen. *Reaktive Bewältigungsformen* beziehen sich auf Beanspruchungssituationen, die vom Individuum als negativ wahrgenommen werden. Diese reaktiven Formen wurden von Herzog bei denjenigen Personen festgestellt, die konkrete Maßnahmen ergriffen haben, um in ihrer Situation besser zurecht zu kommen. Bei den in die Untersuchung einbezogenen Personen zeigt sich ein Spektrum von 15 angewandten Bewältigungsformen, von evasiver Bewältigung über Ablenkung bis hin zum Aufsuchen von professioneller Hilfe. Hinsichtlich der Wirksamkeit dieser Bewältigungsformen ist festzuhalten, dass misslungenes Coping in hohem Maße mit niedrigen Selbstwirksamkeitserwartungen und fehlender bzw. wirkungsloser sozialer Unterstützung einhergeht. Erfolgreiches Coping hingegen ist abhängig von den Bewältigungsressourcen, beispielsweise von einer als hilfreich empfundenen Unterstützung (vgl. Herzog, 2007, S. 249ff.). *Proaktive Bewältigungsformen* werden im Unterschied zu den reaktiven von Personen angewandt, die die Beanspruchungssituationen als positiv oder neutral wahrnehmen. Nach induktiver Kategorienbildung ergaben sich in Herzogs Studie 16 Bewältigungsformen, die sich hauptsächlich auf Ausgleichshandlungen wie Sport, Bewegung in der Natur sowie Geselligkeit, Weiterbildung, Erholung und Entspannung beziehen. Die Wirksamkeit der proaktiven Formen wird von den Probanden als sehr hoch eingeschätzt. Dies gilt weitgehend gleichermaßen für beide Geschlechter. In Bezug auf die Nachhaltigkeit der Intervention zeigten die Auswertungen, dass 88 % der Probanden bis zu fünf Jahre nach der Beanspruchungssituation keine beruflichen Tiefs hatten. Herzog folgert daraus, dass die von ihm erhobenen proaktiven Bewältigungsformen auch mittelfristig wirksam sind (vgl. Herzog, 2007, S. 265ff.).

Die Berufszufriedenheit wird als wesentliche Ressource bei beruflichen Belastungen erachtet. Der Frage, in welchem Maß dies der Fall ist, geht Bieri (2002) in Bezug auf den Lehrerberuf nach. Insgesamt sind es acht Faktoren, die nach Bieri die Berufszufriedenheit von Lehrpersonen determinieren:

1. Arbeitsinhalt (Lernmöglichkeiten, Abwechslung, Gestaltungsfreiheit etc.)
2. Kollegium (Klima, Unterstützung, Anerkennung, Zusammenarbeit etc.)

3. Schüler/-innen (Motivation, Disziplin, Gewalt, fremdkulturelle Schüler/-innen, problembeladene, schwierige Schüler/-innen etc.)
4. Lehrkraft als Person (Selbstbild, Motivation, Routine, Alter, Gesundheit etc.)
5. Organisatorische Aspekte (Bezahlung, Arbeitszeitregelung, Lehrmittel, Ausstattung der Schule etc.)
6. Berufslaufbahnbezogene Gesichtspunkte (Aufstiegsmöglichkeiten, Stellenwechsel, Unterbrechungen der Berufslaufbahn, Distanz zum Beruf, mangelnde Perspektiven etc.)
7. Schule und Gesellschaft (Image des Lehrberufs, Entwicklung des Schulwesens, Behörden, Schulpolitik, Eltern der Schüler/-innen, Schulaufsicht etc.)
8. Stellensituation im Hinblick auf den privaten Bereich (Arbeitsweg, Konzentration auf Familienarbeit, Familie, Partner/-in, Wohngelegenheit etc.)

Diese Bestimmungsgrößen der Berufszufriedenheit umfassen den Arbeitsinhalt, die Arbeitsbedingungen und den sozialen Kontext als wesentliche Bedingungen für die berufliche Zufriedenheit von Lehrkräften. Bieri benennt die Anerkennung durch die Schüler/-innen, die Möglichkeit Neues auszuprobieren, Erfolge in der Unterrichtsarbeit, schulischer Einsatz gemäß den eigenen Wünschen, eigene fachliche und erzieherische Sicherheit, Anerkennung durch die Kollegen/Kolleginnen sowie eine gewisse Konstanz der Arbeitsbedingungen. Die Faktoren „Erfüllung" und „Erfolg in der unterrichtlichen und erzieherischen Arbeit" erhielten die höchsten Zustimmungswerte und sind demnach als sehr wichtige Ressourcen für Lehrpersonen zu erachten.

Bieri konnte empirisch nachweisen, dass Lehrkräfte, die über emotionale Unterstützung berichteten, in vergleichsweise geringerem Maße durch gesundheitliche Probleme beeinträchtigt sind (vgl. Bieri, 2002, S. 98). Darüber hinaus zeigte sich, dass Lehrkräfte, die eine emotionale und informelle Unterstützung der Schulleitung erfahren, mit ihrer Arbeit zufriedener sind als Lehrkräfte, denen eine derartige Unterstützung wenig oder gar nicht zuteilwird.

## 2.2 Studien zur Belastung von Sportlehrkräften

Blickt man auf die Forschungslage zur Belastung von Lehrkräften im Fach Sport, so finden sich überwiegend quantitative Studien, die die zentralen Belastungsfaktoren der Sportlehrertätigkeit über Fragebogenuntersuchungen zu identifizieren versuchen.

Im Folgenden werden zunächst die Fragebogenstudien von Heim und Klimek (1999), Miethling und Brand (2004) sowie König (2004), die für die sportwissenschaftliche Forschung als zentral einzustufen sind, vorgestellt. Diese Studien beschäftigen sich mit den wesentlichen Belastungsmomenten des Sportlehrerberufs. Daran anschließend wird noch über einige kleinere Studien zur Berufsbelastung von Sportlehrkräften berichtet, die sich mit Einzelaspekten beschäftigen (Kapitel 2.2.2).

### 2.2.1 Ergebnisse aus Fragebogenstudien zur Sportlehrerbelastung

Mit Fragen der beruflichen Belastung speziell von Sportlehrkräften haben sich schwerpunktmäßig drei größere quantitative sportwissenschaftliche Arbeiten befasst, und zwar die Studien von Heim und Klimek (1999), von Miethling und Brand (2004) und von König (2004). Dabei wurden Lehrkräfte verschiedener Schularten und in verschiedenen berufsbiografischen Stadien untersucht.

Heim und Klimek (1999) setzten sich das Ziel, die Zusammenhänge, die zwischen Belastungsfaktoren und verschiedenen Faktoren des Burnout-Syndroms bestehen, aufklären. Im Rahmen ihrer Studie befragten sie 203 Sportlehrerinnen (56,1%) und Sportlehrer (43,9%) aus Brandenburg und West-Berlin. Fast die Hälfte der Befragten war an einer West-Berliner Schule tätig, ein Drittel in einer brandenburgischen Stadt und ein Fünftel im ländlichen Raum Brandenburgs. Während jeweils 40% der Probanden an Grundschulen und Gymnasien unterrichteten, waren Sportlehrkräfte der Gesamtschule zu 20% vertreten. 55% der befragten Sportlehrkräfte besetzten zum Zeitpunkt der Befragung eine Vollzeitstelle, 42,6% eine Teilzeitstelle, und 2,5% befanden sich im Vorbereitungsdienst. Das Durchschnittsalter der Befragten betrug 43,5 Jahre (vgl. Heim & Klimek, 1999, S. 39). Folgende sechs Belastungsdimensionen wurden in die Untersuchung einbezogen: 1. Disziplinprobleme, 2. inadäquate räumliche und materielle Bedingungen, 3. Motivations- und Benotungsprobleme, 4. unangemessene curriculare Vorgaben, 5. Probleme in der Interaktion mit Kollegen/Kolleginnen und 6. körperliche Beanspruchung (vgl. Heim & Klimek, 1999, S. 39). Anhand dieser Belastungsdimensionen konzipieren Heim und Klimek einen sechsfaktoriellen Fragebogen mit 23 einzelnen Items, die die Sportlehrkräfte auf einer Skala von 1 (=nie) bis 6 (=ständig) bewerten mussten. Den höchsten Mittelwert erhielt das Item „inadäquate räumliche und materielle Bedingungen", gefolgt von unangemessenen curricularen Vorgaben. Motivations- und Benotungsprobleme stellten sich in geringerem Maße als Belastungsfaktoren dar (vgl. Tab. 1).

| **Belastungsfaktoren** | **Mittelwert** |
|---|---|
| inadäquate räumliche und materielle Bedingungen | 3,19 |
| unangemessene curriculare Vorgaben | 3,02 |
| Probleme in der Interaktion mit Kollegen/Kolleginnen | 2,86 |
| körperliche Beanspruchung | 2,80 |
| Disziplinprobleme | 2,51 |
| Motivations- und Benotungsprobleme | 2,06 |

Tabelle 1: Belastungsfaktoren und deren Mittelwerte (vgl. Heim & Klimek, 1999, S. 41)

Darüber hinaus wurde der Zusammenhang zwischen den einzelnen Belastungsdimensionen und vier Faktoren von Stressreaktionsformen ermittelt. Dazu wurden folgende Items gewählt: 1) emotionale Erschöpfung (ein Gefühl von Überforderung), 2) reduzierte persönliche Leistungsfähigkeit, die sich in verringerten Erfolgszuschreibungen und Unzufriedenheit im Beruf oder in einem verringerten Selbstwertgefühl ausdrückt, 3) Depersonalisierung (hierunter verstehen die Autoren, dass das Verhältnis zu den Schülern und Schülerinnen auf Unverständnis basiert und sich deshalb die eigene Lehrerpersönlichkeit nicht vollständig entwickeln kann) sowie 4) psychosomatische Beschwerden (vgl. Heim & Klimek, 1999, S. 42). Es zeigte sich, dass signifikante Zusammenhänge zwischen den Belastungsfaktoren und den Auftretenshäufigkeiten der Stressreaktionsformen bestehen (vgl. Heim & Klimek, 1999, S. 42). Den Interaktionsschwierigkeiten zwischen Lehrkräften und Schülern/Schülerinnen kommt dabei eine besonders große Bedeutung zu: Zum einen sind signifikante Zusammenhänge zwischen Motivations- und Benotungsproblemen und verschiedenen Stressreaktionsformen zu erkennen. Die fehlende Motivation der Schüler/-innen führt offenbar zu psychosomatischen Beschwerden (vgl. Heim & Klimek, 1999, S. 42). Zum anderen können Interaktionen mit den Kollegen/Kolleginnen sowie als unangemessen empfundene curriculare Vorgaben Stressreaktionen hervorrufen. Angelehnt an diese Studie von Heim und Klimek (1999) führten Miethling und Brand 2004 eine weitere Fragebogenuntersuchung, und zwar mit Berufsanfängern an Gymnasien im 2. bis 4. Berufsjahr (nach dem Referendariat) durch. Es nahmen 152 Sportlehrer/-innen teil (vgl. Miethling & Brand, 2004, S. 55f.). Die Autoren untersuchten neben den Belastungsursachen auch die psychischen Widerstandsressourcen. Das Untersuchungsdesign war zweistufig angelegt: Im ersten Teil sollten die Probanden in einem Fragebogen die von Heim und Klimek aufgestellten sechs Belastungsdimensionen anhand einer sechsstufigen Skala beurteilen. Im zweiten Teil wurde auf das Instrument des AVEM-Fragebogens von Schaarschmidt zurückgegriffen, um die psychischen Widerstandsressourcen zu erfassen. Es zeigte sich, dass die curricularen Vorgaben, die Interaktion mit den Kollegen/Kolleginnen und die räumlichen Bedingungen den jungen Sportlehrkräften die meisten Probleme, die Motivation und die Benotung hingegen kaum Probleme bereiten (vgl. Tab. 2). Diese Studie fußt auf einer früheren Studie von Miethling (1986), in der er mittels einer qualitativ-empirischen Längsschnittstudie mit zwölf Sportlehrkräften die ersten Berufsjahre von Sportlehrkräften untersucht hat und zu dem Ergebnis kam, dass die ersten vier Berufsjahre von größeren Orientierungsschwierigkeiten und Belastungen geprägt sind als das gesamte spätere Berufsleben (vgl. Miethling, 1986; vgl. auch Miethling & Brand, 2004, S. 52). Hinter dieser Belastungswahrnehmung von Sportlehrkräften sah Miethling vielfältige innere Konflikte, die aus verschiedenen Orientierungen, die man als Lehrkraft miteinander vereinbaren muss, resultieren, nämlich der selbstbezogenen, schülerbezogenen, sportbezogenen und institutionellen Orientierung (vgl. Miethling, 1989, S. 35).

| **Belastungsfaktoren** | Mittelwert |
|---|---|
| unangemessene curriculare Vorgaben | 3,60 |
| Probleme in der Interaktion mit Kollegen/Kolleginnen | 3,04 |
| inadäquate räumliche und materielle Bedingungen | 2,56 |
| körperliche Beanspruchung | 2,46 |
| Disziplinprobleme | 2,41 |
| Motivations- und Benotungsprobleme | 2,06 |

Tabelle 2: Belastungsfaktoren und deren Mittelwerte (vgl. Miethling & Brand, 2004, S. 60)

Weiterhin konnten Miethling und Brand einen signifikanten Zusammenhang zwischen dem Stress-Erleben und spezifischen psychischen Ressourcen (Fähigkeit zur offenen Problembewältigung, Distanzierungsfähigkeit und allgemeinen Lebenszufriedenheit) feststellen (vgl. Miethling & Brand, 2004, S. 65).

Stellt man nun die Ergebnisse der Studien von Miethling und Brand einerseits und Heim und Klimek andererseits einander gegenüber, so zeigt sich, dass die Häufigkeit der Nennungen einzelner Belastungsfaktoren höchst unterschiedlich ist (vgl. Tab. 3):

| Belastungsfaktoren | Heim & Klimek | Miethling & Brand |
|---|---|---|
| Rahmenbedingungen/ räumliche und materielle Bedingungen | **3,19** | 2,56 |
| unangemessene curriculare Vorgaben | 3,02 | **3,60** |
| Probleme in der Interaktion mit Kollegen/Kolleginnen | 2,86 | 3,04 |
| körperliche Beanspruchung | 2,80 | 2,46 |
| Disziplinprobleme | 2,51 | 2,41 |
| Motivations- und Benotungsprobleme | 2,06 | 2,06 |

Tabelle 3: Vergleich der Mittelwerte der Belastungsfaktoren der Untersuchungen von Heim & Klimek sowie Miethling & Brand

Während die inadäquaten räumlichen und materiellen Bedingungen bei Heim und Klimek (1999) am häufigsten als Belastungsfaktor genannt werden, stellt sich dieser Faktor in der Studie von Miethling und Brand (2004) als weniger zentral dar.[9] Den höchsten Mittelwert erzielen die unangemessenen curricularen Vorgaben bei Miethling und Brand (2004) mit 3,60, die bei Heim und Klimek (1999) von den Probanden seltener genannt werden. Offensichtlich fühlen sich Berufsanfänger/innen eher durch Lehrplanvorgaben belastet, die länger praktizierenden Lehrkräfte jedoch durch die räumlichen und materiellen Rahmenbedingungen.

„Disziplinprobleme“ sowie „Motivationsprobleme“ werden in beiden Studien nahezu gleich oft als belastende Faktoren der Berufstätigkeit genannt.

In einer weiteren quantitativen Studie zur Sportlehrerbelastung ging König (2004) der Frage nach, was Sportlehrer/-innen als belastende Faktoren ihrer Tätigkeit wahrnehmen und welche Aspekte sie in welcher Intensität belasten. Hierzu griff König nicht auf den von Heim und Klimek vorgelegten Fragebogen zurück, sondern erstellte ein eigenes Kategoriensystem. Für seine Überprüfung wählte er ein zweistufiges Verfahren: Bei der ersten Datenerhebung wurden zwölf Studierende eines Projektseminars einer pädagogischen Hochschule in ihrer Tätigkeit als Unterrichtende mit offenen Fragen konfrontiert, die sie in Form von Tagebucheintragungen beantworten mussten.

Im Rahmen der inhaltsanalytischen Auswertung wurde folgendes Kategoriensystem mit 14 Kategorien entwickelt, das anschließend für die quantitative Überprüfung genutzt wurde (vgl. Tab. 4).

---

9 Auch unter den im Rahmen der SPRINT-Studie befragten Sportlehrkräften sind inadäquate räumliche Bedingungen ein eher selten genannter Belastungsfaktor. Allerdings berichten dort immerhin 10-25% der Lehrkräfte, je nach Schulart, von kleinen, schlecht ausgestatteten und unfreundlichen Sportstätten, die das Unterrichten beeinträchtigen (vgl. Oesterreich, 2008, S. 284).

| Kategorie | Subkategorie |
|---|---|
| **Dauerkonzentrationsanspannung** | Einhaltung des geplanten Unterrichtsverlaufes |
| | Beaufsichtigung der Schüler/-innen |
| **Organisationsnotwendigkeit** | Organisatorische Vorleistungen |
| | Organisatorische Regelungen |
| **Motivation der SuS zum Schulsport** | Motivierung der Schüler/-innen bei bestimmten Unterrichtsinhalten |
| | Der SU ist im Gesamtstundenplan ungünstig platziert |
| | ethnische/ geschlechtsspezifische Probleme |
| | Lehrermotivation |
| **Aufnahme, Analyse und Regelung von Konfliktfällen** | Verhaltensprobleme der SuS |
| | Disziplinprobleme |
| **Rahmenbedingungen** | Stunden-Kontext |
| | allgemeine Rahmenbedingungen |
| **Vermittlung** | kritische Unterrichtssituationen |
| | Abweichungen vom geplanten Unterrichtsverlauf |

Tabelle 4: Das Kategoriensystem nach König (2004, S. 159)

Der erste Teil der Studie, also jener mit den Studierenden in der Schulpraxisphase, zeigt, dass die Einhaltung des geplanten Unterrichtsverlaufes, die Verhaltensprobleme mit Schülern und Schülerinnen sowie andere kritische Unterrichtssituationen die größten Belastungsmomente für diese Probanden darstellt. Dieses Ergebnis dürfte bei den untersuchten Probanden nicht weiter verwunderlich sein.

Im zweiten Teil der Untersuchung wurde das entwickelte Kategoriensystem über eine standardisierte Befragung validiert. 96 Sportlehrer/-innen aus zwei verschiedenen Städten und aus verschiedenen Schulformen bewerteten die Kategorien auf einer Skala von 1 (= nicht belastend) bis 6 (= sehr belastend) (vgl. König, 2004, S. 156f.). Durch die Auswertung der Ergebnisse entstand folgende Rangfolge der Kategorien bezüglich der Belastungsintensität (vgl. Tab. 5):

| Belastungsfaktoren | Mittelwert |
|---|---|
| Aufnahme, Analyse und Regelung von Konfliktfällen | 3,35 |
| Rahmenbedingungen | 2,70 |
| Motivation zum Schulsport | 2,68 |
| Vermittlung | 2,60 |
| Dauerkonzentrationsanspannung | 2,35 |
| Organisationsnotwendigkeit | 2,35 |

Tabelle 5: Belastungsfaktoren und deren Mittelwerte (vgl. König, 2004, S. 161)

König (2004) bilanziert, dass die Interaktion mit Schülern und Schülerinnen, wozu Disziplinprobleme, Konflikte sowie Unruhe und Motivationsprobleme gehören, das größte Belastungspotenzial darstellt. Dieses Ergebnis ist allerdings, bezogen auf Lehrkräfte insgesamt, als erwartbar einzuschätzen.

In der Studie konnten keine Unterschiede zwischen männlichen und weiblichen Sportlehrkräften in Bezug auf die Wahrnehmung einzelner Belastungsschwerpunkte gefunden werden. Darüber hinaus nehmen Sportlehrkräfte der verschiedenen Schularten Belastungsfaktoren in unterschiedlichem Maße wahr: So werden z. B. Konflikte und Disziplinprobleme der Schüler/-innen von Gymnasiallehrkräften etwas weniger häufig genannt als von Real- und Hauptschullehrkräften (vgl. König, 2004, S. 160f.).

### 2.2.2 Ergebnisse weiterer Studien zur Sportlehrerbelastung

Versucht man, die vielfältigen Belastungsfaktoren unter Hinzunahme weiterer Studien zu ordnen, dann gelangt man, unter Hinzuziehung von systematischen Strukturebenen, zu folgender Einteilung:

1) Sachstruktur des Faches,

2) sozialer Kontext,

3) räumlich-zeitliche Bedingungen.

Es gibt eine ganze Reihe von Belastungen, die sich aus der besonderen *Sachstruktur* des Faches ergeben. In diesem Zusammenhang sind Aspekte zu nennen wie z. B. das Treffen von *Sicherheitsvorkehrungen* beim Sport und das Geben von *Hilfestellung* (vgl. Miethling, 2002; 2003), die *Eigenrealisation* sportmotorischer Bewegungen bzw. das *Demonstrieren des Lehrziels* (vgl. Miethling, 2003), was auch zu körperlichen Belastungen vor allem für ältere Sportlehrkräfte führen kann (vgl. Garske & Holtz, 1985; Heim & Gerlach, 1998). Hinzu kommt die *Angst vor Verletzungen* der Schüler/-innen und die hohe Verantwortung, die aus der umfassenden *Aufsichtspflicht*, insbesondere im Schwimmbad, resultiert (vgl. Garske & Holtz, 1985; Fejgin et al., 1995; König, 2004); ferner der *Auf- und Abbau von Gerätearrangements*, der unter Umständen schon vor Beginn des Unterrichts stattfinden muss und maßgeblich zu körperlicher Beanspruchung beiträgt (Heim & Klimek, 1999; Miethling, 2003).

Darüber hinaus werden auf der *sozialen* Ebene *Disziplinprobleme* und *Unterrichtsstörungen* genannt, die offenbar im Sportunterricht häufiger auftretend wahrgenommen werden als im Klassenunterricht (vgl. Heim & Kilmek, 1999; Rohnstock, 2000 König, 2004; Miethling & Brand, 2004). Hierzu gehört die immer wieder notwendige *Ermahnung* der Schüler/-innen zur Ruhe und Ordnung innerhalb des Sportunterrichts. In diesem Zusammenhang ist auch die *Größe der Lerngruppe* als Belastungsfaktor zu nennen, die von vielen der im Rahmen der SPRINT-Studie (vgl. Deutscher Sportbund, 2006) befragten Sportlehrkräfte als belastend bezeichnet wird. Insgesamt stufen 40% der Befragten, darunter insbesondere Lehrkräfte von Gesamtschulen, große Lerngruppen als einschränkend für die Unterrichtsqualität ein (vgl. Oesterreich, 2008, S. 284). Zu Interaktionsschwierigkeiten zwischen Lehrkräften und Schülern/Schülerinnen zählen auch die *Verweigerung der Mitarbeit und* die *Passivität* der Schüler/-innen, was dazu führt, dass die Lehrkraft die Schüler/-innen ständig zum Bewegen motivieren muss. Dies ist in vielen Untersuchungen der Hauptgrund für hohes Belastungsempfinden (vgl. Franke et al., 1984; Miethling, 1989, 2003; Fejgin et al., 1995; Heim & Klimek, 1999). Von Sportlehrkräften werden im Zusammenhang mit belastenden Tätigkeiten bei der Klassenführung auch die häufig vorkommenden Abwertungen und Diskriminierungen der Schüler/-innen untereinander ins Feld geführt, mit denen Lehrer/-innen ständig steuernd umzugehen haben (vgl. Miethling, 2003), wie z. B. das Hänseln oder sogar Demütigen übergewichtiger oder motorisch ungeschickter Schüler/-innen sowie die Abwertung der Mädchen durch die Jungen.

Zu den Belastungen durch den sozialen Kontext gehört auch die geringe gesellschaftliche Anerkennung der Arbeit der Sportlehrkräfte im Vergleich zu Lehrkräften insgesamt. So klagen Sportlehrkräfte über „*mangelnde Achtung*" im Lehrerkollegium und in der Öffentlichkeit sowie bei den Schülern und Schülerinnen (vgl. Franke et al. 1984; Miethling 1986, 2002; Miethling & Brand, 2004, S. 53) und Sportlehrkräfte selbst schätzen ihren beruflichen Status im Vergleich zu Lehrkräften anderer Fächer geringer ein (vgl. Volkamer, 1972; Baur, 1982).[10]

Ein weiterer Bereich betrifft die räumlichen und zeitlichen Bedingungen, unter denen Sportunterricht erteilt wird. So wird vor allem der Lärm beim Unterrichten in Sporthallen, insbesondere in Dreifachhallen und im Schwimmbad beklagt, der zu einer hohen stimmlichen Belastung und zu Hörschädigungen führen könne (Garske & Holtz, 1985; Deutscher Sportlehrerverband, 2002; vgl. Miethling, 2003; König, 2004; Stranzinger, Floether & Ginhold, 2007). Ein weiterer Belastungsfaktor besteht in der Offenheit des Unterrichtsraumes. Da Einblicke in die Sporthallen oder Außensportanlagen nicht unterbunden werden können und z. B. beim Unterricht im Schwimmbad häufig auch noch andere Personen anwesend sind, stehen die Sportlehrkräfte vermehrt unter sozialer Kontrolle (vgl. Fejgin et al., 1995). In Bezug auf die zeitlichen Bedingungen werden vor allem die geringen Pausenzeiten beklagt (vgl. Garske & Holtz, 1985), bedingt durch die Aufsichtsfunktion vor und nach dem Unterricht, durch das Umkleiden und durch die Wegzeiten zu und von den Sportstätten. Beklagt wird auch, dass die Zeit zum Umziehen oder Duschen fehle (vgl. Franke et al. 1984). Des Weiteren gehören zum räumlichen Aspekt auch die oft schlechten räumlichen und materiellen Bedingungen in den Sportstätten (wie z. B. die schlechte Bausubstanz vieler Hallen, veraltete Geräte), die belastend wirken (vgl. Franke et al., 1984; Garske & Holtz, 1985; Fejgin et al., 1995; Miethling, 2002; Oesterreich, 2008, S. 284).

Nach Kastrup, Dornseifer und Kleindienst-Cachay (2008, S. 310) steigt die Wahrnehmung der fachspezifischen Belastung mit der Zahl der pro Woche zu unterrichtenden Sportstunden. Die Belastung während einer einzelnen Unterrichtsstunde stufen die Befragten im Fach Sport höher ein als in ihrem anderen Unterrichtsfach. Daher geben nur wenige an, dass sie möglichst viele Stunden im Fach Sport unterrichten wollen. Von den in dieser Fragebogenstudie untersuchten 253 Sportlehrkräften unterrichteten nur 5 Sportlehrkräfte mehr als 22 Stunden

[10] Die SPRINT-Studie kommt hinsichtlich des Ansehens und der sozialen Anerkennung von Sportlehrkräften innerhalb des Kollegiums hingegen zu dem Ergebnis, dass Sportlehrkräfte im Kollegium hohe Anerkennung genießen (vgl. DSB, 2006, S. 105f.). Die Gültigkeit dieser Ergebnisse ist allerdings anzuzweifeln, weil die Untersuchungsmethodik der SPRINT-Studie gerade hinsichtlich dieser Fragestellung nicht als hinreichend valide eingeschätzt werden kann. Bei dieser Studie wurde nämlich ausschließlich der Schulleiter, und zwar per Fragebogen, nach *seiner* Einschätzung der sozialen Anerkennung der Sportlehrkräfte gefragt. Es ist höchst unwahrscheinlich, dass sich der Schulleiter kritisch über eine Fachlehrergruppe seiner Schule äußert. Hinzu kommt, dass ein Schulleiter, vor allem wenn er selbst keine Fakultas für das Unterrichtsfach Sport besitzt, kaum Einblick in die subjektiven Wahrnehmungen der Sportlehrkräfte haben dürfte. Es scheint daher dringend geboten, die Frage nach der beruflichen Anerkennung differenziert zu untersuchen, und zwar nicht mit einem standardisierten Fragebogen, sondern einem qualitativen Untersuchungsdesign und dabei die Sportlehrkräfte selbst zu befragen.

Sport. Unter den weiblichen Sportlehrkräften war der Anteil derjenigen, die mehr als 15 Stunden Sport erteilen, sehr gering (n = 7). Ferner gaben viele Sportlehrkräfte an, die Anzahl der Sportstunden reduzieren zu wollen (vgl. Kastrup, Dornseifer & Kleindienst-Cachay, 2008, S. 311).

Neben diesen Studien, die Belastungsfaktoren identifizieren und deren Bedeutsamkeit für die Belastungswahrnehmung der Sportlehrertätigkeit insgesamt herauszufinden versuchen, gibt es einige weitere Forschungsarbeiten, die sich mit der Frage des gesundheitlichen Zustands von Lehrkräften, darunter auch Sportlehrkräften, beschäftigen. So wurden aus der quantitativen Studie Schaarschmidts allgemein die Beanspruchungsmuster der Lehrkräfte des Faches Sport eigens untersucht, mit dem Ergebnis, dass Sportlehrkräfte – entgegen der öffentlichen Meinung – nicht weniger belastet sind als Lehrkräfte anderer Fächer (vgl. Schaarschmidt, 2005, S. 137). Die von Schaarschmidt untersuchten Sportlehrkräfte sind durch hohe Anteile mit gesundheitlichen Risikomustern (vgl. hierzu Kap. 2.1 in diesem Buch) gekennzeichnet. In Bezug auf die Variable Schulform konnte Schaarschmidt feststellen, dass Sportlehrkräfte an Grundschulen und in der Sekundarstufe I die gleiche ungünstige Beanspruchungssituation zeigen wie die Gesamtheit der Lehrerschaft (vgl. Schaarschmidt, 2005, S. 137). Sportlehrkräfte an Gymnasien hingegen unterscheiden sich von der Gesamtpopulation in erheblichem Maße. Und zwar fällt in Bezug auf diese Gruppe auf, dass insbesondere weibliche Sportlehrkräfte den im Vergleich zu allen anderen Fachlehrkräften höchsten Anteil des hoch problematischen Risikomusters B (d. h. reduziertes Arbeitsengagement verbunden mit negativem Lebensgefühl) (47%) und mit 8% den geringsten Anteil am positiv einzuschätzenden Gesundheitsmuster G zeigen. D. h., Sportlehrerinnen an Gymnasien reagieren auf die Arbeitsbelastungen in ihrem Beruf in hohem Maße mit „emotionaler Labilisierung, Erschöpfung und Resignation“ (Schaarschmidt, 2005, S. 138). Die Gruppe der männlichen Sportlehrkräfte an Gymnasien hingegen fällt „durch einen bemerkenswert hohen Anteil des Musters S (d. h. Schongang gegenüber beruflichen Anforderungen) [auf] (40%)“ (Schaarschmidt, 2005, S. 137). D. h., diese Lehrer „schonen“ sich im Sportunterricht und dem schulischen Alltag, reduzieren ihren Arbeitseinsatz und zeigen motivationales Disengagement im Sinne einer „inneren Kündigung“ (vgl. Schaarschmidt, 2005, S. 138).

Aus Schaarschmidts Untersuchung folgt, dass ein Großteil der Sportlehrkräfte genauso stark belastet ist bzw. genauso ungünstige Beanspruchungsmuster zeigt wie andere Fachlehrkräfte. Und die Studie macht darüber hinaus darauf aufmerksam, dass es unter den Sportlehrkräften auch einzelne Kohorten gibt, die besonders stark belastet sind (weibliche Sportlehrkräfte an Gymnasien). Schaarschmidt vermutet, dass neben den „allgemein gültigen Problemen des Lehrerberufs spezifische Belastungen des Sportunterrichts am Gymnasium“ (Schaarschmidt, 2005, S. 138) für dieses Ergebnis ursächlich sind. Er greift bei seiner Erklärung auf die von König (2004) genannten Belastungsfaktoren zurück, nämlich die Verringerung des Fitnesszustands bei Schülern und Schülerinnen, sinkende Motivation im Sportunterricht mit zunehmendem Alter der Schüler/-innen sowie die fehlende Anerkennung und Wertschätzung der Sportlehrkräfte und des Faches Sport durch Kollegen/Kolleginnen (vgl. Schaarschmidt, 2005, S. 138). Auf die letztgenannte Ursache für Belastungserleben stößt auch Kastrup (2009) in ihrer Professionalisierungsstudie zum Sportlehrerberuf.

Miethling und Sohnsmeyer nutzten 2010 die Fragebogeninstrumente von Schaarschmidt (2004) sowie von Heim und Klimek (1999), um in einer weiteren Studie typische Belastungsmuster von Sportlehrkräften zu identifizieren und Zusammenhänge zu den Variablen Alter, Geschlecht, Schulform und Bundesland genauer zu untersuchen (1043 Befragte aus verschiedenen Bundesländern). Wie schon bei Schaarschmidt findet sich auch in dieser Stichprobe mit 48,32% ein hoher Anteil problematischer Risikomuster A und B, während 25,7% dem Muster Schonung und nur 26% der untersuchten Lehrkräfte dem Gesundheits-Muster zugeordnet werden können (vgl. Miethling & Sohnsmeyer, 2010, S. 160f.). Im Unterschied zu Schaarschmidts (2005) Ergebnissen zeigen sich allerdings keine Befunde bezüglich der Variable Geschlecht, wohl aber hinsichtlich des Alters: Sportlehrkräfte, die den Mustern G und S zugeordnet werden, sind signifikant jünger als die Sportlehrkräfte der Risikomuster (vgl. Miethling & Sohnsmeyer, 2010, S. 163). Auffallend ist der Befund, dass sich ein hoher Anteil von Hamburger Sportlehrkräften im Risikomuster B wiederfindet, was mit der Erhöhung des Deputats durch das in Hamburg seit 2003 eingeführte Arbeitszeitmodell zusammenhängen könnte, das den Sportlehrkräften eine höhere Unterrichtsstundenzahl zumisst (vgl. Miehtling & Sohnsmeyer, 2010, S. 163). In Bezug auf die Variable Schulform kommen die Autoren zu dem Ergebnis, dass sich an Gymnasien vermehrt Sportlehrkräfte des Risikomusters A (Selbstüberforderung) und an Hauptschulen des Risikomusters B (reduziertes Arbeitsengagement verbunden mit negativem Lebensgefühl) wiederfinden. Diese letztgenannten Ergebnisse sind allerdings nicht signifikant.

Eine weitere empirische Untersuchung beschäftigt sich mit der Frage, wie Interventionsangebote in der Sportlehrerfortbildung im Hinblick auf die Förderung der Lehrergesundheit aussehen könnten, um zukünftig Gesundheitsschäden bei Sportlehrkräften und dadurch begründetes vorzeitiges Ausscheiden aus dem Beruf zu vermeiden (vgl. Voltmann-Hummes, 2008). Ausgangspunkt dieser Untersuchung ist die Beobachtung, dass sich Fortbildungsangebote ausschließlich mit der Verbesserung der Unterrichtsqualität über die Vermittlung von Fachinhalten beschäftigen und keine gesundheitsprophylaktischen Anteile haben. Die Autorin Voltmann-Hummes stellt in Frage, ob dies angesichts der zahlreichen psychosomatischen Erkrankungen der Lehrerschaft sinnvoll sei und ob fachliches Können und Wissen als gesundheitsfördernde Ressource gelten könne. Voltmann-Hummes setzt sich zum Ziel, Belastungsquellen von Sportlehrkräften zu ermitteln und die psychophysische Gefährdung von Sportlehrkräften durch Messung der Selbstwirksamkeitserwartung zu bestimmen.

Dazu führte sie mit einer Stichprobe von 851 Sportlehrkräften aller Schulformen mit und ohne Fakultas im Fach Sport im Regierungsbezirk Lüneburg eine Fragebogenstudie zur Messung der Selbstwirksamkeitserwartung durch und kommt dabei zu folgenden Ergebnissen (vgl. Voltmann-Hummes, 2008, S. 144ff.): Erstens, die Lehrer-Selbstwirksamkeitserwartung sei alters- und geschlechtsunabhängig, zweitens, unter den Lehrkräften der verschiedenen Schularten weisen Sportlehrkräfte an Grundschulen niedrigere Werte bei Selbstwirksamkeitserwartungen auf, als Sportlehrkräfte anderer Schulformen (S. 181).[11]

Die fachspezifischen Belastungen liegen laut dieser Untersuchung in folgenden Bereichen: Geringe soziale Anerkennung im Schulkontext aufgrund der geringen Bedeutung des Faches Sport für den Schulerfolg (Kollegium und Eltern), Probleme bei der Unterrichtsgestaltung, physische Beanspruchung und (speziell bei Grundschullehrkräften) eingeschränkte Kommunikationsmöglichkeiten mit den Kollegen/Kolleginnen wegen des häufigen Ortswechsels zu Sportstätten (S. 199). Problematisches Schülerverhalten macht einen deutlichen Belastungsschwerpunkt aus, der in hohem Maße selbstwirksamkeitsrelevant ist. Für alle Lehrergruppen zeigt sich eine hochsignifikante Korrelation zwischen fachpraktischem Können und Wissen und der Selbstwirksamkeitserwartung (S. 187): Sportpraktische Kompetenz (d.h. fachliche Sicherheit) steht in negativem Wirkungszusammenhang mit der Selbstwirksamkeitserwartung. D. h., je höher die Qualifikation, also das sportpraktische Können, desto geringer fallen die gemessenen Werte für die Selbstwirksamkeit aus. Voltmann-Hummes erklärt dies damit, dass Lehrkräfte, die an sich sehr hohe Ansprüche stellen und ihre Lehrerpersönlichkeit vor allem über Fachkompetenz absichern, mit Diskrepanzen zwischen Erwartungen und Realisierungschancen zu kämpfen haben, was zu Frustration führt.

Voltmann-Hummes (2008, S. 216ff.) leitet aus ihren Ergebnissen folgende Konsequenzen für Sportlehrerfortbildungen unter dem Ziel der Gesundheitsförderung ab: Aufgrund der nachgewiesenen Probleme bei der Unterrichtsgestaltung muss der Stellenwert der Fachdidaktik und der Vermittlungskompetenz in Fortbildungsangeboten angehoben werden. Die als belastend wahrgenommene Raumsituation macht klare und eindeutige Verhaltensvorschriften erforderlich, insbesondere für verhaltensauffällige Schüler/-innen. Für dringend erforderlich hält Voltmann-Hummes die Aufklärung der Lehrkräfte über gesundheitliche Schäden durch Lärm. Eine weitere gesundheitspräventive Maßnahme liegt ihrer Meinung nach in der Aufwertung des Status der Sportlehrkräfte. Zum einen sollten Sportlehrkräfte selbst dazu beitragen, indem sie für mehr Transparenz ihrer Unterrichtsziele und -inhalte sorgen und auch häufiger fächerübergreifend kooperieren. Zum anderen sollten sie zu Sachverwaltern einer gesunden Schule werden, um ihrem Aufgabengebiet zu höherem Ansehen zu verhelfen. Sportlehrerverbände könnten ihren Teil dazu beitragen, indem sie das Bild des „Gesundheitserziehers" stärker propagieren. Schließlich werden auch verhältnispräventive Maßnahmen empfohlen, um objektiv vorhandene räumlich-physikalische Missstände in den Übungsstätten zu beheben. So müssten Lärmmessungen durchgeführt werden, die u. U. zu baulichen Eingriffen und zu einer verbesserten Ausstattung führen könnten, um das Maß an gesundheitsschädigender Lärmexposition zu verringern. Durch eine bessere Kooperation zwischen den Lehrkräften könnten Stunden rechtzeitig beendet werden, wodurch die Sportlehrkräfte mehr Pausenzeit nutzen könnten. Außerdem sollten institutionalisierte Teamsitzungen eingerichtet werden, um den kollegialen Austausch zwischen den Sportlehrkräften und den Lehrkräften anderer Fächer zu fördern.

Die Perspektive *geschlechtsspezifischer Differenzen* bei den Belastungen im Sportlehrerberuf

---

11 Unklar ist allerdings, ob es sich bei den befragten Grundschullehrkräften nur um solche mit Fakultas im Fach Sport handelte oder ob die befragte Gruppe auch sogenannte „fachfremd Unterrichtende" enthielt.

wird in allen bisher dargestellten Untersuchungen nur am Rande verfolgt. Systematisch betrachtet wird die Geschlechterperspektive jedoch durch die Arbeiten von Firley-Lorenz (1994; 2004) sowie von Scheffel und Palzkill (1994), die in ihren Studien zu sexualisierter Gewalt im Sportlehrerberuf darauf hinweisen, dass weibliche Sportlehrkräfte an den Schulen subtilen, bisweilen aber auch offenen Gewalterfahrungen ausgesetzt sind. Die Autorinnen berichten von verbalen, nonverbalen und körperlichen Übergriffen durch männliche Schüler, ja sogar durch Kollegen. Hinzu kommt, dass den Sportlehrerinnen im Schulalltag oft die Fachkompetenz aberkannt wird, und dass das Unterrichten von Sportarten, die mit Mädchen- und Frauensport assoziiert werden (vor allem Gestaltungssportarten) pauschal von männlichen Kollegen und Schülern abgewertet wird. Zu ähnlichen Ergebnissen gelangt auch die Studie von Kastrup (2009, S. 306ff.) im Hinblick auf die Wahrnehmung der Expertenrolle von Sportlehrkräften durch Kollegium und Schülerschaft.

## 2.3 Studien zur Berufszufriedenheit, zum Bewältigungsverhalten und zu Ressourcen von Sportlehrkräften

Mit dem Bewältigungsverhalten oder den gesundheitlich relevanten Ressourcen der Sportlehrkräfte haben sich bislang nur wenige Arbeiten befasst. Butkus und Miethling (2005) gehen Zusammenhängen zwischen wahrgenommenen Belastungen und Widerstandsressourcen nach und erfassen mit Hilfe der Instrumente der Potsdamer Lehrerstudie von Schaarschmidt (2005) folgende Aspekte als Ressourcen: 1) subjektiv hohe Bedeutsamkeit der Arbeit, 2) Distanzierungsfähigkeit, 3) offensive Problembewältigung und 4) allgemeine Lebenszufriedenheit. Die Autoren kommen zu dem Ergebnis, dass die subjektive Bedeutsamkeit der Arbeit keinen Einfluss auf die Wahrnehmung der unterrichtlichen Belastungen hat, wohl aber auf die allgemeine Lebenszufriedenheit. D.h., Sportlehrkräfte, die mit ihrem Leben insgesamt zufrieden sind, erleben die Belastungen des Lehrberufs unter Umständen weniger stark, als Lehrkräfte, die mit ihrem Leben in geringerem Maße zufrieden sind, eine Schlussfolgerung, die erwartbar ist.

Mit den positiven Seiten der Sportlehrertätigkeit unter der Perspektive ihres Einflusses auf die Berufszufriedenheit hat sich bislang allein Wolters (2010) beschäftigt. Die Autorin geht der Frage nach, was Sportlehrkräften an ihrem Beruf besonders gefällt. Die in dieser Studie mit qualitativen Verfahren befragten 40 Sportlehrkräfte beschrieben das Unterrichten im Fach Sport als in besonderem Maße positiv, und zwar weil die Schüler/innen motiviert in den Sportunterricht kämen. Sie selbst erfahren den Sportunterricht als Abwechslung zum Unterrichten anderer, d.h. stärker kognitiv ausgerichteter Fächer. Sport wird ferner als ein besonderes Fach wahrgenommen, das einen „Ausbruch aus der Schule“ (Wolters, 2010, S. 32) zulasse, weil weder bestimmte Inhalte unbedingt unterrichtet werden müssten noch Notendruck herrsche. Was Sportlehrkräfte darüber hinaus als Bedingungen für die Berufszufriedenheit wahrnehmen, ist die lockere Atmosphäre und das besondere Verhältnis zu den Schülern und Schülerinnen, das sie als eher „kumpelhaft“ und „intensiv“ bezeichnen (Wolters, 2010, S. 33). Des Weiteren schätzen die Befragten das Erziehungspotenzial, das im Fach Sport stecke, sowie die Tatsache, dass sie im Sportunterricht auch Kinder mit unterschiedlichen kognitiven und motorischen Voraussetzungen sowie auch verschiedenen Kulturen gut erreichen können.

Auch wird von einigen der Befragten positiv hervorgehoben, dass der Arbeitsaufwand für die Vor- und Nachbereitung der Sportstunden geringer sei als für andere Fächer.

Wolters teilt die Ergebnisse, die die positiven Seiten des Sportlehrerberufs ausmachen und aus Sicht der Sportlehrkräfte als Ressourcen der Sportlehrertätigkeit bezeichnet werden können in verschiedene Kategorien ein: 1. die Freude der Schüler/-innen an Spiel und Sport und die dadurch entstehende Motivation zum Unterricht, 2. der inhaltliche Kontrast zu anderen Schulfächern verbunden mit 3. dem Ausgleich zum Unterricht in anderen Fächern, 4. der Freiraum des Unterrichtsfaches Sport in curricularer Hinsicht, 5. die besondere pädagogische Beziehung der Lehrkraft zu den Schülern und Schülerinnen, 6. das erzieherische Potenzial des Sportunterrichts, 7. die Möglichkeit zur Inklusion aller Schüler/-innen im Sport sowie 8. der geringere Arbeitsaufwand für Unterrichtsvor- und Nachbereitung (vgl. Wolter, 2010, S. 30ff.).

## 2.4 Fazit, Forschungsdesiderate und Ziele der vorliegenden Studie

Die bisher vorliegenden Studien zu beruflichen Belastungen von Sportlehrkräften entwickeln meist Fragebogenbatterien zur Thematik, identifizieren Belastungsfaktoren und gewichten diese im Hinblick auf deren Belastungspotenzial. Das Thema des Rückzugs oder Fachausstiegs aufgrund von Belastungen wurde bislang nicht explizit behandelt.

Das Gros der Studien ist primär der quantitativen Forschung zuzuordnen. Ein solches Untersuchungsdesign ermöglicht, eine möglichst große Anzahl an Probanden zu erfassen. Allerdings können dabei Belastungsfaktoren nur wenig differenziert erhoben werden. Auch sind Missverständnisse aufgrund der unterschiedlichen semantischen Kodierung zwischen Forschern und Probanden nicht auszuschließen. Vielfach werden durch geschlossene Fragen in Fragebögen Belastungsfaktoren, die bislang nicht als solche empfunden wurden, erst eigentlich ins Bewusstsein gehoben. Außerdem wird die individuell verschiedene Wahrnehmung von Belastungen vollständig vernachlässigt.

Qualitative Arbeiten, die die subjektive Wahrnehmung und Bedeutung einzelner Faktoren genauer in den Blick nehmen und eine tiefergehende Analyse der Faktoren erlauben, fehlen bislang weitgehend. Die einzige qualitative Studie zur Sportlehrerbelastung beschäftigt sich ausschließlich mit Belastungssituationen in Zusammenhang mit der biographischen Entwicklung der Sportlehrkräfte (vgl. Miethling, 1986).

Dieses Forschungsdesiderat greift die vorliegende Studie auf, indem Sportlehrkräfte in problemzentrierten Interviews mit narrativen Anteilen die Gelegenheit erhalten, ausführlich über die verschiedenen, fachspezifischen Belastungen im Sportlehrerberuf und deren Folgen für das persönliche gesundheitliche Wohlbefinden zu berichten.

Im Gegensatz zu beruflichen Belastungen des Sportlehrerberufs erfahren wir aus der bisherigen Forschung wenig über die positiven Aspekte der Sportlehrertätigkeit. Die Forschungslage zur Berufszufriedenheit und zu wahrgenommenen Ressourcen ist in Bezug auf die Sportlehrertätigkeit unbefriedigend.

Diesen Aspekten nachzugehen, ist insbesondere vor dem Hintergrund der Tatsache von Bedeutung, dass ungeachtet der zu beobachtenden Fachausstiege und trotz vieler professionsspezifischer Belastungen die Mehrzahl der Sportlehrer/-innen in ihrem Beruf bzw. Fach verbleibt und die Aufgaben als Sportlehrkraft auch mit Freude und viel Engagement wahrnimmt. Eine wichtige Frage im Zusammenhang mit beruflichen Belastungen ist daher, welche Aspekte der Sportlehrertätigkeit von den Lehrkräften als besonders positiv empfunden werden und ihnen damit als Ressourcen zur Verfügung stehen. Diese Frage ist deshalb bedeutsam, weil derartige berufsspezifische Ressourcen im Zuge des Bewältigungsprozesses von Belastungen stressreduzierend wirken – und damit zur Gesunderhaltung beitragen können. Mit diesen Überlegungen lehnen wir uns an Bieri (2002) an, der die Berufszufriedenheit im Lehrerberuf als wichtige Ressource bezeichnet, die die wahrgenommenen Belastungen mindern kann.

Zu dieser Frage sind in Bezug auf Sportlehrkräfte lediglich zwei Arbeiten zu finden, die allerdings eher Pilotcharakter haben (vgl. Butkus & Miehtling, 2005; Wolters, 2010). Die vorliegende Untersuchung setzt vor allem an den Forschungsergebnissen von Wolters (2010) an, indem überprüft wird, ob sich diese bestätigen, ergänzen oder erweitern lassen. Es wird deshalb der Frage nachgegangen, welche Bedingungen und Faktoren Sportlehrkräfte als arbeitsinhärente Ressourcen und damit als Determinanten ihrer Berufszufriedenheit wahrnehmen. Dabei verstehen wir in Anlehnung an Sieland (2007, S. 207) sämtliche Bedingungen, die die Erfüllung des beruflichen Auftrags günstig beeinflussen, als Ressourcen. Allerdings fokussieren wir jene Ressourcen, die unmittelbar mit den Arbeitsbedingungen der Sportlehrkräfte zusammenhängen, während wir etwaige individuelle Ressourcen der einzelnen Lehrperson außer Acht lassen, ebenso wie soziale Ressourcen, die außerhalb des Arbeitszusammenhangs liegen.

In keiner Studie wird bisher nach den konkreten Bewältigungsformen von Sportlehrkräften bezüglich fachspezifischer Belastungen gefragt. Dem soll in der vorliegenden Studie dadurch begegnet werden, dass die Sportlehrkräfte im Interview aufgefordert werden, zu berichten, welche Maßnahmen sie einleiten, um berufliche Belastungen zu bewältigen.

Die Frage nach dem Gesundheitszustand von Sportlehrkräften ist ebenfalls ein vernachlässigtes Thema sportwissenschaftlicher Lehrerforschung. Lediglich bei Schaarschmidt (2005) deutet sich über die vier verschiedenen Beanspruchungsmuster an, welchen gesundheitlichen Risiken (Erschöpfung, negative Emotionen, Überlastung) Sportlehrkräfte ausgesetzt sein können. Explizit untersucht wurde der Gesundheitszustand von Sportlehrkräften jedoch bislang nicht. Die vorliegende Studie greift dieses Desiderat auf, indem danach gefragt wird, welche gesundheitlichen Beeinträchtigungen die befragten Sportlehrkräfte mit bestimmten Belastungspotenzialen des Faches Sport verbinden.

Ein weiteres Forschungsdefizit bisheriger Untersuchungen ist darin zu sehen, dass eine differenzierte Analyse der Unterschiede in der Belastungswahrnehmung zwischen weiblichen und männlichen Sportlehrkräften fehlt. Geschlechtstypische Besonderheiten in Bezug auf Belastungen und Ressourcen wurden in der bisherigen Forschung lediglich punktuell bearbeitet. Auch in Bezug auf das Bewältigungsverhalten wurde bislang nicht untersucht, ob die Anwendung bestimmter Strategien mit dem Faktor Geschlecht zusammenhängt. Zwei qualitative Studien zur Koedukationsthematik beschäftigen sich zwar auch mit ausgewählten beruflichen

Belastungen von Sportlehrer*innen* (vgl. Firley-Lorenz, 1994; 2004; Scheffel & Palzkill, 1994), sie tun dies aber ohne expliziten gesundheitstheoretischen Hintergrund. In beiden Studien werden weibliche Sportlehrkräfte im Hinblick auf wahrgenommene sexistische Praktiken interviewt. Es findet aber weder eine umfassende Analyse sämtlicher Belastungsfaktoren statt, noch setzt sich das Forschungsvorhaben differenziert mit dem Bewältigungsverhalten der interviewten Frauen auseinander.

Schließlich sind bei einer Untersuchung der Belastungswahrnehmung von Sportlehrkräften auch Unterschiede zwischen den verschiedenen Schulformen zu erwarten. Gerade die Systemstrukturen in sozialer Dimension, z.B. durch eine spezifische Schüler-Klientel, aber auch die Sachstruktur des Faches unterscheiden sich in den verschiedenen Schulformen ganz erheblich voneinander. Daher werden die Sportlehrkräfte in der vorliegenden Studie nicht nur in Bezug auf Geschlecht und Alter, sondern auch in Bezug auf die verschiedenen Schulformen untersucht und verglichen.

# TEIL III THEORETISCHER BEZUGSRAHMEN

## 3 Theoretische Grundlagen zu gesundheitlichen Belastungen und zu deren Bewältigung

Welche strukturellen Bedingungen des Sportlehrerberufs werden für das einzelne Individuum nach subjektiver Beurteilung zur Belastung? Die theoretischen Grundannahmen des Belastungs-Bewältigungs-Paradigmas von Antonovsky können hierauf Antwort geben. Mit diesem Modell ist es möglich, die Sportlehrkräfte in ihrer subjektiven Wahrnehmung zu fokussieren und die Frage zu beantworten, wie sich das Verhältnis von wahrgenommen Belastungen und ressourcengestützten Bewältigungsformen auf die Gesundheit und das Wohlbefinden auswirken kann.

Antonovsky (1979) leitete mit dem von ihm entwickelten Salutogenesemodell einen Perspektivenwechsel in der psychopathologischen Forschung ein,– weg von der pathogenetischen und hin zur salutogenetischen, präventionsorientierten Orientierung. Den Fokus richtete er auf die Frage, warum bestimmte Menschen trotz omnipräsenter Stressoren gesund bleiben, andere jedoch erkranken. Antonovsky räumt damit der Frage nach den Faktoren der Gesunderhaltung Vorrang vor der Frage nach den Ursachen von Krankheiten oder Risikofaktoren ein. Insofern konzentriert sich die salutogenetische Perspektive auf die Bedingungen von Gesundheit und auf jene protektiven, gesundheitserhaltenden Ressourcen, die angesichts bestehender Belastungen Bewältigungsprozesse ermöglichen, diese unterstützen und damit die Gesundheit schützen (vgl. Antonovsky, 1997, S. 16; Bengel, 2001, S. 9).

Entlang der salutogenetischen Perspektive soll im Folgenden gefragt werden, welche fachspezifischen Belastungsfaktoren Sportlehrkräfte verschiedener Schularten, verschiedenen Alters und Geschlechts identifizieren, welche gesundheitlichen Beeinträchtigungen sie darauf zurückführen und welche Ressourcen sie nutzen, um die wahrgenommenen Belastungen bewältigen zu können. Entsprechend werden in der nachfolgenden empirischen Untersuchung sowohl die von den Sportlehrkräften wahrgenommenen beruflichen Belastungen, die zu gesundheitlichen Beeinträchtigung führen können, analysiert als auch die Ressourcen, auf die die Sportlehrkräfte im Belastungsbewältigungsprozess zurückgreifen können und die entscheidend für die Gesunderhaltung der Sportlehrkräfte sind.

### 3.1 Das Salutogenesemodell von Antonovsky

Im Folgenden wird zunächst das Salutogenesemodell des amerikanisch-israelischen Medizinsoziologen Aaron Antonovsky als Beispiel für das Zusammenwirken von Belastung und Bewältigung beschrieben (Kap. 3.1). Anschließend wird dieses Modell durch neuere Forschungsergebnisse zum Verhältnis von Belastung und Bewältigung aus der Coping-Forschung ergänzt (Kap. 3.2).

Um die Mechanismen des Belastungs-Bewältigungs-Paradigmas angemessen darstellen zu können, werden im Folgenden nacheinander die zentralen Komponenten des Salutogenesemodells sowie deren Zusammenwirken beschrieben.

### 3.1.1 Das Kohärenzgefühl

Das Kernstück des salutogenetischen Modells stellt das Kohärenzgefühl (sense of coherence) dar. Antonovsky geht davon aus, dass der Gesundheitszustand eines Menschen durch eine individuelle, psychologische Einflussgröße bestimmt wird, nämlich durch eine allgemeine Grundhaltung des Individuums gegenüber der Welt und dem eigenen Leben, die man auch als Weltanschauung bezeichnen könnte (vgl. Antonovsky, 1997, S. 33).

Das Kohärenzgefühl besteht laut Antonovsky aus drei zentralen Komponenten: Verstehbarkeit, Handhabbarkeit und Bedeutsamkeit. Antonovsky macht die Ausprägung dieser drei Komponenten dafür verantwortlich, dass verschiedene Personen trotz gleicher äußerer Bedingungen (z. B. Krieg, Hunger, schlechte hygienische Verhältnisse) Unterschiede im Gesundheitszustand aufweisen. Von der Ausprägung der individuellen, sowohl kognitiven als auch affektiv-motivationalen, Grundeinstellung hängt es ab, „wie gut Menschen in der Lage sind, vorhandene Ressourcen zum Erhalt ihrer Gesundheit und ihres Wohlbefindens zu nutzen" (Bengel, 2001, S. 28). Ist das Kohärenzgefühl einer Person stark ausgeprägt, so ist davon auszugehen, dass die Person trotz Belastungen eher gesund ist bzw. schnell wieder gesund wird.

Nach Antonovskys Einschätzung nimmt eine Person mit einem starken Kohärenzgefühl erstens einen Stressor als „verstehbar" wahr, kann ihn also einordnen und als sinnhaft erklären. Zweitens ordnet sie den Stressor als „handhabbar" ein, was bedeutet, dass die Person sich in der Lage sieht, den Stressoren mit geeigneten, zur Verfügung stehenden Ressourcen zu begegnen. Drittens stuft eine Person mit hohem Kohärenzgefühl eine belastende Situation als „bedeutsam" ein, betrachtet diese also als Herausforderung, die wichtig genug ist, sich damit in spezifischer Weise auseinanderzusetzen (vgl. Antonovsky, 1997, S. 34ff.).

Entsprechend der Ausprägung dieser drei Komponenten geht Antonovsky davon aus, dass Personen mit einem starken Kohärenzgefühl in der Lage sind, flexibel auf Anforderungen zu reagieren, indem sie die für diese charakteristischen Situationen angemessenen Ressourcen aktivieren. Hingegen werden Personen mit einem niedrigen Kohärenzgefühl auf Anforderungen eher unflexibel reagieren, da sie weniger Ressourcen zur Bewältigung haben oder nicht wissen, wie sie ihre Ressourcen wirkungsvoll einsetzen können. Das Kohärenzgefühl wirkt somit „als flexibles Steuerungsprinzip, als Dirigent, der den Einsatz verschiedener Verarbeitungsmuster (Copingstile, Copingstrategien) in Abhängigkeit von den Anforderungen anregt" (Bengel, 2001, S. 30).

### 1.2 Das Gesundheits-Krankheits-Kontinuum

Der Gesundheitszustand eines Individuums wird im Salutogenesemodell (s. Abb. 2) mit Hilfe eines bipolaren Gesundheits-Krankheits-Kontinuums abgebildet[12]. Die jeweilige Position

12 Trotz Einbeziehung psychogener krankheitserregender Bedingungen geht es Antonovsky (1979) schwerpunktmäßig um die physische Gesundheit, wenn er von einem Zusammenbruch des Gesundheitszustandes spricht. Dennoch bezieht er die psychische oder soziale Gesundheit, die nach der Definition der Weltgesundheitsorganisation (WHO) insbesondere in modernen Industriegesellschaften mitberücksichtigt werden muss, mit ein: psychisches Wohlbefinden ist für ihn eine abhängige Variable, die als Indikator von Gesundheit dient. Insofern kann das Salutogenesemodell auch für die Erklärung der Ursachen psychischer Gesundheit herangezogen werden (vgl. Antonovsky, 1979, S. 182ff.; Kraus, 1987).

einer Person auf diesem Kontinuum zeigt an, ob sie mehr oder weniger gesund bzw. krank ist. Damit folgt Antonovsky nicht dem bislang dominierenden dichotomen Verständnis von Gesundheit und Krankheit (vgl. Bengel, 2001, S. 26). Vielmehr geht er davon aus, dass die beiden Pole – vollständige Gesundheit oder vollständige Krankheit – idealtypische Konstrukte sind, die von keinem Menschen erreicht werden können. Somit stellt sich nicht die Frage, ob jemand gesund oder krank ist, sondern wie weit entfernt bzw. wie nahe er/sie jeweils den Endpunkten Gesundheit oder Krankheit ist. Insofern versteht Antonovsky Gesundheit als labile Größe, die durch Stressoren permanent gefährdet ist. Damit kommt jedem Individuum die Aufgabe zu, eine kontinuierliche Balance zwischen Risiko- und Schutzfaktoren herzustellen. Die jeweilige Position auf dem Kontinuum zeigt, wie gut der Belastungs-Bewältigungs-Prozess gelingt, bzw. wie groß die Widerstandsfähigkeit einer Person gegenüber den einflussnehmenden Stressoren ist.

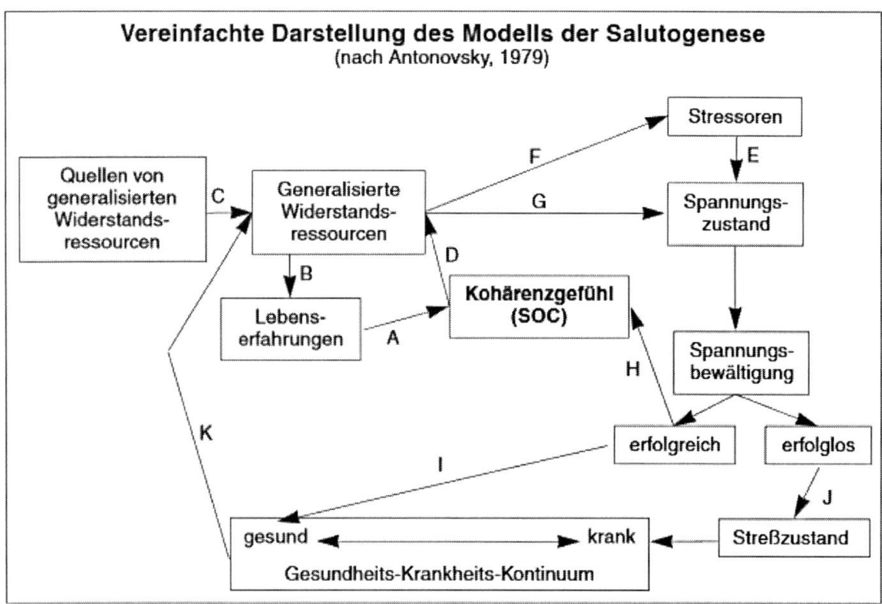


Abbildung 2: Vereinfachte Darstellung des Salutogenesemodells. Abb. aus Bengel (2001, S. 36).[13]

### 3.1.3 Stressoren und Spannungszustand

Das Salutogenesemodell erfasst in der Modellkomponente „Stressoren" verschiedene Belastungen, wie chronische Stressoren, etwa tägliche Widrigkeiten oder auch kritische Lebensereignisse (vgl. Antonovsky, 1997, S. 44f.). Für Antonovsky stellen Stressoren Anforderungen an den Organismus dar, die dessen Gleichgewicht stören und die es erforderlich machen, zu handeln (vgl. Antonovsky, 1979, S. 71f.). Vor allem lang andauernde Belastungen können

13 Die Abbildung 2 enthaltenen Großbuchstaben beziehen sich auf den erklärenden Text bei Bengel (2001, S. 36 f.).

sich negativ auf die Gesundheit auswirken und sich in psychischen Störungen und/oder physischen Symptomen niederschlagen. Zu den Stressoren zählen zum einen physikalische oder biochemische Stressoren, wie Lärm, schwere körperliche Arbeit, Umweltgifte, Viren oder Waffengewalt, und zum anderen psychosoziale Stressoren, wie z. B. Konflikte, fehlende Anerkennung oder Prüfungsstress. Ob Stressoren wirklich einen Spannungszustand auslösen, der bewältigt werden muss, hängt von den zur Verfügung stehenden Ressourcen und der Ausprägung des Kohärenzgefühls ab. Für Antonovsky stellt die Bewältigung des durch die Stressoren ausgelösten physiologischen Spannungszustandes die zentrale Aufgabe der Person dar. Gelingt diese Bewältigung, so hat dies eine gesundheitserhaltende bzw. gesundheitsförderliche Wirkung. Sollte die Bewältigung des Spannungszustandes nicht gelingen, tritt das Gegenteil ein. Dann entsteht für die Person Stress oder eine Belastung. Es hängt also von der Effektivität der Belastungsbewältigung ab, ob die Stressoren überhaupt pathologische Auswirkungen haben.

Das Kohärenzgefühl wirkt nun dergestalt, dass es einer Person erlaubt, gewisse, durch Stressoren ausgelöste Reize „als neutral zu bewerten, die eine andere Person mit schwächerem SOC (sense of coherence) als spannungserzeugend erfahren würde“ (Bengel, 2001, S. 33). Zudem können Personen mit einem starken Kohärenzgefühl, nachdem sie einen Reiz als Stressor bewertet haben, unterscheiden, ob dieser bedrohlich, günstig oder gegebenenfalls irrelevant ist (vgl. ebd.). „Die Bewertung als günstig oder irrelevant bedeutet, dass Anspannung wahrgenommen wird; gleichzeitig nimmt die Person aber an, dass die Anspannung auch ohne das Aktivieren von Ressourcen wieder aufhört“ (ebd.). Somit wird der Stressor, der zunächst Anspannung auslöste, zum Nicht-Stressor umdefiniert. Dadurch können auch als potenziell bedrohlich eingestufte Stressoren eine Person mit einem hohen Kohärenzgefühl nicht wirklich bedrohen, da diese das grundlegende Vertrauen besitzt, dass sich auch diese Situation bewältigen lässt.

### 3.1.4 Generalisierte Widerstandsressourcen

Generalisierte Widerstandsressourcen (general resistant ressources) sind Variablen, die eine erfolgreiche Spannungsbewältigung erleichtern und dadurch Einfluss auf den gesundheitlichen Zustand einer Person haben. Generalisiert heißt, dass diese Ressourcen in jeglichen Situationen wirksam eingesetzt werden können, wodurch die Widerstandsfähigkeit der Person erhöht wird (vgl. Bengel, 2001, S. 34).

Antonovsky fasst unter diese Komponente sowohl individuelle Ressourcen, wie z. B. die körperliche Verfassung, die Intelligenz und spezifische Bewältigungsstrategien als auch soziale und kulturelle Ressourcen, zu denen er auch die soziale Unterstützung, finanzielle Ressourcen und eine gewisse kulturelle Stabilität rechnet (vgl. Antonovsky 1979, S.102 ff.). Die Wirksamkeit besteht darin, dass der Komplex dieser Ressourcen eine Vielzahl von Stressoren entweder zu vermeiden oder zu moderieren erlaubt und damit die Abwehr von Krankheiten erleichtert. Ein hohes Maß an Stressoren kann diese Ressourcen allerdings auch schwächen. Die Lebenserfahrung einer Person wird durch die generalisierten Widerstandsressourcen kontinuierlich geprägt, und diese ermöglicht wiederum die Sammlung neuer, bedeutsamer und kohärenter Erfahrungen, die wiederum das Kohärenzgefühl formen.

## 3.2 Zum spezifischem Verhältnis von Belastung und Bewältigung

Das Belastungs-Bewältigungs-Paradigma wurde nach seiner Einführung durch Antonovsky durch zahlreiche Erkenntnisse der Coping-Forschung untermauert (vgl. Bründel & Hurrelmann, 1994, S. 301), einer Forschungsrichtung, die sich speziell mit Bewältigungsformen beschäftigt. In diese Forschungsrichtung sind auch Arbeiten zur Stressforschung von Lazarus einzuordnen. Gemäß dieser Forschungen ist Stress eine Folge subjektiv wahrgenommener Dysbalance zwischen einerseits äußeren oder inneren Anforderungen und andererseits individuellen Leistungsvoraussetzungen, d. h. personalen, materiellen und sozialen Bewältigungsressourcen (vgl. Lazarus & Launier, 1981). Dabei sind die Konsequenzen, die sich aus einem etwaigen Missverhältnis zwischen Anforderungen und Ressourcen für das Individuum ergeben, bedeutsam für die Bewertung der Situation: Anspannung entsteht dann, wenn eine Person die Situation als bedrohlich und als nicht zu bewältigen einstuft. Belastungen sind demgemäß das Ergebnis komplexer, subjektiver Einschätzungsprozesse bezüglich der eigenen Ziele, Handlungsalternativen und Situationsbedingungen (vgl. Jerusalem, 1990, S. 4).

Sich mit Bewältigung auseinander zu setzen, ist nach Lazarus (1981, S. 216) sogar wichtiger als das Konzept „Stress“ genauer zu betrachten. Denn, ob sich die Vielzahl möglicher Belastungen in auffälligem Verhalten oder Beeinträchtigungen der physischen und psychischen gesundheitlichen Verfassung niederschlägt, hängt maßgeblich von individuell angewandten Verarbeitungs- und Bewältigungskompetenzen ab, die durch Ressourcen determiniert sind. So ist auch in Antonovskys Salutogenesemodell für die Position einer Person auf dem Gesundheits-Krankheits-Kontinuum von Bedeutung, ob ein Individuum den Anforderungssituationen gewachsen ist und somit das Spannungsmanagement erfolgreich verläuft oder nicht.

Gemäß dem Belastungs-Bewältigungs-Paradigma ist das Ziel von Bewältigungsprozessen, eine Kongruenz zwischen den Anforderungen und den verfügbaren Ressourcen herzustellen. Mit Bewältigungsversuchen sind verschiedene Aktivitäten und Reaktionen gemeint, die eine Person ausführt, um belastende Ereignisse abzuwehren, auszulöschen oder zumindest zu reduzieren. Die individuell von der Persönlichkeit determinierten Bewältigungsfähigkeiten vermitteln und moderieren so zwischen objektiver Belastung und subjektiver Verhaltensreaktion (vgl. Hurrelmann, 1988, S. 98; Bründel & Hurrelmann, 1994, S. 8).

Brinkhoff (1998) unterscheidet bei den Bewältigungsstrategien, in Anlehnung an Lazarus (1981), vier Dimensionen: 1. handlungsorientierte oder kognitiv angelegte Bewältigungsstrategien, 2. problem- oder selbstbezogene Formen der Bewältigung, 3. offensive oder defensive Versuche und 4. instrumentelle oder emotional regulative Strategien. Zusätzlich unterscheidet er Formen interiorisierender und exteriorisierender Belastungsregulation. Eine weitere übliche Unterteilung in 1. aktive Bewältigung unter Nutzung sozialer Ressourcen, 2. internale Bewältigungsstrategien und 3. problemmeidendes Verhalten nimmt Seiffge-Krenke (1989a; 1989b) vor.[14] Festzuhalten bleibt, dass zur Bewertung der Effektivität einer Strategie immer mehrere Faktoren berücksichtigt werden müssen: die Belastungen, mit denen eine Person konfrontiert wird, die Coping-Mechanismen, die eine Person besitzt, und die Reaktionen, die eine Person sowohl psychisch als auch physisch zeigt. Letztlich sagen nur die Konsequenzen aus dem Bewältigungsverhalten etwas über die Effektivität der ausgewählten Bewältigungsstrategien aus. Erst im Fall der erfolgreichen Belastungsbewältigung kann davon gesprochen werden, dass die Strategie wirksam und richtig ausgewählt war, um eine Balance zwischen Belastungen und Ressourcen herzustellen.

Reflektiert man nun die Frage nach dem Rückzug oder dem Fachausstieg von Sportlehrkräften vor dem Hintergrund dieser theoretischen Grundlagen, so scheint das Belastungs-Bewältigungs-Paradigma geeignet, Strukturen der Schule und des Schulsports auf sachlicher, räumlich-zeitlicher und sozialer Ebene als Belastungsfaktoren zu identifizieren und deren Wirkung vor dem Hintergrund von vorhandenen oder nicht vorhandenen Ressourcen auf das Befinden der Lehrkräfte zu überprüfen. Es ist demgemäß zu untersuchen, welche strukturellen Bedingungen für die einzelne Lehrkraft (nach subjektiver Einschätzung) derart hohe Anforderungen stellen, dass diese (nach erfolglosen Belastungsbewältigungsversuchen) den Wunsch nach Rückzug oder gar Fachausstieg äußert bzw. diesen vollzieht. Darüber hinaus kann auf der Basis des Salutogenesemodells ausgelotet werden, warum einzelne Sportlehrkräfte trotz objektiv vorhandener Stressoren gesund bleiben und weiterhin gern ihrer beruflichen Tätigkeit nachgehen, andere aber nicht.

In diesem Zusammenhang werden verschiedene Ressourcen im Hinblick auf Auswirkungen auf das Wohlbefinden bzw. die Gesundheit von Sportlehrkräften analysiert. Der Fokus wird insbesondere auf jene Ressourcen gerichtet, die der Sportlehrerberuf nach Aussage der Sportlehrkräfte in besonderem Maße bietet. Insofern will die Studie auch Antworten auf die Frage finden, ob und in welchem Maße Sportlehrkräfte belastende, aber auch entlastende Aspekte der Sportlehrertätigkeit wahrnehmen. Und schließlich wird entsprechend der Modellkomponente des Gesundheits-Krankheits-Kontinuums danach gefragt, welche gesundheitlichen Beeinträchtigungen bei Sportlehrkräften vorliegen und welche Bewältigungsformen sie einsetzen, um Krankheit verursachenden Stressoren unwirksam werden zu lassen.

---

14 Diese Kategorisierungen der Bewältigungsstrategien sind in Teilen vergleichbar, aber nicht vollständig deckungsgleich. Da das Design der folgenden empirischen Studie primär qualitativer Art ist und Bewältigungsformen der Sportlehrkräfte auf induktive Weise untersucht, wird sich erst im Verlauf der Studie zeigen, welche Kategorisierung passend ist und ob und inwiefern sie auf die Untersuchungsgruppe „Sportlehrkräfte" angepasst werden muss.

# 4 Folgerungen für die Anlage der empirischen Studie

## 4.1 Zu untersuchende Faktoren

Die in hohem Maße differierenden Befunde bisheriger Studien haben deutlich gemacht, dass bei der Untersuchung der Wahrnehmung von Belastungen und Ressourcen, des Bewältigungsverhaltens und der Berufszufriedenheit von Sportlehrkräften eine ganze Reihe von Faktoren personeller und struktureller Art zu berücksichtigen sind. Nur so können differenzierte Ergebnisse generiert werden, anhand derer lösungsorientierte Veränderungsmaßnahmen entwickelt werden können, und zwar für die unterschiedlichen Gruppen der Sportlehrkräfte jeweils verschiedene Maßnahmen.

Deshalb muss ein theoretischer Bezugsrahmen zur Erforschung der Sportlehrerbelastung entwickelt werden, in den Erkenntnisse bisheriger Forschungen eingehen und in den Faktoren, die sich aus Forschungsdesideraten ergeben, miteinbezogen werden. Dieser Rahmen muss umfassend genug sein, um die Komplexität des Forschungsgegenstandes adäquat abzubilden. Aus bisherigen Forschungen lässt sich folgern, dass die Belastungen in hohem Maße nach Schulform, Geschlecht und Alter variieren. Darüber hinaus sind aber auch verschiedene weitere schulische Bedingungen des Berufsfeldes hinzuzuziehen, wie z.B. die Zusammensetzung der Schülerschaft nach Alter, Geschlecht und sozial-strukturellem Hintergrund, die Bedeutung des Faches im Rahmen des schulischen Berechtigungswesens u.a. mehr.

Für unser Vorhaben ist unter Verwendung gesundheitswissenschaftlicher Erkenntnisse zum Zusammenspiel von Belastung und Bewältigung die Betrachtung folgender Faktoren relevant:

Schulform, Schulstufe, Geschlecht, Alter, bzw. Berufserfahrung, sozial-strukturelles Umfeld der Schule und schulische Rahmenbedingungen, Anzahl zu erteilender Sportstunden, Lehrtätigkeiten in Teilzeit oder Vollzeit, Einsatz in Leistungs- oder Grundkursen in der Sekundarstufe II, Übernahme von Funktionsrollen, das soziale Klima innerhalb der der Fachschaft Sport, die Anerkennung des Faches Sport an der jeweiligen Schule sowie das Ansehen des weiteren Fachs, das die Sportlehrkraft unterrichtet.

Neben der Frage nach den Belastungsfaktoren wird - gemäß der Erkenntnisse aus dem Belastungs-Bewältigungsparadigma - auch versucht, die Ressourcen, die in der Sportlehrertätigkeit selbst liegen, zu identifizieren, um der Frage nach der Berufszufriedenheit genauer nachgehen zu können. Ferner werden die Sportlehrkräfte nach ihrem Umgang mit spezifischen Belastungen und nach jenen gesundheitlichen Beeinträchtigungen gefragt, die sie speziell mit der Sportlehrertätigkeit in Verbindung bringen.

Da den schulformspezifischen Besonderheiten des Faches bei der Untersuchung des Belastungsempfindens von Lehrkräften eine besondere Bedeutung zukommt, werden im Folgenden die Besonderheiten der Schulformen in Bezug auf die Erteilung des Sportunterrichts etwas genauer beschrieben. Nicht nur die Stellung des Faches in der Hierarchie der Schulfächer variiert von Schule zu Schule, sondern auch die Zahl zu unterrichtender Sportstunden der einzelnen Sportlehrkräfte. Letztere ist in hohem Maße von den Fächerkombinationen des Lehrkörpers der jeweiligen Schule abhängig. Außerdem ist das Zahlenverhältnis weiblicher und männlicher Sportlehrkräfte an den verschiedenen Schularten höchst unterschiedlich, wodurch z.B. das Belastungsempfinden weiblicher Sportlehrkräfte beeinflusst werden kann. Da die Studie in Nordrhein-Westfalen durchgeführt wurde, werden im Folgenden die organisationsspezifischen Bedingungen für Sportlehrkräfte ausschließlich für dieses Bundesland beschrieben.

## 4.2 Organisationsspezifische Besonderheiten der Schulformen in Bezug auf die Sportlehrertätigkeit[15]

*Sportlehrkräfte an Grundschulen*

In Grundschulen wird in der Regel nach dem Klassenlehrerprinzip unterrichtet, das heißt, die Klassenlehrerin oder der Klassenlehrer lehrt in der Regel eine Reihe verschiedener Fächer in der eigenen Klasse. Meist hat die Lehrkraft drei Fächer, allerdings in unterschiedlichem Umfang, studiert, unter denen in den meisten Bundesländern Mathematik und Deutsch verpflichtend vorgeschrieben sind. Hinzu kommt ein drittes, frei wählbares Fach, das z. B. Sport sein kann. Hat eine Lehrkraft kein sportwissenschaftliches Studium absolviert, so kann sie dennoch, allerdings in der Regel freiwillig und meist nur in der eigenen Klasse, im Fach Sport als sogenannte „fachfremde Lehrkraft" eingesetzt werden. Dies gilt nicht für den Schwimmunterricht. Dafür gelten besondere Bedingungen. In gleicher Weise können Lehrkräfte an Grundschulen, die Sportwissenschaft studiert haben, auch in Fächern, die sie nicht studiert haben, etwa in Sachunterricht, Musik oder Kunst eingesetzt werden. Der Anteil an fachfremd erteiltem Sportunterricht ist in der Grundschule erheblich höher als an anderen Schulformen.[16] Aufgrund des Klassenlehrerprinzips und des geringeren Notendrucks in der Grundschule ist die Hierarchie der Fächer weniger stark ausgeprägt als in den Schulformen der Sekundarstufe I und II. Lehrkräfte an Grundschulen verstehen sich eher als „Pädagogen", weniger als Fachlehrer. Dies gilt auch für Sportlehrkräfte.

In den meisten Grundschulen in Deutschland, so auch im Land Nordrhein-Westfalen, soll das Fach Sport dreistündig unterrichtet werden. Ihm kommt insgesamt ein hoher Stellenwert im Rahmen der ganzheitlichen Förderung der Kinder zu, was unter anderem auch mit bestimmten pädagogischen Konzepten, wie der „Bewegten Schule", und auch mit der größeren Bedeutung von Bewegung, Spiel und Sport im Ganztag zusammenhängt. Im Durchschnitt werden von den im Lehrplan für die Grundschule vorgesehenen 3 Wochenstunden Sport in Nordrhein-Westfalen 2,86 Wochenstunden erteilt (vgl. Deutscher Sportbund 2006, S. 97ff). Der Anteil weiblicher Sportlehrkräfte an Grundschulen ist mit 83% deutlich größer als an anderen Schulformen (vgl. Deutscher Sportbund, 2006, S. 157) und der Anteil an Teilzeitkräften ist aufgrund der hohen Frauenanteile in Grundschulen allgemein besonders hoch.

---

15 Die folgenden Ausführungen beruhen auf Daten der SPRINT-Studie (vgl. Deutscher Sportbund 2006), den amtlichen Statistiken der Kultusministerkonferenz sowie Statistiken des Bundeslandes Nordrhein-Westfalen, in dem die empirische Studie erfolgte.

16 Laut SPRINT-Studie werden in 40% aller Grundschulen mehr als 50% des Sportunterrichts fachfremd unterrichtet (S. 101).

*Sportlehrkräfte an Hauptschulen*

Hauptschullehrerinnen und -lehrer haben in der Regel zwei Schulfächer studiert, die sie dann an den Schulen auch im Fachunterricht erteilen. Aber auch an Hauptschulen wird oft nach dem Klassenlehrerprinzip unterrichtet, so dass stets auch einige Fächer fachfremd unterrichtet werden müssen. Vor allem dann, wenn Mangel an Sportlehrkräften besteht, werden die Klassenlehrer/-innen- auch ohne entsprechende Fakultas - im Sportunterricht- eingesetzt. Deshalb und aufgrund des geringen Leistungsdrucks an Hauptschulen ist die Hierarchie der Fächer nicht so stark ausgeprägt wie in den anderen Schulformen der Sekundarstufe.

Dem Fach Sport kommt in Hauptschulen eine relativ große Bedeutung zu, vor allem im Hinblick auf den Bereich des sozialen Lernens. Dennoch werden die vorgesehenen drei Stunden Sport nicht immer in vollem Umfang erteilt, sondern es kommt häufig zu Kürzungen. So werden an Hauptschulen in Nordrhein-Westfalen, nach Aussage der Schulleiter, durchschnittlich 2 Wochenstunden Sport unterrichtet, wohingegen der Lehrplan 3 Wochenstunden vorsieht (Deutscher Sportbund, 2006, S. 97). Mit durchschnittlich etwa 8% unvorhergesehenem Unterrichtsausfall ist das Fach Sport an Hauptschulen stärker betroffen als an anderen Schulformen in Nordrhein-Westfalen. Nur ca. ein Drittel der Sportstunden wird im Fach Sport fachspezifisch vertreten, in 17 % der Stunden wird anderer Unterricht erteilt, wohingegen in über der Hälfte der ausfallenden Sportstunden gar kein Unterricht erteilt wird (vgl. ebd., S. 97ff). Die Geschlechterverteilung ist nach Daten der SPRINT-Studie mit 51% männlichen und 49% weiblichen Sportlehrkräften nahezu ausgeglichen (Deutscher Sportbund, 2006, S. 157). Da jedoch viele weibliche Lehrkräfte ihr Deputat reduziert haben oder nur halbe Stellen innehaben, dürfte ein größerer Teil der Sportstunden auf männliche Lehrkräfte entfallen.

*Sportlehrkräfte an Realschulen*

An Realschulen herrscht das Fachlehrerprinzip vor, das heißt, jede Lehrkraft unterrichtet in der Regel nur diejenigen Fächer, für die sie die Fakultas besitzt. Lehrkräfte haben in höherem Maße als an Grundschulen und Hauptschulen ein Berufsverständnis als Fachlehrkraft. Aufgrund des höheren Leistungsdrucks, nicht zuletzt bedingt durch die Abschlussprüfung zur Mittleren Reife, hat sich eine deutliche Hierarchie der Fächer herausgebildet, die von den Hauptfächern Mathematik und Sprachen angeführt wird und über die natur- und sozialwissenschaftlichen Fächer bis hin zu den Fächern Musik, Kunst und Sport reicht.

Auch an Realschulen kommt es zur Kürzung der Wochenstundenzahl im Fach Sport. Gemäß Lehrplan der Realschulen in NRW sind in den Jahrgangsstufen 9 und 10 nur zwei statt der eigentlich für die Sekundarstufe I vorgesehenen drei Stunden Sport zu unterrichten (vgl. Ministerium für Schule und Weiterbildung des Landes Nordrhein-Westfalen, 2013). Durchschnittlich werden 2 Wochenstunden Sport unterrichtet (Deutscher Sportbund 2006, S. 97). Bei Unterrichtsausfall wird an den Realschulen in Nordrhein-Westfalen in etwa 33% der Stunden anderer Unterricht anstelle von Sport erteilt, 20% der Stunden werden im Fach Sport vertreten. Knapp die Hälfte der ausfallenden Sportstunden wird aber überhaupt nicht vertreten, d.h. der Unterricht fällt komplett aus (vgl. Deutscher Sportbund, 2006, S. 97ff). Mit 55% Sportlehrern zu 45 % Sportlehrerinnen gibt es deutlich mehr männliche Sportlehrkräfte als weibliche (vgl. Deutscher Sportbund, 2006, S. 157).

*Sportlehrkräfte an Gymnasien*

An Gymnasien führt das Fachlehrerprinzip verbunden mit dem hohen Leistungsdruck im Hinblick auf das Abitur und der verbreiteten Selektionspraxis bereits ab Klasse 5 zu einer ausgeprägten Hierarchie der Schulfächer. Die Lehrkräfte sehen sich in erster Linie als Spezialisten für ein bestimmtes Fach, etwa in den Sprachen, der Mathematik und den natur- oder sozialwissenschaftlichen Fächern. Dem Fach Sport wird in der Hierarchie der Fächer eine geringere Bedeutung beigemessen.[17] Ausnahmen dürften Schulen mit Sportprofil, wie z.B. in Nordrhein-Westfalen die „Sportbetonten Schulen" bzw. die „Partnerschulen des Leistungssports" sein.[18]

An bestimmten Gymnasien in Nordrhein-Westfalen kann in der Sekundarstufe II im Sport ein Leistungskurs gewählt werden, wie in anderen Fächern auch. Als viertes Abiturfach wurde Sport seit dem Jahr 1999 in der Regel nicht mehr angeboten. Nur an ausgewählten Modellschulen, die Versuchscharakter hatten, gab es dies noch. Nach der Versuchsphase konnten ab 2009 zwar wieder alle Gymnasien und Gesamtschulen Sport als viertes Abiturfach einführen, mussten aber bestimmte Voraussetzungen erfüllen und einem bestimmten didaktischen Konzept folgen. Das heißt, Sport als viertes Abiturfach wurde an die „schulaufsichtliche Genehmigung" (Kurz & Schulz, 2010, S. 13) gebunden. Die Zahl der Schulen mit viertem Abiturfach ist deshalb seither klein. Man kann daher sagen, dass das Fach Sport für den Schulabschluss Abitur, den höchsten Abschluss des deutschen Schulsystems, im Land Nordrhein-Westfalen eine untergeordnete Rolle spielt.

Bezogen auf ganz Deutschland werden an Gymnasien statt der vom Lehrplan vorgesehenen drei Wochenstunden durchschnittlich 2,6 Wochenstunden Sportunterricht unterrichtet (vgl. Deutscher Sportbund, 2006, S. 97). Es fallen knapp 5% des Sportunterrichts situativ aus. 41% dieser Stunden werden ersatzlos gestrichen, in 27,5% der Stunden findet anderer Unterricht statt, in 31,5% der Stunden wird der Sportunterricht vertreten (vgl. ebd., S. 99).

Der Anteil weiblicher Lehrkräfte mit Fakultas Sport ist an Gymnasien mit 48% leicht niedriger als der Anteil männlicher Sportlehrkräfte (52%) (vgl. Deutscher Sportbund, 2006, S. 157). Der Anteil der von Frauen erteilten Sportstunden dürfte aufgrund der vielen teilzeitbeschäftigen Lehrerinnen deutlich unter dem der Männer liegen: nur 53% der weiblichen Sportlehrkräfte an Gymnasien und Gesamtschulen sind in vollem Arbeitsumfang tätig (vgl. ebd., S. 160).

*Sportlehrkräfte an Gesamtschulen*

Auch an Gesamtschulen herrscht das Fachlehrerprinzip vor, das heißt, Lehrkräfte unterrichten in der Regel nur diejenigen Fächer, die sie studiert haben. Das Fach Sport hat an Gesamtschulen, vor allem in der Sekundarstufe I, häufig einen hohen Stellenwert, insbesondere aufgrund der Arbeitsgemeinschaften im Rahmen der Ganztagsschule. Nichtsdestotrotz werden auch an

---

17 Vgl. hierzu die Ergebnisse der Interviewstudie von Kastrup (2009, S. 166ff).

18 Vgl. zu dieser Art von Schulen die Broschüre der Staatskanzlei Nordrhein-Westfalen: Duale Karriere in Nordrhein-Westfalen (Staatskanzlei Nordrhein-Westfalen 2019,S. 5ff ).

Gesamtschulen die Wochenstunden im Sport bisweilen gekürzt. Da am Ende der Sekundarstufe II das Abitur steht, wird bei personellen Engpässen eher beim Sport als bei den sogenannten „wichtigen Fächern" gekürzt. Die in den Stundentafeln der Gesamtschulen aufgeführten wöchentlichen Sportstunden belaufen sich in Nordrhein-Westfalen auf 2,83 Stunden (vgl. Deutscher Sportbund, 2006, S. 97). Von Unterrichtsausfall betroffene Sportstunden werden zu 36% im Fach Sport vertreten. Etwa die Hälfte der Sportstunden wird ersatzlos gestrichen und etwa 14% werden durch ein anderes Fach vertreten (vgl. ebd., S. 97ff.). Was den Sportunterricht in der Sekundarstufe II betrifft, so ist aufgrund der Strukturähnlichkeit mit der Sekundarstufe II an Gymnasien davon auszugehen, dass ähnliche Bedingungen vorliegen.

Der Anteil der weiblichen Sportlehrkräften an Gesamtschulen liegt bei nur 32%, der der männlichen Kollegen bei 68% (vgl. Deutscher Sportbund 2006, S. 157). Es ist deshalb - und angesichts der vielen weiblichen Teilzeitkräfte - von einem gravierenden Ungleichgewicht zwischen den Sportstunden, die von männlichen und solchen, die von weiblichen Sportlehrkräften erteilt werden, auszugehen.

*Fazit*

Betrachtet man die Struktur der Schulen insgesamt, so zeigt sich, dass an Grundschulen der Status des Faches Sport in der Hierarchie der Fächer ähnlich hoch veranschlagt werden kann wie der Status anderer Fächer. Hier findet sich z. B. auch der höchste Prozentsatz tatsächlich im Fach vertretener ausfallender Stunden (56%). Bei den weiterführenden Schulen wird dieser Wert bei Weitem nicht erreicht: die niedrigste Quote haben Realschulen (20 %), gefolgt von Gymnasien (31,5 %), Hauptschulen (33 %) und Gesamtschulen (36 %). An Realschulen, Gymnasien und Gesamtschulen ist aufgrund der ausgeprägten Hierarchie der Fächer von einem niedrigeren Status des Faches Sport im Vergleich zu anderen Schulfächern auszugehen[19]. Das Verhältnis von Frauen zu Männern bei der Population der Sportlehrkräfte fällt bei den Schulen der Sekundarstufe I deutlich zu Ungunsten der Frauen aus. Dieses Ungleichgewicht wird noch dadurch vergrößert, dass eine große Zahl weiblicher Lehrkräfte nur teilzeitbeschäftigt ist. Bei den Gesamtschulen dürfte es mit 32% Frauen zu 68% Männern ein besonders großes Defizit an von Frauen erteilten Sportstunden geben. Derart große zahlenmäßige Unterschiede dürften in einem körpernahen Fach wie Sport, das in hohem Maße durch Zweigeschlechtlichkeit geprägt ist, zu Problemen im Hinblick auf einen geschlechtergerechten Unterricht führen. Daraus resultierende Spannungen, wenn nicht sogar Konflikte innerhalb der Sportfachschaften, sind nicht auszuschließen.[20]

Derartige strukturelle Besonderheiten des Faches Sport und deren spezifische Ausprägungen an den verschiedenen Schulformen dürften bei der Belastungswahrnehmung der Sportlehrkräfte moderierend wirken. Sie sind deshalb bei empirischen Forschungen in ihrer Verflechtung zu berücksichtigen.

---

19 An Gymnasien dürfte sich dies aufgrund des Leistungsdrucks, der seit der Einführung der achtjährigen Schulzeit erheblich gestiegen ist, noch verstärkt haben.

20 Vgl. zur Beschreibung derartiger Konflikte Kastrup, Dornseifer & Kleindienst-Cachay (2008, S. 307 ff.).

# 5 Präzisierung der Fragestellungen für die empirische Untersuchung

Das Forschungsvorhaben geht davon aus, dass Sportlehrkräfte im Vergleich mit Lehrkräften anderer Fächer den Lehrerberuf unter spezifischen Bedingungen ausüben. Hier setzen die Fragen der vorliegenden Studie an, indem untersucht wird, wie Sportlehrkräfte, und zwar Frauen wie Männer, die Anforderungen ihres Berufes an einer bestimmten Schulform wahrnehmen und wie sie diese bewältigen. Die Untersuchung will Stressoren identifizieren, die bei der Ausübung des Berufs typischerweise auftreten, aber auch die speziellen Ressourcen, die im Fach Sport liegen und die zur Berufszufriedenheit und zur Fortführung der beruflichen Tätigkeit beitragen können. Damit lässt sich für die vorliegende Arbeit als zentrale Fragestellung festhalten: *Welche Strukturen fördern bzw. hemmen den Rückzug aus dem Fach Sport?*

Im Rahmen dieser Frage sind in Bezug auf die angelegte Theorie folgende Teilfragen zu beantworten:

1. Welche Bedingungen in sachlicher, räumlicher, zeitlicher und sozialer Hinsicht wirken in welcher Form und können zu Belastungen für Sportlehrkräfte führen?
2. Über welche gesundheitlichen Beeinträchtigungen berichten Sportlehrkräfte? Welche dieser Beeinträchtigungen führen sie ursächlich auf die Bedingungen der Sportlehrertätigkeit zurück?
3. Welche fachspezifischen Ressourcen nehmen Lehrkräfte des Unterrichtsfaches Sport wahr? Inwiefern können diese Ressourcen bei der Wahrnehmung bzw. Bewältigung von Belastungen moderierend wirken und so einen Rückzug oder Ausstieg aus dem Fach Sport verhindern?
4. Welche Bewältigungsstrategien zur Stressreduktion setzen Sportlehrkräfte nach eigener Aussage ein?

In Bezug auf diese Fragen sind der Einfluss verschiedener Rahmenbedingungen an den verschiedenen Schulformen sowie der Einfluss der persönlichen Lebensbedingungen als moderierende Faktoren zu untersuchen. Dabei sind folgende Fragen zu stellen: Welche Rolle spielen das Geschlecht und das Alter der Sportlehrkraft beim Belastungserleben, beim Umgang mit den genannten Belastungen und im Hinblick auf den subjektiv erlebten Gesundheitszustand? Gibt es Unterschiede zwischen den Sportlehrkräften verschiedener Schulformen und der beiden Geschlechter hinsichtlich dieser Faktoren und welche Bedeutung kommt den schulischen Rahmenbedingungen zu?

Um diese Fragen zu beantworten wurde ein zweistufiges Untersuchungsdesign gewählt, das mit einer quantitativen Studie beginnt und mit einer qualitativen Studie fortgesetzt wird.

# Teil IV Empirische Studie

# 6 Quantitative Studie

## 6.1 Zur Durchführung der quantitativen Untersuchung

Die Untersuchung beschränkte sich aus forschungsökonomischen Gründen auf eine nordrhein-westfälische Großstadt und deren Umland.[21] Im ersten Teil der Studie wurde im Sinne einer Totalerhebung ein anonymer Kurzfragebogen an die Sportlehrkräfte aller Grundschulen, Hauptschulen, Realschulen, Gesamtschulen/Gymnasien (den letztgenannten als einer gemeinsamen Gruppe) des Untersuchungsraumes geschickt, mit der Bitte um Beantwortung.[22] Es wurden folgende Merkmale abgefragt: Alter, Geschlecht, Art der Ausbildung,[23] Fächerkombination, gegenwärtige Deputatsverteilung auf die Unterrichtsfächer sowie (auf einer Skala von 1-5) die subjektive Belastungswahrnehmung durch die Sportlehrertätigkeit, das Vorhandensein eines Wunschs nach Deputatsreduktion im Fach Sport und, sofern dieser Wunsch vorhanden war, auch die Höhe des gewünschten Deputats im Fach Sport. Gleichzeitig diente der Fragebogen auch der Rekrutierung von Interviewpartnern/Interviewpartnerinnen. Er enthielt deshalb am Schluss die Frage, ob sich der/die Befragte ggf. für ein Interview zur Verfügung stellen würde. Bei Beantwortung dieser Frage mit „Ja" sollte die dem Fragebogen beigefügte Karte mit Angabe der Adresse ausgefüllt und an die Leiterinnen der Studie zurückgeschickt werden. Ein Rückschluss auf die Beantwortung des Fragebogens war ausgeschlossen, weil Fragebogen und Antwortkarte getrennt verschickt wurden. Zur Nachrekrutierung von Interviewpartnern und -partnerinnen wurden zu einem späteren Zeitpunkt noch weitere zehn Schulen aus dem Umland der Großstadt angeschrieben.

Insgesamt wurden 515 Fragebögen verschickt. Der Rücklauf belief sich auf 49,1 % (253 Lehrkräfte). Die einzelnen Schularten waren wie folgt beteiligt: Es antworteten 43,3% der Sportlehrkräfte der Grundschulen, 36,3% der Hauptschulen, 49,3% der Realschulen und 62,4% der Gymnasien/Gesamtschulen. Die Bereitschaft zur Teilnahme an der Studie, die völlig freiwillig war, war also an Gymnasien/Gesamtschulen deutlich höher als an den anderen Schulformen, was u.U. mit dem durch verschiedene Forschungsarbeiten bereits erhärteten Faktum einer erhöhten Wahrnehmung von Belastungsfaktoren (bzw. mit höherem Belastungsbewusstsein) an dieser Schulform zusammenhängen könnte.

---

21 Die Durchführung der Befragung erfolgte im Schuljahr 2007/2008.

22 Mit der verwendeten Methode der Stichprobenziehung, d.h. der Totalerhebung der Sportlehrerschaft einer Großstadt, ist keine Repräsentativität zu erwarten. Generalisierende Schlussfolgerungen für ganz Nordrhein-Westfalen oder ganz Deutschland können daher nicht gezogen werden.

23 Es wurden nur Lehrkräfte in die Studie aufgenommen, die Sportwissenschaft als Studienfach an einer Universität oder Pädagogischen Hochschule studiert hatten, also weder fachfremd Unterrichtende noch Lehrkräfte, die an anderen Ausbildungsinstituten eine Lehrbefähigung im Fach Sport erworben haben.

## 6.2 Ergebnisse

### *Altersverteilung der Sportlehrkräfte in der Stichprobe*

Der Altersdurchschnitt der untersuchten Population liegt bei 46,3 Jahren und unterscheidet sich damit nicht signifikant (p = 0,1) vom Altersdurchschnitt aller Lehrkräfte in NRW, der bei 47,3 Jahren liegt. Was die Verteilung der verschiedenen Alterskohorten in der Stichprobe betrifft, so ist festzuhalten, dass die Gymnasien/Gesamtschulen die meisten Sportlehrkräfte in den Altersgruppen IV und V, also im Alter zwischen 51 und 65 Jahren aufweisen (54,2%), während diese Kohorte in den anderen Schulformen in geringerem Maße vertreten ist: 39,7% (Grundschule), 39,4% (Realschule) bzw. 33,4 % (Hauptschule).

| | **Altersgruppe I Bis 30 J.** | **Altersgruppe II 31-40 J.** | **Altersgruppe III 41-50 J.** | **Altersgruppe IV 51-60 J.** | **Altersgruppe V 61-65 J.** |
|---|---|---|---|---|---|
| Grundschule | 5,9 | 30,5 | 23,9 | 37,7 | 2,0 |
| Hauptschule | – | 19,0 | 47,6 | 28,6 | 4,8 |
| Realschule | – | 30,3 | 30,3 | 30,3 | 9,1 |
| Gymnasium/ Gesamtschule | 2,4 | 21,8 | 20,8 | 44,3 | 10,7 |
| Sportlehrkräfte total | 3,3 | 26,2 | 25,4 | 38,5 | 6,6 |

Tabelle 6: Verteilung der Altersgruppen der erfassten Sportlehrkräfte (in %)

### *Geschlechterverteilung der Sportlehrkräfte in der Stichprobe*

In der Stichprobe überwiegen bei den Grundschullehrkräften mit 83,2 % Anteil die Frauen, während in allen anderen Schularten männliche Sportlehrkräfte dominieren, so in der Hauptschule mit 57,1 %, der Realschule mit 51,5 % und besonders in Gymnasium/Gesamtschule mit 60,2 %. (s. Tabelle 7). Vergleicht man die Werte der Stichprobe mit denen der Gesamtpopulation aller Sportlehrkräfte der untersuchten Großstadt, so zeigt sich, dass die Geschlechterverteilung in der untersuchten Population mit der tatsächlichen Verteilung an allen Schulen im untersuchten Raum übereinstimmt (vgl. Tabelle 7).[24]

---

24 Das Geschlechterverhältnis in der Kohorte aller Sportlehrkräfte der untersuchten Großstadt wurden durch eine telefonische Befragung des Fachreferenten im Schulamt erhoben.

**Geschlecht * Art der Schulform Kreuztabelle**

| Schulform | Grundschule | Hauptschule | Realschule | Gymnasium / Gesamtschule | Gesamt |
|---|---|---|---|---|---|
| Anzahl männlich | 17 | 12 | 17 | 59 | 105 |
| Erwartete Anzahl | 41,9 | 8,7 | 13,7 | 40,7 | 105 |
| % innerhalb von Geschlecht | 16,2 | 11,4 | 16,2 | 58,2 | 100,0 |
| % innerhalb von Art der Schulform | 16,8 | **57,1** | **51,5** | **60,2** | 41,5 |
| Standardisierte Residuen | -3,8 | 1,1 | ,9 | 2,9 | |
| Anzahl weiblich | 84 | 9 | 18 | 39 | 148 |
| Erwartete Anzahl | 59,1 | 12,3 | 19,3 | 57,3 | 148,0 |
| % innerhalb von Geschlecht | 56,8 | 6,1 | 10,8 | 26,4 | 100,0 |
| % innerhalb von Art der Schulform | **83,2** | 42,9 | 48,5 | 39,8 | 56,5 |
| Standardisierte Residuen | 3,2 | -,9 | -,8 | -2,4 | |
| Anzahl gesamt | 101 | 21 | 33 | 98 | 253 |
| Erwarte Anzahl | 101,0 | 21,0 | 33,0 | 98,0 | 253,0 |
| % innerhalb von Geschlecht | 39,9 | 8,3 | 13 | 38,7 | 100,0 |
| %innerhalb von Art der Schulform | 100,0 | 100,0 | 100,0 | 100,0 | 100,0 |

Tabelle 7: Verteilung der beiden Geschlechter in der quantitativen Studie

An den Schulen der untersuchten Großstadt sind zum Zeitpunkt der Untersuchung für das Fach Sport *515 Sportlehrkräfte* eingestellt. Davon arbeiten mit 233 (♀: 84,1%, n=196, ♂: 15,9%, n=37) die meisten Sportlehrer/-innen und Sportlehrer an den insgesamt 47 *Grundschulen*; 58 Lehrkräfte (♀: 41,4%, n=24; ♂: 58,6%, n=34) an 11 *Hauptschulen;* 67 Lehrkräfte (♀: 49,3%, n=33; ♂: 50,7%, n=34) an 9 *Realschulen*; 93 Lehrkräfte (♀: 41,9%, n=39; ♂: 58,1%, n=54) an den insgesamt 10 *Gymnasien* und 64 Lehrkräfte (♀: 32,8%, n=21, ♂: 67,2%, n=43) an 6 *Gesamtschulen.*

Zu beachten ist, dass in der untersuchten Großstadt der Anteil der männlichen Sportlehrkräfte am Schultyp „Gesamtschule" mit 67% deutlich höher liegt als der an Gymnasien mit 50,7 %.

Die starke Männerdominanz bei der Gruppe Gymnasium/Gesamtschule in der Stichprobe ist also maßgeblich durch den Schultyp „Gesamtschule“ bedingt. Bei der späteren qualitativen Untersuchung wird danach zu fragen sein, welche besonderen Merkmale dieser Schulform für die deutlich geringere Zahl an weiblichen Sportlehrkräften verantwortlich sein könnten. Was den Altersunterschied zwischen den Geschlechtern betrifft, so sind in den Schulformen Grund-, Haupt- und Realschulen weibliche und männliche Sportlehrkräfte nahezu gleich alt, wobei die männlichen Lehrkräfte an Grundschulen und Hauptschulen einen leichten Altersvorsprung haben. In der Realschule liegen Männer und Frauen gleich auf. Dagegen gibt es in der Gruppe Gymnasium/Gesamtschule einen signifikanten Altersunterschied. Im Schnitt sind die dort befragten männlichen Lehrkräfte 53, die weiblichen dagegen nur 48 Jahre alt. Dieser Tatbestand könnte damit zusammenhängen, dass sich von den älteren weiblichen Sportlehrkräften der Schulform Gymnasium/Gesamtschule bereits einige aus dem Fach zurückgezogen haben, also für eine Befragung nicht mehr zur Verfügung standen.

***Erteilte Wochenstundenzahl der Sportlehrkräfte***

Durchschnittlich unterrichtet in der untersuchten Gruppe eine Sportlehrkraft etwas weniger als neun Sportstunden pro Woche, bei einer Streuung zwischen 0 und 23 Stunden (s. Tabelle 8). An der Grundschule unterrichten weibliche und männliche Lehrkräfte jeweils durchschnittlich nahezu gleich viele Stunden, und zwar zwischen sieben und acht Stunden. An Hauptschulen unterrichten Frauen etwas mehr Sport (8,3 Stunden) als Männer (7,1 Stunden). An Realschulen und Gymnasien/Gesamtschulen unterrichten weibliche Lehrkräfte durchschnittlich sieben bis acht Stunden pro Woche, während ihre männlichen Kollegen mit 11,6 (Realschule) bzw. 10,9 (Gymnasium/Gesamtschule) deutlich höhere Wochendeputate haben. D.h., dort ist der einzelne männliche Sportlehrer durchschnittlich mit deutlich mehr Unterrichtsstunden belastet als die weiblichen Kolleginnen. Dieses Bild ist auch hoch signifikant (p=0,000) pauschal, wenn man nicht nach Schulformen differenziert.

| | Männlich | Weiblich | Untersch. (T-Test[25]) | total |
|---|---|---|---|---|
| GS | 7,9 | 7,4 | p=0,383 | 7,6 |
| HS | 7,1 | 8,3 | p=0,568 | 7,7 |
| RS | 11,6 | 7,0 | **p=0,039** | 9,3 |
| Gym/Ges | 10,9 | 7,9 | **p=0,002** | 9,8 |
| Untersch. (H-Test) | **p=0,019** | p=0,242 | | **p=0,05**[26] |
| Total | 10,2 | 7,6 | **p=0.000** | |

Tabelle 8: Anzahl der durchschnittlich erteilten Sportstunden nach Schulform und Geschlecht

Die niedrigeren Werte für beide Geschlechter an den Grund- und Hauptschulen lassen sich mit dem dort praktizierten Klassenlehrerprinzip erklären. Dadurch hat die einzelne Lehrkraft meist mehr als zwei Fächer zu unterrichten, wodurch sich die Wochenstundenzahl in den einzelnen Fächern reduziert. Dieses Prinzip gilt nicht in den Schulformen Realschule und Gymnasium/Gesamtschule. Die Deputate im Fach Sport sind deshalb höher. Warum es aber dort zu viel niedrigeren Sportstundendeputaten der weiblichen Lehrkräfte kommt, ist im weiteren Verlauf der Studie aufzuklären. Ein Grund dafür könnte im bekannt hohen Anteil von Teilzeitbeschäftigungen bei weiblichen Lehrkräften liegen, ein weiterer in einer gewollten und bewusst vollzogenen Deputatsreduktion durch die Frauen.

Allerdings sind die Unterschiede bei den männlichen Sportlehrkräften die Unterschiede in der Deputatshöhe zwischen den Schulformen Grundschule und Hauptschule einerseits und der Realschule und der Schulform Gymnasium/Gesamtschule andererseits nur bei den männlichen Sportlehrkräften signifikant.

***Anteile von Frauen und Männern an der Erteilung des Sportunterrichts***

Untersucht wurde die Frage, ob sich in der Grundgesamtheit sowie an den einzelnen Schulformen der Anteil der von Frauen gegebenen realen Sportstunden signifikant vom Anteil der Männer unterscheidet. Dazu wurden Tests für den Anteilswert durchgeführt (vgl. Monka, 2008, S. 344 f.). Es zeigte sich, dass an der Grundschule signifikant mehr Stunden von Frauen

25 Varianzhomogenität ist gegeben, nur bei der GS und bei total musste statt des T-Tests ein U-Test gerechnet werden.

26 Im paarweisen Vergleich der Schulformen zeigt sich, dass dieser Wert vornehmlich aufgrund des signifikanten Unterschieds zwischen Grundschule und Gymnasium/Gesamtschule zustande kommt. Alle anderen Paarvergleiche liefern keine signifikanten Ergebnisse.

erteilt werden als an den anderen Schulformen, was angesichts der hohen Zahl an weiblichen Lehrkräften in dieser Schulform ein triviales Ergebnis ist. In den Schulformen der Sekundarstufe I sowie der Sekundarstufe II ist dagegen der Anteil der von Männern erteilten Sportstundenzahl mit 56 % (Hauptschule), 64 % (Realschule) und 68 % (Gymnasium /Gesamtschule) signifikant größer als der der Frauen. Dies hat erhebliche Konsequenzen für den koedukativen Unterricht: Die Schüler/-innen in der Grundschule werden deutlich häufiger von weiblichen Sportlehrkräften, die der Sekundarstufen dagegen deutlich häufiger von männlichen Sportlehrkräften unterrichtet. Näheren Aufschluss über die Ursachen dafür, dass weibliche Sportlehrkräfte in der Realschule und in der Schulform Gymnasium/Gesamtschule nur noch etwa ein Drittel aller Sportstunden unterrichten, versucht die qualitative Studie zu geben.

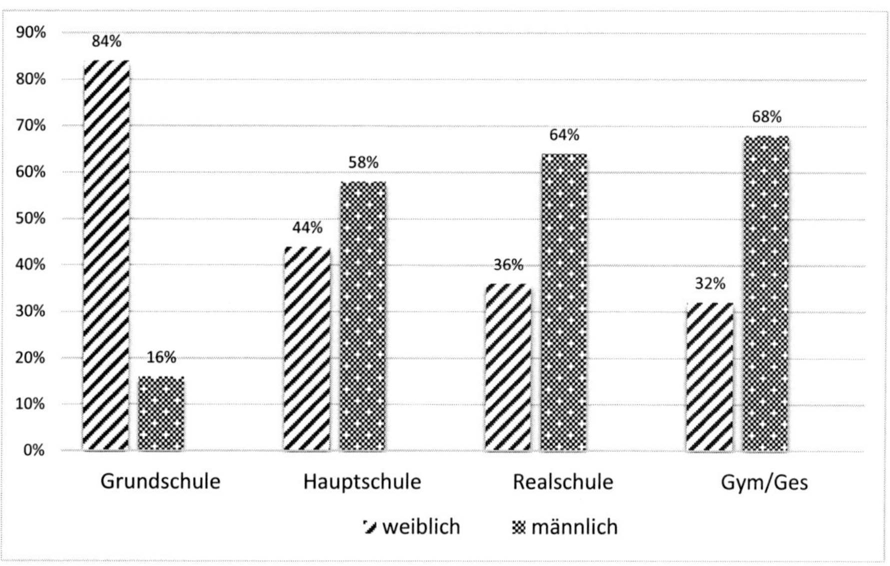


Abbildung 3: Anteile der von männlichen bzw. weiblichen Sportlehrkräften erteilten Sportstunden nach Schulform

### *Belastungserleben*

Ein knappes Drittel der Lehrkräfte gibt an, sich „sehr stark" bzw. „stark" belastet zu fühlen. Um die Frage zu beantworten, welche Merkmale signifikante Prädiktoren für das Belastungserleben der Sportlehrkräfte sind, wurde eine multiple lineare Regressionsanalyse mit schrittweiser Aufnahme der als relevant eingeschätzten Variablen durchgeführt.[27]

---

27 Bei diesem Verfahren werden nur solche Variablen in das Modell aufgenommen, die die Modellgüte signifikant verbessern.

Für die Modellbildung zur Erklärung des Belastungserlebens wurden als unabhängige Variablen die Schulform (transformiert in Dummy-Variablen für jede Schulform), das Sportstunden-Deputat, das Geburtsjahr und das Geschlecht der Lehrkraft herangezogen. Die schrittweise Aufnahme der Variablen führte zu folgendem Modell:

| | Unstandardized Coefficients | | Standardized Coefficients | t | Sig. | Collinearity Statistics |
|---|---|---|---|---|---|---|
| | B | Std. Error | Beta | | | Tolerance |
| (Constant) | 40,886 | 10,534 | | 3,881 | ,000 | |
| Dummy Gym/Ges | ,509 | ,107 | ,284 | 4,754 | ,000 | ,945 |
| Sportstunden-Deputat | ,041 | ,010 | ,237 | 4,021 | ,000 | ,971 |
| Geburtsjahr | -,020 | ,005 | -,214 | -3,639 | ,000 | ,970 |

Tabelle 9: Modell zur Erklärung des Belastungserlebens von Sportlehrkräften

Anhand der ersten Spalte sieht man, dass nur die Variablen „Schulform Gymnasium/Gesamtschule", „Höhe des Sportstunden-Deputats" und „Geburtsjahr der Lehrkraft" in das Modell aufgenommen wurden. Nur diese Variablen können das Belastungserleben signifikant erklären (alle $p = 0{,}000$). Die Variable „Geschlecht" verfehlt die Signifikanzgrenze relativ deutlich ($p = 0{,}956$) und spielt somit keine Rolle für die Erklärung des Belastungserlebens. Hinsichtlich der Schulformen zeigt sich eine Trennung in zwei Gruppen: Für das Belastungserleben ist statistisch relevant, ob die Sportlehrkraft an der Schulform Gymnasium/Gesamtschule unterrichtet oder an einer anderen Schulform.

Anhand der Beta-Koeffizienten in der zweiten und vierten Spalte lässt sich der Einfluss der Prädiktoren auf das Belastungserleben ablesen. Die etwa gleich großen Beträge der standardisierten Beta-Koeffizienten in der vierten Spalte mit den Werten: ,284; ,237 und -,214 zeigen an, dass der Einfluss der Prädiktoren nahezu identisch ist. Es ist ferner am positiven Koeffizienten erkennbar, dass der Unterricht im Fach Sport an der Schulform „Gymnasium/Gesamtschule" zu einer Steigerung der Belastung führt, und zwar sowohl bei Männern als auch bei Frauen. Denselben Effekt hat eine Erhöhung des Sportstunden-Deputats. Weiterhin wird die Arbeit im Fach Sport umso weniger belastend empfunden, je jünger die Lehrkraft ist. Dies geht aus dem negativen Koeffizienten für die Variable des Geburtsjahres hervor.

Als ein erstes Ergebnis lässt sich festhalten: Empirisch signifikant für die Erklärung eines hohen Belastungsempfindens ist - auf die Schulform bezogen - nur die Schulart Gymnasium/Gesamtschule. Weitere Prädiktoren sind: eine hohe Deputatstundenzahl im Fach Sport sowie höheres Alter. Da die empirischen Daten gezeigt haben, dass die durchschnittliche Deputatstundenzahl in der Schulart Gymnasium/Gesamtschule sehr hoch und dazuhin der Altersdurchschnitt der Sportlehrkräfte dieser Schulform der höchste unter allen untersuchten Schulformen ist, dürfte hier von erheblichen Additionseffekten hinsichtlich des Belastungserlebens auszugehen sein. Insgesamt kann das Modell 22% der Varianz des Belastungserlebens aufklären.[28]

Die Aufklärung weiterer Faktoren erfolgt durch Ergebnisse der qualitativen Studie. Denkbare Ursachen für ein erhöhtes Belastungserleben können das im Vergleich zu anderen Fächern geringere Ansehen des Faches Sport im Kollegium, mangelnde Unterstützung durch Schulleitung und Kollegen/Kolleginnen aber auch Belastungen durch die spezifischen räumlichen und zeitlichen Bedingungen des Sportlehrerberufes sein. Außerdem sind für das Belastungsempfinden das spezifische Copingverhalten der Lehrkräfte und die Gratifikationen, die die Lehrkräfte an den verschiedenen Schulformen in unterschiedlichem Maße aus ihrer Tätigkeit ziehen, zu berücksichtigen.

***Wunsch nach Veränderung des Lehrdeputats im Fach Sport***

Von den 253 befragten Lehrkräften wünscht sich etwa ein Drittel eine Änderung ihrer Deputatsstunden im Fach Sport. Welche Variablen haben Einfluss auf diesen Wunsch? Dazu werden wieder zuerst bivariate Korrelationen betrachtet, in denen der Einfluss jeder Variablen auf den Veränderungswunsch isoliert betrachtet wird. Danach erfolgt eine multiple Regression, in der die Faktoren in einem Modell zusammengeführt werden. Abschließend wird nach dem von den Sportlehrkräften tolerierten Verhältnis von Sportstunden zu anderen Unterrichtsstunden gefragt.

Betrachtet werden wieder die vier Prädiktoren Geschlecht, Alter, Sportstundenanzahl und die in Dummy-Variablen aufgeschlüsselte Schulform. Hinzugenommen werden die Prädiktoren Belastung und Sportstundenanteil.

| | Korrelationskoeffizient | Signifikanz |
|---|---|---|
| Geschlecht | $r = 0{,}041$ | $p = 0{,}511$ |
| Alter | $r = 0{,}051$ | $p = 0{,}422$ |
| Sportstundenanzahl | $r = 0{,}246$ | $p = 0{,}000$ |
| Sportstundenanteil | $r = 0{,}348$ | $p = 0{,}000$ |
| Belastungsempfinden | $r_s = 0{,}283$ | $p = 0{,}000$ |
| GS | $r_s = -0{,}189$ | $p = 0{,}003$ |
| HS | $r_s = 0{,}015$ | $p = 0{,}815$ |
| RS | $r_s = -0{,}077$ | $p = 0{,}224$ |
| Gym/Ges | $r_s = 0{,}234$ | $p = 0{,}000$ |

Tabelle 10: Korrelationen mit dem Wunsch nach Veränderung des Lehrdeputats im Fach Sport

Man erkennt an Hand von Tabelle 10, dass die Faktoren Geschlecht und Alter der Sportlehrkräfte nicht signifikant mit dem Wunsch nach einer Deputatsveränderung korrelieren. Die

28 Dieser Wert mag zunächst niedrig erscheinen, aber dadurch dass diese Quote mit nur drei Variablen erzielt wurde und dass diese zudem keine persönlichen Einstellungen der Lehrkräfte beinhalten, wird dies relativiert.

Sportstundenanzahl und der Sportstundenanteil am Gesamtdeputat sowie das subjektive Belastungsempfinden der Lehrkraft weisen dagegen eine signifikante positive Korrelation mit dem Wunsch nach einer Deputatsveränderung auf. D. h., die Unzufriedenheit mit dem aktuellen Deputat wird mit wachsender Sportstundenanzahl und wachsendem Belastungsempfinden wahrscheinlicher. Hinsichtlich der Schulform zeigt sich eine signifikante Korrelation der abhängigen Variable mit der Grundschule und dem Gymnasium. Während Grundschullehrkräfte überdurchschnittlich zufrieden mit ihrem aktuellen Lehrdeputat im Fach Sport sind, äußern Lehrkräfte vom Gymnasium vermehrt einen Wunsch nach Veränderung. Dies verwundert nicht, haben doch die Lehrkräfte am Gymnasium die höchste Sportstundenzahl.

Verbindet man auch hier die einzelnen Prädiktoren in einem multivariaten linearen Modell, so ergibt sich folgendes Resultat[29]:

| | Unstand. Koeff. B | Stand. Koeff. Beta | Signifikanz |
|---|---|---|---|
| Konstante | -0,245 | - | 0,002 |
| Sportstundenanteil | 0,101 | 0,283 | 0,000 |
| Belastungsempfinden | 0,098 | 0,248 | 0,000 |

Tabelle 11: Koeffizienten des multiplen linearen Regressionsmodells zur Erklärung des Wunsches einer Deputatsveränderung im Fach Sport ($R^2$=0,178; p = 0,000)

Es zeigt sich, dass für den Wunsch nach einer Veränderung des Lehrdeputats insbesondere die Höhe des Sportstunden*anteils* verantwortlich ist. In zweiter Linie wirkt sich das Belastungsempfinden (durch das Fach Sport) erhöhend auf den Veränderungswunsch aus. Führt man diese Analyse getrennt nach Geschlechtern durch, so kommt man zu denselben signifikanten Faktoren, allerdings sind sie bei den männlichen Sportlehrkräften in umgekehrter Reihenfolge von Bedeutung, also zuerst das Belastungsempfinden und dann die Höhe des Sportstundenanteils.

Fragt man abschließend – ähnlich wie Garske und Holtz (1985) – nach dem von den Lehrkräften akzeptierten Verhältnis der Sportstundenanzahl zur Anzahl der Stunden im anderen Unterrichtsfach, so zeigt sich über eine binäre logistische Regression mit einem Schwellenwert von 0,5 folgendes Bild:

29 Es wurden außerdem noch die Variablen Zweitfach (d.h. Sport ist Haupt- oder Nebenfach) und Voll-/Teilzeitarbeit in die Modellbildung integriert. Diese blieben jedoch ohne Signifikanz.

| | total | Frauen | Männer |
|---|---|---|---|
| Konstante | -0,234 | -3,189 | -2,478 |
| Koeffizient B | 0,083 | 1,587 | 0,691 |
| Signifikanz | 0,000 | 0,000 | 0,035 |
| Nagelkerke $R^2$ | 0,176 | 0,289 | 0,077 |
| Korrekte Vorhersagen | 85,6% | 86,6% | 85,3% |
| Maximale Toleranz | 73% | 67% | 78% |

Tabelle 12: Maximale Toleranz des Sportstundenanteils am Gesamtstundendeputat (binäre logistische Regression)

Die Interpretation der Werte zeigt: Eine Sportlehrkraft hat den Wunsch nach Veränderung ihrer Sportstundenanzahl dann, wenn die Sportstundenanzahl aktuell mindestens 73% ihres Lehrdeputats ausmacht (maximaler Toleranzwert des Sportstundenanteils).

Differenziert man diese Analyse nach Geschlecht, so liegt der Toleranzwert der weiblichen Sportlehrkräfte bei 67% und jener der männlichen Sportlehrkräfte bei 78%. Die Frauen in der Stichprobe äußern demnach schon bei einer geringeren Sportstundenanzahl als Männer den Wunsch nach einer Verringerung des Sportstundendeputats.

Aus all dem kann man folgern, dass ein hohes Sportstundendeputat keinesfalls begrüßt, sondern eher abgelehnt wird und dass sich Wünsche der Deputatsveränderung eher auf eine Reduktion, denn auf eine Ausweitung der Sportstunden beziehen.

Über die Ursachen für den Wunsch nach Deputatsreduktion können hier nur Vermutungen angestellt werden: Körperliche Belastungen (ständiges Stehen, stimmliche Belastung in den Übungsstätten) könnten ebenso wie psychische eine Rolle spielen. Denkbar ist auch, dass man an der Schule nicht überwiegend in einer sportbezogenen Funktionsrolle gesehen werden will, also z. B. nicht als der „Trainer"/die „Trainerin", während sich andere Fachkollegen und -kolleginnen über ihre Kompetenz in hochangesehenen kognitiven Fächern darstellen können. Denkbar sind auch ausgeprägte Interessen im anderen Fach, sodass man sich dort stärker einbringen möchte.

## 6.3 Fazit

Die Ursachen des Belastungsempfindens der Sportlehrkräfte verschiedener Schulformen, unterschiedlichen Alters und Geschlechts sind aus den vorliegenden empirischen Daten erwartungsgemäß nicht vollständig aufzuklären. Eine ganze Reihe verschiedener Faktoren (der Anteil der Sportstunden am Gesamtdeputat, die Zahl der erteilten Sportstunden, das Geschlecht, das Alter und die Schulform) moderieren das Belastungsempfinden offenbar in hohem Maße, und von diesen Faktoren scheinen sich wiederum einige in ungünstiger Weise zu addieren. Jüngere Sportlehrkräfte zeigen ein niedrigeres Belastungsempfinden als ältere. Eine kritische Grenze stellt wohl der Übergang vom mittleren Berufsalter zum älteren Berufsalter dar, etwa ab dem 40. Lebensjahr. Offenbar gibt es dort aus salutogenetischer Perspektive erheblichen Handlungsbedarf für die dritte Phase der Lehrerbildung (Beratung, Fortbildung, Verhaltenssteuerung).

Beim Vergleich der verschiedenen Schulformen zeigt sich, dass Sportlehrerinnen und Sportlehrer an Gymnasium/Gesamtschule bei weitem das höchste Belastungsempfinden angeben. Grundschulsportlehrkräfte hingegen fühlen sich weniger belastet als Lehrkräfte anderer Schulformen, obwohl sie mit 29 Stunden (beim Volldeputat) die höchste Gesamtstundenzahl aufweisen (im Unterschied zu Gymnasium/Gesamtschule mit 25 Stunden).

Ein erhöhtes Belastungsempfinden weiblicher Sportlehrkräfte generell gegenüber den männlichen konnte durch die quantitative Studie nicht nachgewiesen werden. Dazu sind die Unterschiede in den Unterrichtsbedingungen an den einzelnen Schulformen und in den individuellen Gesamtstundendeputaten sowie Sportstundendeputaten zu groß. Dagegen besteht ein eindeutiger Zusammenhang zwischen der Höhe der zu unterrichtenden Wochenstunden im Fach Sport und der Intensität des Belastungserlebens. Gleichfalls besteht ein Zusammenhang zwischen höherem Alter der Lehrkräfte und erhöhtem Belastungserleben. Da beide Faktoren bei den in der Stichprobe vertretenen Lehrkräften an Gymnasium/Gesamtschule zusammentreffen, ergeben sich hier ungünstige Additionseffekte, die zu einem besonders hohen Belastungsempfinden führen. Dies gilt für männliche und weibliche Lehrkräfte gleichermaßen.

Kritisch zu sehen ist die ungleiche Verteilung der Sportstunden zwischen weiblichen und männlichen Sportlehrkräften im koedukativen Sportunterricht der Sekundarstufe I und II. Dort gibt es in allen Schulformen ein deutliches Übergewicht an von Männern erteiltem Sportunterricht. An Gymnasien/Gesamtschulen wird sogar weniger als ein Drittel aller Sportstunden von weiblichen Lehrkräften erteilt. Die Folgen dieser ungleichen Verteilung auf die methodisch- didaktische Gestaltung des koedukativen Sportunterrichts sind zwar nicht Gegenstand dieser Arbeit, gleichwohl soll in diesem Zusammenhang auf zweierlei Folgen hingewiesen werden: Erstens kann ein nach Inhalten und Sportstilen als männlich dominiert zu bezeichnender Sportunterricht für Schülerinnen der Sekundarstufen I und II, die sich in der Pubertät bzw. Adoleszenz befinden, also in Entwicklungsphasen, die für die Ausbildung des Körperselbstbildes und der Sportinteressen von besonderer Bedeutung sind, ungünstige Auswirkungen auf die Sozialisation der Schülerinnen zum Sport haben. Zweitens dürfte sich die Männerdominanz im Schulsport auch auf die Geschlechterkultur innerhalb der Sportfachschaften an den Schulen der Sekundarstufe I und II auswirken, was sich angesichts der immer noch weitgehend geschlechterdifferenten Sportkulturen in einer geringeren Berufszufriedenheit und einem erhöhten Belastungsempfinden der weiblichen Sportlehrkräfte niederschlagen kann.

Die Ergebnisse insgesamt sowie die nur geringe Zahl an Sportlehrkräften, die angeben, möglichst viele Stunden im Fach Sport unterrichten zu wollen, deuten darauf hin, dass der Sportlehrerberuf keinesfalls als „Traumjob“, im Sinne einer „leichten Tätigkeit“ zu erachteten ist! Aus der Perspektive der schulischen Gesundheitsförderung erscheint es daher höchst bedenklich, wenn, wie dies oft der Fall zu sein scheint, aus schulorganisatorischen Gründen dem Wunsch einer Lehrkraft nach Stundenreduktion im Fach Sport nicht entsprochen wird.

Offen bleibt allerdings, ob die untersuchte Population sich nun eher aus hoch belasteten Lehrkräften oder aber, im Gegensatz dazu, aus eher gering belasteten Sportlehrkräften (d.h. solchen, die überhaupt Zeit und Kraft haben, an einer derartigen Befragung teilzunehmen) zusammensetzt. Die Teilnahme an der Befragung war freiwillig und bei derartigen Befragungen sind Selektionseffekte nach der einen oder anderen Seite nicht auszuschließen. Andererseits ist aber auch danach zu fragen, wie viele der sich hoch belastet fühlenden Sportlehrer/-innen an den Schulen des untersuchten Sozialraums durch die Studie gar nicht erfasst werden konnten, etwa weil sie bereits aus Gründen von Krankheit oder übermäßiger Belastung gar keinen Sportunterricht mehr erteilen, in der Statistik ihrer Schulen aber noch als Sportlehrkraft geführt werden.

Um genauer untersuchen zu können, welche Ursachen das spezifische Belastungserleben hat und ob und in welchem Maße bestimmte Bedingungen der Sportlehrertätigkeit als belastend erlebt werden, reichen die Erkenntnisse aus der quantitativen Untersuchung nicht aus. Hierzu bedarf es der Hinzuziehung von Ergebnissen aus den qualitativen Interviews der vorliegenden Studie. Darüber hinaus wird ein besonderer Nachdruck darauf liegen, zu untersuchen, welche Faktoren für eine Bewältigung der Belastung bedeutsam sind und über welche Ressourcen Sportlehrkräfte gegebenenfalls verfügen. Dabei ist auch nach den spezifischen Gratifikationen, die in diesem Beruf bezogen auf bestimmte Schulformen liegen, zu fragen.

# 7 Qualitative Studie

## 7.1 Kriterien der Auswahl der Probanden und Probandinnen der qualitativen Untersuchung

Für die qualitative Studie wurden Sportlehrer/-innen der Schulformen Grundschule, Hauptschule, Realschule, Gesamtschule und Gymnasium interviewt. Die Entscheidung, die Sportlehrkräfte an Gymnasien und Gesamtschulen getrennt zu untersuchen, ergab sich aus den Ergebnissen der quantitativen Studie. Diese lassen den Schluss zu, dass das Belastungserleben an diesen zwei Schularten verschieden ist.

Es wurden ausschließlich jene Sportlehrkräfte interviewt, die ihre Fakultas für Sport durch ein sportwissenschaftliches Studium an einer Universität erlangt haben, nicht jedoch solche mit anderen Ausbildungsgängen, z.B. berufsbegleitender Erwerb einer Zusatzqualifikation im Fach Sport oder die fachfremd unterrichten. die berufsbegleitend eine Zusatzqualifikation im Fach Sport erworben haben oder die fachfremd Unterrichtende. Damit ist die Stichprobe insofern in sich homogen, als dass jeder Proband mindestens zwei (bzw. Grundschullehrkräfte drei) wissenschaftliche Fächer studiert hat (darunter Sportwissenschaft). Eine gewisse Vergleichbarkeit ist dadurch gewährleistet.

Trotz der Beschränkung auf eine begrenzte, noch handhabbare Anzahl von Sportlehrkräften als Interviewpartner/-innen, sollte die Zahl der Fallbeispiele pro untersuchter Lehrkräftegruppe nicht zu klein sein und es sollte auch eine möglichst gleichmäßige Gruppierung von Sportlehrkräften entlang der Kriterien „Geschlecht“, „Schulform“ und „Alter“ erfolgen:

Es wurde angestrebt, gleich viele weibliche und männliche Sportlehrkräfte, jeweils in Bezug auf eine Schulform, zu interviewen. Aus forschungsökonomischen Gründen wurde die Größe der Stichprobe auf ca. 70 Probanden/Probandinnen festgelegt. Weil es keine exakten Daten zur Anzahl der Frauen und Männer im Sportlehrerberuf in der ausgewählten Großstadt gab, aus der heraus ein prozentualer Anteil von zu Befragenden hätte festgestellt werden können, wurde entschieden, dass jeweils 10 Frauen und 10 Männer aus den Schulformen Gymnasium, Gesamtschule, Realschule und Grundschule befragt werden sollten. Ein Auswahlkriterium bildete das Alter (> 35 Jahre) bzw. die Berufserfahrung (> 5 Jahre) der befragten Person. Der Grund für diese Festlegungen war, dass nur Sportlehrer/-innen ab einem gewissen Alter und einer entsprechenden Berufserfahrung Vergleiche zwischen ihrer beruflichen Anfangszeit und ihrer späteren Berufstätigkeit ziehen und über Veränderungen in der Belastungswahrnehmung berichten können.

## 7.2 Forschungsdesign der qualitativen Studie

Ein qualitatives Forschungsdesign bietet sich an, weil es sich dadurch auszeichnet, dass es die zu untersuchenden Aspekte vielseitig und in komplexer Form abbilden kann. Eine qualitative Vorgehensweise ermöglicht es in besonderem Maße, subjektbezogene Aspekte der Person zu erheben und Handeln und Erleben aus Sicht der Subjekte zu rekonstruieren, was unter der zu bearbeitenden Fragestellung besonders wichtig ist (Helfferich, 2011). Fragebogen-Untersuchungen können Fragen der hier vorliegenden, komplexen Art kaum aufklären, zum einen weil bei diesen Verfahren Antworten oftmals im Sinne von sozialer Erwünschtheit erfolgen, zum anderen weil dabei Fragen nicht mehrfach in modifizierter Weise gestellt werden können. Dies ist aber wichtig, damit dem individuellen Verständnis und möglichen Vorbehalten Interviewpartner/-innen gegenüber bestimmten Themen Rechnung getragen werden kann. Während mit Fragebogenuntersuchungen ein breit angelegter Vergleich erfolgen kann, ermöglichen Einzelinterviews das Eindringen in die Tiefe des Einzelfalls, was für die vorliegende Fragestellung von besonderer Bedeutung ist (Strodtholz & Kühl, 2002, S. 11ff.).

Die qualitative Sozialforschung bietet zur Erforschung derartiger Themenbereiche höchst unterschiedliche Verfahren an. Für das vorliegende Vorhaben eignen sich Einzelinterviews am besten, denn über den Erzählprozess im Einzelinterview kann in detaillierter Weise das Erleben der strukturellen Rahmenbedingungen des beruflichen Handlungsfeldes erfasst werden. Antworten im Sinne sozialer Erwünschtheit können minimiert werden.

Für die vorliegende Untersuchung interessiert ausschließlich die Einschätzung zur Bedeutung des Sportlehrerberufs der Positionsinhaber/-innen selbst, nicht aber die Meinung anderer im System. Das Interview zielt insofern auf einen exponierten Personenkreis ab, dem besondere Wissensbestände zugesprochen werden und der mit Blick auf das spezifische Forschungsthema Relevantes beizutragen verspricht (Meuser & Nagel, 1991, 1997; Liebold & Trinczek, 2002).

Die Datenerhebung orientiert sich an Formen des fokussierten Interviews (vgl. Lamnek, 1993a, 1993b) bzw. des problemzentrierten Interviews mit narrativen Anteilen nach Witzel (1982, 1985). Problemzentrierung wird dabei so verstanden, „dass an gesellschaftlichen Problemen angesetzt werden soll, deren wesentliche objektive Aspekte der Forscher sich vor der Interviewphase erarbeitet“ (Mayring, 2002, S. 68). Diese Form eignet sich für die vorliegende Fragestellung in besonderem Maße, weil sie darauf abzielt, mit Fragen und Erzählanreizen ein ganz bestimmtes Problem des jeweiligen Interviewpartners bzw. der Interviewpartnerin zu bearbeiten. Durch die narrativen Anteile soll der interviewten Person die Gelegenheit gegeben werden, die Themenreichweite so zu erweitern, dass auch von der Forscherin/dem Forscher nicht antizipierte Gesichtspunkte zur Sprache kommen können (vgl. Helfferich, 2005, S. 24f.). Das heißt, die Problemstellungen dürfen im Interview nicht zu eng vorgegeben werden (vgl. Friebertshäuser, 1997; Flick et al., 2003, S. 351 ff.). In diesem Zusammenhang wird von „geschlossener Offenheit" (vgl. Liebold & Tranczek, 2002, S. 42) gesprochen, was bedeutet, dass durch den Leitfaden eine Vorstrukturierung des Interviews stattfindet, die Bedeutungsstrukturierung der sozialen Wirklichkeit aber durch die erzählende Gesprächsstruktur dem Befragten überlassen bleibt. Nur so können auch persönliche Eindrücke erfasst werden, wobei anhand des problemzentrierten Leitfadens immer wieder die zentralen Fragestellungen fokussiert werden. Auf diese Weise wird ein zu weites Abschweifen in andere Bereiche vermieden, weil Fragen in Form von Erzähl-Stimuli eingesetzt werden (vgl. Mayring, 2002, S. 67ff.; Helfferich, 2005, S. 28f.). Dies garantiert, dass die Interviews in einem zeitlich angemessenen Rahmen stattfinden. Für die hier vorliegenden Fragestellungen bieten sich problemzentrierte Interviews darüber hinaus auch deshalb an, weil sie bei stärker theoriegeleiteter Forschung mit spezifischeren Fragestellungen und bei Forschung mit größeren Stichproben empfohlen werden (vgl. Mayring, 2002, S. 121). Beides trifft auf die vorliegende Studie zu.

Um den Blick präzise auf bislang noch nicht untersuchte, im Bewusstsein der Lehrkräfte tiefer liegende Aspekte zur Frage der sozialen Stellung des Sportlehrerberufs an den genannten Schulformen richten zu können, werden Einzelfälle, ausgewählte Probanden, die quasi prototypisch für eine größere Gruppe stehen, untersucht. Diese Methode wird in den Sozialwissenschaften zunehmend gewählt, weil mit ihr ausführliche begründete und auch analytische Aussagen zur jeweiligen Problematik möglich sind. Während repräsentativ angelegte Studien eher auf allgemeine Aussagen mit einer großen Zahl von Fällen abzielen, sollen mit Hilfe von Fallstudien möglichst differenzierte Einsichten in einen Problembereich gewonnen werden.

Im Verlaufe des Forschungsprozesses konnten nicht alle Gruppen von Lehrkräften gleich stark besetzt werden, weil nicht genügend männliche Sportlehrkräfte der Gesamtschule und der Grundschule gefunden werden konnten, die sich für ein Interview bereit erklärten. Um dennoch das Kontingent an Interviews auszuschöpfen, wurden daher mehr Interviews mit männlichen Sportlehrkräften von Gymnasien geführt als ursprünglich geplant, um eine Gleichverteilung hinsichtlich der Kriterien Geschlecht und Schulstufe zu erreichen. Außerdem waren fünf Interviewpartner/-innen unter der angestrebten Altersgrenze von 35 Jahren. Diese Abweichung wurde zugunsten einer möglichst hohen Interviewanzahl toleriert. Drei dieser fünf Sportlehrkräfte hatten allerdings zum Zeitpunkt des Interviews schon mehr als fünf Jahre Berufserfahrung. Damit die Interviewpartner/-innen anonym bleiben, wurden bei der Darstellung der Ergebnisse die Namen der Sportlehrer/-innen codiert. Es ergibt sich folgende Gruppenkonstellation mit 71 interviewten Sportlehrkräften (vgl. Tab. 13).

| | Gymnasium | Gesamtschule | Realschule | Hauptschule | Grundschule | Summe |
|---|---|---|---|---|---|---|
| ♀ | 10 | 10 | 5 | 4 | 9 | 38 |
| ♂ | 13 | 6 | 5 | 4 | 5 | 33 |
| **Summe** | 23 | 16 | 10 | 8 | 14 | 71 |

Tabelle 13: Interviewpartner/-innen nach Schulform und Geschlecht

Die einzelnen Themen- und Fragenkomplexe des Interviewleitfadens repräsentieren die verschiedenen Aspekte des theoretischen Modells zu Belastungen, Ressourcen und zur Berufszufriedenheit von Sportlehrkräften. Die Unterteilung des Interviewleitfadens in unterschiedliche Themenkomplexe bedeutet weder, dass die Fragen zwangsläufig in der Reihenfolge der aufgeführten Themenkomplexe eingehalten werden müssen, noch, dass jeder Themenkomplex für sich alleine abgehandelt wird. Vielmehr wird der Interviewleitfaden in Themenbereiche untergliedert, so dass die Interviewerin während des Interviews leichter den Überblick über die bereits angesprochenen und die noch fehlenden Themenbereiche behalten kann. Die einzelnen Themenkomplexe werden zwar während des Interviews in der aufgeführten Reihenfolge angesprochen, sie überschneiden sich jedoch während des Interviews.[30]

Der Interviewleitfaden wurde einem Pretest unterzogen, indem fünf Probeinterviews geführt wurden. Diese Pilotphase diente dazu, Erfahrungen im Interviewen mit der Berufsgruppe der Sportlehrkräfte zum vorliegenden Thema zu sammeln. Der Interviewleitfaden wurde während und nach der Durchführung der Probeinterviews überarbeitet und verbessert.[31] So wurden beispielsweise einzelne Hauptfragen in ihrer Reihenfolge umgestellt oder Formulierungen geändert, um bessere Ergebnisse zu erzielen. Im Verlauf des weiteren Forschungsprozesses wurde der Leitfaden immer wieder ergänzt, um neue Erkenntnisse aus den Interviews in die nächsten Befragungen einbringen zu können. Diese Vorgehensweise entspricht dem von Mayring empfohlenen Verfahren (2002, S. 65ff).

Danach erfolgte die Haupt-Interview-Phase.[32] Die Interviews wurden zwischen Januar 2005 und Mai 2007 geführt und dauerten zwischen 75 und 150 Minuten, je nach Erzählbereitschaft der Interviewpartner/innen. Alle Interviews wurden auf Tonband aufgezeichnet und anschließend entlang gängiger Vorschriften vollständig transkribiert. Gewählt wurde eine „halbinter-

30 Zu den einzelnen Themenkomplexen gibt es jeweils Hauptfragen, die an jede/n Interviewpartner/in gestellt werden (fettgedruckt). Des Weiteren enthält der Interviewleitfaden Hilfsfragen, die bei Bedarf in notierter oder variierter Form gestellt werden. Darüber hinaus sind noch Beispiele aufgeführt, die der Interviewerin als Gedächtnisstütze dienen und im Interview genannt werden können, um den Interviewpartnerinnen und -partnern Assoziationen oder Hilfen für die bessere Beantwortung der Fragen zu geben.

31 Vgl. zu dieser Vorgehensweise Mayring (2002, S. 69).

32 Die Interviews wurden im Zeitraum Februar 2005 bis März 2007 von den Verfasserinnen geführt.

pretative“ Verschriftung, die gleichzeitig wichtige Spracheigenschaften, wie Betonung, Tempo, Lachen, Ironie u. ä., in die Interpretation miteinzubeziehen und zu dokumentieren erlaubt (vgl. Dausien, 1996, S. 123f.; Mayring, 2002, S. 43).

Als Methode der Datenanalyse wurde die qualitative Inhaltsanalyse zugrunde gelegt (Lamnek, 1993b, S. 173; Mayring, 2003, S. 114ff.).[33] Ganz zentral bei der qualitativen Inhaltsanalyse ist das systematische Auswerten anhand eines theoriegeleitet entwickelten Kategoriensystems. Dieser Auswertungsvorgang, zu dem Empfehlungen von Kuckartz (1999), Strauss (1991, 1994) und Strauss und Corbin (1996) sowie das Verfahren der qualitativen Kodierung nach Kelle & Kluge (1999, S. 54-74) herangezogen wurden, erfolgte als kategoriale Analyse in mehreren Schritten und fand computergestützt, genauer unter der Verwendung des Programms MAXQDA von Kuckartz, statt.

| I.-Nr. | Interviewte Person (anonymisiert) | Alter zum Zeitpunkt des Interviews | Fächerkombination | Schulform |
|---|---|---|---|---|
| 1 | Frau BL | 39 | Sport, Deutsch, Mathe | Grundschule |
| 2 | Frau BT | 36 | Sport, Mathe, Deutsch | Grundschule |
| 3 | Frau DU | 52 | Sport, Mathe | Grundschule |
| 4 | Frau DV | 41 | Sport, Deutsch, Mathe | Grundschule |
| 5 | Frau RA | 56 | Sport, Deutsch, Mathe | Grundschule |
| 6 | Frau RD | 37 | Sport, Deutsch, Mathe | Grundschule |
| 7 | Frau RE | 49 | Sport, Mathe | Grundschule |
| 8 | Frau RS | 38 | Sport, Deutsch, Mathe | Grundschule |
| 9 | Frau ZN | 36 | Sport, Deutsch, Mathe | Grundschule |
| 10 | Herr GM | 54 | Sport, Deutsch, Sachunterricht | Grundschule |
| 11 | Herr GS | 42 | Sport, Deutsch, Mathe | Grundschule |
| 12 | Herr GU | 62 | Sport, Mathe, Sachunterricht | Grundschule |
| 13 | Herr LV | 55 | Sport, Deutsch, Sachunterricht | Grundschule |
| 14 | Herr VL | 53 | Sport, Deutsch | Grundschule |
| 15 | Frau OM | 44 | Sport, Deutsch | Hauptschule |
| 16 | Frau OQ | 42 | Sport, Biologie | Hauptschule |
| 17 | Frau YM | 44 | Sport, Biologie | Hauptschule |
| 18 | Frau ZT | 42 | Sport, Kunst | Hauptschule |
| 19 | Herr GL | 45 | Sport, Biologie | Hauptschule |
| 20 | Herr LS | 38 | Sport, Mathe | Hauptschule |
| 21 | Herr NL | 36 | Sport, Biologie | Hauptschule |
| 22 | Herr VI | 46 | Sport, Deutsch | Hauptschule |
| 23 | Frau FQ | 52 | Sport, Mathe | Realschule |
| 24 | Frau QT | 52 | Sport, Deutsch | Realschule |
| 25 | Frau TK | 49 | Sport, Mathe | Realschule |
| 26 | Frau TT | 60 | Sport, Mathe | Realschule |
| 27 | Frau XQ | 47 | Sport, Englisch | Realschule |

33 Bei der Interpretation von Antworten der/des Erzählenden stellt sich nicht die Frage „wahr“ oder „unwahr“, vielmehr ist bei qualitativen Verfahren die soziale Wirklichkeit „immer als schon interpretierte, gedeutete und konstruierte Wirklichkeit Forschungsgegenstand“ (Helfferich, 2005, S. 64). Die Forschenden berufen sich darauf, dass es aus Erzählperspektive kontextgebundene, subjektive Wahrheiten gibt, von denen eine wahre Version erzählt wurde. Gegenstand qualitativer Forschung ist gerade die Rekonstruktion von Wahrheiten. „Die Sinnhaftigkeitsunterstellung“ geht dabei davon aus, dass die Äußerungen von der Erzählperson selbst für wahr (i. S. von nicht gelogen) gehalten werden (Helfferich, 2005, S. 64).

| I.-Nr. | Interviewte Person (anonymisiert) | Alter zum Zeitpunkt des Interviews | Fächerkombination | Schulform |
|---|---|---|---|---|
| 28 | Herr DC | 50 | Sport, Religion | Realschule |
| 29 | Herr LT | 53 | Sport, Mathe | Realschule |
| 30 | Herr SI | 39 | Sport, Physik | Realschule |
| 31 | Herr ZN | 44 | Sport, Musik | Realschule |
| 32 | Herr ZT | 38 | Sport, Geschichte | Realschule |
| 33 | Frau AK | 47 | Sport, Mathe | Gesamtschule |
| 34 | Frau AL | 49 | Sport, Biologie | Gesamtschule |
| 35 | Frau AT | 44 | Sport, Kunst | Gesamtschule |
| 36 | Frau DT | 46 | Sport, Chemie | Gesamtschule |
| 37 | Frau FT | 60 | Sport, Englisch | Gesamtschule |
| 38 | Frau HAT | 56 | Sport, Mathe | Gesamtschule |
| 39 | Frau LX | 48 | Sport, Englisch | Gesamtschule |
| 40 | Frau JT | 49 | Sport, Englisch | Gesamtschule |
| 41 | Frau QW | 52 | Sport, Deutsch | Gesamtschule |
| 42 | Frau RK | 46 | Sport, Philosophie | Gesamtschule |
| 43 | Herr JM | 38 | Sport, Chemie | Gesamtschule |
| 44 | Herr LO | 47 | Sport, Englisch | Gesamtschule |
| 45 | Herr LU | 38 | Sport, Pädagogik | Gesamtschule |
| 46 | Herr QL | 54 | Sport, Erdkunde | Gesamtschule |
| 47 | Herr QO | 57 | Sport, Sozialwissenschaften | Gesamtschule |
| 48 | Herr TX | 52 | Sport, Erdkunde | Gesamtschule |
| 49 | Frau AH | 48 | Sport, Biologie | Gymnasium |
| 50 | Frau AI | 54 | Sport, Englisch | Gymnasium |
| 51 | Frau FC | 49 | Sport, Erdkunde | Gymnasium |
| 52 | Frau FR | 53 | Sport, Sozialwissenschaften | Gymnasium |
| 53 | Frau KT | 42 | Sport, Mathe | Gymnasium |
| 54 | Frau OC | 30 | Sport, Englisch | Gymnasium |
| 55 | Frau OT | 35 | Sport, Englisch | Gymnasium |
| 56 | Frau RC | 56 | Sport, Kunst | Gymnasium |
| 57 | Frau RV | 50 | Sport, Erdkunde | Gymnasium |
| 58 | Frau ZG | 40 | Sport, Spanisch | Gymnasium |
| 59 | Herr AT | 55 | Sport, Mathe | Gymnasium |
| 60 | Herr BT | 33 | Sport, Biologie | Gymnasium |
| 61 | Herr DL | 56 | Sport, Sozialwissenschaften | Gymnasium |
| 62 | Herr EN | 57 | Sport, Religion | Gymnasium |
| 63 | Herr EQ | 58 | Sport, Erdkunde | Gymnasium |
| 64 | Herr GG | 55 | Sport, Deutsch | Gymnasium |
| 65 | Herr GI | 51 | Sport, Sozialwissenschaften | Gymnasium |
| 66 | Herr JF | 55 | Sport, Mathe | Gymnasium |
| 67 | Herr KC | 34 | Sport, Deutsch | Gymnasium |
| 68 | Herr OS | 32 | Sport, Pädagogik | Gymnasium |
| 69 | Herr SN | 30 | Sport, Biologie | Gymnasium |
| 70 | Herr ST | 52 | Sport, Erdkunde | Gymnasium |
| 71 | Herr UF | 52 | Sport, Geschichte | Gymnasium |

Tabelle 14: Auflistung der Interviewpartner/-innen

## 7.3 Ergebnisse – Belastungsfaktoren und Bewältigungsstrategien im Sportlehrerberuf

*Vorbemerkung*

Der qualitativen Studie liegt das eingangs theoriegeleitet entwickelte Kategoriensystem beruflicher Belastungen von Sportlehrkräften zugrunde, das davon ausgeht, dass sachliche, räumliche, zeitliche und soziale Bedingungen Auslöser für wahrgenommene Belastungen sind. Zu diesen einzelnen Bedingungen lassen sich wiederum verschiedene Unterkategorien bilden, die genauer erklären, wodurch die Belastungen entstehen. Manche dieser Belastungsfaktoren führen zu weitergehenden Beanspruchungen, so z. B. zu körperlicher Anstrengung und zu stimmlichen Anforderungen, die als weitere Unterkategorien angegeben werden. Tabelle 15 zeigt die einzelnen Faktoren des Kategoriensystems:

| | **Belastung durch** |
|---|---|
| **Sachliche Bedingungen** | Notengebung im Sport |
| | zusätzliche Aufgaben über den Unterricht hinaus |
| | curriculare Vorgaben |
| | Angst vor Verletzungen der Schüler/-innen |
| | Physische Anstrengungen (Vor- und Mitmachen, Auf- und Abbau von Geräten, Erteilen von Hilfestellung) |
| | Körperkontakt und Berührung |
| **Räumliche Bedingungen** | Rahmenbedingungen in der Sporthalle |
| | Rahmenbedingungen im Schwimmbad |
| | Rahmenbedingungen der Außenanlagen |
| | Mangelhafte Ausstattung der Sportstätten |
| | fehlende oder hygienisch unzureichende Umkleide- und Duschmöglichkeiten |
| | Ordnungsrahmen, Lärm und stimmliche Anforderungen |
| **Zeitliche Bedingungen** | verkürzte Pausen |
| | weite Wege |
| | Zeitknappheit beim Umkleiden und Duschen |
| **Soziale Bedingungen** | Schülerverhalten |
| | koedukativer Sportunterricht |
| | sozialkulturelle Heterogenität der Schülerschaft |
| | mangelnde Leistungsbereitschaft der Schüler/-innen |
| | geringe berufliche Anerkennung |
| | mangelnde Kooperation im Kollegium |

Tabelle 15: Kategoriensystem

### 7.3.1 Fachspezifische Belastungen durch sachliche Bedingungen

*Vorbemerkung*

Die Kategorie „Sachliche Bedingungen" besteht aus sieben Unterkategorien und beschreibt Belastungen, die durch die Notengebung, durch zusätzliche Aufgaben im Sportlehrerberuf, durch curriculare Vorgaben, durch die Gefahr, dass sich Schüler/-innen verletzen können, durch das Vor- oder Mitmachen, durch das Auf- und Abbauen von Geräten sowie durch das Erteilen von Hilfestellungen im Sportunterricht entstehen können. Außerdem ergeben sich aus bestimmten sachlichen Bedingungen spezifische physische Anforderungen, die eine weitere

Unterkategorie bilden.

Die Darstellung der Ergebnisse zu den sieben Unterkategorien erfolgt dergestalt, dass jeweils eine Beschreibung der Kategorien mit Ankerbeispielen der Interpretation der Aussagen vorangestellt wird.

#### *7.3.1.1 Belastungen durch die Notengebung im Sport*

*Beschreibung der Kategorie mit Ankerbeispielen*

Für die Benotung im Fach Sport stellt die Bewegungs- und Wahrnehmungskompetenz die Basis dar. Hinzu kommt noch der Beurteilungsbereich der sonstigen Leistungen, die aus vielfältigen Aspekten bestehen, wie z. B. auch schriftliche oder mündliche Beiträge zum Unterricht (vgl. Ministerium für Schule und Weiterbildung des Landes Nordrhein-Westfalen, 2011, S. 37f.; vgl. hierzu auch die fachdidaktische Diskussion: Größing, 2007; Kloos, Köster & Weiss, 2016) Genau diese Praxis scheint aber einigen Sportlehrkräften schwer zu fallen. So schildert z. B. eine Realschullehrerin (Frau QT), dass es für sie schwierig sei, den Schülern und Schülerinnen ihre jeweilige Note zu begründen, weil ihrer Meinung nach das Sozialverhalten im Sportunterricht eine viel größere Bedeutung habe als in anderen Fächern und sie dies auch bei der Notengebung im Sport berücksichtige. Frau QT führt aus, dass die Schüler/-innen die von ihr aus verschiedenen Faktoren gebildeten Noten häufig nicht akzeptierten, mit der Folge, dass sie sich stets in aufwändiger Weise rechtfertigen müsse. Herr UF (Gymnasiallehrer) sieht dagegen das Problem eher darin, dass viele Sportlehrer/-innen der Mehrzahl der Schülerschaft eine Zwei geben, einzelnen herausragenden Schülern und Schülerinnen eine Eins und dem Rest eine Drei. Die Noten vier oder fünf kämen im Sportunterricht praktisch nicht vor. Deshalb habe sich bei den Schülern und Schülerinnen eine Anspruchshaltung auf gute Noten im Sport gebildet. Wenn er nun eine Vier oder gar eine Fünf gäbe, so werde er sowohl von den Schülern und Schülerinnen als auch von seinen Kollegen und Kolleginnen mit Kritik überzogen. Die Tatsache, dass man, auch wenn es angebracht sei, eine schlechte Note zu erteilen, dies gleichsam nicht dürfe, entwerte das Fach und rufe bei ihm Unzufriedenheit hervor.

Anders gelagert ist die Problematik der Notengebung in der Grundschule, wenn Verbalbeurteilungen anstelle von Ziffernnoten gegeben werden. Die Lehrerin Frau RE moniert die in diesen Verbalbeurteilungen stehenden „plakativen Sätze", die mit großem Aufwand geschrieben werden, ohne dass sie irgendeine Aussagekraft hätten. Frau RE erachtet deshalb die Notengebung im Sport im Rahmen der Verbalbeurteilungen als überflüssig und würde sie am liebsten abschaffen.

Insgesamt erachten sieben der 71 befragten Sportlehrkräfte die Notengebung als Belastungsfaktor, und zwar überwiegend aufgrund der damit verbundenen Rechtfertigungsprozesse. Über die Hälfte dieser Nennungen erfolgt bei den Lehrerinnen und Lehrern der Realschule (s.

Tabelle 16).[34]

| | weiblich | männlich | N= |
|---|---|---|---|
| GrS | Frau RE | | 1 |
| RS | Frau TT, Frau QT | Herr ZN, Herr ZT | 4 |
| GY | | Herr UF, Herr DL | 2 |
| N= | 3 | 4 | 7 |

Tabelle 16: Belastungen durch die Notengebung im Sport

*Interpretation der Aussagen zur Notengebung im Sport*

Sowohl in der Grundschule als auch in der Sekundarstufe I finden sich Beispiele dafür, dass die Notengebung im Fach Sport als Belastung erfahren werden kann, allerdings sind die Ursachen dafür höchst verschieden. Einerseits wird die Erstellung von Verbalbeurteilungen als wenig sinnvoll erachtet, weil deren Aussagekraft bezweifelt wird, andererseits wird die Sinnhaftigkeit der Notengebung im Fach Sport als solche angezweifelt, wie die folgende Aussage einer Grundschullehrerin verdeutlicht:

> „Für mich ist jede Notengebung eine Belastung, und ich finde auch, dass der Sport die nicht unbedingt nötig hat. Das ginge auch gut, weil, ich möchte die Leute zum Sport und zum Freizeitsport und überhaupt zur Bewegung anregen, und die Noten sind da eher hinderlich als förderlich" (Frau RE 120[35] - 49 Jahre, Grundschule, Sport/Mathematik).

Offensichtlich stehen für diese Lehrerin die maßgeblichen Ziele des Sportunterrichts im Kontrast zu den Prinzipien der Leistungsbeurteilung in der Schule. Freude an Bewegung zu vermitteln, kann eben nur schwer beurteilt werden und sollte nach Ansicht dieser Lehrerin auch nicht beurteilt werden.

Im Gymnasium fühlen sich die Lehrkräfte durch die Notengebung in anderer Weise belastet. Ein Lehrer berichtet:

> „Zu versuchen, gegen undisziplinierte Schülerverhalten im Fach Sport etwas mit der Note zu machen, das ist inzwischen eine weitere Krux. Man kann im Grunde genommen heute kaum noch in Sport eine Vier geben" (Herr DL 25 – 56 Jahre, Gymnasium, Sport/ Sozialwissenschaften).

Die verschiedentlich beklagte Praxis an Schulen, nämlich dass Lehrkräfte die Notengebung als Disziplinierungsinstrument benutzen, scheint sich auch hier zu zeigen. Jedoch wird erkannt, dass dieses Instrument für den Sportunterricht nicht tauglich ist, was allerdings von einigen der Befragten beklagt wird. Der Grund hierfür wird darin gesehen, dass sich die Notengebung im Fach Sport im Gegensatz zu früheren Praxen verändert habe. Die Vergabe von Noten aus dem unteren Notenspektrum sei stark zurückgegangen. So „(kriegt) denn die Mehrheit der Schüler (…) eine Zwei, die Cracks kriegen eine Eins und der Rest eine Drei" (Herr UF 29 – 52 Jahre, Gymnasium, Sport/Geschichte). Der nicht ausgenutzte Spielraum für die Notengebung im Fach Sport hat für diesen Lehrer zur Folge, dass ein wichtiges Medium

34 Die nachfolgenden Tabellen verdeutlichen jeweils, wie viele bzw. welche Sportlehrkräfte den jeweiligen Belastungsfaktor als ausdrücklich belastend ansehen oder als ausdrücklich nicht belastend. Sportlehrkräfte, die nicht aufgeführt werden, haben sich zu diesem Belastungsfaktor nicht geäußert.

35 Die Belegstellen beziehen sich auf die verschrifteten Interviews im Programm MAXQDA.

zur Steuerung der Schüler/-innen im Sportunterricht unbrauchbar geworden ist. Da der Lehrkraft dieses disziplinarische Mittel nicht mehr zur Verfügung steht, muss sie die Schüler/-innen mit anderen, aufwändigeren Maßnahmen motivieren versuchen, was offenbar als Belastung erlebt wird.

Aus der beschriebenen Praxis der Notengebung ergibt sich darüber hinaus aber noch ein weiteres Problem, das Herr UF folgendermaßen umschreibt:

> „Und ich, wie gesagt, habe eben auch schlechtere Noten in Petto gehabt und fühlte mich da zunehmend isoliert. Und ich war dann aber zunehmend frustriert, als ich merkte, dass ich dann so mehr oder weniger alleine war mit dieser Meinung. Zumal dieses Thema, das ist ganz wichtig, niemals, niemals auf Fachkonferenzen thematisiert wird" (Herr UF 29 - 52, Jahre, Gymnasium, Sport/Geschichte).

Lehrerinnen und Lehrer, die die Ansicht vertreten, dass auch im Sportunterricht bei schwachen Leistungen und mangelnder Anstrengungsbereitschaft schlechtere Noten vergeben werden sind offenbar in manchen Kollegien in der Minderheit. Diese Lehrkräfte müssen sich dann für ihre Vorgehensweise offenbar innerhalb ihrer Fachschaft rechtfertigen. Darum ergeben sich Belastungen, die sich noch dadurch erhöhen können, dass Ausgrenzung.

Belastend erlebt wird die Notengebung im Fach Sport aber offenbar auch dann, wenn es aufgrund eines hohen Sportdeputats mit vielen verschiedenen Sportklassen eine sehr große Zahl von Notengebungsfällen pro Schulhalbjahr gibt:

> „Grundsätzlich halte ich Noten für ein ganz ätzendes Thema. Ich habe sehr viele Lerngruppen, um mein ganzes Stundendeputat abzudecken. Je mehr Lerngruppen ich habe, desto mehr Schüler muss ich hinterher bewerten, und das ist, wenn ich ganz ehrlich bin, fast unmöglich, die Schüler wirklich ganz objektiv und ganz genau bewerten zu können. Ich habe das mal hochgerechnet, da bin ich schon bei 220 Kindern, die ich bewerten soll. Das ist einfach nicht wirklich machbar" (Herr ZN 90 - 44 Jahre, Realschule, Sport/Musik).

Die Kombination der Fächer, hier Sport und Musik, ist maßgeblich für die Intensität dieser Art von Belastung. Das Unterrichten von zwei Nebenfächern mit nur geringer Stundenzahl führt dazu, dass diese Lehrkräfte eine sehr große Zahl von Schülern und Schülerinnen zu unterrichten haben, die alle das Recht auf eine gerechte, „objektive", differenzierte Bewertung haben. Angesichts der Tatsache, dass der zitierte Lehrer bereits Schwierigkeiten hat, bis zum Ende der Schulhalbjahres alle Schüler/-innen namentlich zu kennen, dürfte die Notengebung im Fach Sport auch deshalb schwierig werden, weil in die Sportnote nicht nur objektiv erhobene Daten eingehen, sondern das gesamte Leistungsbild einschließlich des Sozialverhaltens eines Schülers oder einer Schülerin. Das belastende Gefühl entsteht dadurch, dass eine differenzierte Notengebung in dem beabsichtigten Sinne nicht mehr möglich ist. Dies empfindet dieser Lehrer als unfair gegenüber den Schülern und Schülerinnen.

Ein weiterer Lehrer berichtet über einen ähnlichen inneren Konflikt bei der Notengebung:

> „3+ auf dem Weg zur Zwei und 3- auf dem Weg zur Vier, und beide haben eine Drei auf dem Zeugnis stehen, das finde ich problematisch und das ist einfach ärgerlich. Es ist zu verkaufen, es geht, aber es ist im Endeffekt auch für die Schüler ärgerlich" (Herr ZT 18 - 38 Jahre, Realschule, Sport/Geschichte).

Das Problem in diesem Fall stellt das Notensystem an sich dar. Aufgrund der Undifferenziertheit der Ziffernnoten, die im Zeugnis nur als ganze Noten dargestellt werden dürfen, sieht sich dieser Lehrer nicht in der Lage, Schülerinnen oder Schülern, die zur nächst besseren Note tendieren, von denen, die zur nächst schlechteren Note tendieren, notenmäßig genügend zu unterscheiden. Das belastende Moment besteht darin, dass die Notengebung vor den betroffenen Schülern und Schülerinnen zu rechtfertigen ist, obwohl man als Lehrkraft das System selbst als unbrauchbar und ungerecht empfindet. Eine Folge davon ist, dass sich die Lehrkraft gezwungen sieht, gegen die eigenen Prinzipien zu handeln, weil keine anderen, differenzierteren Möglichkeiten zur Verfügung stehen.

Ein drittes Problem, das sich aus der Notengebung im Sportunterricht ergeben kann, verdeutlicht das folgende Beispiel einer Realschullehrerin:

> „Schüler, glaube ich, können – so nach der langen Erfahrung – eigentlich schlecht unterscheiden zwischen dem Menschlichen und dem, was eine Zensur ja eigentlich nur bedeutet. Und die meinen immer, wenn man also eine Fünf geben muss, weil sie nur diese Leistung erbracht haben, dann mag man sie nicht. Das ist das, was mich nach wie vor stört, dass man immer die Schüler so unter Druck setzen muss" (Frau TT 8 - 60 Jahre, Realschule, Sport/Mathematik).

Hier wird die besondere Bedeutung der Note im Sportunterricht für die Schüler/-innen angesprochen. Im Unterschied zu Noten in kognitiven Fächern, erachten die Schüler/-innen eine schlechte Sportnote offenbar als persönliches Stigma und nicht nur als eine Form domänenspezifischer Leistungsbewertung. Die zitierte Lehrerin kämpft noch am Ende ihrer Berufslaufbahn mit diesem spezifischen Problem der Notengebung im Sportunterricht. Offenbar konnte sie im Laufe ihrer Berufstätigkeit keine befriedigende Lösung finden, um mit dieser Ambiguität umzugehen.

#### *7.3.1.2 Belastungen durch zusätzliche Aufgaben im Schulsport*

*Beschreibung der Kategorie mit Ankerbeispielen*

Insgesamt 15 Sportlehrer/-innen geben an, dass sie sich durch zusätzliche Aufgaben, die außerhalb des eigentlichen Sportunterrichts liefen, belastet fühlen. Allein neun dieser Lehrer/-innen sind an der Grundschule tätig (vgl. Tabelle 17). Neben Tätigkeiten im Ganztag, die oft mit sportlichen Aktivitäten zusammenhängen (Frau ZN, Herr GS, Herr LV), werden häufig Sportfeste genannt, die die Sportlehrer/-innen an Grundschulen organisieren (Frau RE, Frau BL, Herr VL, Herr GM). Einer der Grundschullehrer berichtet sogar von Hausmeisterarbeiten, die er neben seiner Tätigkeit als Lehrer in der Sporthalle erledige (Herr GM). Auch Lehrerinnen und Lehrer anderer Schulformen sehen in der Organisation von Sportveranstaltungen, wie z. B. der Bundesjugendspiele, diverser Spielfeste und Sportwettkämpfe sowie der Abnahme des Sportabzeichens eine Belastung. Einige der Betroffenen weisen ausdrücklich darauf hin, dass organisationale Tätigkeiten an den Schulen in den letzten Jahren stark zugenommen haben und zunehmend eine Mehrbelastung für die Lehrerinnen und Lehrer aller Fächer darstellten.

> „Die Orga, die Verwaltung. Also das, was nichts mehr mit dem Unterricht zu tun hat, das noch nebenher zu bewältigen, weil es immer mehr Erlasse und immer mehr Dinge gibt, die hinzukommen zu unserer Arbeit, die eigentlich eine Arbeitszeitverlängerung darstellen, aber als solche ja nie gesehen werden von außen" (Frau ZG 25 – 40 Jahre, Gymnasium, Sport/Spanisch).

| | weiblich | männlich | N= |
|---|---|---|---|
| GrS | Frau ZN, Frau BL, Frau BT, Frau RE, Frau DV | Herr GS, Herr LV, Herr GM Herr VL | 9 |
| HS | Frau ZT | Herr GL | 2 |
| RS | Frau XQ | | 1 |
| GeS | Frau AK | | 1 |
| GY | Frau ZG | Herr ST | 2 |
| N= | 9 | 6 | 15 |

Tabelle 17: Belastungen durch zusätzliche Aufgaben

*Interpretation der Aussagen zu zusätzlichen Aufgaben im Sportlehrerberuf*

Die Tätigkeiten des Lehrerberufs liegen schwerpunktmäßig im Unterrichten. Neben dieser Hauptaufgabe ergeben sich aber weitere, zusätzliche Aufgaben für Lehrkräfte, die je nach Schulfach unterschiedlich ausfallen. Für Sportlehrerinnen und -lehrer liegen diese beispielsweise in Aufgaben bei der Organisation von Spiel- und Sportfesten, Wettkämpfen sowie bei der Organisation und Durchführung von Sportschullandheimaufenthalten. Weitere zusätzliche Aufgaben resultieren aus administrativen oder schulstrukturellen Vorgaben: So konnte an den Grundschulen in Nordrhein-Westfalen ab dem Schuljahr 2005/06 das Modell der Offenen (oder Gebundenen) Ganztagsschule eingeführt werden, sofern die Schulkonferenz dies beschlossen hatte. Zusätzliche Aufgaben ergeben sich für Sportlehrkräfte dadurch, dass sie für die inhaltliche Gestaltung des sportlich-spielerischen Nachmittagsangebots, bisweilen auch für die praktische Durchführung, zuständig sind. Ein Grundschullehrer berichtet:

> „Wir haben das eben schon mal angesprochen, wenn wir so an unsere pädagogische Aufgaben herangehen, eben dann nicht sagen: ‚So, jetzt ist mit 13.20 Uhr der Unterricht zu Ende. 'Sondern wir sind halt auch in dem Ganztag mit drin und da lässt es sich auch nicht vermeiden, dass ich Kurse anbiete. Und da sage ich mal schon, so der Stapel Zuhause mit den Heften, der stapelt sich. Das ist ja nicht weniger Arbeit geworden. Und da stecke ich manchmal ein bisschen in der Zwickmühle, dass ich mir sage: ‚Den Kurs, den kannst du jetzt nicht ausfallen lassen. Die Kinder haben sich darauf gefreut'. Aber auf der anderen Seite ist es dann die Konferenz oder die Vorbereitung, Nachbereitung, die sich eben in den Abend hinein schiebt. Die Summe der Aufgaben und das Zeitmanagement. Damit umzugehen ist letztendlich das, was mir mitunter mal Kopfzerbrechen bereitet" (Herr LV 35- 55 Jahre, Sport/Deutsch/Sachunterricht).

Zusätzliche Aufgaben, die aufgrund des Ganztagsschulsystems entstehen, führen zwei weitere Kollegen als Belastungsfaktoren an. Kritisch gesehen wird hier vor allem die Tatsache, dass die Lehrkraft auch am Abend oder am Wochenende noch arbeiten muss und ihm dadurch weniger Erholungszeit zur Verfügung steht:

> „Was für mich auch eine größere Belastung ist, ist sonntags da zu sitzen und was nachzugucken oder etwas auszufüllen, Klassenbuch zu schreiben oder irgendwelche Berichte. Das wird ja auch immer mehr, dieses ganze Nebenher. Zeugnisse schreiben und diese ganzen Sachen. Das ist natürlich eine viel größere Belastung als der Unterricht an sich" (Herr VL 131 - 53 Jahre, Grundschule, Sport/Deutsch).

Die Verlagerung der Arbeit auf das Wochenende aufgrund zusätzlich anfallender Aufgaben während der Woche fällt diesem Lehrer im Vergleich zu der Haupttätigkeit des Unterrichtens offenbar schwer. Insgesamt scheint der verwaltungsmäßige Aufwand der Organisation „Schule" stark zuzunehmen. Dies gilt für alle Schulformen. Da viele dieser Arbeitsprozesse neu sind, wird deren Bearbeitung als besonders zeitaufwändig erfahren.

> „Was dazugekommen ist, dass sich unsere eigentlichen Aufgaben geändert haben, unsere Lehreraufgaben geändert haben. Der Druck von außen und all das, was wir jetzt noch zusätzlich zu tun haben, was es früher nicht gab, macht den Lehrerberuf viel anspruchsvoller und schwieriger und auch ganz anders als man sich das ursprünglich gedacht hatte. Da spreche ich hier für alle Kollegen. Die erleben das alle so, dass wir hier Aufgaben leisten müssen, für die wir gar nicht ausgebildet sind. Das Unterrichten der Fächer ist im Grunde in den Hintergrund gerückt. Leider. Wenn ich von der heutigen Situation ausgehe, dann würde ich sagen, ich würde es [den Lehrerberuf, die Verf.] nicht noch mal machen, weil es mich doch so kaputt macht und es so schlaucht mittlerweile und eben auf Grund dieser vielen Zusatzaufgaben, die wir leisten müssen, für die wir aber nicht zusätzlich bezahlt werden, sondern im Gegenteil, das Gehalt wird ja eigentlich zur Leistung immer weniger, und dann der Druck von außen, von der Regierung, immer wieder aufladen und immer wieder was Neues. Täglich findet man irgendwelche Post von Ministern im Fach, die aber von dem Schulalltag eigentlich keine Ahnung haben und das geht an die Substanz, alles zusammen genommen“ (Frau XQ 8-10 - 47 Jahre, Realschule, Sport/Englisch).

Diese zusätzlichen Aufgaben werden offenbar deshalb als erhebliche Belastungen wahrgenommen, weil sich die Sportlehrkräfte zwar für das Unterrichten ausgebildet sehen, nicht aber für die zunehmenden Aufgaben administrativer, organisatorischer oder auch sozialpädagogischer Art.

Aus den Interviewaussagen insgesamt wird deutlich, dass es vielfältige Ursachen für das individuelle Belastungsempfinden durch Zusatzaufgaben gibt. Jedoch kristallisiert sich heraus, dass es v. a. die Art der neuen zusätzlichen Aufgaben ist. Diese scheinen nicht dem ursprünglichen Berufswunsch „Lehrer/-in“ zu entsprechen und werden deshalb als berufsfremd empfunden. Dies gilt in hohem Maße für Verwaltungsaufgaben. Darüber hinaus verweisen die Interviews aber auch auf fachliche und psychische Überforderungssituationen durch zusätzliche Aufgaben, insbesondere dann, wenn es sich um sozialpädagogische Aufgaben handelt oder um solche im Grenzgebiet zwischen Pädagogik und Therapie, also Aufgaben für die sich die Lehrkräfte nicht ausgebildet fühlen.

Ebenfalls belastend wirkt, dass die Anerkennung für die Mehrarbeit durch den Arbeitgeber (Land) und den Vorgesetzten (Schulleitung) offenbar fehlt bzw. als fehlend wahrgenommen wird. Zum einen gibt es dafür keine zusätzliche Vergütung, zum andern aber auch keine Form der ideellen Anerkennung. Vielmehr nehme der Arbeitgeber gar nicht wahr, wie viel zusätzliche Arbeit geleistet werde. Der Druck, der am letzten Zitat ablesbar ist, ist offenbar sehr groß, sodass die Lehrerin angibt, den Lehrerberuf nicht mehr zu wählen, wenn sie ein zweites Mal die Entscheidung hätte, eben „weil es mich doch so kaputt macht und es so schlaucht“.

Insgesamt lässt sich festhalten, dass die Belastungen weniger durch die Organisation von Sportveranstaltungen ausgelöst werden als vielmehr durch die Verlängerung der Arbeitszeit durch zusätzliche Aufgaben im Schulbetrieb durch eine starke Zunahme an Verwaltungsaufgaben sowie insgesamt durch eine Veränderung des Aufgabenfeldes, weg von den klassischen, unterrichtsnahen Aufgaben und hin zu mehr organisatorischen Tätigkeiten.

#### *7.3.1.3 Belastungen durch curriculare Vorgaben*

*Beschreibung der Kategorie mit Ankerbeispielen*

Beim Belastungsfaktor „Curriculare Vorgaben“ wird vor allem das Unterrichten jener Inhalte, genannt, bei denen es erfahrungsgemäß zu Akzeptanzproblemen bei den Schülerinnen und Schülern kommt. Sieben Sportlehrer/-innen geben dies als Belastung an. Zwei Hauptschullehrer berichten von ganz erheblichen Widerständen bei der Umsetzung bestimmter Inhalte. Einer dieser Lehrer schildert Folgendes:

> „In der Schulrealität Hauptschule ist es (...) so, dass sich das (...) aufgrund des schwierigen Umfeldes unheimlich schwer durchsetzen lässt, insbesondere, wenn es um neuere Sportarten oder um Gesundheitserziehung oder solche Dinge geht" (Herr NL 12 – 36 Jahre, Hauptschule, Sport/Biologie).

Die mangelnde Motivation der Schüler/-innen bei bestimmten, lehrplanmäßig vorgeschriebenen Inhalten (auch Gestaltungssportarten), wird auch von Lehrkräften anderer Schularten als problematisch wahrgenommen. Tenor der Aussagen ist: Die Schüler/-innen immer wieder aufs Neue zum Mitmachen anzuregen, koste erhebliche Kraft.

Darüber hinaus sehen einige Lehrkräfte auch die Umsetzung neu in den Sportlehrplan gekommener Sportarten als Belastungsfaktor. Die Reform der Sportlehrpläne Ende der neunziger Jahre in Nordrhein-Westfalen führte zu einer Unterteilung der Inhalte in 10 verschiedene „Inhaltsbereiche", wodurch der traditionelle Sportartenkanon um neue Sportbereiche ergänzt wurde. Neu hinzugekommen sind z. B. Kampfsportarten und der Bereich „Gleiten, Fahren, Rollen" sowie „weitere Bewegungsaktivitäten". Diese neuen Inhalte wurden auch bei den folgenden Lehrplanreformen beibehalten. Verpflichtend ist daher seither auch das Unterrichten sogenannter „Trendsportarten", wie etwa „Parcours", „Frisbee ", „Klettern" oder „Inlineskaten". Zwar wünschen sich die Schüler/-innen diese neuen Inhalte, aber für die Lehrkräfte ergeben sich daraus z. T. erhebliche Schwierigkeiten, weil sie selbst vielfach nur geringe Kenntnisse und Fertigkeiten in diesen Sportarten haben. Zu einer Belastung kann dies insbesondere dann werden, wenn man sich als Sportlehrkraft im Unterrichten dieser neuen Sportarten nicht genügend fortbilden kann.

| | weiblich | männlich | N= |
|---|---|---|---|
| GrS | | | |
| HS | | Herr NL, Herr GL | 2 |
| RS | Frau FQ, Frau QT | | 2 |
| GeS | Frau AL, Frau RK | | 2 |
| GY | Frau FR | | 1 |
| N= | 5 | 2 | 7 |

Tabelle 18: Belastungen durch curriculare Vorgaben

*Interpretation der Aussagen zu Belastungen durch curriculare Vorgaben*

Eine Realschullehrerin führt aus, dass Belastungen durch das Unterrichten „neuer" Sportarten vor allem ältere Sportlehrkräfte betreffen:

> „Weil die älteren Sportlehrkräfte körperlich nicht mehr so richtig mithalten können im Sportunterricht und vielleicht auch nicht mehr genügend auf die Bedürfnisse der Schüler heutzutage zielen können. Die sind ja auch ganz anders ausgebildet, in den traditionellen Sportarten groß geworden, und die neuen Sportarten, wenn man eine Sportart nicht selber betrieben hat, dann kann man sie einfach nicht so gut, als wenn man sie selber gemacht hat" (Frau FQ 19 - 52 Jahre, Realschule, Sport/Mathematik).

Diese Schwierigkeiten treten auch deshalb bei älteren Lehrkräften vermehrt auf, weil diese oft nicht mehr über die nötigen motorischen Fähigkeiten für derartige sportliche Aktivitäten verfügen. Es ergibt sich so für die Lehrkräfte eine erhöhte Unfallgefahr, z.B. bei Sportarten wie

Inlineskaten. Hier wird also auf die Anforderungen an körperliche Fitness und motorische Fertigkeiten verwiesen, die bei Sportlehrkräften, im Unterschied zu Lehrkräften anderer Fächer, vorhanden sein müssen, um kompetent unterrichten zu können. Zwar führen altersbedingt abnehmende körperliche Fähigkeiten und Fertigkeiten bei Sportlehrkräften - im Unterschied zu Lehrkräften in den kognitiven Fächern - generell zu gewissen Einschränkungen ihrer Lehrkompetenzen. Jedoch wird dies durch die Lehrplanvorgabe, auch neue Trendsportarten unterrichten zu müssen, verstärkt als psychisch belastend erfahren. Offenbar fühlen sich die Lehrkräfte fachlich nicht mehr gut genug qualifiziert in diesen Situationen.

Eine Folge davon ist, dass derartige Inhalte vermieden werden oder aber dass man sich als Lehrkraft weitgehend auf die Expertise der Schüler/-innen verlassen muss. Viele von ihnen sind bereits bestens mit Trendsportarten, wie Inlineskaten oder Bouldern, vertraut und haben daher einen erheblichen Wissens- und Könnensvorsprung gegenüber der Lehrkraft. Dadurch dürfte allerdings wiederum der Expertenstatus der Lehrkraft gefährdet sein, was u. U. als persönlicher Imageverlust gewertet werden kann. Für eine weitere Lehrkraft besteht das Problem in den zu geringen Fortbildungsmöglichkeiten:

> „Als Sportlehrer muss man eigentlich regelmäßig Fortbildungen machen. Das habe ich nicht gleich gemacht, teilweise, aber wie gesagt, das lag vielleicht nicht unbedingt an mir. Es war immer so, dass es dann eng war oder nicht genehmigt wurde oder vielleicht sogar aus der Sicht der Schulleitung einfach nicht für nötig gehalten wurde. Also ich denke, ich habe da über die Jahre auch Defizite gekriegt, Defizite vor allen Dingen so in neueren Bereichen wie „Gleiten, Fahren, Rollen". Und ein Sportlehrer sollte schon eine gewisse Bewegungserfahrung haben, um wirklich auch viele sportliche Bereiche abzudecken" (Frau QT 98 - 52 Jahre, Realschule, Sport/Deutsch).

Deutlich erkennbar ist in diesem Interview zwar das Bemühen der Lehrkraft, sich fortzubilden und dadurch etwas an ihrer unterrichtlichen Situation zu verändern, aber diese Versuche scheitern immer wieder aus verschiedenen Gründen. Ausdrücklich Erwähnung findet jedoch, dass Fortbildungen im Fach Sport von der Schulleitung nicht für nötig befunden werden, ein Tatbestand, der sich in mehreren Interviews wiederfindet. Durch fehlende Fortbildung ergibt sich so eine Differenz zwischen dem Selbstbild, eine gute, in allen Inhaltsbereichen kompetente Sportlehrkraft zu sein und dem realen Unvermögen, bestimmte Inhalte qualifiziert zu unterrichten. Dies kann zu einer permanenten Unzufriedenheit führen, verbunden mit der Unfähigkeit, positives Feedback, das z. B. aus als gelungen erfahrenen Unterrichtsstunden resultiert, überhaupt noch wahrzunehmen. Letzteres ist wiederum der Nährboden für Gratifikationskrisen, die wiederum zu ernsthaften gesundheitlichen Beinträchtigen führen können (vgl. Kastrup & Lohre, 2016).

Darüber hinaus kommt es in koedukativen Klassen – speziell in der Sekundarstufe I – häufig zur völligen Ablehnung bestimmter lehrplanmäßig vorgeschriebener Unterrichtsinhalte durch männliche Schüler. Ein Hauptschullehrer berichtet:

> „'Äh, kein Bock auf Mädchensport und Schwuchtelsport' und so was, wenn man Volleyball spielt, wenn man Speckbrett spielt, wenn man Badminton spielt. Das ist eben das Problem: Diese Sportarten machen ja im Grunde Spaß, wenn man es ein bisschen erlernt hat, wenn man es kann, wenn man so ein bisschen die Strategien kennt, wenn man auch miteinander spielt, dann kann man eine Menge Spaß haben an diesen Sportarten wie Badminton zum Beispiel. Bloß, die [die Jungen, d. Verf.] sind nicht bereit, dafür Zeit zu investieren oder auch wirklich die Technik zu erlernen. Da sind die nicht bereit zu, da ist kein Engagement mehr da" (Herr GL 16 - 45 Jahre, Hauptschule, Sport/Biologie).

Insgesamt fünf der befragten Lehrkräfte stufen ein derartiges obstruktives Verhalten bestimmter Schüler als erhebliche Belastung ein. Da sich diese Lehrkräfte nicht darauf einlassen, in jeder Stunde Fußball zu spielen, was den Wünschen der männlichen Schüler entsprechen würde, sondern sich dem Lehrplan verpflichtet fühlen, um den Schülern und Schülerinnen einen möglichst umfassenden Einblick in die Facetten des Sporttreibens zu geben, und eben auch die Interessen derer zu berücksichtigen, die nicht nur Fußball spielen möchten, müssen sie zur Durchsetzung spezifischer Inhalte im Unterricht ständig argumentieren, zu überzeugen versuchen und motivieren, damit überhaupt ein geregelter Unterricht zu Stande kommt.

Neben den Schwierigkeiten bestimmte Inhalte bei den Schülern und Schülerinnen durchzusetzen, wird die Anforderung, laut Lehrplan eine ganze Reihe neuer, weitgehend unbekannter Inhalte unterrichten zu müssen, als Erschwerung für die Unterrichtsplanung empfunden. Durch eine einige Jahre nach Einführung der neuen Lehrpläne Ende der neunziger Jahre publizierte „Handreichung" für Lehrkräfte wurde dies offenbar etwas abgemildert:

> „Da muss ich sagen, seitdem ich das Buch mit Inhalten nach dem Lehrplan habe, ist es nicht mehr so belastend gewesen. Da habe ich den roten Faden, das ist schon so mit dem Lehrplan, dass man sich fragt, mache ich alles richtig und wie kriege ich das hin" (Frau DV 96 - 41 Jahre, Grundschule, Sport/Deutsch/Mathematik).[36]

Die Überforderung durch neue Inhalte, die durch den Lehrplan vorgegeben wurden, bei gleichzeitig fehlender Anleitung, haben zu erheblicher Unsicherheit geführt, die sich in einem erhöhten Belastungsempfinden niederschlagen können. Dazu speziell entwickelte Unterrichtshilfen in gedruckter Form oder netzbasiert werden offenbar als belastungsreduzierend empfunden.

Dass es durch die mit der Einführung der neuen Lehrpläne einhergehende Veränderung im Sportverständnis, - d.h. weg von einer bloßen Vermittlung sportartspezifischer Inhalte und hin zu einer Ausrichtung an pädagogischen Perspektiven und Bewegungsfeldern bzw. Inhaltsbereichen - zu Differenzen zwischen den Lehrkräften, aber auch zwischen Lehrkräften und Schülern und Schülerinnen, bezüglich der inhaltlichen Ausrichtung des Sportunterrichts kam, belegen Ergebnisse der Sprint-Studie (vgl. Deutscher Sportbund 2006, S. 249 ). Es mussten liebgewonnene, alte Gewohnheiten aufgegeben werden, Neues gelernt und umgesetzt werden. Vielfach fehlten die fachlichen Qualifikationen sowie die motorischen Voraussetzungen zur Umsetzung der neuen Inhalte, was besonders ältere Lehrkräfte betraf. Dies zeigt sich auch in den Antworten unserer Probanden. In der Sekundarstufe I scheint eine erhebliche Diskrepanz zwischen den in den neuen Lehrplänen vorgegebenen Zielen und Inhalten und den sportbezogenen Interessen männlicher Schüler zu bestehen, was offenbar zu Schwierigkeiten in der unterrichtlichen Umsetzung führt. Dies berichten insbesondere Lehrkräfte an Hauptschulen. Als ein besonderer Faktor der Belastung wird angeführt, dass es noch lange Zeit nach der Ein-

---

[36] Es handelt sich um eine Handreichung des Schulministeriums, begleitend zur Einführung des neuen Lehrplans, die alle Inhaltsbereiche abdeckt und auch Unterrichtsbeispiele enthält. „Nordrhein-Westfalen / Ministerium für Schule und Weiterbildung (2008). Kompetenzorientierung, eine veränderte Sichtweise auf das Lehren und Lernen in der Grundschule.: Handreichung. 1. Aufl." http://bvbr.bib-bvb.de:8991/exlibris/aleph/a22_1/apache_media/BLGC9H52TLXTNGFR1BHMYH47FVC4G5.pdf

führung der neuen Lehrpläne an Lehrerhandbüchern mit Beispielen, wie die neuen Lehrplanvorgaben im Unterricht umgesetzt werden können, mangelte.

#### *7.3.1.4 Belastungen durch die Angst vor Verletzungen der Schüler/-innen*

*Beschreibung der Kategorie mit Ankerbeispielen*

Bewegung ist stets ein Risikofaktor für Verletzungen. Daher ist im Unterrichtsfach Sport die Verletzungsgefahr ungleich höher als in anderen Unterrichtsfächern. Das Verletzungsrisiko besteht für Schüler/-innen und Lehrkräfte gleichermaßen, weil sich auch die Lehrkräfte im Sportunterricht bewegen, oft mitspielen und mit den Schülern und Schülerinnen Sport treiben. Da die Lehrkraft in hohem Maße für die Vermeidung von Verletzungen bei Schülern und Schülerinnen verantwortlich ist, gilt die Sorge v.a. den Schülern und Schülerinnen.

Die Furcht vor Sportunfällen bzw. die erhöhte Verantwortung seitens der Sportlehrkräfte für die Sicherheit der Schüler/-innen bilden Belastungsfaktoren. Sie werden von einer großen Zahl von Lehrkräften genannt. 19 Sportlehrerinnen und Sportlehrer führen dies an, darunter mehr als doppelt so viele Frauen wie Männer. Einige Lehrerinnen und Lehrer schildern im Interview mit großer Betroffenheit Sportunfälle, die sie in ihrem Unterricht erlebt haben. Andere sprechen lediglich hypothetisch von der Gefahr, dass sich eine Schülerin oder ein Schüler ernsthaft verletzen könnte. Allen Befragten ist es extrem wichtig, die körperliche Unversehrtheit ihrer Schüler/-innen zu gewährleisten. Daraus resultiert eine prinzipielle psychische Anspannung aufgrund der notwendigen gesteigerten Aufmerksamkeit im Unterricht. Viele der interviewten Lehrer/-innen geben an, dass man im Sportunterricht das Unterrichtsgeschehen generell aufmerksamer verfolgen müsse als in anderen Unterrichtsfächern, eben um Verletzungen zu vermeiden. Herr EQ führt z.B. aus: „Dann habe ich sehr viel mehr Verantwortungsgefühl, als wenn ich eine Frage in Erdkunde beantworte" (Herr EQ 31 – 58 Jahre, Gymnasium, Sport/Erdkunde).

| | weiblich | männlich | N= |
|---|---|---|---|
| GrS | Frau ZN, Frau RD, Frau DV<br>Frau BT, Frau RS | Herr VL | 6 |
| HS | | Herr LS | 1 |
| RS | Frau FQ, Frau TT, Frau QT | Herr ZN, Herr ZT | 5 |
| GeS | Frau FT | Herr OQ | 2 |
| GY | Frau RC, Frau OC, Frau RV<br>Frau OT | Herr KC | 5 |
| N= | 13 | 6 | 19 |

Tabelle 19: Belastungen durch die Angst vor Verletzungen der Schüler/-innen

*Interpretation der Aussagen zu „Angst vor Verletzungen der Schüler/-innen"*

In allen Schulformen äußern Sportlehrkräfte Ängste aufgrund der Verletzungsgefahr von Schülern und Schülerinnen in ihrem Sportunterricht. Eine Lehrerin der Gesamtschule schildert ihre Gedanken wie folgt:

> „Das ist die nervliche, die psychische Belastung. Wenn man da so reingeht in die Klasse: Geht das heute alles gut? Kriegt sich keiner an die Köpfe? Gibt es einen Unfall? Knallt nicht jemand, wenn

man ein Laufspiel macht, und die laufen wie die Hühner da alle durcheinander, knallen da nicht zwei mit den Köpfen aneinander? Habe ich ja alles schon gehabt. Gibt es keinen Streit? Triffst du die richtige Entscheidung?" (Frau FT 49 - 60 Jahre, Gesamtschule, Sport/Englisch).

Die Gedanken der Lehrkraft verdeutlichen, dass die Angst vor Verletzungen ständig präsent ist und zu psychischen Anspannungen führen kann. Wie an diesem Beispiel gut zu erkennen ist, entsteht die Belastung vornehmlich daraus, dass man im Fach Sport die Risiken nur schwer im Voraus kalkulieren kann. Das Schülerverhalten beispielsweise ist nicht vollständig vorhersehbar, da Verhalten von außen nicht eindimensional steuerbar ist. Die erforderliche vollständige Kontrolle der Lehrkraft zur Verhütung von Unfällen im Sportunterricht ist nicht gegeben. Aus dieser Unsicherheit heraus ziehen Sportlehrkräfte die Konsequenz, bestimmte Bewegungstechniken gar nicht mehr zu unterrichten, um Unfälle zu vermeiden:

„Da fällt mir noch eine Situation ein, die ich vermeide. Bei Trampolin zum Beispiel. Beim Mini-Tramp mache ich in der Schule keine Salti mit Kindern. Weil man die Erfahrung gemacht hat, dass eben keine Spannung mehr da ist, dass man es eben nicht berechnen kann. Also das sind so Sachen, wo man dann wirklich so Angstzustände hat" (Frau BT 351 - 36 Jahre, Grundschule, Sport/Mathematik/Deutsch).

Einen weiteren Aspekt verdeutlicht das folgende Beispiel einer Gymnasiallehrerin:

„Diese Wachsamkeit, die man die ganze Zeit haben muss, diese Aufmerksamkeit, also einfach auch vorhersehen, ob was schief gehen könnte. Dieses immer auf der Hut sein, auch schnell reagieren zu müssen, Erste Hilfe anwenden können, diese ganzen Sachen, das sind viele Faktoren, die da zusammenkommen und die das Ganze einfach schon anstrengend machen" (Frau OT 117 - 35 Jahre, Gymnasium, Sport/Englisch).

Infolgedessen wird die Tätigkeit, Sport zu unterrichten, also das Ganze als „anstrengend" empfunden. Dabei handelt es sich um eine kognitive und psychische Anspannung, die mit permanenter Unsicherheit einerseits und Ängsten andererseits einhergehen dürfte. Als besonders belastend wird erfahren, dass der Lehrkraft stets bewusst ist, dass Verletzungen jederzeit auftreten können und sie folglich jederzeit gefordert ist, in einem Notfall richtig zu handeln. Hinzu kommt, dass im Sportunterricht sowie im Schwimmunterricht die Gefahr zu schweren, lebensbedrohlichen Unfällen mit lebensbedrohlichen Folgen besteht.

Eng in Verbindung mit dem Aspekt der Verletzungsgefahr steht ein weiterer Aspekt, der das Belastungsempfinden von Sportlehrkräften entscheidend moderiert, nämlich der Notwendigkeit zur uneingeschränkten Aufmerksamkeit:

„Du kannst dir im Sportunterricht nicht wie im anderen Fach eine Auszeit gönnen im Rahmen von Stillarbeitsphasen. Du musst immer wieder gucken: was machen die Schüler auf dem Feld, was machen die Schüler, die gerade nicht mitspielen können, was ist in den Übungsphasen. Du musst immer wieder unfallträchtige Situationen ausschließen können. In der Klasse, da weiß ich, die sitzen auf ihrem Platz, an ihrem Tisch, da passiert nichts. Im Sportunterricht [muss ich registrieren, die Verf.]: fällt da wieder ein Ball? Sehen die das? Muss ich einschreiten?" (Herr KC 116 - 34 Jahre, Gymnasium, Sport/Deutsch).

Der Belastungsfaktor „Verletzungsgefahr" verstärkt sich mit zunehmendem Alter der Lehrkräfte und macht offenbar vermehrt weiblichen Sportlehrkräften zu schaffen:

„Der am meisten belastende Faktor ist eigentlich die Verletzungsgefahr. Die ist im Sport ungleich höher als in jedem anderem Fach. Das ist auch was – ich kann jetzt nur von mir sprechen – was mit dem zunehmenden Alter zu tun hat und was mit zunehmendem Alter schwieriger wird. Also meine Angst vor Verletzungen oder meine Angst davor, dass sich Schüler ernsthaft verletzen können, ist heute wesentlich größer als früher. Ich denke mal durch die Erfahrung, die man auch gemacht hat, durch das Alter, das ich mittlerweile erreicht habe. Das Risiko ist höher, zumindest ist mir das jetzt viel mehr bewusst als früher, dass das Risiko höher ist" (Frau QT 22 - 52 Jahre, Real-

> schule, Sport/Deutsch).

Es gibt allerdings auch zwei Interviewaussagen, die belegen, dass die zunehmende Erfahrung bei Sportlehrkräften auch zu einer Haltung führen kann, die die Furcht vor Verletzungen beherrschbar macht. Eine Grundschullehrerin berichtet:

> „Ich habe mir früher immer sehr viel Sorgen darum gemacht, dass sich jemand in meinem Sportunterricht verletzt. Wenn es aber mal eine Verletzung gab, war das so was Unvorhersehbares, dass es einfach irgendwie immer ein dummer Zufall war. Es lag gar nicht an einem gefährlichen Aufbau oder an einer schwierigen Aufgabenstellung. Dadurch hat sich das so ein bisschen relativiert, meine Sorge darum" (Frau RD 72 - 37 Jahre, Grundschule, Sport/Deutsch/Mathematik).

Vergleicht man die beiden Beispiele miteinander, so lässt sich schlussfolgern, dass die empfundene Belastung davon abhängig ist, welche Erfahrungen die Lehrkräfte in ihrer Berufslaufbahn mit Schülerunfällen gemacht haben und wie diese bezüglich der Ursachen und Schuldzuweisungen von der jeweiligen Lehrkraft bewertet werden. Am letztgenannten Beispiel kann abgelesen werden, dass es Lehrkräfte gibt, die im Laufe ihrer Berufsjahre zu einer Haltung gefunden haben, die es ihnen erlaubt, Verletzungen als dem Sport zugehörig zu betrachten, als einen Tatbestand, der auch durch die beste Planung nicht völlig ausgeschlossen werden kann.

Zusammenfassend lässt sich festhalten, dass die Belastung durch die hohe Aufmerksamkeit, die der Sportunterricht aufgrund der Verletzungsgefahr erfordert, von vielen Lehrkräften als hoch empfunden wird, und zwar unabhängig von der Schulform, Geschlecht und Alter der Lehrkräfte. Dies führt zu einer verstärkten Belastungswahrnehmung, die mehrere Ursachen hat: hohe Körperbezogenheit des Faches sowie die spezifischen räumlichen, materiellen und v. a. organisationalen Bedingungen des Faches Sport. In den Übungsstätten bewegen sich die Schüler/-innen in der Regel frei im Raum, wodurch ihr Verhalten wesentlich schwerer zu steuern ist als im Klassenraum.

#### *7.3.1.5 Belastungen durch physische Anforderungen im Sportunterricht*

*Beschreibung der Kategorie mit Ankerbeispielen*

Neben dem ständigen Stehen in den Übungsstätten sind hauptsächlich drei Belastungsfaktoren verantwortlich für die Erfahrung körperlicher Anstrengung im Sportunterricht, das Vor- und Mitmachen, das Erteilen von Hilfestellungen und das Auf- und Abbauen von Geräten. 28 der befragten Sportlehrkräfte berichten von physischen Belastungsfaktoren dieser Art. Einige stellen im Interview Vergleiche an mit den Belastungen in ihrem anderen Unterrichtsfach:

„Fünf Stunden Erdkunde, das ist viel einfacher. Das wäre für mich (...) körperlich nicht so anstrengend oder belastend" (Frau RV 71 – 50 Jahre, Gymnasium, Sport/Erdkunde).

„Insgesamt ist eben das vom Körperlichen her der anstrengendste Beruf" (Herr EQ 19 – 58 Jahre, Gymnasium, Sport/Erdkunde).

Die Tatsache, dass Sportunterricht eine spezifische Form „körperlicher Arbeit" darstellt (Herr QO 15 – 57 Jahre, Gesamtschule, Sport/Sozialwissenschaften), führt dazu, dass sich viele Sportlehrer/-innen nach dem Unterricht nicht nur psychisch, sondern auch physisch erschöpft fühlen. Sie erfahren den Sportunterricht deutlich belastender als den Unterricht in ihrem anderen Fach. Dies gilt häufiger für Frauen (N=21) als Männer (N=7).

| | weiblich | männlich | N= |
|---|---|---|---|
| GrS | Frau DV, Frau RE, Frau DU, Frau RS, Frau BT | Herr VL | 6 |
| HS | Frau ZT, Frau YM, Frau OQ | | 3 |
| RS | Frau FQ, Frau TT, Frau OM, Frau XQ | Herr ZN, Herr LT, Herr SI | 7 |
| GeS | Frau RK, Frau HT, Frau JT | Herr QO, Herr TX | 5 |
| GY | Frau FC, Frau AI, Frau RC, Frau AH, Frau RV, Frau FR | Herr EQ | 7 |
| N= | 21 | 7 | 28 |

Tabelle 20: Belastungen durch physische Anforderungen

Im Folgenden werden diese drei physischen Belastungsfaktoren genauer dargestellt.

*Belastungen durch das Vor- und Mitmachen*

*Beschreibung der Kategorie mit Ankerbeispielen*

Generell kann das Vor- und Mitmachen der Lehrkraft, sei es zur Steigerung der Motivation der Schüler/-innen, sei es zur Bewegungsdemonstration im Zuge des motorischen Lernens, einen erheblichen Belastungsfaktor darstellen, denn es beansprucht in doppelter Weise physisch: zum einen, weil eine entsprechende Vorbereitung, z. B. eine Erwärmung, fehlt, zum anderen, weil die Lehrkraft anschließend keine Erholungsphase hat. Als belastend wird aber auch erfahren, wenn man aufgrund eigener Verletzungen oder dauerhafter körperlicher Beeinträchtigungen keine Übungen mehr vormachen kann (vgl. Frau FC, Frau FQ). Diese Lehrerinnen und Lehrer fühlen sich in ihren Lehrkompetenzen erheblich eingeschränkt und dadurch benachteiligt, weil das Demonstrieren von Bewegungsabläufen in vielen Fällen als effizienter erfahren wird als die bloße Bewegungsbeschreibung und -erklärung. Außerdem können diese Lehrkräfte die motivierende Wirkung des Lehrervorbildes durch Mitmachen, zum Beispiel bei der Spielvermittlung, nicht nutzen und müssen deshalb vermehrt andere Motivationsstrategien anwenden (vgl. Herr ZN).

Ein Gesamtschullehrer berichtet zum Belastungserleben durch das gemeinsame Folgendes:

> „Dann kamen die Mädchen mit ihrer Dance-Fitness nicht so selbstständig zurecht. Und dann habe ich selbst wieder intensivst mitgemacht, war so nach 20 Minuten auch völlig durchgeschwitzt (…). Also der Sportunterricht ist eine sehr körperliche Arbeit, die dann bis halb fünf geht“ (Herr QO 15 – 57 Jahre, Gesamtschule, Sport/Sozialwissenschaften).

Neun Lehrkräfte, übrigens alle aus dem Bereich Sekundarstufe I, geben das Vor- und Mitmachen als Belastungsfaktor an, darunter mehr Frauen (6) als Männer (3) (s. Tabelle 21).

| | weiblich | männlich | N= |
|---|---|---|---|
| HS | Frau ZT | | 1 |
| RS | Frau FQ, Frau OM | Herr ZN | 3 |
| GeS | | Herr QO | 1 |
| GY | Frau FC, Frau AH, Frau RC | Herr ST | 4 |
| N= | 6 | 3 | 9 |

Tabelle 21: Belastungen durch das Vor- und Mitmachen im Unterricht

*Belastungen durch den Auf- und Abbau von Geräten*

*Beschreibung der Kategorie mit Ankerbeispielen*

Sechs Lehrkräfte geben an, dass das Auf-und Abbauen von Großgeräten eine Belastung darstelle, darunter vier Lehrerinnen. Dass unter den sechs zwei Grundschullehrkräfte sind, verwundert nicht, denn gerade die jüngeren Schüler/-innen sind meist kräftemäßig noch nicht in der Lage, bestimmte Geräte allein, paarweise oder in Kleingruppen zu transportieren. Hinzu kommt, dass sie noch nicht genügend über die Fachbegriffe und über die notwendige Orientierungsfähigkeit in der Halle verfügen. Dieser Umstand erfordert von der Lehrkraft in der Grundschule vermehrt Steuerungshandlungen in Form von Erklärungen, Anweisungen, Ge- und Verboten, auch um Verletzungen durch nicht sachgerechten Umgang mit den Geräten beim Transport zu vermeiden. Eine der befragten Lehrerinnen aus der Grundschule schildert folgende Situation:

> „Dann beim Geräte aufbauen...(....) bei den Kleineren, wir (d.h. die Grundschullehrkräfte, d. Verf.) müssen schon noch mehr mit anpacken. Ich habe letztes Mal beim Reckhochziehen gemerkt, dass alles alt und verrostet ist und da muss man wirklich...(...) Das kann ich nicht alleine, das schaffe ich gar nicht. (...) Das belastet auch“ (Frau RS 156-158 – 38 Jahre, Grundschule, Sport/Deutsch/Mathematik).

Als besonders problematisch erfahren wird der Aufbau von Großgeräten also dann, wenn diese nicht sachgerecht gewartet werden und man z. B. als ältere Lehrkraft nicht (mehr) in der Lage ist, bestimmte Geräte allein aufzubauen oder dies nur unter Eingehen eines Verletzungsrisikos tun kann, wie dies diese Lehrerin schildert. Bestimmte Unterrichtsinhalte (z. B. Reckturnen, Barrenturnen) können dann u. U. nicht mehr unterrichtet werden.

Da aber insgesamt nur sechs Lehrkräfte diesen Belastungsfaktor thematisieren, ist davon auszugehen, dass die anderen Befragten Möglichkeiten gefunden haben, um mit dem Geräteaufbau und -abbau produktiv umzugehen, wie zum Beispiel Herr GM, der im Interview betont, dass er den Schülern und Schülerinnen bereits in der ersten Klasse Geräteaufbauten genau erklärt und die Kinder dann viel selbst machen lässt. Seine Devise ist: „Man muss es nur gut anleiten“ (Herr GM 30 – 54 Jahre, Grundschule, Sport/Deutsch/Sachunterricht). Erwähnt wird auch die an Grundschulen verbreitete Praxis, dass Großgerätekombinationen von mehreren Lehrkräften frühmorgens gemeinsam aufgebaut, anschließend von mehreren Klassen genutzt, um nach Beendigung des Unterrichts wiederum von Lehrkräften abgebaut zu werden. Eine Aussage darüber, wie viele Sportlehrkräfte auf den Aufbau aufwändiger Gerätekombinationen gänzlich verzichten, weil das Aufbauen als zu anstrengend erachtet wird, ist an Hand der erhobenen Daten nicht möglich. Es ist allerdings zu vermuten, dass es diese „Schonhaltungen“

gibt.

| | weiblich | männlich | N= |
|---|---|---|---|
| GrS | Frau RS | Herr VL | 2 |
| HS | Frau YM | | 1 |
| RS | | Herr LT | 1 |
| GeS | Frau JT | | 1 |
| GY | Frau FR | | 1 |
| N= | 4 | 2 | 6 |

Tabelle 22: Belastungen durch Auf- und Abbauen von Geräten

*Belastungen durch die Erteilung von Hilfestellung*

*Beschreibung der Kategorie mit Ankerbeispielen*

Diesen Aspekt geben zehn Sportlehrer/-innen an. Dabei fällt auf, dass dies überwiegend Lehrer/-innen der weiterführenden Schulen sind. Dies dürfte erstens mit dem höheren Körpergewicht der Schüler/-innen in der Sekundarstufe I und II zusammenhängen, zweitens aber auch der Tatsache geschuldet sein, dass die Hilfestellung durch Lehrkräfte in dieser Schulstufe ein höchst sensibler Bereich ist. Als treffendes Beispiel für das erste Argument führt ein Realschullehrer die Vermittlung des Handstandüberschlags an. Die Schüler/-innen dabei über „diese Schwelle zu heben“, sei doch sehr kräftezehrend. Man müsse dabei als Helfender oft viel Kraft aufwenden, was sehr anstrengend sei (Herr ZN 20, 44 Jahre, Realschule, Sport/Musik). Frau BT sieht dies auch schon bei Grundschulkindern gegeben und erklärt dies mit der geringen Körperspannung vieler Kinder sowie dem Übergewicht vieler Schüler/-innen:

> „Das andere, was zunimmt, ist einfach die Spannungslosigkeit der Kinder. Also bei Hilfestellungen schon, dass man das körperlich merkt. Selbst Viertklässler, das sind schon solche Brocken, dass selbst mit guter Technik man die nicht mehr meinetwegen am Barren halten kann“ (Frau BT 32 – 36 Jahre, Grundschule, Sport/Deutsch/Mathematik).

Das zweite Argument hängt mit der Problematik körperlicher Berührungen im Sportunterricht zusammen. Keine Lehrerin und kein Lehrer hat im Interview „Berührungen“ speziell als Belastung angegeben, allerdings räumen einige Sportlehrkräfte ein, dass es sensible Situationen im Sportunterricht gäbe, bei denen eine Lehrkraft leicht unter Verdacht der sexuellen Belästigung oder gar der sexuellen Gewalt geraten könne. Viele Lehrer/-innen wissen dies und verhalten sich deshalb gerade bei der Hilfestellung bewusst zurückhaltend (z. B. Herr LS, Herr GL, Herr ZT). Männliche Sportlehrkräfte sind dabei in der Regel noch vorsichtiger, weil sie fürchten, sexualisierter Gewalt verdächtigt zu werden (Frau TK).

| | weiblich | männlich | N= |
|---|---|---|---|
| GrS | Frau BT | | 1 |
| HS | | Herr GL, Herr LS | 2 |
| RS | Frau TT, Frau TK | Herr ZN, Herr ZT | 4 |
| GY | Frau AH, Frau FR | Herr EQ | 3 |
| N= | 5 | 5 | 10 |

Tabelle 23: Belastungen durch das Erteilen von Hilfestellungen im Sportunterricht

*Interpretation der Aussagen zu Belastungen durch physische Anforderungen*

Die körperliche Komponente wird in unterschiedlicher Weise von den Unterrichtsinhalten des Sportunterrichts geprägt, dessen grundlegendes Element die Bewegung ist. Eine Gymnasiallehrerin beschreibt ihre alltägliche Unterrichtspraxis wie folgt:

> „Bei den Kleinen, da mache ich vielleicht mal etwas vor oder helfe denen irgendwie. Trotzdem schwitzt man da manchmal auch ganz schön. Bei den Größeren macht man teilweise mehr noch mit, würde ich sagen. Also wenn man die Aufwärmung macht, das macht man ja immer vor, oder irgendwelche Übungen oder je nachdem, wenn jetzt nicht so viele Schüler da sind, dann macht man auch schon mal mit. Die physische Belastung ist auf jeden Fall schon hoch. Also, man merkt es, sobald man irgendetwas hat. Wenn es einem nicht ganz so gut geht oder einem etwas weh tut aus irgendeinem Grund, auch schon, wenn man hin und her läuft, ohne jetzt groß was zu machen, dann fällt einem das schwer“ (Frau AH 29 - 48 Jahre, Gymnasium, Sport/Biologie).

Ähnliches berichtet eine andere Gymnasiallehrerin:

> „Also, man merkt das, wenn man gesundheitlich etwas angeschlagen ist, sei es auch nur, dass einem so die Erkältung in den Knochen steckt, wenn es nicht reicht, um zu Hause zu bleiben, es einem aber schwer fällt zu arbeiten. Und wenn man dann vor den Klassen steht oder mit denen arbeiten soll im Sport, das ist schon sehr, sehr anstrengend“ (Frau RC 187 - 56 Jahre, Gymnasium, Sport/Kunst).

Während in anderen Unterrichtsfächern kleine „Malaisen“ das Befinden im Unterricht weniger beeinflussen, führen diese im Sportunterricht, der körperlich deutlich fordernder ist, zu deutlich spürbarer Anstrengung.

Beeinflusst wird das Belastungsempfinden durch die „körperliche Arbeit“ beim Unterrichten im Sportunterricht aber auch durch die Zahl der erteilten Sportstunden. Die quantitative Studie hat gezeigt, dass die Lehrkräfte keinesfalls ein zu hohes Sportstundendeputat anstreben, sondern maximal die Hälfte des Deputats (bei einem ganzen Lehrauftrag) im Fach Sport zu erteilen wünschen. Dies wird durch die Interviews voll und ganz bestätigt:

> „Früher habe ich in einem Halbjahr nur Sport gemacht. Und das ist anstrengend. Also das empfand ich immer als körperlich anstrengend und danach habe ich auch keinen Sport mehr für mich selber getrieben. Da hatte ich in meiner Freizeit keine Lust mehr auf Sport“(Frau RK 122 - 46 Jahre, Gesamtschule, Sport/Philosophie).

Ein weiterer wesentlicher Faktor, der das Belastungsempfinden in erheblichem Maße moderiert, ist das Alter:

> „Und man hört das natürlich auch öfter im Kollegium, je älter man wird. Ich bin jetzt 48 Jahre, da würde ich sagen, das geht noch. Aber ich sage mal zwischen 50 und 60, da gibt es dann schon viele [Kollegen/Kolleginnen, d. Verf.], die sagen: ‚Bloß keinen Sportunterricht, lieber das andere Fach!‘ Sodass sie sagen: ‚Sport ist mir zu hektisch und dieses Rumgerenne und hin und her!‘ Viele sagen auch: ‚Da bin ich froh, dass ich mein zweites Fach habe. Dann lieber ein bisschen mehr am Schreibtisch sitzen, als in der Halle rumrennen!‘ (Frau AH 29 - 48 Jahre, Gymnasium, Biologie/Sport).

Von den 28 befragten Lehrkräften, die angeben, sich durch das Erteilen von Sportunterricht körperlich stark belastet zu fühlen, ist knapp die Hälfte über 50 Jahre alt. Das überrascht nicht, denn körperliche Aktivität wird im Alter beschwerlicher und wird auch aufgrund des Nachlassens der körperlichen Leistungsfähigkeit als anstrengender empfunden als in jungen Jahren.

Ein, wie er selbst sagt, durch den Sportunterricht körperlich stark belasteter Interviewpartner (Lehrer an der Gesamtschule) äußert, dass er nach einem Unterrichtstag mit vielen erteilten

Sportstunden erst einmal eine längere Pause benötige: „Da muss ich mich erstmal eine halbe Stunde hinlegen und entspannen“ (Herr QO 15 – 57 Jahre, Gesamtschule, Sport/Sozialwissenschaften).

Das Nachlassen der körperlichen Leistungsfähigkeit scheint sich bei weiblichen Sportlehrkräften noch stärker belastend auszuwirken als bei männlichen. Unter den 11 über 50-jährigen Probanden/Probandinnen, die in der vorliegenden Studie angegeben haben, dass sie sich stark körperlich belastet fühlen, sind allein acht Frauen!

Die Aussagen der Interviewpartnerinnen verweisen darauf, dass das Empfinden der geringeren körperlichen Leistungsfähigkeit in Bezug auf den Sportunterricht bei Frauen früher einsetzt als bei Männern. Weibliche Lehrkräfte dürften deshalb in den letzten Jahren ihrer Berufstätigkeit durch die nachlassenden Körperkräfte in erheblichem Maße belastet sein. Es ist deshalb naheliegend, einen Zusammenhang zwischen diesem Tatbestand und dem Wunsch vieler älterer weiblicher Sportlehrkräfte, den Schwerpunkt ihres Deputats auf ihr zweites Schulfach zu verlagern oder sogar ganz aus dem Fach Sport auszusteigen, herzustellen.

Resümierend kann festgehalten werden, dass die „körperliche Arbeit“ im Sportunterricht in noch höherem Maße als belastend empfunden wird, wenn leichte körperliche Beeinträchtigungen vorliegen. Dies wird beim Unterricht in den kognitiven Fächern weniger stark empfunden. Das Belastungsempfinden ist stark abhängig vom Alter und Geschlecht. Weibliche, über fünfzigjährige Lehrkräfte fühlen sich stärker belastet als jüngere Kolleginnen und als gleichaltrige männliche Kollegen.

#### *7.3.1.6 Körperkontakt und Berührungen im Sportunterricht als Belastungsfaktoren*

*Beschreibung der Kategorie mit Ankerbeispielen*

Im Sportunterricht kommt es immer wieder zu Körperkontakt und Berührungen zwischen der Lehrkraft und Schülern bzw. Schülerinnen. Derartige Kontakte kommen beispielsweise dann zustande, wenn die Lehrkraft eine Bewegungsdemonstration mit Hilfe eines Schülers oder einer Schülerin vornimmt und dabei den Körper des Schülers/der Schülerin in eine bestimmte Position bringt. Ferner ist dies bei Sportspielen der Fall (sofern die Lehrkraft mitspielt), vor allem aber wenn Hilfestellung gegeben wird.

*Interpretation der Aussagen zu Körperkontakt und Berührungen*

Unter allen Lehrergruppen fühlen sich die befragten weiblichen Lehrkräfte an Grundschulen durch Berührungen im Sportunterricht am wenigsten belastet. Sie sehen angesichts des jungen Alters der Grundschüler/-innen und dem damit verbundenen Stand der körperlichen und psycho-sexuellen Entwicklung kaum Probleme bei Berührungen. Zwei der befragten männlichen Grundschullehrkräfte äußern jedoch erhebliche Bedenken:

> „Es fängt an, ja. Das fängt an, weil die Eltern da immer diejenigen sind, die da... Ob immer, aber zumindest ist das ein Thema, das man im Hinterkopf haben muss. Gerade auch bei Hilfestellungen. Also, wenn es darum geht, irgendwas mit Hilfestellung zu machen, nehme ich schon eher erst mal den Jungen, mit dem ich das demonstriere, als ein Mädchen. Einfach schon...als Mann jetzt. Ich denke, das ist bei einer Frau auch anders. Als Mann mache ich mir da schon Probleme und Gedanken, weil natürlich auch schon mal was gerüchtemäßig bei einem anderen Kollegen bei uns

> an der Schule war. Was man dann natürlich im Hinterkopf hat und aufpasst" (Herr GS 402 – 42 Jahre, Grundschule, Sport/Deutsch/Mathematik)

D.h., Belastungen können sich daraus ergeben, dass männliche Lehrkräften antizipieren, dass ihnen unterstellt wird, dass die Berührung nicht der Hilfestellung dient, sondern ein Akt sexualisierter Belästigung oder sogar Gewalt vorliegt. Infolge dessen sollten vor allem Sportlehrer, so äußern sich einige der Befragten, stets vorsichtig und bedacht mit Berührungen umgehen.

Diese Problematik verschärft sich mit zunehmendem Alter der Schüler/-innen und wird als Thematik auf den weiterführenden Schulen zunehmend präsenter. Ein Realschullehrer berichtet:

> „Manchmal gibt es da schon Schwierigkeiten, also ich achte immer darauf, ihnen genau zu erklären, warum ich die Hilfestellung jetzt so mache, warum ich sie da jetzt so anfasse, weil, da gibt es schon Schwierigkeiten. Und ich weiß auch von einem Kollegen, der ist jetzt nicht mehr an unserer Schule, dass er da wirklich massive Schwierigkeiten hatte. Und wenn man erstmal so einen Ruf erlangt hat als Sportlehrer, dann ist das, glaube ich, ganz schwierig, das kann auch sehr, sehr belastend sein. Von daher bin ich da sehr, sehr vorsichtig und achte auch wirklich genau darauf, wenn ich Hilfestellung gebe, wenn ich irgendwie die Schüler anfassen muss, dass ich ihnen deutlich mache, warum ich das jetzt mache und warum ich jetzt gerade diese Hilfestellung so geben muss" (Herr SI 177 – 39 Jahre, Realschule, Sport/Physik).

Herr SI bewertet die Situationen zwar als schwierig, nimmt aber diesen Belastungsfaktor im Vergleich zu anderen Belastungsfaktoren als weniger stark wahr. Dies könnte daran liegen, dass er eine praktikable Lösung für den Umgang mit diesem Problem gefunden hat: Indem er den Schülern und Schülerinnen eventuelle Berührungen genau begründet, versucht er das Risiko, dass es zu Unterstellungen kommt, zu reduzieren.

Ein anderer Kollege der Realschule vermeidet dagegen Berührungen im Sportunterricht inzwischen vollständig:

> „Ich habe das immer, ja wie soll ich sagen, das lange Zeit als selbstverständlich genommen, dass ich Schüler oder Schülerinnen, also jetzt beim Bockspringen und so, auch mal dann anfasse. Ich habe es sein gelassen, jetzt, ich mache das nicht mehr. Ich fasse keinen Schüler mehr an" (Herr LT 233 – 53 Jahre, Realschule, Sport/Mathematik).

Daraus folgt, dass die Schüler/-innen die notwendige Hilfestellung selbst vornehmen müssen, was allerdings, z. B. beim Gerätturnen, nicht bei allen Übungen praktikabel ist. Durch eine Vermeidung bestimmter Übungen dürften bisweilen Lernchancen nicht genutzt und Erfolgserlebnisse reduziert werden.

Das Belastungsempfinden durch Berührungen im Sportunterricht hängt zum größten Teil davon ab, ob die Berührungen zwischen gleichgeschlechtlichen oder andersgeschlechtlichen Akteuren erfolgen. Als belastend empfunden werden von den Befragten hauptsächlich Berührungen zwischen Personen verschiedenen Geschlechts. Außerdem werden nicht alle Arten von Berührungen als belastend empfunden. Die eher flüchtigen und zufälligen Berührungen bei Sportspielen werden von den direkten und gezielten Berührungen, vor allem bei der Hilfestellung, unterschieden. Letztere werden besonders von männlichen Sportlehrkräften kritisch gesehen, weil sie zu Unterstellungen seitens der Schüler/-innen oder der Eltern Anlass geben können. Bezeichnend ist, dass einige Interviewpartner auch von Fällen im unmittelbaren Umfeld berichten, bei denen männliche Kollegen verdächtigt wurden. Dies kann als ein Beleg dafür gewertet werden, dass die Befragten die Bedrohung durch Unterstellung sexualisierter

Handlungen als gegeben sehen.

Die Schwierigkeiten, die aufgrund von Berührungen entstehen, variieren bezüglich der Schulform: Mit zunehmendem Alter und fortschreitender körperlicher Entwicklung der Schüler/-innen, also ab der Sekundarstufe I, werden Situationen, in denen es zu Berührungen kommt, von den Sportlehrkräften als zunehmend belastend wahrgenommen und z. T. gänzlich vermieden, auch wenn dies aus fachlicher Perspektive geboten erscheint.

#### *7.3.1.7 Zusammenfassung der Ergebnisse zu fachspezifischen Belastungen*

Die fachspezifischen Belastungen, die sich durch die Unterrichtsplanung und -durchführung sowie durch die allgemeinen Aufgaben an der Schule ergeben, lassen sich zunächst einmal „klassisch" in physische Belastungen und psychische Belastungen unterscheiden:

Die physischen Belastungen werden von allen Befragten als „erheblich" bis „außerordentlich hoch" beschrieben. Sie ergeben sich durch das zum Zwecke der Motivierung der Schüler/-innen oft nötige „Mitmachen" der Lehrkraft in der Erwärmungsphase oder bei Übungen im Hauptteil der Stunden und durch das Mitspielen bei Sportspielen, das häufig notwendig ist, damit ein Spielfluss entsteht, sowie die Demonstrationen durch die Lehrkraft beim motorischen Lernprozess. Ein weiterer Faktor ist die oft durch die Lehrkraft selbst vorzunehmende Hilfestellung. Auch der Geräteaufbau und -abbau sowie das ständige Stehen in den Hallen und Schwimmbädern werden als körperlich anstrengend und belastend erfahren. Die Lehrerinnen und Lehrer äußern sich dahingehend, dass das Unterrichten im Sportunterricht für sie wie „körperliche Arbeit" wirkt, die am Ende eines Schultags oft in der totalen Erschöpfung endet. Frauen sind aufgrund ihrer körperlich meist schwächeren Konstitution stärker betroffen als männliche Sportlehrkräfte, ältere Sportlehrkräfte mehr als jüngere, weil zum einen die körperlichen Kräfte mit zunehmendem Alter schwinden, zum anderen, weil bestimmte Bewegungsdemonstrationen nicht mehr so flüssig von statten gehen wie in jüngeren Jahren. Es ist daher nicht verwunderlich, dass in den Interviews der Faktor „körperliche Belastung" mit Aussagen, die den Wunsch nach Reduktion der Sportstundenzahl dokumentieren, verbunden wird.

Zu den körperlichen Faktoren gehört auch die stimmliche Belastung, die durchweg von allen Befragten als erheblich eingestuft wird. Vor allem im Zusammenhang mit dem hohen Lärmpegel in Dreifachsporthallen und auch in den Schwimmbädern wird über stimmliche Probleme geklagt. Dabei konnten keine schulartspezifischen Unterschiede festgestellt werden, wohl aber geschlechtsspezifische Differenzen. Frauen scheinen von den stimmlichen Belastungen wiederum stärker betroffen zu sein als Männer, was wiederum an der körperlichen Disposition, hier an der Stimmlage und dem Stimmvolumen, liegen dürfte. Es zeigt sich eine deutliche Abhängigkeit der Zunahme dieser Beschwerden von der erteilten Stundenzahl. Das heißt, je höher die Zahl der erteilten Sportstunden pro Woche ist, desto stärker wird die stimmliche Belastung, die sich bei vielen Befragten in häufigen Stimmband- und Atemwegserkrankungen niederschlägt.

Von den physischen Belastungen sind die psychischen Belastungen zu trennen. Die unter dieser Rubrik zu fassenden Faktoren, wie zum Beispiel die Notengebung, die curricularen Vorgaben, die Furcht vor Verletzungen der Schüler/-innen, die Angst, aufgrund von Berührungen im Sportunterricht der sexualisierten Gewalt verdächtigt zu werden sowie der hohe Grad an Aufmerksamkeit, den die Lehrkräfte den gesamten Sportunterricht über aufrechterhalten müssen, werden zwar von vielen Befragten als belastend genannt, sie scheinen aber im Vergleich zu den physischen Belastungen für die Gruppe der Befragten eine geringere Rolle zu spielen. Dies darf jedoch nicht so gedeutet werden, dass diese psychischen Belastungsfaktoren keine Bedeutung für das Belastungsempfinden haben. Vielmehr können sie in einzelnen Fällen zu ganz erheblichen Problemen führen und das Belastungserleben sogar dominieren.

Auch bei den psychischen Belastungsfaktoren zeigen sich charakteristische geschlechtsspezifische Unterschiede: Während weibliche Sportlehrkräfte häufig die Verletzungsgefahr der Schüler/-innen als belastend empfinden, sind es bei den männlichen Sportlehrkräften eher die Berührungen im Sportunterricht und die damit verbundenen Verdächtigungen sexualisierter Gewalt.

Die curricularen Vorgaben werden im Allgemeinen eher als geringer Belastungsfaktor wahrgenommen. Es kann jedoch aufgrund der vorliegenden Daten nicht entschieden werden, was die Gründe für diese Einschätzung sind. Es könnte z. B. sein, dass die curricularen Vorgaben deshalb kaum als Belastungsfaktor wahrgenommen werden, weil sich die Lehrkräfte gar nicht nach ihnen richten, denn im Unterschied etwa zu den kognitiven Fächern Mathematik, Englisch oder Deutsch wird im Sportunterricht nicht systematisch nachgeprüft, ob im Sportunterricht lehrplangerecht unterrichtet wird.

Einen erheblichen Belastungsfaktor bilden die zusätzlichen Aufgaben, die Sportlehrkräfte heute in zunehmendem Maße zu erfüllen haben. Hierdurch ergeben sich sowohl körperliche als auch psychische Belastungen. Genannt werden in diesem Zusammenhang v. a. die zu erbringenden Arbeitsleistungen an jenen Nachmittagen, an denen Schulsportveranstaltungen auszurichten bzw. mit Schülern und Schülerinnen zu besuchen sind. Insbesondere die fehlenden Erholungszeiten am Abend und an den Wochenenden durch derartige zusätzliche Aufgaben und vor allem durch die damit verbundene Dokumentation werden als Ursache für zunehmende Belastungen genannt.

### 7.3.2 Fachspezifische Belastungen durch räumliche Bedingungen

*Vorbemerkung*

Zu den räumlichen Bedingungen der Berufstätigkeit von Sportlehrkräften zählen Sportstätten wie Sporthallen, Außenanlagen und Schwimmbäder sowie deren infrastruktureller Rahmen, wie z. B. Beleuchtung und Belüftung, Boden-und Wandbelag, Art und Ausstattung der Umkleideräume und Duschen, ferner die Ausstattung der Sportstätten mit Geräten und Materialien für den Sportunterricht. Durch die räumlichen Bedingungen entsteht ein spezifischer Rahmen, der für mehr oder weniger Lärm sorgt und dementsprechend für größere oder geringere stimmliche Anstrengung verantwortlich ist. Auch das Raumklima mit Temperatur und Luftfeuchtigkeit spielt eine Rolle beim Belastungsempfinden.

### *7.3.2.1 Belastungen durch die Bedingungen in den Sporthallen*

*Beschreibung der Kategorie mit Ankerbeispielen*

Insbesondere Dreifachsporthallen scheinen in der Praxis des Sportunterrichts belastend zu wirken. In vielen Interviews wird von störenden Situationen gesprochen, wenn alle drei Teile belegt sind, wie Frau AI, Sportlehrerin an einem Gymnasium, berichtet: „In der Hallensituation, wo links meinetwegen ein Kassettenrekorder plärrt und auf der anderen Seite der Basketball gedribbelt wird" (Frau AI 47 – 54 Jahre, Gymnasium, Sport/Englisch).

Des Weiteren kritisieren einige der Befragten, dass die Sporthallen oftmals nicht gut gereinigt, nicht gelüftet und nicht ausreichend beheizt werden, wodurch das Unterrichten in der Sporthalle als unangenehm empfunden wird:

> „Staubfaktor. Sporthallen werden ja fast gar nicht geputzt, außer vielleicht zweimal im Jahr. Nur unten gewischt (…).Dann ist es sowieso kalt. Es muffelt, weil keiner gelüftet hat" (Frau BT 54-60 – 36 Jahre, Grundschule, Sport/Deutsch/Mathematik).

Es wird ferner berichtet, dass sich die Schüler/-innen nicht gern auf den Hallenboden setzen, weil sie befürchten, dass sie sich beschmutzen.

Drei Interviewpartner/-innen unterrichten in Sporthallen, in die während der Unterrichtszeit Schüler/-innen, die Freistunden haben, Einblick haben, weil die Tribüne frei zugänglich ist. Dies wird als sehr störend empfunden,, weil sich die unterrichteten Schüler/-innen dadurch ablenken lassen. Insgesamt geben 17 Interviewpartnerinnen und Interviewpartner an, dass sie die Bedingungen in ihrer Übungsstätte als beeinträchtigend erachten. Allerdings erfreuen sich auch einige Sportlehrerinnen und Sportlehrer guter Sporthallenbedingungen. Bemerkenswert ist dabei allerdings, dass diesen Lehrkräften kleinere Hallen zur Verfügung stehen, in denen sie ihre Klassen alleine unterrichten können. Daraus folgt: die Sporthalle ist nicht per se belastend, sondern die Tatsache, dass in Dreifachsporthallen mit Faltwand drei Klassen parallel unterrichtet werden, stellt für viele der Befragten eine Belastung dar.

| | weiblich | männlich | N= |
|---|---|---|---|
| GrS | Frau BT | | 1 |
| HS | | Herr LS | 1 |
| RS | Frau TT, Frau XQ | Herr ZN, Herr SI | 4 |
| GeS | Frau AT, Frau DT | | 2 |
| GY | Frau AI, Frau FR, Frau ZG, Frau AH | Herr BT, Herr GG, Herr UF, Herr SN, Herr OS | 9 |
| N= | 9 | 8 | 17 |

Tabelle 24: Belastungen durch die Bedingungen in den Sporthallen

*Interpretation der Aussagen zu den Rahmenbedingungen in den Sporthallen*

Da es verschiedene Formen von Sporthallen an den untersuchten Schulen gibt und diese auch unterschiedlich belastend wirken, werden die verschiedenen Formen getrennt untersucht. Dazu wird zunächst die Sporthalle allgemein betrachtet, im Anschluss daran wird der Blick auf die Mehrfachsporthalle, dann auf die offene Sporthalle gerichtet.

*Sporthallen im Allgemeinen*

Als belastend werden in den Interviews hinsichtlich der Sporthalle allgemein besonders die schlechten hygienischen Bedingungen genannt:

> „In der Halle ist oftmals Dreck und Staub. Im Klassenraum ist es insgesamt sauberer. Das sind also erstmal so äußere Bedingungen“ (Herr UF 17 – 52 Jahre, Gymnasium, Sport/Geschichte).

> „Die Hallen an sich sind in einem schlechten Zustand. Über Jahre hinweg war die hygienische Situation eigentlich, also aus meiner Sicht, gar nicht zulässig. Da hätte man das Ordnungsamt einschalten können“ (Frau AT 35 – 44 Jahre, Gesamtschule, Sport/Kunst).

Derartige Aussagen finden sich in zahlreichen Interviews wieder, und zwar in allen Schulformen. Auch gibt es keine signifikanten Unterschiede in der Bewertung der Hallensituation nach dem Geschlecht oder dem Alter.

Der schlechte hygienische Zustand der Hallen wird vor allem auf die finanzielle Situation der Schulen, für die Städte und Gemeinden zuständig sind, zurückgeführt. Es fehle das Geld für eine regelmäßige Reinigung der Sporthallen.

Als weiterer Belastungsfaktor wird die Hallentemperatur genannt:

> „Dann ist es oft kalt. Im Klassenraum kann ich die Heizung anmachen. In der Turnhalle gibt es eine zentrale Anlage [die nicht individuell gesteuert werden kann, d. Verf.]“ (Herr UF 17 – 52 Jahre, Gymnasium, Sport/Geschichte).

Belastend für Sportlehrkräfte ist auch, dass der Sportunterricht in Räumlichkeiten durchgeführt werden muss, die nicht dafür konzipiert sind, weil die räumlichen Kapazitäten der Sporthallen nicht ausreichen.

> „Wir haben immer eine Sportstunde, die wir in der Aula durchführen müssen und da kann man natürlich nicht viel mit Laufen und [großmotorischem, d. Verf.] Bewegen machen, da muss man andere Dinge machen“ (Frau BT 28 – 36 Jahre, Grundschule, Sport/Mathematik/Deutsch).

Wie die Sportlehrerin erklärt, ist „normaler“ Sportunterricht in der Aula nicht möglich, was auch die Schüler/-innen unzufrieden macht. Von der Lehrperson erfordert diese Situation außergewöhnliche Kreativität bei der Planung der Sportstunde. Dieses Problem scheint insbesondere an Grundschulen aufzutreten.

*Die Mehrfachsporthalle*

An vielen der befragten Schulen gibt es Mehrfachsporthallen. Dies betrifft insbesondere die weiterführenden Schulen. Es handelt sich meist um Dreifachhallen, die überwiegend mehrzügig belegt werden, so dass mit drei Schulklassen gleichzeitig, nur durch einen Vorhang getrennt, Sportunterricht durchgeführt wird. Diese Situation führt zu verschiedenen Problemen.

> „Wir haben hier eine Dreifach-Sporthalle, und oft ist die mit drei verschiedenen Klassen belegt. Der Trennvorhang ist schon so wenig schallschützend, aber wenn eben drei Leute mit Musik arbeiten, das ist schon so grenzwertig“ (Frau DT 35 – 46 Jahre, Gesamtschule, Sport/Chemie).

Die Sportlehrerin spricht hier das Problem des hohen Lärmpegels an. Im Sportunterricht ist es schon allein durch das Unterrichten bestimmter Inhalte relativ laut, so zum Beispiel beim Basketball durch das Prellen des Balls. Dies gilt analog für viele andere Inhalte. Wenn nun, wie im obigen Zitat beschrieben, drei Klassen gleichzeitig in einer Halle sind, überlagert sich der Lärm aus verschiedenen Hallenteilen, so dass es von der Lärmstärke her, wie die Sportlehrerin erläutert, „grenzwertig“ wird.

Als Folge des hohen Geräuschpegels in Dreifachsporthallen können bestimmte Unterrichtsinhalte oft nicht planmäßig durchgeführt werden:

> „Die eine Gruppe spielt Basketball, die daneben machen Tanzgymnastik, da dröhnt es dann von der Musik her, und die dritten, die wollen vielleicht, was weiß ich, Akrobatik machen, also was ganz anderes. Wie sollen die dabei arbeiten?“ (Frau FC 31 – 49 Jahre, Gymnasium, Sport/Erdkunde).

Beispielhaft wird hier Akrobatik als ein Inhalt genannt, der bei hohem Lärmpegel nicht durchzuführen ist, da die Schüler/-innen durch den Lärm aus den anderen Hallenteilen abgelenkt werden und so nicht die nötige Konzentration entwickeln können, um angemessene Unterrichtsergebnisse erbringen zu können. Kognitive Phasen, in denen konzentriert Unterrichtsgespräche stattfinden sollen, sind nahezu unmöglich. Schon gar nicht zu realisieren ist die Durchführung von Ruhe- und Entspannungsphasen bei erhöhtem Lärmpegel.

Um diese Inhalte trotzdem behandeln zu können, bedarf es einiger organisatorischer Maßnahmen im Vorfeld des Unterrichts, bei denen die Sportlehrkräfte öfter Kompromisse schließen müssen:

> „Wenn man das vorher weiß, dass solche Parallelveranstaltungen sind, dass nebenan Gymnastik/Tanz ist, dann kann man ja auch versuchen auszuweichen, bei gutem Wetter raus gehen. (...) man spricht sich mit Kollegen ab, dass man versucht, ja, das auch zu reduzieren, wenn es geht. Oder ich werde meinen eigenen Unterricht ebenso konzipieren, dass ich nach Möglichkeit nicht vier Stunden hintereinander eine Sportart mache, wo es sehr laut ist“ (Frau AI 51-53 – 54 Jahre, Gymnasium, Sport/Englisch).

Und immer wieder kommt es auch zu Situationen, die für die betroffenen Lehrerinnen und Lehrer Stress bedeuten, da man kurzfristig vom Unterrichtsplan abweichen muss, um sich den Gegebenheiten anzupassen:

> „Was manchmal belastend ist, wenn man jetzt in diese eine riesige Halle kommt und Einiges dann immer so ungeplant abläuft. D. h., da sind dann doch wieder Kollegen drin, die sonst nie drin waren, dann hat man wieder nicht das Feld, was man eigentlich haben sollte, dann muss man alles wieder umstrukturieren. Also, wenn man jetzt wirklich mal geplanten Unterricht durchziehen möchte, dann ist das sehr schwer“ (Herr OS 41 – 32 Jahre, Gymnasium, Sport/Pädagogik).

Hinzu kommt, dass der Unterricht in den Mehrfachturnhallen aufgrund von Materialbeschaffung durch Schüler/-innen anderer Klassen oder auch durch Lehrkräfte immer wieder empfindlich gestört wird:

> „Und dann natürlich laufen Schüler durch, dann Geräte holen, und das ist natürlich fürchterlich nervig“ (Herr LO 19 – 47 Jahre, Gesamtschule, Sport/Englisch).

Aufgrund des Gerätetransports müssen am Anfang und am Ende der Unterrichtsstunde, je nach Lagerort, die Trennwände kurzzeitig hochgefahren werden. Dadurch wird nicht nur der eigene Unterricht gestört, sondern auch der von den Kollegen/Kolleginnen, deren Hallendrittel plötzlich geöffnet und als Durchgangsraum genutzt wird. Auch wird dadurch die ohnehin begrenzte Bewegungszeit der Schüler/-innen weiter reduziert.

Das Unterrichten in einer Mehrfachsporthalle führt schließlich bei einer der betroffenen Sportlehrerinnen dazu, dass sie um eine Reduktion ihrer Sportstunden nachsucht:

> „Und dann kam ich nach S. und da ist eine Dreifachsporthalle, da fand ich dann nach drei Jahren: ‚Es reicht mir mit dem Sportunterricht!‘ Es hat mich also dazu gebracht, die Stunden zu reduzieren. Drei Klassen nebeneinander à dreißig ungefähr, manchmal, wenn die Hauptschule mit drinnen ist, noch mehr, das sind hundert Leute insgesamt gewesen, dann war das auch nicht so gut, sagen

wir mal, von vornherein geklärt, wer nun, welche Stunde in welchem Drittel hatte. Man musste also immer gucken: ,Ist die Hauptschule schon eher drinnen' (...)" (Frau TT 10 – 60 Jahre, Realschule, Sport/Mathematik).

Festzuhalten ist, dass Sportlehrkräfte eine Einfachsporthalle der Mehrfachhalle vorziehen, mit der Begründung, dass sie zum einen alle Materialien der Turnhalle jederzeit zur Verfügung haben und zum anderen Ruhe für den Unterricht herrscht (vgl. Frau KT 31-42 Jahre, Gymnasium, Sport/Mathematik). Als weitere Vorteile der Einfachsporthalle gegenüber der Dreifachsporthalle werden die Ruhe und die konzentrierte Arbeitsatmosphäre genannt.

*Die offen zugängliche Sporthalle*

Die besondere Bauweise der offen zugänglichen Sporthalle, die es in der vorliegenden Untersuchung lediglich in der Schulform Gymnasium gab, bringt wiederum andere Belastungen mit sich:

> „Das reine Zugucken stört nicht, nein. Aber, bei uns an der Sporthalle ist das eben so, dass man auch von oben runterrufen kann, und genauso gut [können, die Verf.] die Schüler von unten aus dem Unterricht nach oben rufen. Wenn da Freunde lang gehen, dann unterhalten die sich halt mit den Schüler/-innen, die unterrichtet werden. Das finde ich schon nervig. Also, dass man sich da sehen kann, das ist völlig okay, aber dass sich da Gespräche aufbauen zwischen den Zuschauern und den eigentlich Sporttreibenden, das finde ich immer ungünstig" (Herr BT 87 – 33 Jahre, Gymnasium, Sport/Biologie).

Offen zugängliche Turnhallen sind also Anlass für Unterrichtsstörungen, indem die Klasse durch Zuschauer auf der Empore in Gespräche verwickelt oder durch Zwischenrufe abgelenkt wird und so nicht mehr mit der nötigen Aufmerksamkeit am Unterricht teilnimmt. Da all diese Störungen den geplanten Unterrichtsverlauf erheblich behindern, wird an einzelnen Schulen durch das Kollegium versucht, Regeln einzuführen, die die Nutzung von Emporen in Turnhallen einschränken sollen:

> „Und da haben wir dann auch gesagt, in den Freistunden muss das nicht unbedingt sein, da müssen die Schüler da oben nicht sein, die da oben in dem Sinne stören" (Herr AT 43 – 55 Jahre, Gymnasium, Sport/Mathematik).

*Zusammenfassung*

Verschiedene Hallenformen produzieren unterschiedliche Arten von Belastungen produzieren. Die wahrgenommenen Belastungen unterscheiden sich nicht nach Geschlecht, Alter oder Schulform der befragten Sportlehrkräfte.

Aufgrund der Aussagen kann man die Belastungen in einer aufsteigenden Reihe darstellen, angefangen mit der am wenigsten belastenden Form, der Einfachsporthalle. Hier können die Faktoren der räumlichen Bedingungen von Sporthallen allgemein negativ wirken, nämlich die schlechten hygienischen Bedingungen, die kalte Temperatur, der nicht ausreichende Platz für alle Schüler/-innen, das Fehlen adäquaten Sporthallenraums und das damit verbundene Ausweichen auf andere, nicht für den Sportunterricht konzipierte Räumlichkeiten. Die genannten Faktoren können jedoch ebenso auf die offen zugänglichen Sporthalle und die Mehrfachsporthalle zutreffen. Als stark belastend wird die Form der offen zugänglichen Sporthalle aufgrund des Ablenkungspotenzials und aufgrund des erhöhten Lärmpegels empfunden. Am höchsten belastend ist jedoch die Mehrfachsporthalle: Der stark erhöhte Lärmpegel, der größere Organisationsaufwand durch Absprachen bzw. Kompromisse mit Kollegen/Kolleginnen, das häufig nötige Abweichen vom geplanten Unterrichtskonzept aufgrund unvorhergesehener Belegungen oder lärmverursachenden Unterrichts der Kollegen/Kolleginnen in den anderen Hallenteilen sowie die Störungen des Unterrichts durch Materialbeschaffungsmaßnahmen anderer Klassen werden in diesem Zusammenhang genannt.

#### *7.3.2.2 Belastungen durch die Bedingungen in Schwimmbädern*

*Beschreibung der Kategorie mit Ankerbeispielen*

Das Unterrichten im Schwimmbad wird als besonders anstrengend beschrieben. Insgesamt 30 Sportlehrkräfte geben an, sich dadurch belastet zu fühlen. Neben dem Lärm werden der Chlorgeruch und die hohe Luftfeuchtigkeit als Rahmenfaktoren genannt. Hinzu kommt, dass die hohen Temperaturen im Schwimmbad von vielen Sportlehrer/-innen als ausgesprochen ungesund empfunden werden. Ein Grundschullehrer sieht in diesen Bedingungen den Grund für seine häufigen Erkältungen:

> „Auch so das Klima ist manchmal sehr heiß. Der Aufenthaltsraum, der Bademeisterraum oder die Umkleiden sehr kalt. Im Winter bin ich auch oft erkältet“ (Herr VL 105 – 53 Jahre, Grundschule, Sport/Deutsch).

Außerdem müssen sich viele Schulen ein Schwimmbecken teilen, so dass der eigenen Klasse oft nur eine Bahn zur Verfügung steht. Ein Lehrer berichtet, dass sich in einem Schuljahr fünf Klassen ein Schwimmbecken teilen mussten (Herr OS). Besonders problematisch sei es, wenn man als Lehrkraft die beiden mittleren Bahnen nehmen müsse (Frau AH, Frau FC), weil dann die Kommunikation mit den Schülern und Schülerinnen extrem schwierig sei. Auf der mittleren Bahn könne man zudem die Schüler/-innen in ihrer Bewegungsausführung nicht richtig beobachten und dadurch keine genauen Korrekturen vornehmen.

Erschwerend komme meist noch hinzu, dass die Schwimmbäder nur durch längere Fußwege oder sogar Busfahrten zu erreichen sind. Dadurch gehe Zeit verloren, sodass die Pausen, die die Lehrkräfte zur Regeneration dringend bräuchten, verloren gingen.

Von vielen Befragten wird deshalb der Schwimmunterricht als der am meisten belastende Teil des Schulsports eingestuft.

| | weiblich | männlich | N= |
|---|---|---|---|
| GrS | Frau RE, Frau ZN, Frau RD, Frau RS, Frau BT, Frau BL | Herr GU, Herr VL, Herr GS, Herr LV, Herr GM | 11 |
| RS | | Herr LT | 1 |
| GeS | Frau AL, Frau AK, Frau RK | Herr QL, Herr TX, Herr QO, Herr JM | 7 |
| GY | Frau AH, Frau FC, Frau KT, Frau OT, Frau RV, Frau ZG | Herr EN, Herr AT, Herr ST, Herr JF, Herr OS | 11 |
| N= | 15 | 15 | 30 |

Tabelle 25: Belastungen durch die Bedingungen im Schwimmbad

*Interpretation der Aussagen zu Belastungen durch Rahmenbedingungen im Schwimmbad*

Die räumlichen Bedingungen, die die Sportlehrkräfte in den Schwimmbädern vorfinden, werden in den Interviews als am meisten belastend wahrgenommen:

„Was am belastenden ist? (…) Ja, würde ich schon den Schwimmunterricht, würde ich den an erster Stelle setzen“ (Herr ST 82-84 – 52 Jahre, Gymnasium, Sport/Mathematik).

„Am schlimmsten ist es im Schwimmbad. Also im Schwimmbad, da würde ich sagen, ist die Belastung Fünf, mindestens Fünf [höchster Wert der Belastungsskala von 1-5, die Verf.], weil das unerträglich ist (...). Also, wir sagen immer, diese Stunden zählen doppelt, die sind extrem schlimm“ (Frau RV 23-25 – 50 Jahre, Gymnasium, Sport/Erdkunde).

Wenn es möglich wäre, würde der im Folgenden zitierte Sportlehrer am liebsten gar keinen Schwimmunterricht mehr erteilen. Er rät dies auch seinen Kollegen:

„Oh, Schwimmbad ist noch schlimmer. Das ist hier so katastrophal, dass man also sagen muss: 'Wer das vermeiden kann, sollte es vermeiden!'“ (Herr EN 25 – 57 Jahre, Gymnasium, Sport/Religion).

Der Schwimmunterricht wird vom fast allen befragten Sportlehrkräfte dadurch als besonders belastend empfunden, weil man das Schwimmbad nicht für sich alleine hat, sondern dass meistens mehrere Klassen gleichzeitig unterrichtet werden müssen.

„Mit einer Klasse zwei Bahnen, daneben sind noch weitere Klassen, die auch alle nur zwei Bahnen haben, das ist ein Tohuwabohu. Verständigung ist nur durch Schreien möglich“ (Herr EN 25 – 57 Jahre, Gymnasium, Sport/Religion).

Um methodisch-didaktisch gut geplanten Unterricht erteilen zu können, ist Verständigung zwischen der Lehrkraft und den Schülern und Schülerinnen eine Grundvoraussetzung. Gerade beim Schwimmunterricht, speziell mit Anfängern, ist es wichtig, als Lehrperson rasch und zielgenau Rückmeldungen oder Korrekturen zur Bewegungsausführung zu geben. Dies muss möglichst direkt geschehen, damit sich keine fehlerhaften Bewegungsvorstellungen bilden. Um dies realisieren zu können, bleibt den Lehrkräften meistens nur lautes Schreien, wie in dem obigen Zitat beschrieben, was zu erhöhter stimmlicher Belastung führt:

„Der Schwimmunterricht unterscheidet sich von dem normalen Sportunterricht eigentlich schon darin, dass er viel lärmintensiver auch ist und auch viel anstrengender allein durch die äußeren Rahmenbedingungen“ (Herr ST 17 – 52 Jahre, Gymnasium, Sport/Erdkunde).

Der Lärmpegel ist hier, wie auch im Sportunterricht in der Halle, der bedeutendste Faktor. Er entsteht dadurch, dass, meist mehrere Klassen gleichzeitig im Schwimmbad unterrichtet werden, so dass eine große Zahl von Schülern und Schülerinnen und auch mehrere Lehrkräfte gleichzeitig im Schwimmbad sind. Zu diesem Lärm kommen noch die Eigengeräusche des Schwimmbads durch die Lüftung und durch zu- und ablaufendes Wasser hinzu.

Der besondere Ordnungsrahmen, der im Schwimmunterricht, unter anderem wenn mehrere Klassen im Schwimmbad gemeinsam unterrichtet werden, notwendig ist, stellt einen weiteren Belastungsfaktor da:

„Wenn ich jetzt mit einer Klasse mit dreißig das ganze Bad zur Verfügung hätte, ist das kein Problem. Sie holen die Schüler an den Rand und geben die Anweisung entsprechend durch und dann haut das hin. Aber stellen Sie sich eben vor, sie haben nur dieses Areal von der Tür bis hier. Und ob sie nun dreißig haben, die einen schwimmen in fünf Meter Abstand und dann müssen sie irgendwie die Anweisungen auch geben“ (Herr ST 82-84 – 52 Jahre, Gymnasium, Sport/Mathematik).

Lehrkräfte dagegen, die im Schwimmbad mit ihrer Klasse allein sind, schätzen ihre Situation auch im Schwimmunterricht durchaus positiv ein:

„Wir haben die Situation, dass wir alleine im Bad sind. Es sind noch Freizeitschwimmer da, aber wir haben ein Lehrschwimmbecken und drei Bahnen und das finden wir sehr angenehm, weil wir uns nicht mit einer anderen Klasse ärgern müssen, die eventuell eine andere Art, eine andere Auf-

> fassung von Disziplin hat, als wir es vielleicht haben“ (Herr GS 28 – 42 Jahre, Grundschule, Sport/Deutsch/Mathe).

Die Mehrzahl der Befragten unterrichtet allerdings in Schwimmhallen, die mehrfach belegt sind. Zur Lärmbelästigung kommt als weiterer Faktor das besondere Raumklima der Schwimmhallen hinzu, das durch erhöhte Temperatur, hohe Luftfeuchtigkeit und Chlorgeruch bestimmt ist:

> „Ja, im Schwimmbad ist das meistens die Temperatur, die Luftfeuchtigkeit, einfach unangenehm, es wird einem schneller warm und so, das Klima ist so ein bisschen tropisch, nicht immer, aber meistens“ (Herr JM – 38 Jahre, Gesamtschule, Sport/Chemie).

Eine Folge dieser Bedingungen können gesundheitliche Probleme sein:

> „Die Hitze. Diese Wärme. Man fühlt sich absolut erhitzt eben. Der Körper muss das ja regulieren. Und im Winter ist das so, wenn man schon leicht angeschlagen ist, kommt man mit Sicherheit mit einer Erkältung heraus. Da kann man nichts gegen machen. Das ist einfach dann so. Durch die Hitze, also wenn man jetzt zum Beispiel auch zwei Klassen hintereinander hat, dann insgesamt ungefähr zwei Zeitstunden da drin, danach ist man krank. Also wenn man eh schon irgendwie mit einem Schnupfen rein gegangen ist, dann hat sich der festgesetzt. Oder man muss mal ganz intensiv entweder mit Medizin oder Tee oder so, dass es nicht noch schlimmer wird. Aber die Erkältungssymptome verstärken sich natürlich“ (Frau AT 65 – 44 Jahre, Gesamtschule, Sport/Kunst).

Gerade in den kalten Monaten ist von einer erhöhten Erkältungsgefahr auszugehen, die auf die extremen Temperaturunterschiede beim Betreten und Verlassen des Schwimmbades zurückzuführen sind. Aber auch andere Folgen, wie z.B. Kopfschmerzen aufgrund des „tropischen Klimas“, werden in den Interviews erwähnt.

Die besonders hohe Aufmerksamkeit, die Sportlehrkräfte während des Schwimmunterrichts aufgrund der erhöhten Unfallgefahr, durch Stürze auf glattem Boden oder durch Ertrinken, aufbringen müssen, führt zu einem weiteren Belastungsfaktor dieser Sportstätte:

> „Also in der Schwimmhalle ist die Gefahr, dass irgendwas passiert und irgendeiner dann unten bleibt ja doch größer. Da muss man doch noch aufmerksamer sein als in der Sporthalle“ (Frau RK 35 – 46 Jahre, Gesamtschule, Sport/Philosophie).

Durch die Mehrfachbelegung der Schwimmhallen erhöht sich dieses Gefahrenpotential noch weiter. Hinzu kommen die Wegstrecken, die zum Schwimmbad zurückgelegt werden müssen:

> „Dann natürlich der Druck, diese ganze Wegaktion, dorthin zu fahren mit dem Bus und bei uns sind mittlerweile Sparmaßnahmen eingeführt worden: Wir stehen an der Bushaltestelle, an einer stark befahrenen Straße, stehen wir mit unserer Klasse und da müssen wir über zwei Ampeln und man kommt nicht mit einem Schwung rüber. Jedes Mal schweißgebadet (...). Wir sind froh, wenn wir wieder heile in der Schule sind“ (Frau RS 54-60 – 38 Jahre, Grundschule, Sport/Deutsch/Mathematik).

Gerade bei jüngeren Schülern und Schülerinnen in der Grundschule, in der Regel wird im 3. Schuljahr Schwimmunterricht erteilt, ist die Gefahr von Wegeunfällen gegeben, da sich Kinder dieses Alters noch nicht sicher selbständig im Verkehr bewegen können. Zudem fehlt meist die nötige Disziplin in der Gruppe.

In welchem Maße der Schwimmunterricht belastend wirkt, ist von Sportlehrkraft zu Sportlehrkraft verschieden. Auffallend ist, dass das Alter hier eine Rolle spielt:

> „Umso älter ich werde, umso anstrengender finde ich das. Also, so zwei/drei Stunden im Schwimmbad bei über 30 Grad und bei dieser unglaublichen Lautstärke, die Kinder im Schwimmbad verbreiten, das ist wahnsinnig anstrengend“ (Frau RE 36 – 49 Jahre, Grundschule, Sport/Mathematik).

In Bezug auf den Faktor Geschlecht können keine Unterschiede festgestellt werden. Hinsichtlich der Schulform liegt es nahe, dass eine noch höhere Belastung für Sportlehrkräfte der Grundschulen vorliegt, denn in dieser Schulform lernen die Schüler/-innen häufig erst das Schwimmen, wodurch das Gefahrenpotential steigt.

Der Belastungsgrad wird moderiert durch die örtlichen Gegebenheiten. Wie weit ist das Schwimmbad von der Schule entfernt? Wie wird der Weg dorthin überwunden? Wie sind die räumlichen und klimatischen Bedingungen im Schwimmbad? Wie viele andere Klassen oder Schulen sind gleichzeitig im Schwimmbad? Es ist allerdings zu vermuten, dass die Einstellung zum Schwimmen und die Erfahrungen der Sportlehrkräfte mit dem Schwimmunterricht eine wesentliche Rolle beim individuellen Belastungsempfinden spielen.

*Zusammenfassung*

Zusammenfassend kann gesagt werden, dass folgende Faktoren im Schwimmunterricht belastend auf die Sportlehrkräfte wirken: Die Belegung der Schwimmhalle durch mehrere Klassen gleichzeitig, der daraus resultierende erhöhte Lärmpegel, die damit verbundenen höheren stimmlichen Belastungen, der Platzmangel durch die Mehrfachbelegung; das gesundheitlich bedenkliche Raumklima, die erhöhte Aufmerksamkeit aufgrund multipler Gefahrenlage und die Risiken, die mit dem Weg zur Schwimmhalle verbunden sind. Darüber hinaus wird mehrfach auf das hohe Erkältungsrisiko durch das Unterrichten in den schwül warmen Hallenbädern verwiesen.

### *7.3.2.3 Belastungen durch die Bedingungen der Außenanlagen*

*Beschreibung der Kategorie mit Ankerbeispielen*

Insgesamt sechs Lehrerinnen und Lehrer beanstanden die vorhandenen Möglichkeiten, Sportunterricht im Freien abzuhalten. Dabei gibt es entweder gar keine Außenanlagen am Schulgelände (Herr NL), oder aber einzelne Bereiche sind nicht funktionstüchtig (Frau BT und Herr GL). Immerhin erachten neun Lehrerinnen und Lehrer das Unterrichten im Freien an ihrer Schule als angenehm und ziehen es dem Unterrichten in der Halle vor. Erstaunlich ist, dass besonders viele Gymnasiallehrer/-innen ihren Sportunterricht gerne außerhalb der Sporthalle oder des Hallenbades durchführen. Sie nennen die Vorteile, dass draußen die Lärmbelästigung nicht so hoch sei und dass sie die Luft draußen viel angenehmer fänden.

| | weiblich | männlich | N= |
|---|---|---|---|
| GrS | Frau BT | | 1 |
| HS | | Herr NL, Herr GL | 2 |
| GeS | Frau AT, Frau AK | Herr QO | 3 |
| GY | | | |
| N= | 3 | 3 | 6 |

Tabelle 26: Belastungen durch die Bedingungen der Außenanlagen

*Interpretation der Aussagen zu Belastungen durch die Bedingungen der Außenanlagen*

Zum einen wird bemängelt, dass gar keine sportartgerechten Außenanlagen zur Verfügung stehen:

> „Wir haben auch kaum Möglichkeiten, mal leistungsmäßig was draußen zu machen. Wir haben keine funktionierende Laufbahn. Wir haben eine riesengroße Wiese, aber ansonsten nichts, was so zur Leichtathletik richtig genutzt werden könnte. (...) [Der Sportplatz, d. Verf.] ist sehr weit entfernt“ (Frau BT 242-244 – 36 Jahre, Grundschule, Sport/Mathematik/Deutsch).

Zum anderen beklagen sich Sportlehrer/-innen über defekte oder schlecht gepflegte Außenanlagen. Dies schränke den Sportunterricht insbesondere im Bereich der Leichtathletik, stark ein:

> „Was ja nicht immer so vermittelt wird [ist die Leichtathletik, die Verf.]. Und wo wir sicherlich auch unsere Probleme haben, weil die Weitsprunganlage nicht funktioniert, da sind Löcher“ (Herr GL 40 – 45 Jahre, Hauptschule, Sport/Biologie).

Häufig entstehen an den Außenanlagen Kapazitätsprobleme, wenn bei gutem Wetter gleich mehrere Klassen einer Schule ihren Sportunterricht nach draußen verlegen möchten. Dann müssen sich die Sportlehrkräfte abstimmen und inhaltlich flexibel sein:

> „Wobei, das mit dem Sommer manchmal auch schwierig ist, wenn dann drei Gruppen gleichzeitig beschließen, alle raus zu gehen und man weiß nicht so genau, was der Andere macht, und alle sind sie plötzlich an der Weitsprunggrube, dann muss man auch sehr schnell, also sehr schnell flexibel sein“ (Frau AI 59 – 54 Jahre, Gymnasium, Sport/Englisch).

Hinzu kommt in solchen Situationen das Problem, dass sich die Schüler/-innen verschiedener Klassen bzw. Kurse gegenseitig ablenken und dann dem Unterrichtsgeschehen nicht mehr mit der nötigen Konzentration folgen, wodurch die Lerneffizienz leidet.

Ablenkung ist außerhalb der Hallen auch durch Zuschauer gegeben:

> „Und es sind auch immer Schülergruppen da, die keinen Unterricht haben, die dann so draußen rumspeckern und dann irgendwie zugucken oder irgendwie, ja, stören oder solche Sachen machen“ (Herr AT 39 – 55 Jahre, Gymnasium, Sport/Mathematik).

Im Gegensatz zum Sportunterricht in der Halle ist beim Sportunterricht draußen generell eine erhöhte Aufmerksamkeit von Seiten der Sportlehrkraft erforderlich, da die Außenanlagen meistens sehr weitläufig sind und es damit schwieriger wird, alle Schüler/-innen gleichzeitig zu beaufsichtigen und akustisch zu erreichen:

> „Es ist insofern vielleicht anstrengender schon, weil es sich alles mehr verteilt, man muss dann lauter sprechen, und bis man den Kurs wieder zusammen hat, dauert es.“(Frau FR 53 – 53 Jahre, Gymnasium, Sport/Sozialwissenschaften).

Die Folgen dieser Weitläufigkeit schlagen sich in einer erhöhten stimmlichen Belastung und einem erhöhten Zeitbedarf nieder.

Trotz dieser Schwierigkeiten wird der Sportunterricht im Freien von vielen Sportlehrer/-innen eher positiv gesehen. Dies liegt daran, dass naturnahe Räume als willkommene Abwechslung zum Aufenthalt in Sport- oder Schwimmhallen wahrgenommen werden:

> „Das finde ich eigentlich immer ziemlich angenehm. Kommt man ein bisschen aus der muffigen Halle raus“ (Herr BT 89 – 33 Jahre, Gymnasium, Sport/Biologie).

Auch die Lärmbelastung wird im Freien als geringer wahrgenommen:

> „Die Belastung ist draußen trotzdem nicht vergleichbar mit dem Lärm in der Halle. Der Lärm ist da geballt, und draußen geht er weg“ (Herr EN 25 – 57 Jahre, Gymnasium, Sport/Religion).

*Zusammenfassung*

Insgesamt gesehen liegen zu der räumlichen Bedingung „Außenanlage" nur vergleichsweise wenige Interviewaussagen von Sportlehrkräften der Schulformen Grund-, Haupt- und Realschulen vor, was u. U. daran liegen kann, dass Außenanlagen bei diesen Schulformen fehlen. Aus diesem Grund ist es nicht möglich, Unterschiede hinsichtlich des Belastungsempfindens zwischen den verschiedenen Schulformen zu benennen. Auch sind keine Unterschiede hinsichtlich des Geschlechts oder des Alters der befragten Lehrerinnen und Lehrer zu erkennen.

Als belastend werden folgende Aspekte genannt: Keine bzw. defekte Außenanlagen, das Platzproblem durch Mehrfachbelegung der Sportstätten bei gutem Wetter, die Ablenkung durch Zuschauer und die Weitläufigkeit der Außenanlagen, die zu erhöhten stimmlichen und zeitlichen Belastungen führen kann und eine erhöhte Aufmerksamkeit fordern.

Festzuhalten ist aber, dass der Sportunterricht draußen, im Vergleich zum Unterricht in der Sporthalle, als deutlich weniger belastend wahrgenommen wird.

#### *7.3.2.4 Belastungen durch mangelhafte Ausstattung der Sportstätten*

*Beschreibung der Kategorie mit Ankerbeispielen*

16 der befragten Sportlehrkräfte geben an, dass es an ausreichenden Geräten und Materialien fehle, so dass einige Sportarten oder Spiele nur modifiziert oder gar nicht durchzuführen sind. Dies betrifft alle bisher untersuchten Sportstätten: die Sporthalle, das Schwimmbad und die Außenanlagen. Eine Lehrerin in der Realschule räumt ein, dass sie bestimmte Inhalte aufgrund der schlechten Materialsituation an ihrer Schule mit ihren Klassen nicht durchführt:

> „Diese neuen Inhalte wie Ringen und Kämpfen und Gleiten und Rollen usw. da fehlt eh die Ausstattung (…) Durch die schlechte Geräteausstattung lasse ich dann auch solche Sachen wie Geräteturnen zum Teil auch oder bestimmte Geräte zumindest auch weg" (Frau FQ 19-21 – 52 Jahre, Realschule, Sport/Mathematik).

Einige Lehrerinnen und Lehrer bemängeln zudem die Reparaturbedürftigkeit der vorhandenen Geräte (Frau RS, Herr UF) und fordern die Verantwortlichen in ihrer Kommune auf, mehr Geld für Materialien und Geräte in der Turnhalle bereitzustellen (Herr QL).

| | weiblich | männlich | N= |
|---|---|---|---|
| GrS | Frau RS | Herr GU, Herr LV, Herr GM | 4 |
| HS | Frau RD | Herr NL | 2 |
| RS | Frau FQ, Frau XQ | Herr ZT | 3 |
| GeS | | Herr LU, Herr QL, Herr OQ | 3 |
| GY | Frau FR, Frau ZG, Frau RC | Herr UF | 4 |
| N= | 7 | 9 | 16 |

Tabelle 27: Belastungen durch mangelhafte Ausstattung der Sportstätten

*Interpretation der Belastungen durch mangelhafte Ausstattung der Sportstätten*

An Geräten und Materialien mangelt es offenbar in vielen Sportstätten:

> „Das ist bei uns, insbesondere bei uns an der Schule, schon sehr eingeschränkt. Und das frustriert auch. Das empfinde ich schon als sehr frustrierend" (Herr NL 112 – 36 Jahre, Hauptschule, Sport/Biologie).

> „Eben mangelnde Ausstattung. Von anderen Schulen weiß ich das, oder hier auch ab und zu: es fehlen Bälle, ich habe dann 25 Leute und nur 5 Bälle. Also das finde ich schon auch belastend" (Frau FR 49 – 53 Jahre, Gymnasium, Sport/Sozialwissenschaften).

Für Sportarten, die von Schülern und Schülerinnen nachgefragt und auch im Lehrplan verankert sind, fehlt also die nötige Ausstattung, sodass bestimmte Inhalte nicht unterrichtet werden können:

> „Auf Grund der materiellen Situation nicht, weil man es nicht kann. Das ist dann manchmal frustrierend, wenn man auch sieht, wie andere Schulen manchmal ausgestattet sind und man selber das Problem hat: Können wir nicht machen, können wir nicht machen, kein Material, keine Möglichkeiten, keine Zeiten: Das ist doof" (Herr ZT 16-18 – 38 Jahre, Realschule, Sport/Geschichte).

Das Belastungsempfinden wird teilweise noch dadurch verstärkt, dass eine Besserung der schlechten Ausstattungssituation kaum oder gar nicht in Aussicht ist, weil die finanziellen Möglichkeiten der Stadt und damit der betreffenden Schule sehr begrenzt sind:

> „Man kennt sie, die Geräte, aber man kann sie zum großen Teil nicht anschaffen, weil das Geld fehlt. Also das ärgert mich dann auch, wenn also die Stadt nicht solche Dinge anschaffen kann" (Herr QL 41 – 54 Jahre, Gesamtschule, Sport/Erdkunde).

Ebenso belastend, wie die nicht vorhandene Ausstattung, kann für Sportlehrkräfte eine veraltete oder gar defekte Ausstattung sein. Offenbar ist dies ein Problem bei vielen Schulen und führt zu den bereits oben beschriebenen Einschränkungen des inhaltlichen Spektrums des Unterrichts:

> „Dann die Geräteausstattung, also ich wage zum Beispiel schon seit Jahren nicht mehr einen Barren aus dem Geräteraum zu fahren, weil er einfach nicht mehr repariert wird. Er lässt sich nicht mehr rollen. (…)" (Frau FQ 15-21 – 52 Jahre, Realschule, Sport/Mathematik).

Die Pflege der Gerätschaften und Materialien, die für den Sportunterricht gebraucht werden, wird also als mangelhaft beschrieben. Teilweise muss sie von den Sportlehrkräften selber durchgeführt werden. Das bedeutet einen erheblichen Mehraufwand:

> „Mit dem Material, habe ich ja schon gesagt, finde ich das manchmal schwierig, weil man nicht weiß, ob die Bälle aufgepumpt sind, dann haben die Bälle wieder Luft gelassen, dann muss man vor der Stunde noch zehn Bälle aufpumpen, das geht natürlich alles von der Unterrichtszeit ab" (Herr OS 41 – 32 Jahre, Gymnasium, Sport/Pädagogik).

Auch der Transport von Unterrichtsmaterialien von der Schule in die Sporthalle wird als Belastungsfaktor angeführt. Dies betrifft die Sportlehrkräfte an jenen Schulen, die auf weiter entfernte Sportstätten ausweichen und ihre Materialien für den Sportunterricht dorthin bringen müssen:

> „Wir haben hier ein totales Hallenproblem und fahren deswegen in alle möglichen Hallen. Da fehlen uns dann Materialien. Also schleppt man im Auto irgendwie zwei Ballnetze mit sich rum, Hütchen, Parteibänder, schlag mich tot, alles was man braucht" (Frau ZG 21 – 40 Jahre, Gymnasium, Sport/Spanisch).

*Zusammenfassung*

Es lässt sich bezüglich der Ausstattung der Sportstätten festhalten, dass das Belastungsempfinden der Sportlehrkräfte deutlich von den an den jeweiligen Schulen herrschenden Verhältnissen abhängt. Als belastend empfunden werden veraltete, defekte oder gar völlig fehlende Geräte und Unterrichtsmaterialien, ferner die mangelnde Pflege bzw. Instandhaltung der Geräte sowie der Transport von Geräten und Materialien zu anderen Sportstätten.

Da keine detaillierten Erkenntnisse über die Verhältnisse an den untersuchten Schulen vorliegen, ist eine Differenzierung nach Schulformen, Alter und Geschlecht der Sportlehrkräfte nicht möglich. Eine generalisierende Aussage ist nicht zuletzt aufgrund der unterschiedlichen Finanzkraft der Städte und Gemeinden, die für die Ausstattung der Schulen verantwortlich sind, nicht möglich. Die untersuchte Großstadt stand aufgrund hoher Verschuldung zum Zeitpunkt der Befragung unter der Finanzaufsicht der Bezirksregierung (Haushaltssicherungsgesetz).

### *7.3.2.5 Beschreibung der Belastungen durch Umkleiden und Duschen*

*Beschreibung der Kategorie mit Ankerbeispielen*

Für sechs der befragten Sportlehrer/-innen stellt die Umkleide- und Duschsituation eine Belastung dar. Entweder sind die Umkleideräume viel zu klein oder es gibt im schlimmsten Fall gar keine Lehrerumkleide (Herr BT). Darüber hinaus sind oft keine Duschen vorhanden oder die sanitären Anlagen sind „katastrophal“, so dass man sich überwinden muss, sie zu benutzen (Frau AK). Viele Sportlehrerinnen und Sportlehrer würden nach dem Sport gerne duschen. Das folgende Zitat einer Gesamtschullehrerin zeigt jedoch, dass der hygienische Zustand der Duschräume im Sportgebäude so schlecht ist, dass man sich dazu überwinden müsse: „Also in diesen Räumen dusche ich nicht. Das ist mir einfach viel zu dreckig da (…) Nur im absoluten Notfall“ (Frau AT 49 – 44 Jahre, Gesamtschule, Sport/Kunst).

| | weiblich | männlich | N= |
|---|---|---|---|
| GrS | Frau RE, Frau BT | | 2 |
| GeS | Frau AK, Frau AT | | 2 |
| GY | Frau AH | Herr BT | 2 |
| N= | 5 | 1 | 6 |

Tabelle 28: Belastungen durch fehlende oder unhygienische Duschen und Umkleiden

*Interpretation der Aussagen zu Umkleiden und Duschen*

Die im Folgenden zitierte Sportlehrerin spricht ein Problem an, das so oder so ähnlich an vielen Schulen der Befragten vorzufinden ist:

> „Also, ich muss mich umziehen in so einem 2m² großen Geräteraum und hänge meine Hose über die Springseilchen. Also keine Möglichkeit irgendwo etwas zu lagern oder aufzubewahren. Ich finde das schlimm, und ich finde es auch schlimm, dass dafür kein Geld zur Verfügung gestellt wird“ (Frau RE 54 – 49 Jahre, Grundschule, Sport/Mathematik).

D.h., es gibt keine ausgewiesenen Lehrerumkleidekabinen. Stattdessen müssen die Lehrkräfte andere Räume, wie den Geräteraum, den Regieraum, oder einen Abstellraum zum Umziehen nutzen. Als Alternative bliebe nur die Schülerumkleide, die aber von den meisten Lehrkräften aus verständlichen Gründen gemieden wird. Problematisch ist auch die Größe des Umkleideraums:

> „Umkleide, so, na ja, ja, kann man jetzt so sagen, gibt es. Sehr klein, ja, ist ein sehr kleiner Raum. Und manchmal kommt es ja auch vor, dass die Halle doppelt belegt ist. Drei können sich eigentlich nicht umziehen. Zwei können sich gerade so umziehen" (Frau AT 37-39 – 44 Jahre, Gesamtschule, Sport/Kunst).

Bei Mehrfachbelegung der Sporthalle, wird also die räumliche Enge noch verstärkt. Hinzu kommt, dass es bisweilen keine getrennten Umkleideräume für männliche und weibliche Sportlehrkräfte gibt.

Zu Belastungen für die Sportlehrkräfte kommt es auch durch fehlende Dusch- bzw. Waschmöglichkeiten:

> „Keine Waschmöglichkeit. Keine Dusche zum Beispiel, wenn man wirklich mal im Sommer draußen war (...) das geht dann eben nur in den Schülerumkleiden und das ist (...) ein kleines Waschbecken" (Frau BT 465ff. – 36 Jahre, Grundschule, Sport/Mathematik/Deutsch).

*Zusammenfassung*

Die Belastungen durch den Zustand der Umkleide- und Waschmöglichkeiten sind abhängig von den Verhältnissen an jeder einzelnen Schule. Es lassen sich daher, auch aufgrund der geringen Anzahl der Nennungen, keine Aussagen bezüglich Schulform, Geschlecht oder Alter machen. Das Fehlen von ausgewiesenen Lehrerumkleiden, ferner zu kleine Umkleideräume oder keine bzw. eingeschränkte Dusch- bzw. Waschmöglichkeiten sowie schmutzige Duschen und Waschbecken stellen allerdings erhebliche Ausstattungsmängel dar, die sich auf das Befinden sowie die Motivation der Lehrkräfte negativ auswirken können.

#### *7.3.2.6 Beschreibung der Aussagen zum Ordnungsrahmen, zum Lärm und zu stimmlichen Anforderungen*

*Beschreibung der Kategorie mit Ankerbeispielen*

Fast die Hälfte aller interviewten Sportlehrerinnen und Sportlehrer gibt an (N=32), den Ordnungsrahmen und die organisatorischen Maßnahmen im Rahmen des Sportunterrichts als Belastung wahrzunehmen (s. Tabelle 29).

| | weiblich | männlich | N= |
|---|---|---|---|
| GrS | Frau DV, Frau RD, Frau ZN | Herr GS | 4 |
| HS | Frau OQ, Frau YM | Herr LS | 3 |
| RS | Frau TK, Frau TT | Herr ZT, Herr LT | 4 |
| GeS | Frau FT, Frau RK, Frau QW | Herr LU, Herr HAT, Herr QO | 6 |
| GY | Frau RV, Frau KT, Frau OC, Frau AH, Frau AI, Frau FC, Frau OT | Herr EQ, Herr JF, Herr UF, Herr KC, Herr GG, Herr SN, Herr OS, Herr AT | 15 |
| N= | 17 | 15 | 32 |

Tabelle 29: Belastungen durch den Ordnungsrahmen im Sportunterricht

Häufig wird die Situation in der Sporthalle mit der Situation im Klassenraum verglichen, wobei der Unterricht im Klassenraum als deutlich angenehmer dargestellt wird. In der Sporthalle wechselt die Organisationsform viel häufiger, man muss sich als Sportlehrer/-in um die Bereitstellung von Materialien für Übungen und Spiele kümmern und die Schüler/-innen sind im Allgemeinen viel „unruhiger“ und „unkonzentrierter“ (Frau TT). Eine Lehrerin der Fächer Sport und Englisch fasst diese Belastungen, exemplarisch für viele Sportlehrer/-innen, folgendermaßen zusammen:

> „Was ich schon anstrengend finde, und das wird im Sport immer unterschätzt, vor allen Dingen auch von Kollegen, dass man einfach organisatorisch viel mehr zu bedenken hat“ (Frau OT 17 – 35 Jahre, Gymnasium, Sport/Englisch).

Aufgrund der räumlichen Bedingungen und des großmotorischen Bewegens, bei Spielen häufig mit Geschrei verbunden, ist es im Sport- und im Schwimmunterricht viel lauter als beim Fachunterricht im Klassenraum. Die erhöhte Lautstärke wird von mehr als der Hälfte der Befragten als Belastung wahrgenommen. 49 Sportlehrkräfte finden den Lärmpegel im Sportunterricht belastend, wobei sich nur geringe Unterschiede nach Geschlecht oder Schulform feststellen lassen. Einige der Sportlehrerinnen und Sportlehrer klagen über Kopfschmerzen oder sogar über schwerwiegende Erkrankungen (z. B. Hörsturz), deren Ursache sie in der Lärmbelastung im Sportunterricht sehen (Frau JT). Zudem lassen einige Interviewpartner/-innen anklingen, dass das Lärmempfinden mit dem Alter bzw. mit der Dauer der Ausübung des Berufes steigt:

> „Die Belastung ist zum Teil durch Lärm hoch. Das hat mir früher überhaupt nichts ausgemacht, aber jetzt schon mehr“ (Herr VL 31 – 53 Jahre, Grundschule, Sport/Deutsch).

> „Du hast immer diesen Lärmpegel. Früher hat mich das nicht so stark genervt“ (Herr AT 33 – 55 Jahre, Gymnasium, Sport/Mathematik).

| | weiblich | männlich | N= |
|---|---|---|---|
| GrS | Frau DV, Frau DU, Frau RE, Frau BT, Frau RS, Frau RD | Herr VL, Herr GU, Herr GS | 9 |
| HS | Frau ZT, Frau OM | Herr GL, Herr NL | 4 |
| RS | Frau FQ, Frau QT, Frau XQ | Herr ZN, Herr ZT, Herr SI | 6 |
| GeS | Frau HT, Frau RK, Frau JT, Frau AT, Frau QW, Frau DT, Frau LX | Herr JM<br>Herr TX<br>Herr LU | 10 |
| GY | Frau AI, Frau AH, Frau FC, Frau RV, Frau FR, Frau RC, Frau FC, Frau KT, Frau OT | Herr AT, Herr DL, Herr JF, Herr ST, Herr EN, Herr EQ, Herr UF, Herr KC, Herr OS, Herr GG, Herr SN | 20 |
| N= | 27 | 22 | 49 |

Tabelle 30: Belastungen durch Lärm

Bedingt durch den organisatorischen Rahmen und die Rahmenbedingungen der Sporthallen und Hallenbäder sowie den Lärm im Sportunterricht bringt das Erteilen von Sportunterricht eine erheblich höhere stimmliche Anforderung mit sich, als andere Unterrichtsfächer. 21 Sportlehrkräfte äußern dies in den Interviews. In dieser Kategorie zeichnet sich auch ein deutlicher Geschlechterunterschied ab: Frauen (15 Nennungen) scheinen deutlich öfter von stimmlichen Belastungen betroffen zu sein als die männlichen Sportlehrkräfte (nur 6 Nennungen). Eine Sportlehrerin sieht den Grund darin,

> „dass Frauen einfach (…) von der Stimme her anders ausgestattet sind als Männer. Denen fällt das Sprechen in der Sporthalle auch schwerer als Männern. Männer können einfach lauter sprechen" (Frau FC 221 – 49 Jahre, Gymnasium, Sport/Erdkunde).

| | weiblich | männlich | N= |
|---|---|---|---|
| GrS | Frau DV, Frau RD, Frau DU, Frau RS | | 4 |
| HS | Frau YM, Frau OQ, Frau ZT, Frau OM | Herr LS | 5 |
| RS | Frau TT, Frau QT | Herr ZN, Herr LT | 4 |
| GeS | Frau FT, Frau AL | Herr QO | 3 |
| GY | Frau AI, Frau AH, Frau FC | Herr SN, Herr BT | 5 |
| N= | 15 | 6 | 21 |

Tabelle 31: Belastungen durch stimmliche Anstrengung

*Interpretation der Aussagen zum Ordnungsrahmen, zum Lärm und zu stimmlichen Anforderungen*

*Ordnungsrahmen*

Der erste Belastungsfaktor, der aus den räumlichen Bedingungen des Sportunterrichts entsteht, ist der besondere Ordnungsrahmen, unter dem der Sportunterricht stattfindet. Im Klassenraum hat jede Schülerin und jeder Schüler einen festen Sitzplatz, so dass ein fester Rahmen für den Unterricht vorgegeben ist. Dies ist im Sportunterricht anders:

> „Was anstrengend im Sportunterricht ist, ist einfach der andere Rahmen des Unterrichtens, eigentlich die räumlichen Bedingungen, unter denen Unterricht stattfindet. Also mit 20 Leuten, die dann auch, sagen wir mal, von ihrem Bewegungsbedürfnis und von ihrem Sich-Mitteilen-Wollen anders strukturiert sind als in einem Englischunterricht, wo im Zweifelsfall, jetzt zumindest die Älteren ruhig im Klassenraum sitzen, hast du hier immer mit viel Mobilität zu tun, mit viel Gesprächen untereinander, die unkoordiniert häufig verlaufen. Also sagen wir mal, den Ordnungsrahmen irgendwo auch so herzustellen. Dann kommen die akustischen Beeinträchtigungen, mach das mal in der Schwimmhalle, wo du dann die Leute auch immer zusammenführen musst, da ist die Akustik eine andere, wenn du das draußen machst, hast du ein ähnliches Problem. Also das sind so besondere Anforderungen, die sich so [betont, die Verf.] in anderen Fächern auch nicht stellen. Das ist manchmal, na, belastend [überlegend, die Verf.], aber es ist jedenfalls anders, es ist etwas Zusätzliches, was nun doch schon ein bisschen mehr auch Kraft erfordert, irgendwo die Leute dann auch dahinzubringen, dass sie die Aufmerksamkeit auch in das investieren, was dann angesagt ist" (Herr GG 19 – 55 Jahre, Gymnasium, Sport/Deutsch).

> „Anstrengend ist die viele Bewegung in der Klasse. Gerade bei den kleinen Schülern ist das ja ein ständiges Gewusel" (Frau HT 45 – 56 Jahre, Gesamtschule, Sport/Mathematik).

Zu diesem „anderen Rahmen des Unterrichtens", der den Sportunterricht anstrengend macht, zählt auch die erhöhte Aufmerksamkeit, die die Lehrkraft aufbringen muss, da die Schüler/-innen fortlaufend in einem großen Raum in Bewegung sind und da der Lärmpegel:

> „Dadurch habe ich einen enormen stimmlichen Aufwand, Kraftaufwand, ich muss mich da durchsetzen, ich muss laut schreien, ich muss jedem Anweisungen geben, ich muss organisieren, ich muss die Geräte rausholen, bereitstellen, ich habe sehr, sehr viel körperliche Anstrengung, das sind auch psychische Anstrengungen, um da einen geordneten, sinnvollen Sportunterricht durchzuführen. Das ist extrem anstrengend" (Herr LT 18 – 53 Jahre, Realschule, Sport/Mathematik).

> „Sportunterricht geht mehr an die Nerven, so will ich das mal zusammenfassen" (Herr JF 33 – 55 Jahre, Gymnasium, Sport/Mathematik).

> „Diese permanente Anspannung. (...) Man muss doch vielmehr gucken. Auch um Unfällen natürlich vorzubeugen" (Herr GS 140 – 42 Jahre, Grundschule, Sport/Deutsch/Mathematik).

Auch wenn die Sportstunden gut strukturiert und sinnvoll geplant sind, wird die Beanspruchung als viel größer als in anderen Unterrichtsfächern empfunden (vgl. Frau RD 26-37 Jahre, Grundschule, Sport/Deutsch/Mathematik). Alle Befragten betonen, dass sie den Sportunterricht als deutlich belastender empfinden als den Klassenunterricht und dies sowohl in physischer als auch psychischer Hinsicht. Die starke mentale Anspannung durch die ständig erhöhte Aufmerksamkeit, verbunden mit der latenten Unfallgefahr, vergrößert die psychische Belastung in erheblichem Maße.

*Lärm und stimmliche Anforderungen*

Aussagen wie: „Ich würde wirklich im Moment den Lärm als stärksten Belastungsfaktor sehen" (Herr GS 140 – 42 Jahre, Grundschule, Sport/Deutsch/Mathe) oder „Sport ist immer verbunden mit einem immensen Geräuschpegel. Und das ist einfach Stress" (Frau DV 18-20 – 41 Jahre, Grundschule, Sport/Deutsch/Mathematik) finden sich in vielen Interviews. Daraus kann gefolgert werden, dass der Lärmpegel für Sportlehrkräfte der am meisten belastende Faktor, der aus den räumlichen und situativen Bedingungen des Sportunterrichts resultiert, ist.

Dieser erhöhte Lärmpegel wird von den meisten Lehrkräften zwar als normale Begleiterscheinung des Sportunterrichts gesehen, aber belastend erfahren wird er trotz alledem:

> „Schon alleine auch der Geräuschpegel, den man ja gar nicht unbedingt unterbinden will, wenn einfach was Spannendes da ist oder, das ist ja dann auch in Ordnung. Die dürfen ja dann auch mal schreien, im Unterricht sonst müssen sie sich ja sonst ruhig verhalten. Und dann empfinde ich das schon mittlerweile als Belastung" (Frau RD 60-64 – 37 Jahre, Grundschule, Sport/Deutsch/Mathematik).

Dies gilt generell für den Sportunterricht an allen Schulformen, trifft aber in besonderem auf die Schulform Grundschule zu.

Wie laut es im Sportunterricht wirklich werden kann, hat der Sportlehrer durch eine Lautstärkemessung in einer Dreifachhalle getestet:

> „Da sind 90 Schüler und ich habe auch schon mal Schallpegelbemessungen gemacht, weil ich aus der Physik komme und da werden dann Spitzenwerte von über 100 dB(A) erreicht und das finde ich einfach super anstrengend" (Herr SI 14 – 39 Jahre, Realschule, Sport/Physik).[37]

Wie die Unterrichtssituation in diesen Dreifachturnhallen aussieht, beschreibt ein Realschullehrer:

> „Wir haben hier eine Dreifachturnhalle, wenn Sie sich das vorstellen, dass sind also drei Hallenteile, jeweils durch einen Vorhang getrennt. Und angenommen der Kollege links spielt jetzt mit 30 Schülern Basketball, was also sehr laut ist wegen des Prellens des Balles auf dem Boden, der Kollege rechts macht Gymnastik/Tanz mit Musik, und ich bin da mit 30 Schülern in der Mitte und muss die sinnvoll beschäftigen. Dadurch habe ich einen enormen stimmlichen Aufwand, Kraftaufwand Ich muss mich da durchsetzen, ich muss laut schreien, ich muss jedem Anweisungen geben. Das ist extrem anstrengend" (Herr LT 18 - 35 Jahre, Realschule, Sport/Mathematik).

---

37 Dieser gemessene Spitzenwert von über 100 dB(A) entspricht in etwa der Lautstärke eines in 200 Meter Entfernung startenden Düsenjets. In industriellen Berufen ist bei diesem Lärmpegel, sofern der Lärm anhaltend ist, zwingend das Tragen von Gehörschutz vorgeschrieben.

Der in Sportklassen übliche Lärmpegel durch die Schüler/-innen einer Klasse, die sich frei in der Halle bewegen, reden und unter Umständen auch schreien, wird also durch den Einfluss von anderen Lärmquellen weiter verstärkt, so dass die Verständigung erheblich erschwert wird. Lärm dieser Größenordnung führt auch zu ungünstigen Lernbedingungen für die Schüler/-innen selbst und dürfte mangelnde Konzentration zur Folge haben, was wiederum die Belastung der Lehrkraft verstärkt. Der Lärm, gegen den die Lehrkraft ankämpfen muss, führt bei vielen Sportlehrkräften zu Problemen mit der Stimme:

> „Dann finde ich es anstrengend für die Stimme, also z. B. wenn du in einer Dreifachturnhalle bist. Das ist bei uns echt laut, und du hörst deine eigene Gruppe selber kaum. Und wenn du die spielen lässt und ein paar Sachen zwischendurch ansagst, dann musst du das einfach total laut machen. Und das finde ich für die Stimme sehr anstrengend. Es ist schon so, dass ich bemerke, ich muss damit bewusst umgehen. Ich könnte das jetzt nicht zwei Doppelstunden hintereinander machen" (Frau AL 27-29 - 49 Jahre, Gesamtschule, Sport/Englisch).

Dabei ist den Sportlehrkräften durchaus bewusst, dass sie in einem sprechenden Beruf agieren und deshalb gehalten sind, ihre stimmlichen Kräfte schonend einzusetzen:

> „Die eigene Stimme zu schonen, das ist eine echte Belastung. In der Turnhalle wird die Stimme ganz anders strapaziert als in einem Klassenraum" (Frau QT 20 – 52 Jahre, Realschule, Sport/Deutsch).

In vielen Interviews wird berichtet, dass Kommunikation im Sportunterricht, insbesondere im Schwimmunterricht, häufig nur durch Schreien ermöglicht werden könne, da Verständigung anders nicht möglich sei. Viele der Befragten klagen als Folge des erhöhten Lärmpegels und der starken stimmlichen Herausforderungen über immer wiederkehrende Heiserkeit, Stimmbandentzündung und Kopfschmerzen:

> „Dieses immer laut sein müssen, das belastet. Dann dröhnt einem die Birne. Man hat einen Kopf wie ein Rathaus [lacht, die Verf.]. Das ist, ja, sehr physisch belastend" (Frau RK 27 – 46 Jahre, Gesamtschule, Sport/Philosophie).

Zwei weitere Lehrkräfte berichten, dass sie regelmäßig von Erkrankungen betroffen sind, die sie auf die stimmlichen Herausforderungen zurückführen:

> „Das war eine Zeit lang eine große Belastung, bis ich mir das wirklich noch mal bewusst gemacht habe, dass ich viel konsequenter sein muss, nicht dagegen anzureden. Also, da geht einem manchmal viel Zeit verloren, aber ich habe gemerkt, dass ich es irgendwann sonst stimmlich nicht mehr schaffe. Bei jeder kleinen Erkältung fiel ich eine Woche aus, weil meine Stimme weg war. Oder ich musste den Sportunterricht absagen, weil ich gesagt habe: ‚In der Klasse schaffe ich es noch, aber im Sportunterricht nicht mehr'. Da bin ich relativ rigoros gegen vorgegangen und habe den Kindern erklärt, ich schreie nicht dagegen an, ich erkläre auch nicht mehr weiter, wenn irgendwer dazwischen..., das klappt mittlerweile" (Frau RD 60 - 37 Jahre, Grundschule, Sport/Deutsch/Mathematik). [38]

Bezüglich des stimmlichen Belastungsempfindens zeigt sich ein erheblicher Unterschied zwischen männlichen und weiblichen Lehrkräften. Dieser dürfte darauf zurückzuführen sein, dass sich männliche Sportlehrkräfte aufgrund ihrer Physis stimmlich besser durchsetzen können.[39]

Stimmliche Belastungen und Lärm führen bisweilen zu schweren gesundheitlichen Beein-

---

38 Vgl. ähnlich Frau AL 27-29 – 49 Jahre, Gesamtschule, Sport/Englisch.

39 Die bessere stimmliche Ausgangslage männlicher Sportlehrkräfte ist v.a. auf die Anatomie des männlichen Kehlkopfs zurückzuführen.

trächtigungen, die die im Folgenden zitierte Lehrerin sogar ihre Berufswahl in Frage stellen lässt:

> „Die Überlegungen, ob das die richtige Berufswahl war, ob ich nicht als Juristin doch ruhiger gelebt hätte und so, das hängt besonders mit dem Fach Sport zusammen, weil ich hatte ja einen Hörsturz mit einem Hörverlust. Und da gibt es ja unterschiedliche Ursachen, aber eine Ursache ist eben auch starker Lärm oder Lärmbelästigung“ (Frau JT 23-27 – 49 Jahre, Gesamtschule, Sport/Englisch).

Andere Sportlehrkräfte berichten über emotionale Belastungen, die durch den erhöhten Lärmpegel entstehen:

> „Ich habe das Gefühl, ich könnte manchmal um mich schlagen: 'Halt endlich den Mund!' Es ist irre, es ist ein irrer Lärm“ (Herr DL 33 – 56 Jahre, Gymnasium, Sport/Erdkunde).

Für die befragten Sportlehrerinnen und Sportlehrer scheint der erhöhte Lärmpegel gleichermaßen psychisch belastend zu sein. Im Hinblick auf das Alter zeigt sich jedoch, dass ältere Lehrkräfte (unabhängig vom Geschlecht) psychisch stärker unter dem Lärm leiden, als jüngere. So berichten einige der älteren Sportlehrkräfte, dass der Umgang mit dem erhöhten Lärmpegel im Sportunterricht mit zunehmendem Alter immer schwieriger werde:

> „Dieser Aspekt mit der Lautstärke, also diese Anstrengung durch diese Lautstärke im Unterricht selbst, die man eben hat, das belastet mich jetzt mehr als früher. Das hat mit dem Alter zu tun“ (Frau RV 19-21 – 50 Jahre, Gymnasium, Sport/Erdkunde).

Zusammenfassend lässt sich festhalten, dass die Erfahrung stimmlicher Belastungen nicht schulformabhängig, wohl aber geschlechtsabhängig ist: Männer verfügen in der Regel über eine lautere und auch tiefere Stimme, die es ermöglicht, sich stimmlich leichter im Sportunterricht durchzusetzen. Die eher leiseren Frauen müssen ihre Stimme viel stärker beanspruchen, was häufig zu einer Überlastung führt. Als besonders anstrengend wird das Unterrichten in einer Dreifachturnhalle empfunden, da dort der Lärmpegel insbesondere bei einer ungünstigen Konstellation der parallel unterrichteten Inhalte (Ballsportarten, Bewegung und Musik) extrem hoch ist. Die stimmliche Belastungsintensität ist auch abhängig von der täglich unterrichteten Sportstundenzahl.

Der erhöhte Lärmpegel, der eine Folge der räumlichen Bedingungen und der unterrichteten Inhalte ist, stellt für viele Sportlehrkräfte die größte fachspezifische Belastung in ihrem Beruf dar.

#### *7.3.2.7 Zusammenfassung der Ergebnisse zu den fachspezifischen Belastungen durch räumliche Bedingungen*

Nach Auswertung sämtlicher Interviews lässt sich festhalten, dass die räumlichen Bedingungen die Belastungswahrnehmung der Sportlehrkräfte in hohem Maße moderieren. Im Unterschied zum Unterricht im Klassenraum werden in Sporthallen und Schwimmhallen Lärm und klimatische Veränderungen (u.a. Kälte) verstärkt als Negative wahrgenommen. Bringt man die genannten räumlichen Bedingungen hinsichtlich der Belastungswahrnehmung der Sportlehrkräfte in eine Rangreihe, so zeigt sich, folgendes Bild: Der Lärmpegel, die klimatischen Bedingungen sowie geringe räumliche Kapazitäten werden von den Befragten vielfach als „katastrophal“ für den Unterricht, insbesondere aber auch im Hinblick auf die Beanspruchung der Lehrkräfte eingestuft. Von Sportlehrkräften an Grundschulen wird zudem berichtet, dass sich vor allem durch das Zurücklegen von Wegen zum Schwimmbad und zurück zur Schule physische und psychische Belastungen ergeben.

Die Sporthalle als Unterrichtsstätte wird von den Befragten im Vergleich zum Klassenzimmer als deutlich anstrengender empfunden, weil die spezifischen Organisationsformen im Sportunterricht Unruhe verursachen, der organisatorische Aufwand für einen reibungslosen Ablauf enorm hoch ist und die Unfallgefahr eine permanente Aufmerksamkeit der Lehrkraft erfordert. Unterschiede in der Belastungswahrnehmung der Sportlehrkräfte bzgl. der Schulformen, des Geschlechts oder des Alters sind hinsichtlich dieser Aspekte nicht festzustellen.

Die Mehrfachsporthalle, in der gleichzeitig, nur durch Faltwände getrennt, mehrere Klassen unterrichtet werden, wird besonders negativ bewertet. Dort ist der Lärmpegel im Vergleich zur Einfachhalle erheblich höher. Dadurch wird konzentriertes Arbeiten in kognitiven Phasen behindert oder sogar unmöglich gemacht. Für viele Unterrichtsvorhaben wird ein Hallendrittel mit Blick auf den Bewegungsraum bei 30 Schülern und Schülerinnen als zu klein befunden.

Fast alle Sportlehrkräfte beklagen sich über die Lärmbelastung im Sportunterricht, wobei ältere Sportlehrkräfte, darunter sowohl Männer als auch Frauen, den Lärm stärker und belastender wahrnehmen als jüngere. Aufgrund des Lärms im Sportunterricht wird von vielen Sportlehrkräften von einer hohen stimmlichen Belastung berichtet, die im Klassenunterricht in dieser extremen Weise nicht erlebt wird.

Die befragten Sportlehrkräfte stellen bei diesem Sachverhalt selbst einen deutlichen Unterschied zwischen den Geschlechtern fest und begründen ihre Einschätzung mit den ungünstigeren stimmlichen Voraussetzungen der Frauen.

Im Unterschied zum Unterrichten in Sporthallen oder Hallenbädern wird das Unterrichten im Freien eher als angenehme Abwechslung wahrgenommen. Zwar werden mangelhafte bzw. schlecht gepflegte Außenanlagen oder auch das Problem der Mehrfachbelegung der Anlagen als potenzielle Belastungsfaktoren genannt, allerdings wird dies nicht als übermäßig belastend wahrgenommen. In dieser Hinsicht sind weder geschlechtsspezifische noch schulformspezifische Unterschiede festzustellen.

In Bezug auf die Ausstattung der Sportstätten wird bemängelt, dass manche Inhaltsbereiche wegen fehlender oder defekter Materialien nicht oder nur mit erheblichen Einschränkungen unterrichtet werden können. Darüber hinaus wird berichtet, dass die Pflege und Instandhaltung der Geräte von den Sportlehrkräften oftmals selbst erledigt werden müsse, was zum einen zeitaufwändig sei, zum anderen technische Fähigkeiten erfordere, die nicht jede Lehrkraft habe.

Einige der Befragten berichten von fehlenden und/oder zu kleinen Sanitäranlagen oder Waschmöglichkeiten. Sofern Anlagen vorhanden sind, werden bisweilen die hygienischen Zustände in diesen Räumlichkeiten bemängelt.

Die vorliegende Untersuchung kann keine Aussagen über die aus den beschriebenen räumlichen Bedingungen möglicherweise resultierenden gesundheitlichen Folgen machen. Allerdings gibt es in den Interviews Hinweise darauf, dass Sportlehrkräfte in der Folge der erlebten Belastungen vermehrt unter langandauernden Erkältungskrankheiten, Stimmbandentzündungen oder sogar Hörstürzen leiden. Es bestehen also durchaus erhebliche gesundheitliche Risiken.

Bezieht man diese Ergebnisse auf das Salutogenesemodell nach Antonovsky, so stellen die räumlichen Bedingungen für die Sportlehrkräfte fachspezifische Stressoren dar, die das Gesundheits-Krankheits-Kontinuum negativ beeinflussen können. Dadurch kann es langfristig zu somatischen bzw. psychosomatischen Beschwerden oder sogar zu einem Burnout kommen, es sei denn, den Sportlehrkräften stehen genügend geeignete Widerstandsressourcen zur Verfügung, mit Hilfe derer sie die aus den Stressoren resultierenden Spannungszustände kompensieren können. Da es sich allerdings bei den räumlichen Bedingungen um strukturelle Voraussetzungen handelt, die nicht einfach von den unterrichtenden Sportlehrkräften selbst verändert werden können, erscheint es fraglich, ob hier allein individuelle Bewältigungsstrategien helfen können.

### 7.3.3 Fachspezifische Belastungen durch die zeitlichen Bedingungen

Die zeitliche Taktung des Schulalltags kann für die Sportlehrkräfte zu einem erhöhten Zeitdruck führen, da die Sport- bzw. Schwimmstunden in speziellen, teils weiter entfernten Räumlichkeiten stattfinden. Hierzu sind z. B. verkürzte Pausen, weite Wege zu den Sportstätten und auch die zu knappe oder gänzlich fehlende Zeit zum Umkleiden oder Duschen zu rechnen.

#### *7.3.3.1 Belastungen durch ungenügende Pausen*

*Beschreibung der Kategorie mit Ankerbeispielen*

> „Also ich habe, wenn ich Sport unterrichte, überhaupt keine Pause" (Frau RE 56 – 49 Jahre, Grundschule, Sport/Mathematik).

In den meisten Fällen nehmen die Sportlehrkräfte ihre Pausen vor und nach ihrem Sportunterricht als verkürzt wahr, manchmal fallen Pausen sogar ganz aus. Denn die Pausen werden häufig für den Weg zur Sporthalle oder zum Schwimmbad, für das Umziehen und für organisatorische Dinge – zum Beispiel zur Kontrolle der Geräte und Materialien oder zum Abschließen der Schränke und Umkleiden – genutzt (vgl. Herr QO, Frau OT). 15 Sportlehrkräfte benennen die verkürzten Pausen als Belastungsfaktor. Viele andere Sportlehrer/-innen, die die verkürzten Pausen nicht als Belastung ansehen, wollen (und können?) nicht auf ihre Pause verzichten und beenden deshalb die Sportstunden vorzeitig, so dass die Schüler/-innen weniger Bewegungszeit im Unterricht haben, wie Frau FT berichtet:

> „Natürlich will ich meine Pause nicht opfern, dann muss ich rechtzeitig aufhören und gucken, dass die sich auch umziehen können, dass ich abschließen kann."

Die Pausen sind vielen Lehrkräften nicht nur zur Regeneration, sondern auch zur Kommunikation untereinander wichtig. So beschreibt Herr QO die Bedeutung von Pausen folgendermaßen:

> „Mir ist auch wichtig in der Pause mit den Kollegen zehn Minuten zusammenzusitzen und ein bisschen auszutauschen. Das ist schon wichtig für meinen Schullalltag auch, die Kommunikation mit den Kollegen" (Herr QO 23 – 57 Jahre, Gesamtschule, Sport/Sozialwissenschaften).

| | weiblich | männlich | N= |
|---|---|---|---|
| GrS | Frau RE, Frau ZN | Herr GS, Herr VL | 4 |
| RS | | Herr ZT | 1 |
| GeS | Frau JT, Frau AL | Herr QL | 3 |
| GY | Frau OT, Frau FC, Frau RV | Herr BT, Herr ST, Herr OS, Herr EN | 7 |
| N= | 7 | 8 | 15 |

Tabelle 32: Belastungen durch ungenügende Pausen

*Interpretation der Aussagen zu Pausen*

Eine Lehrerin am Gymnasium berichtet über ihre Erfahrungen mit den knappen zeitlichen Ressourcen, die ihr zur Verfügung stehen:

> „Wenn man die eine Halle abgeschlossen hat und dann rüber geht und dann wieder alles aufschließt, sind fünf Minuten rum. So eine Pause ist dann weg. Das ist eigentlich egal. Da hat man sich dran gewöhnt. Und es ist im Fachunterricht im Prinzip ja auch so, wenn man die Gebäudeteile wechseln muss. Also, die kleinen Pausen, die sind auf jeden Fall weg. Und die großen Pausen eigentlich auch, denn man ist immer der Letzte, der rausgeht, bis sich alle Schüler umgezogen haben. Wir müssen jedes Mal die Halle abschließen oder die ganzen Räumlichkeiten. Das braucht seine Zeit. Am schlimmsten ist es, wenn man noch mit im Schwimmbus unterwegs ist. Dann sind die großen Pausen auch komplett weg. Dann hat man die auch nicht. Dass die kleinen Pausen wegfallen, da gewöhnt man sich dran. An die großen Pausen nicht. Das ist schon sehr ärgerlich. Also das ärgert einen schon, wenn man nicht die Zeit hat. Also, zur Ruhe kommt man im Prinzip nicht“ (Frau RV 29 - 50 Jahre, Gymnasium, Sport/Erdkunde).

Der Wegfall der kurzen Pausen wird von dieser Lehrerin fachunabhängig wahrgenommen. Aber eine erhebliche Belastung stellt sich ein, wenn jegliche, also auch große Pausen, aufgrund des Wartens auf Schüler/-innen oder der langen Wegezeiten zur auswärtigen Schwimmstätte oder des Abschließens von Schränken und Hallen, entfallen. Auf diese Weise bekommt die Lehrkraft u.U. während ihres gesamten Unterrichtstages keine Gelegenheit, etwas zu essen oder zumindest etwas zur Ruhe zu kommen. Dies kann bedeuten, dass eine Sportlehrkraft unter Umständen (je nach Stundenverteilung von Sportstunden und Stunden anderer Fächer) bis zu acht Unterrichtsstunden am Stück im Einsatz ist, ohne dabei auch nur eine kleine Erholungspause einlegen zu können. Eine Lehrkraft der Grundschule berichtet:

> „Man hat keine Pause. Das ist einfach so. Man muss erst zur Klasse, muss die abholen, man zieht sich selber um, man macht den ganzen Unterricht, dann muss man warten, bis die Kinder fertig sind. Also ich habe, wenn ich Sport unterrichte, überhaupt keine Pause. Vorher nicht und nachher nicht. Und wenn ich zum Schwimmen fahre, fallen jegliche großen Pausen auch noch aus. Wenn man das mal so sagt [im Lehrerzimmer, die Verf.]: ‚Ich habe gar keine Pause', dann heißt es: ‚Du kannst dich im Bus erholen'. Also, das ist schon eine wahnsinnige Belastung' (Frau RE 56 - 49 Jahre, Grundschule, Sport/Mathematik).

Die Belastungsempfindung durch verkürzte Pausenzeiten oder durch Wegfall der Pausen ist unter den Grundschullehrkräften insgesamt am höchsten. Dies könnte daran liegen, dass die jüngeren und weniger selbstständigen Schüler/-innen von den Lehrkräften an Grundschulen stärker beaufsichtigt und betreut werden müssen, auch während der Busfahrten hin und zurück. Wie in dem Beispiel oben deutlich wird, ist es für diese Lehrkraft keinesfalls Erholungszeit, mit den Kindern im Bus zu fahren. Auch auf der Busfahrt sind die Kinder zu beaufsichtigen. Grundschulkinder benötigen außerdem mehr Zeit beim An- und Ausziehen und müssen von der Lehrkraft auch in die darauf folgende Unterrichtsstunde begleitet werden. Eine andere Grundschullehrerin berichtet außerdem, dass die Lehrkräfte die Kinder oft beim

Umziehen unterstützen müssen:

> „Wenn man mit dem ersten Schuljahr Sport macht, dann muss man noch so viel Schleifen binden und was weiß ich was machen, dann kommt man dazu [zur Erholung in den Pausen, die Verf.] nicht“ (Frau ZN 96 - 36 Jahre, Grundschule, Sport/Deutsch/Mathematik).

Auf weiterführenden Schulen haben einige Lehrkräfte einen praktikablen „modus vivendi“ entwickelt, um mit den verkürzten Pausen umzugehen, wie folgendes Interviewzitat zeigt:

> „Ach, das mit der Zeit von Pause, Unterricht und Umziehen ist kein Problem, das finde ich okay. Ja, das liegt an einem selbst, wann man den Unterricht beendet. (...) Will ich meine Pause nicht opfern, dann muss ich rechtzeitig aufhören und gucken, dass die sich auch umziehen können, dass ich abschließen kann“ (Frau FT 29 - 60 Jahre, Gesamtschule, Sport/Englisch).

Die Zeiten für das Umziehen und Auf- und Abschließen gehören ihrer Meinung nach zum Sportunterricht dazu, was zur Folge hat, dass sie die Unterrichtszeit so bemisst, dass diese Tätigkeiten noch vor dem Klingelzeichen erledigt sind. Eine Lehrkraft an einer Grundschule sieht in einer derartigen Praxis jedoch Probleme:

> „Man ist ja auch immer hin und her gerissen, zwischen man muss schon Schluss machen und man will den Kindern jetzt auch noch möglichst viel Zeit lassen oder geben“ (Frau ZN 69 - 36 Jahre, Grundschule, Sport/Deutsch/Mathe).

Diese Lehrerin fühlt sich den Schülern gegenüber verpflichtet, die Unterrichtszeit vollständig auszunutzen und verzichtet zugunsten der Bewegungszeit der Schüler/-innen auf ihre Pause. Mehrere Befragte berichten, dass sie im Zwiespalt sind, entweder die eigene Pause zu nutzen und somit den Schülern und Schülerinnen Unterrichtszeit abzuziehen oder auf die Pause zu verzichten, was bedeutet, nichts zu essen oder zu trinken und auch nicht für ein paar Minuten gedanklich abschalten zu können. Ein Lehrer der Realschule sieht in dieser Ambivalenz einen Stressfaktor:

> „Ich habe immer den Eindruck, dass wegen der Umzieherei und so weiter, dass das auf die Kosten der Belastungszeit der Schüler geht. Wenn ich das für mich freundlich handhabe, ich handhabe das für mich im Moment eher unfreundlich und für die Schüler eher freundlich, was so ihre Bewegungszeit angeht, [dann ist das, die Verf.] schon ein Stressfaktor (Herr ZT 23 - 38 Jahre, Realschule, Sport/Geschichte).

Insgesamt lässt sich festhalten, dass das Belastungsempfinden bei den Grundschullehrkräften besonders hoch ist, weil Grundschüler/-innen intensiver betreut werden müssen als ältere Schüler/-innen. Der Belastungspegel lässt sich senken, indem die Lehrkräfte die für den Sportunterricht üblichen Zeitaufwendungen, z. B. für das Umkleiden, in die Unterrichtszeit integrieren. Diese Lösungsstrategie wird aber eher selten angewendet. Die Mehrzahl der Befragten lehnt diese Strategie aufgrund der damit verbundenen Verkürzung der Bewegungszeit der Schüler/-innen ab.

#### *7.3.3.2 Belastungen durch weite Wege*

*Beschreibung der Kategorie mit Ankerbeispielen*

Zu den Belastungsfaktoren in zeitlicher Hinsicht gehören für Sportlehrkräfte auch die Wege, die sie von und zu den Übungsstätten zurückzulegen haben. Wenn die Sporthalle bzw. das Schwimmbad in der Nähe des Schulgebäudes liegt, empfinden die Sportlehrer/-innen diesen Faktor kaum als Belastung (vgl. Frau RD, Herr GM, Frau RK). Dieser Punkt wird vielmehr dann erwähnt, wenn man längere Wege zu den Sportstätten zurücklegen muss. In einigen Fällen müssen die Sportlehrer und Sportlehrerinnen mit ihrer Klasse zur Sporthalle sogar mit dem Bus fahren:

> „Die Reisen, also dass wir hier im Schulbus also durch die Gegend fahren müssen, weil wir hier die Sportmöglichkeiten nicht haben. Das sind die Unannehmlichkeiten“ (Frau RC 21 – 56 Jahre, Gymnasium, Sport/Kunst).

> „Wir haben ein totales Hallenproblem und fahren deshalb in alle möglichen Hallen“ (Frau ZG 21 – 40 Jahre, Gymnasium, Sport/Spanisch).

Dieses Problem betrifft in erster Linie die Schulform Gymnasium. Aufgrund der hohen Mehrzügigkeit in bestimmten Jahrgängen stehen oft zu wenig schulnahe eigene Sportstätten zur Verfügung.

| | weiblich | männlich | N= |
|---|---|---|---|
| GrS | Frau DV, Frau ZN | | 2 |
| RS | | Herr ZT | 1 |
| GeS | Frau AL, Frau HT, Frau JT | Herr JM | 4 |
| GY | Frau ZG, Frau FC, Frau RC, Frau RV | Herr AT, Herr ST | 6 |
| N= | 9 | 4 | 13 |

Tabelle 33: Belastungen durch weite Wege

*Interpretation der Aussagen zu weiten Wegen*

Die Belastungen durch Wege stehen in engem Zusammenhang mit den bereits geschilderten Belastungen durch verkürzte Pausenzeiten:

> „Wir haben hier ein totales Hallenproblem und fahren deswegen in alle möglichen Hallen. (…) Oder man fährt ins Schwimmbad. Und das finde ich sehr belastend, einfach diese Wege zu machen (…) Es kommt einem sehr viel Zeit abhanden durch die Wege“ (Frau ZG 21 - 40 Jahre, Gymnasium, Sport/Spanisch).

Bei dieser Lehrkraft kommt hinzu, dass sie in unterschiedlichen Hallen unterrichtet, zu denen sie Unterrichtsmaterialien mitnehmen muss. Dies kann zu einer erhöhten Belastung führen, da die Lehrkraft vor Stundenbeginn immer ganz genau planen muss, was sie benötigt; Sie muss rechtzeitig alle Materialien zusammenzustellen und diese später zum Bus und anschließend wieder zurück zur Schule bringen.

Eine Lehrerin der Gesamtschule berichtet:

> „Weil unsere Schule so ganz lange Wege hat, kommt man eigentlich immer verspätet an, es sei denn, es liegt eine große Pause davor. (…) Wenn ich im Schulgebäude von einer zur anderen Klasse wechseln muss, das geht. Je nachdem, wo man jetzt unterrichtet, das schafft man. Aber in Sporthallen, da liegen ja 300m dazwischen, bis man alles aufgeschlossen hat, da ist man, auch wenn man praktisch im Dauerlauf da hinläuft, zu spät“ (Frau JT 37-43 - 49 Jahre, Gesamtschule, Sport/Englisch).

Unter ungünstigen Verhältnissen ist es aufgrund der Wegezeiten nicht möglich, den Unterricht pünktlich anzufangen, auch wenn sich die Lehrkraft, wie in diesem Beispiel, sehr bemüht, pünktlich zu sein. Die Lehrkraft steht in dieser Situation unter einem großen zeitlichen Druck, weil sie aufgrund der organisatorischen Rahmenbedingungen zum rechtzeitigen Unterrichtsbeginn kaum in der Lage ist. Die Verspätung scheint der Lehrkraft zuzusetzen, da sie sich als Vorbild für die Schüler sieht. Weiterhin berichtet die Lehrerin:

> „Ich hatte [in einem Schuljahr, die Verf.] an einem Tag acht Stunden, da musste ich drei Mal in die Halle. Erstmal habe ich sowieso keine Pause bei acht Stunden, außer der Mittagspause, aber ich musste drei Mal vom Gebäude in die Halle. Das ist fast eine Zumutung" (Frau JT 41 – 49 Jahre, Gesamtschule, Sport/Englisch).

Die Belastung steigt also nochmals an, wenn weite Wege mehrmals an einem Unterrichtstag anfallen. Es hängt von der Gestaltung der Stundenpläne ab, wie sehr die Sportlehrkräfte durch Wege belastet werden. Unterrichten Sportlehrkräfte eine Doppelstunde bzw. zwei Einzelstunden hintereinander Sport, so bietet dies den Lehrkräften die Möglichkeit, eine der größeren Pausen zu nutzen, in der sie sich umziehen können und das Gebäude in Ruhe wechseln können. Im Vergleich dazu wird der ständige Wechsel von Einzelstunden zwischen Sport und dem anderen Unterrichtsfach als „Zumutung" empfunden. Das Unterrichten des Faches Sport in vielen Einzelstunden wird dementsprechend als anstrengend empfunden, da ein permanenter Wechsel zwischen Sportstätte und Schulgebäude erforderlich ist. Auffallend ist, dass Lehrkräfte weiterführender Schulen, insbesondere der Gymnasien und Gesamtschulen, am häufigsten Belastungen durch weite Wege angeben. An den Grundschulen bereiten die Wege den meisten Befragten keine großen Schwierigkeiten. Eine Grundschullehrerin sagt, dass die „Bedingungen eigentlich ganz gut" seien, denn „über den Schulhof rüber ist die Turnhalle" (Frau RD, 54 Jahre, Grundschule, Sport/Deutsch). Die geringe Belastung aufgrund von Wegen an der Grundschule dürfte damit zusammenhängen, dass die meisten Grundschulen kleinere Hallen direkt im Gebäude integriert oder sehr nah am Schulgebäude gebaut haben, so dass keine langen Wege zurückgelegt werden müssen. Im Gegensatz dazu gibt es an vielen weiterführenden Schulen häufig Sportstätten, die in größerer Distanz zum Hauptgebäude liegen. Aufgrund der unterschiedlichen räumlichen Bedingungen fühlen sich Grundschullehrkräfte weniger stark von Wegen belastet, mit Ausnahme der Wege zu den Schwimmbädern.

#### *7.3.3.3 Belastungen durch Zeitknappheit beim Umkleiden und Duschen*

*Beschreibung der Kategorie mit Ankerbeispielen*

Für viele Sportlehrkräfte ist das ständige Umkleiden zwischen den Stunden, das Zeit in Anspruch nimmt, ein Belastungsfaktor. Auffallend ist, dass nur Sportlehrer/-innen von weiterführenden Schulformen in diesem Faktor eine Belastung sehen. Vielleicht liegt eine Ursache darin, dass Grundschullehrer/-innen häufig auch Klassenlehrer/-innensind und deshalb mit dem Zeitbudget der Klasse flexibler umgehen können. Hingegen müssen Gymnasial- und Gesamtschullehrer/-innen, als Fachlehrer/-innen häufiger die Klasse wechseln. Sie haben daher kaum Möglichkeiten, das Stundenende flexibel zu handhaben, da die Schüler/-innen pünktlich zum nächsten Fachunterricht im entsprechenden Unterrichtsraum sein müssen. Möglicherweise stehen sie deshalb mehr unter Zeitdruck und empfinden beim Umkleiden „eindeutig Hektik" (Herr JF – 55 Jahre, Gymnasium, Sport/Mathematik). Um diese Hektik zu vermeiden, gehen z. B. einige Lehrer/-innen in Sportkleidung in den auf die Sportstunde folgenden Unterricht im Klassenraum. Dieses Verhalten wird jedoch nicht von allen Sportlehrkräften für sinnvoll erachtet. Ein Grund dafür könnte sein, dass sie befürchten, von anderen

Lehrkräften der Schule aufgrund des geringen Status des Faches Sport im schulischen Berechtigungswesen, abgewertet zu werden.

| | weiblich | männlich | N= |
|---|---|---|---|
| GrS | - | - | |
| RS | - | - | |
| GeS | Frau AK | Herr LU, Herr QO | 3 |
| GY | Frau FR, Frau RC, Frau FC, Frau AI, Frau AH, Frau RV, Frau OC | Herr EN, Herr AT, Herr JF, Herr OS | 11 |
| N= | 8 | 6 | 14 |

Tabelle 34: Belastungen durch Zeitknappheit beim Umkleiden oder Duschen

*Interpretation der Aussagen zu Zeitknappheit beim Umkleiden und Duschen*

Zum Sportunterricht ziehen sich Schüler/-innen und Lehrkräfte spezielle Sportkleidung an. Dies ist aus hygienischen Gründen, ebenso wie das Waschen oder Duschen nach dem Sport, unerlässlich. All dies kostet aber Zeit. Eine Gymnasiallehrerin führt dazu aus:

> „Was ich auch als Belastung empfinde, dieses ständige Umziehen und unter Zeitdruck stehen. Wir haben immer nur Einzelstunden und das ist dann ja nicht so, dass ich vier Stunden Sport hintereinander habe, sondern dass ich Sport habe, die nächste Stunde Erdkunde, und da ich es zum Prinzip habe, weder mit Sportklamotten in den normalen Unterricht, noch mit den normalen Klamotten in den Sportunterricht zu gehen, mich also für jede Stunde umziehe, immer rein raus, rein raus, das ist auch eine Belastung“ (Frau FC 21 - 49 Jahre, Gymnasium, Sport/Erdkunde).

Die Organisation des Sportunterrichts in Einzelstunden an der betreffenden Schule erschwert die Situation, da durch den anderen Fachunterricht häufig der Ort und somit auch die Kleidung zum Unterrichten gewechselt werden muss. Der Zeitdruck entsteht u. a. aufgrund der kurzen Pausenzeiten zwischen den Einzelstunden und dem Anspruch der Lehrerin, für jedes Unterrichtsfach angemessen gekleidet zu sein. Dieses Prinzip scheint ihr sehr wichtig zu sein. Für sie ist es offensichtlich unangenehm, im Klassenraum in Sportbekleidung zu stehen und umgekehrt, in der Sporthalle mit normalem Tagesoutfit zu unterrichten. Gründe dafür, dass die im jeweiligen Unterricht angemessene Kleidung wichtig ist, sind die Vorbildwirkung der Lehrkraft sowie die Notwendigkeit des Vor- und Mitmachens im Unterricht. Außerdem gilt es an vielen Schulen als Tabu, wenn Sportlehrkräfte im Klassenraum in Sportbekleidung unterrichten. Eine Lehrkraft am Gymnasium, die beim Umkleiden in den Pausen ebenfalls unter Zeitdruck steht, berichtet dazu Folgendes:

> „Ich schaffe dann manchmal das Umziehen nicht, so dass ich mir nur die Sportschuhe anziehe. Das klappt dann oftmals zeitlich nicht. Die Halle ist dort drüben, wenn ich nur 5 Minuten Pause habe, komme ich hier aus der Klasse raus, muss das Zeug, Material auch irgendwo wenigstens im Lehrerzimmer ablegen und dann wieder rüber in die Sporthalle. Und ehe dann alles geregelt ist, Entschuldigungen eingesammelt sind, dass es dann manchmal schwierig ist, dann noch die Sportzeit dann auszunutzen, wenn ich mich dann auch noch umziehe. Dann geh ich lieber so runter. Ein schlechtes Gewissen habe ich schon dabei. Ich versuche es regelmäßig, zumal wenn ich mehrere Sportstunden hintereinander habe, dass ich mich dann umziehe“ (Frau RC 81-83 - 56 Jahre, Gymnasium, Sport/Kunst).

Der Zeitdruck tritt in diesem Fall deshalb auf, weil die Pausenzeit zu kurz ist, die Lehrerin aber nicht die Bewegungszeit der Schüler/-innen für ihren Wechsel von Sportkleidung zu Tagesoutfit opfern möchte. Eine weitere Lehrerin beschreibt das Umkleiden als Verursacher von

„Hektik" und „Hetze":

> „Man muss sich schnell an- und ausziehen können. Es ist immer hektisch, allen möglichen Kram mitzunehmen. Also manchmal ist es einfacher, wenn man keinen Sport hat, dann muss man nicht noch eine schwere Tasche mitnehmen und sich dann nicht ständig an- und ausziehen, hin- und herhetzen" (Frau AH 23 – 48 Jahre, Gymnasium, Sport/Biologie).

Diese Lehrerin berichtet, dass sie es regelrecht genieße, an manchen Tagen keinen Sportunterricht zu haben, um dieser Hetze zu entgehen. Ein hohes Belastungsempfinden bezüglich des Umkleidens tritt häufiger bei weiblichen Lehrkräften auf. Dies lässt sich u.a. damit erklären, dass Frauen im öffentlichen Raum, in weit höherem Maße als Männer, Gegenstand öffentlicher Betrachtung sind und daher in der Regel in besonderem Maße auf ihr Äußeres bedacht sind, ja bedacht sein müssen, wenn sie nicht als Frau abgewertet werden wollen.[40] Zeitknappheit beim Ankleiden nach dem Erteilen von Sportunterricht kann bei Sportlehrerinnen also durchaus dazu führen, dass sie ihr Äußeres nicht so „herstellen" können, wie das für das eigenen Wohlfühlen eigentlich nötig wäre.

Das ohnehin knappe Zeitbudget des Sportunterrichts wollen Sportlehrkräfte nicht auch noch durch ihr Duschen nach dem Sport belasten:

> „Wenn man jetzt eine Dreiviertelstunde Sport hat, wie soll man da die Duschzeit von abknapsen? Also das geht eigentlich nicht" (Frau AH 45 - 48 Jahre, Gymnasium, Sport/Biologie).

Die meisten der befragten Sportlehrkräfte verzichten auf das Duschen nach dem Sportunterricht. Von einer Einzelstunde würde nach Abzug der Duschzeit vermutlich kaum genügend Zeit übrig bleiben, um eine Sportunterrichtsstunde sinnvoll zu gestalten. Anders sieht es aus, wenn der Sportunterricht in den abschließenden Randstunden liegt.

> „In der normalen Vormittagssituation, wenn ich die dritte Stunde Unterricht habe, die Einzelstunde, und muss in der 5-Minuten-Pause aus der Sporthalle in den dritten Stock in eine Matheklasse, dann kann ich einfach nicht duschen, weil ich nicht die Möglichkeit habe. Ich kann mich nur ganz kurz frisch machen und muss mich wieder umziehen. Dann kann ich im Grunde gar nicht so aktiv mitmachen, wie ich das eigentlich möchte, während im Nachmittagsunterricht, wenn anschließend der Kurs vorbei ist, dann kann ich duschen, da hast du die Möglichkeit, da ist das anders" (Herr JF 33 - 55 Jahre, Gymnasium, Sport/Mathematik).

Die Zeitknappheit ist vor allem im Vormittagsunterricht ein Problem. Die Pausen sind zu kurz, um nach dem Sportunterricht zu duschen. Die Möglichkeit des Mitmachens für Sportlehrkräfte ist daher nur eingeschränkt gegeben. Die Art und Weise der Vermittlung der Unterrichtsinhalte muss also auch davon abhängig gemacht werden, ob die Lehrkraft im Anschluss die nötige Zeit hat, sich zu duschen oder zumindest zu waschen. Dies führt dazu, dass die Lehrkraft im Vormittagsunterricht zum einen bezüglich der Unterrichtsmethoden eingeschränkt ist und zum anderen nicht flexibel und spontan im Unterrichtsgeschehen handeln kann, da sie noch einige Unterrichtsstunden vor sich hat. Eine Lehrerin der Gesamtschule berichtet dazu Folgendes:

> „Mitmachen kann man eben nur in den Stunden, wo man hinterher selber frei hat oder nicht sofort in den Unterricht muss, sonst ist das nicht unbedingt möglich, weil man keine Zeit hat sich zu wa-

---

40 Hierzu Bourdieu (2005, S. 117f.): „Sie [die Frauen, die Verf.] existieren zuallererst für und durch die Blicke der anderen. (…) Unablässig unter dem Blick der anderen, sind sie dazu verurteilt, ständig den Abstand zwischen dem realen Körper, an den sie gefesselt sind, und dem idealen Körper (…) zu empfinden."

> schen oder so. Die fehlt einfach, das geht nicht" (Frau AK 43 - 47 Jahre, Gesamtschule, Sport/Mathematik).

Auch hier wird deutlich, dass das Duschen zwischen den Unterrichtsstunden, in denen diese Lehrerin keine Freistunde hat, zeitlich so belastend empfunden wird, dass sie sich lieber damit abgefunden hat, ihre Unterrichtspraxis so zu verändern, dass sie selbst nicht mitmacht. Einer der befragten Lehrer geht mit diesem speziellen Körperpflegeproblem etwas lockerer um:

> „In den 5-Minuten-Pausen kannst du ja nicht noch duschen, das kriegst du ja nicht gebacken. Ich persönlich kann das sowieso nicht. Dann gehe ich manchmal natürlich wie so ein Pavian, wenn ich selber mitgemacht habe, so, mal ein bisschen Deo unter die Arme [lacht, die Verf.], und dann war es das, ne. Das geht halt nicht anders. Also die Zeit jetzt, da noch zu duschen oder so, ja, dann müsste ich den Unterricht eine Viertelstunde vorher schließen" (Herr AT 45 - 55 Jahre, Gymnasium, Sport/Mathematik).

*Fazit*

Die meisten Lehrkräfte fühlen sich durch den zeitlichen Druck, der aufgrund der Kürze der Pausen und der Maßnahmen, die in den Pausen erfolgen müssen, erheblich belastet. In besonderem Maße gilt dies für die Wechsel zwischen den Stunden mit nur Fünf-Minuten-Pausen, weil dadurch der Zeitdruck steigt. Je öfter sich die Lehrkräfte pro Tag umziehen müssen, desto belastender wird die Situation. Das Verkürzen der Sportunterrichtzeit zur Zeitgewinnung für das eigene Umkleiden wird jedoch von der Mehrzahl der Befragten nicht als praktikable Lösung erachtet. Was das Waschen oder Duschen nach dem Sportunterricht betrifft, so entschließen sich viele Sportlehrkräfte dazu, sich im Unterricht sportiv nur so zu betätigen, dass das Duschen im Anschluss an die körperliche Bewegung nicht nötig ist. Hierdurch kommt es allerdings zu Einschränkungen in der Unterrichtsführung, denn die Lehrkraft kann dann aktiv nicht so mitmachen, wie es für den Lernprozess bzw. die Motivierung der Schüler/-innen in manchen Unterrichtssituationen nötig wäre. Dies führt in vielen Fällen zu Unzufriedenheit bei den Sportlehrkräften.

### *7.3.3.4 Zusammenfassung der Ergebnisse zu den zeitlichen Bedingungen*

Die Auswertung der Interviews macht deutlich, dass die zeitlichen Rahmenbedingungen des Sportlehrerberufs ein erhebliches Belastungspotenzial implizieren. So berichten viele Befragte von einer drastischen Verkürzung oder sogar vom Wegfall der kleinen und großen Pausen, was sie hauptsächlich auf die spezifischen Bedingungen des Faches Sport zurückführen.

Die beschriebenen zeitlichen Belastungen reduzieren sich in dem Maße, in dem stundenplanorganisatorisch mehrere Sportstunden hintereinander unterrichtet werden können und somit kein ständiger Wechsel zwischen Sportunterricht und Fachunterricht stattfindet. Dies deshalb, weil sich die Sportlehrkräfte so ein mehrfaches Umkleiden und Zurücklegen von Wegen ersparen können. Zu bedenken ist allerdings, dass der Kontakt zu den Kolleginnen und -kollegen anderer Fächer geringer wird, wenn der Schultag weitgehend in der Sportstätte verbracht wird. Dies kann wiederum zu Unzufriedenheit führen.

Das Ausmaß der zeitlichen Belastung wird individuell höchst unterschiedlich wahrgenommen. So fühlen sich manche Sportlehrkräfte in zeitlicher Hinsicht weniger belastet, weil sie die Sportstunden bereits verkürzt unterrichten (und zwar mit Billigung der Schulleitung bzw. nach Absprache in der Fachkonferenz), damit sie sich in Ruhe umkleiden, die Materialien wegschließen und noch eine kurze Pause einlegen können. Dadurch wird die allerdings ohnehin knappe Zeit des Sportunterrichts weiter reduziert. Eine andere Lösung besteht darin, für den Sportunterricht lediglich Sportschuhe, nicht aber Sportkleidung anzuziehen, um die Zeit für das Umkleiden zu sparen. Damit wird allerdings der Vorbildwirkung der Sportlehrkraft, zum Sport stets korrekte Sportkleidung zu tragen, nicht Rechnung getragen. Viele Sportlehrkräfte hingegen nehmen eine starke Belastung durch ständige Zeitknappheit und Hetze wahr, weil sie die Sportstunde in vollem Umfang unterrichten und damit in ständiger Eile sind, um pünktlich zur nächsten Unterrichtsstunde zu kommen. Es fehlt die Möglichkeit der Regeneration durch Essen, Trinken und Erfahren des "Time-out-Effekts". Welche gesundheitlichen Folgen ein ständiger Zeitdruck im Beruf haben kann, zeigen Forschungen zu Stress- und Burn-Out-Syndromen. Hinzu kommt, dass Sportlehrkräfte aufgrund dieser Zeitknappheit den Kontakt zu den Kolleginnen und -kollegen anderer Fächer in den Pausen nicht genügend pflegen können, weil sie sich fast nie im Lehrerzimmer aufhalten. Dadurch wird die Kommunikation und Kooperation der Lehrkräfte untereinander erschwert, und manche Sportlehrkräfte, insbesondere jene mit hohem Sportstundendeputat, fühlen sich in die Außenseiterrolle gedrängt.

### 7.3.4 Fachspezifische Belastungen durch soziale Bedingungen

Zu den belastend wirkenden sozialen Bedingungen zählen sowohl kritische Situationen mit Schülern und Schülerinnen als auch Interaktionen mit Kollegen/Kolleginnen. Im Folgenden werden zunächst die kritischen Situationen in der Interaktion mit den Schülern und Schülerinnen beschrieben (10.4.1). Sodann werden in Kapitel 10.4.2 die Interaktionen zwischen Sportlehrkräften und Kollegen/Kolleginnen (sowohl Fachkollegen/Fachkolleginnen als auch Kollegen/Kolleginnen anderer Fächer) dargestellt.

#### *7.3.4.1 Belastungen durch das Schülerverhalten: Disziplin, Motivation, Sozialverhalten*

*Beschreibung der Kategorie mit Ankerbeispielen*

Unter dem Faktor „Schülerverhalten" werden im Folgenden die Motivation der Schüler/-innen, die Disziplin und das soziale Verhalten der Schüler/-innen im Unterricht zusammenfassend dargestellt. Mehr als die Hälfte der Befragten, nämlich 37 Sportlehrer/-innen, führen das Schülerverhalten als Belastungsfaktor an. Auffällig ist, dass für alle befragten Hauptschullehrer/-innen das Schülerverhalten im Sportunterricht eine Belastung darstellt. In diesem Zusammenhang sprechen Sportlehrkräfte von einer „Verweigerungshaltung" vieler Schüler/-innen gegenüber dem Sportunterricht. Die befragten Sportlehrer/-innen geben an, dass Unpässlichkeiten oder Krankheiten vorgeschützt werden oder dass absichtlich die Sportkleidung vergessen werde, so dass bisweilen mehr als 50 % der Schülerschaft nicht am Sportunterricht teilnehmen. (Frau OM, Frau ZT). Ein weiteres Thema, das ebenfalls insbesondere an Hauptschulen relevant ist, ist der soziale Umgang der Schüler/-innen miteinander. Ein Lehrer legt die Problematik folgendermaßen dar:

> „Das ist schon belastend (…), weil die Konzentrationsfähigkeit arg nachlässt und dann treten die sozialen Defizite der Schüler auf, die kommen dann hervor, so dass man dann auch nicht mehr zusammen spielen kann. (…) Dieses Miteinanderumgehenkönnen, das ist ein Hauptproblem bei unseren Schülern und dann wird Sport belastend" (Herr GL 18 – 45 Jahre, Hauptschule,

Sport/Biologie).

Dies gilt jedoch nicht nur für Hauptschulen: Disziplin- und Motivationsprobleme treten auch in anderen Schulformen auf. Auch Gymnasiallehrer/-innen klagen über unmotivierte und undisziplinierte Schüler/-innen (Frau AI, Herr DL). In der Grundschule spüren die Lehrer/-innen insbesondere im Sportunterricht, dass die Schüler/-innen nicht sozial verträglich miteinander umgehen, „weil da ja plötzlich so ein Freiraum entsteht" (Frau RE 88 – 49 Jahre, Grundschule, Sport/Mathematik). Die Ursachen werden in fehlenden elterlichen sozialen Erziehungsleistungen gesehen (vgl. Frau RE, Frau DU). Dadurch komme es im Sportunterricht zu mehr belastenden Situationen als in anderen Schulfächern (Herr GS).

| | weiblich | männlich | N= |
|---|---|---|---|
| GrS | Frau BL, Frau RD, Frau RE, Frau DV, Frau DU, Frau RS | Herr GS Herr VL | 8 |
| HS | Frau YM, Frau OM, Frau OQ, Frau ZT | Herr GL, Herr VI, Herr NL, Herr LS | 8 |
| RS | Frau FQ, Frau XQ, Frau TK, Frau TT | Herr SI, Herr ZT, Herr DC | 7 |
| GeS | Frau RK, Frau JT, Frau QW, Frau AT, Frau AK, Frau AL, Frau LX | Herr LO | 8 |
| GY | Frau AI | Herr GG, Herr UF, Herr BT, Herr SN, Herr DL | 6 |
| N= | 22 | 15 | 37 |

Tabelle 35: Belastungen durch das Verhalten der Schüler/-innen

*Interpretation der Aussagen zum Schülerverhalten*

Die durch das Verhalten entstehenden Belastungen werden in den einzelnen Schulformen unterschiedlich wahrgenommen:

Viele Lehrkräfte (3) der Grundschule stellen fest, dass die Kinder zunehmend „nicht richtig erzogen sind" (Frau DU) und einzelne Kinder sogar verhaltensauffällig sind. Eine Lehrkraft schildert die Situation in ihrer Schule und im Sportunterricht folgendermaßen:

> „Ganz besonders belastend (...) empfinde ich, dass die Kinder, die, wir sagen oft ‚nicht richtig erzogen sind' oder ‚schlecht erzogen sind', dass wir das halt auch zunehmend zu spüren kriegen und daran so viel Kraft hängen bleibt, dass einen das oft ärgert, dass man die Kraft nicht für was anderes hat. Dass da also eine ganze Hand voll Kindern (...) uns alle so fordern, dass der Tag mit denen bestückt ist. Das finde ich sehr schade. Und ich habe, wir haben das Gefühl, das nimmt zu." (Frau DU 22 - 52 Jahre, Grundschule, Sport/Mathematik).

Eine andere Grundschullehrerin sieht sich oft in der Rolle der Streitschlichterin:

> „Ich habe das Gefühl, ich komme meinem Auftrag gar nicht nach, weil so viel Streit zu schlichten ist. Heute Morgen habe ich wirklich eine Viertelstunde Zeit aufgewendet, um die anderen mal zu interviewen: ‚Was ist denn da los? Warum ist denn der Schüler so?'" (Frau RS 34, 38 Jahre, Grundschule, Sport/Mathematik/Deutsch).

Die erste Aussage verdeutlicht, dass der Umgang mit den Kindern mit Verhaltensauffälligkeiten Kraft raubt und Zeit kostet, Zeit, die im Unterricht fehlt. Dies führt zu Ärger und dem Gefühl der Frustration. Die Zeit, die die Lehrkräfte eigentlich für den Unterricht mit allen Kinder verwenden müssten, kommt so in unverhältnismäßig hohem Maße nur wenigen zu und zudem noch jenen zugute, die den Unterricht stören. Die Lehrkräfte empfinden dies als belastend, weil sie dadurch ihrem eigentlichen Lehrauftrag nicht in vollem Umfang nachkommen können. Sie erleben sich in ihrer Rolle als Lehrkraft vielfach als ineffektiv.

Beim ersten der beiden Interviewbeispiele spricht die Lehrkraft den Faktor „Alter“ an. Sie fragt sich, ob diese erhöhte Belastungserfahrung vielleicht an ihrem Alter liegen könne. Diese Annahme erscheint in salutogenetischer Hinsicht besonders problematisch, weil das Älterwerden eine anthropologische Tatsache ist, an der die Lehrkraft selbst nichts ändern kann. Diese Annahme kann wiederum dazu führen, dass sich ein Gefühl der Hilflosigkeit einstellt, das – wenn es nachhaltig erlebt wird – zu psychischen Erkrankungen führen kann.

Bei Grundschullehrkräften – und nur bei diesen – zeigen sich Unterschiede im Belastungserleben in Bezug auf Jungen und Mädchen. Eine Lehrerin berichtet:

> „Und dann finde ich die Umziehsituation in der Umkleide sehr stressig. Gerade bei den Jungen, die sind immer so: ‚Ich bin besser und ich war stärker.‘ Für Jungen ist Sport immer sich zu vergleichen und da überhaupt eine andere Perspektive reinzukriegen, das ist schon schwierig“ (Frau DV 60 - 41 Jahre, Grundschule, Sport/Deutsch/Mathematik).

Offenbar werden „Rangkämpfe“ bis in die Umkleidekabine fortgesetzt, was für die Lehrkraft „Stress“ bedeutet, weil sie schlichtend oder ermahnend eingreifen muss. Zwei andere Lehrkräfte merken an, dass „Jungen einfach insgesamt rauer“ sind (Frau RS 40 - 38 Jahre, Grundschule, Sport/Deutsch/Mathe) und „sich öfter streiten“ (Herr VL 246 - 53 Jahre, Grundschule, Sport/Deutsch) als Mädchen, was wiederum das Unterrichten erheblich erschwere.

Dass die oben beschriebenen „Rangkämpfe“ bisweilen den Status von „Schlachten“ annehmen, spiegelt sich in folgender Aussage einer Grundschullehrerin wider:

> „Ich mache in der Klasse mittlerweile keine Spiele mehr mit Verlierer und Gewinner, das geht nicht. Die schlagen sich kaputt in der Umkleidekabine“ (Frau RS 40 - 38 Jahre, Grundschule, Sport/Deutsch/Mathematik).

Formen gewalttätiger Auseinandersetzungen im Sportunterricht, bzw. in der Umkleide werden also von zwei Lehrkräften (und zwar der Grundschule!) als starke Belastung empfunden. Besonders bedenklich am letztgenannten Beispiel ist, dass das gewalttätige Verhalten von Schülern zu einer Einschränkung bei der Auswahl der Unterrichtsinhalte führen kann. Diese Lehrerin löst das Problem so, dass sie durch den Ausschluss von Wettkampfspielen aus dem Unterricht eine maßgebliche Quelle von Konflikten in ihrem Unterricht beseitigt. Damit werden aber nicht nur zahlreiche im Lehrplan vorgeschriebene Inhalte ausgeschlossen, sondern es wird auch auf wertvolle Lerngelegenheiten für den Erwerb sozialer Kompetenzen verzichtet.

In engem Zusammenhang mit undiszipliniertem Schülerverhalten wird in den Interviews die Lautstärke im Sportunterricht gesehen, die sowohl in der Grundschule als auch der Hauptschule einen erheblichen Belastungsfaktor darstellt:

> „Ich finde einmal, der Lautstärkepegel ist sehr hoch. Das ist klar, Sport ist natürlich auch immer ein Fach, wo ein Ventil abgelassen wird, die wollen da einfach laut sein und was rauslassen, das ist ja auch okay. Aber es ist einfach bei uns, ich merke das jetzt bei diesem vierten Schuljahr, welches ich gerade unterrichte, es ist so schwierig, es wird so viel gemeckert und es passieren so viele Regelwidrigkeiten und es ist kein nettes Unterrichten. Dann gehe ich manchmal raus und bei mir schlägt sich das dann wirklich in Kopfschmerzen nieder“ (Frau RS 34 - 38 Jahre, Grundschule, Sport/Mathematik/Deutsch).

> „Wie gesagt, eine Kollegin von mir, die hat da arge Probleme damit, die hat auch einen Hörsturz gehabt und ihr geht es wirklich auf den Keks, auch die Lautstärke jetzt vor allen Dingen. Die ist nach so einer Doppelstunde, oder auch nach mehreren Stunden an einem Tag, gar. Auch aufgrund der Undiszipliniertheit, das sind so die Hauptgründe: Lautstärke und Undiszipliniertheit der Schü-

ler" (Herr GL 26 - 45 Jahre, Hauptschule, Sport/Biologie).

Wie der Aussage der Grundschullehrerin Frau RS zu entnehmen ist, verstehen Sportlehrer/-innen den Sportunterricht durchaus im positiven Sinne als ein Fach, das den Schülern und Schülerinnen viel Freiraum gibt, in dem es folglich durchaus auch laut sein darf. Die Faktoren „Lautstärke" und „Undiszipliniertheit" werden von den Lehrkräften jedoch in einem Zuge genannt. Es scheint so, als hingen diese Faktoren stark voneinander ab und würden sich noch verstärken, wenn sie zusammen auftreten. Die gesundheitlichen Folgen des Unterrichts bei hohem Lärmpegel werden von Herrn GL und Frau RS klar benannt: Kopfschmerzen in einem Fall, Hörsturz in anderen. Euphemistisch wird im ersten Fall noch davon gesprochen, dass dies „kein nettes Unterrichten" sei, während im zweiten Fall drastischer formuliert wird, dass eine Kollegin „nach so einer Doppelstunde" mit mehreren Stunden an einem Tag „gar" sei, im Sinne von psychisch und physisch vollkommen erschöpft. Die stimmliche Anstrengung, mit der sich Lehrkräfte gegen undiszipliniertes Verhalten durchzusetzen versuchen, ist als erheblich einzuschätzen. Eine weitere Lehrkraft (aus der Hauptschule) meint deshalb, dass es von Vorteil sei, wenn man eine laute Stimme oder eine Trillerpfeife habe. „Eine Pfeife ist ein ganz wichtiges Hilfsmittel in der Turnhalle" (Herr GL 22 - 45 Jahre, Hauptschule, Sport/Biologie).

An der Hauptschule wird im Vergleich mit den anderen Schulformen obstruktives Verhalten von Schülern und Schülerinnen am stärksten als Belastungsfaktor empfunden. Die teils sehr geringe Motivation zum Sportunterricht und die Verweigerungshaltung gegenüber unbekannten und eher ungeliebten Inhalten werden als Ursachen angeführt. Eine Hauptschullehrerin schildert dies folgendermaßen:

> „Es gibt einfach so Momente, an denen ich sage, das ist hauptsächlich diese Belastung alleine durch diese vielen Schülerinnen, die einfach nicht mitmachen. Bei uns bringt im Moment der neunte Jahrgang ganz viele solche Schülerinnen mit. Das ist so enorm, dass ich irgendwie den Spaß an der ganzen Sache manchmal verliere. Wenn mehr als 50 Prozent auf der Bank sitzen und man mit acht Schülern Unterricht machen soll, finde ich das grauenvoll. Und da finde ich schon, dass das für mich eine Belastung ist, die höher ist, als wenn ich sage, ich muss jetzt laut reden oder ich muss mich mehr bewegen oder sonst so etwas. Also dieses psychische Aufbauen von Schülern, die eigentlich gar nicht wollen, ist enorm. Und deswegen würde ich die Belastung durch das Fach Sport als sehr hoch ansehen" (Frau ZT 18 - 42 Jahre, Hauptschule, Sport/Kunst).

Als besonders belastend wird erfahren, dass sich diese Motivationsarbeit nicht nur auf ein bis zwei Schülerinnen bezieht, sondern dass über die Hälfte der Schülerinnen besondere Zuwendung benötigt, um überhaupt am Sportunterricht teilzunehmen. Zuzüglich zu den Bemühungen um Motivation, ergibt sich für die Lehrkraft das Problem der Ungewissheit bei der Unterrichtsplanung bzw. -durchführung, wenn eine nicht einzuschätzende, aber durchaus große Zahl von Schülern und Schülerinnen am Sportunterricht nicht teilnimmt. Darüber hinaus wird die mangelnde Motivation der Schülerinnen von der Lehrkraft als negatives Feedback zu ihrem Unterricht wahrgenommen, was dazu führt, dass sie die Situation als „grauenvoll" erlebt. Hier zeigt sich eine Art „Teufelskreis": Diese mangelnde Motivation wirkt sich negativ auf die Motivation der Lehrkraft aus. Verliert diese die Freude am Unterrichten, wird sie langfristig immer weniger in der Lage sein, die Schüler/-innen für den Sportunterricht zu begeistern.

Ein Hauptschullehrer sieht diese spezifische Problematik als ein generelles Problem an der Hauptschule, das er jedoch im Sportunterricht, aufgrund seines noch jungen Alters, noch glaubt, lösen zu können:

> „Ich habe momentan noch den großen Vorteil, dass ich deutlich jünger bin als meine Kollegen und dadurch vielleicht noch ein bisschen eher auf der Seite der Schüler bin. Das heißt, motivieren kann ich die eher noch durch einen etwas lockeren Spruch oder irgendwelche Sachen, das funktioniert eigentlich ganz gut" (Herr NL 22-24 - 36 Jahre, Hauptschule, Sport/Biologie).

Dieser bessere Zugang zu den Schülern und Schülerinnen, auf den der junge Kollege verweist, hängt vermutlich damit zusammen, dass er noch einen besseren Bezug zur Lebenswelt der Schüler/-innen als die älteren Lehrer/-innen hat, damit besser auf ihre Bedürfnisse eingehen kann und deshalb besser akzeptiert wird. Der Erfolg seiner Strategie scheint somit altersabhängig zu sein oder damit zu tun zu haben, wie sehr sich Lehrkräfte mit der aktuellen Lebenswelt der Jugendlichen auseinandersetzen, um im Unterricht daran anknüpfen zu können. Es zeigt sich also wieder einmal der Faktor „Alter" als spezifisches Problem des Sportlehrerberufs. Hier wirkt das Alter jedoch nicht durch körperliche Belastungen oder Beschwerden negativ, sondern als etwas, das als anthropologische Tatsache die Akzeptanz der Schüler/-innen moderiert. Der interviewte Lehrer sieht sein noch junges Alter als einen Bonus, nimmt jedoch durch den Hinweis auf (ältere) Kollegen auch schon seine Situation in späteren Berufsjahren vorweg.[41]

Derselbe Lehrer nennt noch einen weiteren Faktor:

> „Was mich in erster Linie von den Schülern her belastet, ist, was ich eben schon erwähnt habe, dass die in erster Linie nur noch bestimmte Sportarten ausführen wollen und überhaupt nicht offen sind für andere Sportarten und häufig nach einer Stunde auch schon sagen: ‚Ich kann es. Ich hör' jetzt auf, ich will nicht mehr lernen!'" (Herr NL 22-24 - 36 Jahre, Hauptschule, Sport/Biologie).

Der Anspruch des Lehrers an das Erlernen einer Sportart weicht offenbar stark vom Anspruch der Schüler/-innen ab. Thematisch ausgerichtete und lehrplangerechte Unterrichtsreihen, die sich üblicherweise über mehrere Wochen erstrecken, können nicht durchgeführt werden, weil die Schüler/-innen nur kurzfristig Interesse für ein neues Thema aufbringen. Die Belastung für die Lehrkraft liegt hier also nicht vorrangig in dem Bereich der generellen Verweigerungshaltung, sondern in der Diskrepanz zwischen den Ansprüchen des Lehrers an einen guten Sportunterricht und der fehlenden Bereitschaft der Schüler/-innen, sich an einem solchen Unterricht aktiv zu beteiligen.

Dass sich die Diskrepanz zwischen der Erwartung und Einstellung der Lehrkraft einerseits und dem Verhalten der Schüler/-innen andererseits belastend auswirken kann, zeigt auch die folgende Aussage eines weiteren Hauptschullehrers:

> „Die Anzahl derer, die dem Sport ablehnend gegenüberstehen, nimmt zu. Und man selbst als jemand, der sich nie so verhalten hat, kann das teilweise gar nicht verstehen. Und wenn man sieht, was den Leuten, die da einfach nur auf der Bank sitzen, eigentlich verloren geht, das ist für einen selbst nur schwer nachzuvollziehen. Man versucht da ein vernünftiges Angebot zu erstellen, was einen auch begeistern soll und wenn sich dann jemand gar nicht begeistern lässt, dann fragt man sich warum und weshalb. Dann ist man natürlich teilweise einfach enttäuscht, von sich selbst, aber auch von demjenigen, der dann dieses Angebot, was man formuliert hat, nicht anerkennt" (Herr VI 20 - 46 Jahre, Hauptschule, Sport/Deutsch).

Die Enttäuschung, die durch diese Nichtanerkennung der Leistungen des Sportlehrers durch

---

41 Ob und inwiefern die jüngeren Befragten den Faktor Alter im Sportlehrerberuf als Gefahr einer erhöhten Belastung antizipieren, reflektieren und gegebenenfalls Schlüsse daraus ziehen, kann aus den vorliegenden Daten nicht erschlossen werden. Diese Frage ist weiterführenden Studien vorbehalten.

die Schüler/-innen entsteht, führt zu Motivationsverlusten des Lehrers, denn es fehlt das positive Feedback auf den gehaltenen Unterricht. Hinzu kommt, dass diese Lehrkraft die Diskrepanz zwischen dem eigenen subjektiven positiv erfahrenen Sporterleben und dem eher negativen der Schüle/-innen nicht „verstehen" kann. Der Lehrer will „begeistern" und muss realisieren, dass sich viele seiner Schüler/-innen von seinem Sportangebot und sogar vom Sporttreiben allgemein nicht begeistern lassen. Die Lebenswelt und die Sportferne des Milieus, in dem viele seiner Schüler/-innen leben, sind ihm offenbar fremd. Bedenklich am Bewältigungsverhalten dieses Lehrers ist, dass er sein Versagen einerseits auf sich selbst attribuiert (enttäuscht von sich selbst, introvertierte Bewältigung), andererseits pauschal auf die Schüler/-innen („enttäuscht von demjenigen, der das Angebot nicht anerkannt", extrovertierte Bewältigung) zurückführt. Eine aktive Form der Bewältigung, z. B. durch ein Verstehen-Wollen der lebensweltlichen Bedingungen der Schüler/-innen, um von dieser Basis aus einen adressatenspezifischen Sportunterricht anbieten zu können, zeigt sich in diesem Interview eher nicht.

Einige der befragten Lehrkräfte der Hauptschule empfinden die mangelhafte Sozialkompetenz ihrer Schüler/-innen als starke Belastung.

> „Das Miteinander-Umgehen-Können, das ist ein Hauptproblem bei unseren Schülern und dann wird Sport belastend. Wenn man dann sogar noch in Sport zu disziplinarischen Maßnahmen greifen muss: ‚Du setzt dich jetzt auf die Bank' oder ‚Du machst nächste Stunde nicht mit' oder ‚Du machst jetzt erst mal zehn Hocksprünge zur Strafe'. Das ist dann eigentlich das, was nicht sein müsste. Und dann wird es belastend" (Herr GL 18, 45 Jahre, Hauptschule, Sport/Biologie).

> „Und die sozialen Kompetenzen der Schüler. Die gehen ja im Sportunterricht auch mal aufeinander los, was ich in Biologie zum Beispiel nicht so habe. Gerade bei Sportspielen. Von daher ist die Belastung größer" (Frau YM 30-32, 44 Jahre, Hauptschule, Sport/Biologie).

Dies sehen auch andere Hauptschullehrkräfte so: Aufgrund der Körpernähe des Faches Sportunterricht komme es viel leichter zu „Handgreiflichkeiten" (Herr LS 16, 38 Jahre, Hauptschule, Mathematik/Sport), die oft nur schwer zu steuern seien. In anderen Unterrichtsfächern sei man als Lehrkraft dagegen kaum mit derartigen Situationen konfrontiert.

Ähnliches berichten auch Lehrkräfte der Realschule:

> „Das ist vor allen Dingen das Sozialverhalten ganz vieler Kinder und diese Anzahl der Kinder, die mit sehr mangelhaftem Sozialverhalten bei uns an der Schule sind, das belastet sehr stark. ‚Ich stehe im Mittelpunkt, ich brauche den Ball, das ist mein Ball, das ist mein Platz'. Sportspiele sind Mannschaftsspiele – und diese Dinge funktionieren relativ schlecht. Von Jahr zu Jahr eigentlich auch schlechter, weil die Kinder andere Voraussetzungen mitbringen" (Herr DC 18 - 50 Jahre, Realschule, Sport/Religion).

Auffällig ist, dass drei der Realschullehrkräfte, die sich durch das soziale Verhalten der Schüler/-innen belastet fühlen, alle ungefähr fünfzig Jahre alt und somit bereits mehr als zwanzig Jahre im Schuldienst sind. Alle drei beschreiben eine Veränderung des Sozialverhaltens im Vergleich zu früheren Jahren. Sie führen dies auf einen ausgeprägten Egoismus und geringe soziale Kompetenzen der Schüler/-innen zurück.

Bei den Sportlehrkräften am Gymnasium liegt der Belastungsschwerpunkt dagegen nicht im Sozialverhalten der Schüler, sondern v.a. in der geringen Motivation der Schüler/-innen:

> „Bei den Älteren ist es eine Motivationsgeschichte, dass sie häufig nicht mehr so viel Lust haben, sich drücken, und wenn man dann nicht selber wie so ein Flummi durch die Halle springt und alles vormacht, dass sie dann eben kaum bereit sind, einen Meter zu gehen" (Frau AI 35 - 54 Jahre, Gymnasium, Sport/Englisch).

Von ähnlichen Erfahrungen mit älteren Schülern und Schülerinnen berichtet der Gymnasiallehrer Herr DL (- 54 Jahre, Gymnasium, Sport/Englisch): es gebe regelrechte „Kleinkriege" mit Schülern/Schülerinnen, wenn er die Schüler/-innen zur Rede stellte, wenn diese sich vor dem Abbauen der Geräte oder vor dem Schwimmunterricht drücken wollten.

Eine andere Lehrkraft berichtet von obstruktivem Schülerverhalten, das – aus Sicht des Lehrers – oft durch völlig unbedeutende Anlässe hervorgerufen werde:

> „Allein das Disziplinverhalten. Wenn ich heute Bänder verteile [zur Markierung der Mannschaftsmitglieder beim Spiel, die Verf.]. Dann habe ich es schon erlebt, dass Leute ihre Hand wegziehen und sagen: ‚Ich hatte letztes Mal schon das Band. Ich nehme das dieses Mal nicht.' Die lassen dann das Band liegen und ich muss zwei Minuten auf diese Person einreden, dass sie gefälligst bitte das Band aufhebt" (Herr DL 29 – 56 Jahre, Gymnasium, Sport/Erdkunde).

Dass dies kein Einzelfall ist, sondern auch bei anderen Kolleginnen und Kollegen vorkommt, zeigt das Beispiel eines weiteren Kollegen. Dieser führt im Interview aus, dass die von ihm ausgegebenen Regeln im Sportunterricht in der aktuellen Situation nur schwach und in späteren Situationen gar nicht mehr befolgt werden. Davon berichtet auch eine Lehrkraft der Gesamtschule:

> „Disziplin ist ein Riesenthema natürlich. Und das ist dann auch manchmal wirklich unerträglich eigentlich, das immer wieder einzufordern" (Frau AL 23 - 49 Jahre, Gesamtschule, Sport/Englisch).

Ähnlich wie die Lehrkräfte an Hauptschulen und Realschulen fühlen sich auch Lehrkräfte der Gesamtschule stark belastet durch auffälliges Sozialverhalten der Schüler/-innen. Belastend empfunden wird einerseits, dass einzelne Schüler/-innen durch ihr Verhalten die gesamte Aufmerksamkeit auf sich ziehen und die Lehrkraft sich somit nicht mehr um die anderen Schüler/-innen kümmern könne und beklagt wird, dass die Auffälligkeiten „von Jahr zu Jahr" zunähmen (Frau AK 21 - 47 Jahre, Gesamtschule, Sport/Mathematik)..

Betrachtet man den Faktor Schülerverhalten insgesamt, so wird deutlich, dass dieser in allen Schulformen erheblich zur Belastungswahrnehmung der Lehrkräfte beiträgt. Es ergeben sich aber erhebliche Unterschiede zwischen den verschiedenen Schulformen, bezüglich der Ursachen dieser Belastungen: Für die Lehrkräfte der Grundschule entsteht die stärkste Belastung durch Verhaltensauffälligkeiten einzelner Kinder. Der Umgang mit diesen Kindern erfordert oftmals so viel Kraft und Zeit, dass sich die Lehrkräfte nicht ausreichend auf die anderen Kinder und den eigentlichen Unterricht konzentrieren können. Lehrkräfte der Hauptschule hingegen fühlen sich am stärksten durch die mangelnde Motivation der Schüler/-innen bzw. deren Verweigerungshaltung dem Sportunterricht gegenüber sowie durch das mangelhafte Sozialverhalten belastet. Hier hält das unangepasste Sozialverhalten mancher Schüler/-innen die Lehrkraft offenbar häufig davon ab, den geplanten Unterricht ordnungsgemäß durchzuführen. Lehrkräfte der Haupt-, Real- und Gesamtschule fühlen sich aufgrund mangelnder Disziplin im Sportunterricht, was die Einhaltung von vereinbarten Regeln betrifft, am stärksten belastet. In diesen Schulformen wird stark geklagt, dass die Schüler/-innen den Anweisungen der Lehrkräfte oft nicht nachkommen, ja, dass sie Vorgaben der Lehrkräfte regelrecht ignorieren. Auffällig ist, dass gerade ältere Lehrkräfte berichten, dass die Belastung durch das Verhalten der Schüler/-innen in den letzten Jahren stetig zugenommen habe.

Unter mangelndem Sozialverhalten der Schüler/-innen leiden offenbar weibliche Lehrkräfte besonders stark. An der Hauptschule scheinen beide Geschlechter gleichermaßen betroffen zu sein, während an der Gesamtschule deutlich mehr Frauen als Männer diesen Belastungsfaktor angeben.

*7.3.4.2 Belastungen durch koedukativen Sportunterricht*

*Beschreibung der Kategorie mit Ankerbeispielen*

Bei der Koedukation geht es um das gemeinsame Unterrichten von Jungen und Mädchen im Sport unter der Absicht, dass beide Geschlechter lernen, gleichberechtigt und ohne Orientierung an Geschlechterstereotypen miteinander Sport zu treiben. Ziel ist es, Jungen und Mädchen zu einem an individuellen Potentialen orientierten Sportengagement zu führen. Doch häufig gelingt dies nur schwer, u. a. deshalb, weil Mädchen und Jungen verschiedene Sportinteressen haben, wie dies im folgenden Interviewausschnitt aus der Grundschule geschildert wird:

> „Die Jungen sind fast nur auf Fußball fixiert. (…) es ist schwierig zu unterrichten. (…) Man hat Klassen, da ist ein deutliches Übergewicht an Jungen und man bekommt kein Bein an die Erde, wenn man mal in Richtung Gymnastik/Tanz etwas machen möchte. Das finde ich schade, die Mädchen kommen häufig zu kurz“ (Frau RS 22 – 38 Jahre, Grundschule, Sport/Deutsch/Mathematik).

Auch in der Real- und Hauptschule ist es in vielen Fällen so, dass Sportlehrer/-innen erkennen, dass Mädchen im Sportunterricht durch die Dominanz der Jungen benachteiligt werden (Frau TT, Frau OM). Die Jungen nehmen zum Beispiel in den Sportspielen keine Rücksicht auf Mädchen und binden diese nicht ins Spiel ein (Herr GL). In keinem Interview wird dagegen erwähnt, dass die Jungen im Sportunterricht benachteiligt seien.

Keiner der befragten männlichen Grundschullehrkräfte nimmt den Tatbestand der Benachteiligung der Mädchen als belastend wahr, während mehrere weibliche Sportlehrkräfte dies berichten. Ein Grundschullehrer sieht einen Vorteil darin, dass er der einzige männliche Pädagoge an der Schule sei und als männlicher Sportlehrer eine Sonderrolle einnähme, vor allem deshalb, weil er mit den Jungen seiner Meinung nach ganz anders umgehe als seine Kolleginnen (Herr LV).

| | weiblich | männlich | N= |
|---|---|---|---|
| GrS | Frau DV, Frau RS, Frau DU<br>Frau RE, Frau ZN | | 5 |
| HS | Frau OM | Herr GL, Herr NL | 3 |
| RS | Frau TT | Herr LT | 2 |
| GeS | Frau QW, Frau AL | | 2 |
| GY | Frau AI | Herr UF | 2 |
| N= | 10 | 4 | 14 |

Tabelle 36: Belastungen durch koedukativen Sportunterricht

*Interpretation der Aussagen zu Belastungen durch koedukativen Sportunterricht*

Das Fach Sport wird in Nordrhein-Westfalen laut Lehrplan koedukativ erteilt. Dies ist auch in der Mehrzahl der Schulen der Fall. Aufgrund biologischer sowie sozial konstruierter Geschlechterunterschiede, die den Sportunterricht bisweilen stark beeinflussen, kann es im Unterricht zu Schwierigkeiten kommen, mit denen sich Sportlehrkräfte auseinandersetzen müssen. Dies betrifft zum Teil auch schon die Grundschule:

> „Wir haben hier eigentlich noch nicht diese Konflikte Jungen-Mädchen. Die entstehen so langsam im vierten Schuljahr, wenn wir gemeinsame Spiele machen, wo man auch Berührungen hat, dann entstehen die langsam im vierten Schuljahr. Wenn überhaupt" (Herr GU 111 - 62 Jahre, Grundschule, Sport/Mathematik/Sachunterricht).

Während der koedukative Unterricht an der Grundschule selbst noch nicht als Belastungsfaktor wahrgenommen wird, halten jedoch einige der befragten Sportlehrkräfte das Verhalten der Jungen für einen belastenden Faktor. Konkret benannt wird, dass das Bedürfnis sich zu vergleichen bei Jungen weitaus ausgeprägter sei als bei Mädchen und dass man als Lehrkraft diesem Wunsch ständig Rechnung tragen müsse. Hinzu käme, dass sich Jungen meist lautstark für ihre Interessen einsetzten und es die Lehrkraft viel Kraft koste, sich gegen die Jungen und die von ihnen favorisierten und gewünschten Inhalte im Sportunterricht durchzusetzen. Jungen seien, so viele der befragten Lehrkräfte, einseitig auf Ballsportarten fixiert, insbesondere auf Fußball, so dass ein abwechslungsreiches, vielfältiges Sportangebot häufig nicht akzeptiert werde:

> „Dass sich die Jungen so massiv mit ihren Interessen in den Vordergrund stellen, ist schon belastend, weil sie auch oft sehr laut versuchen, diese Forderungen durchzusetzen. Und wenn das nicht kommt, dann eben erstmal entsprechend auf stur schalten. Und das erfordert einigen Kampf, da einfach zu sagen: ‚Das geht nicht. Wir können nicht nur immer machen, was du willst und was der will und was der will. Es gibt hier bestimmte Themen, die wir machen. Du kannst dir nicht jede Stunde was wünschen.' Aber das machen die jede Stunde wieder" (Frau RE 384-386 - 49 Jahre, Grundschule, Sport/Mathematik).

Die Belastung der Lehrerin hat ihre tiefere Ursache darin, dass sie den Anspruch hat, einen inhaltlich ausgewogenen Unterricht für beide Geschlechter anzubieten und weder Jungen noch Mädchen in ihren Sportpräferenzen zu benachteiligen.

Für männliche Sportlehrkräfte stellt sich dieses Problem offenbar weniger. In diesem Zusammenhang ist von Bedeutung, dass an den Grundschulen immer noch ein Mangel an männlichen Lehrkräften besteht. Dies wirkt sich für die Sportlehrer offenbar positiv aus, da diese offenbar gleichsam qua Geschlecht von den Jungen als Autorität für den Sportunterricht akzeptiert werden. Darum berichten sowohl männliche als auch weibliche Sportlehrkräfte:

> „Ich bin der einzige Kollege und dadurch habe ich natürlich, ich sag mal einen Vorteil innerhalb der Schülerschaft. Insbesondere bei den Jungen. Aber allein die Tatsache, dass ich als Mann dastehe und auch mal sage: ‚Jetzt ist Schluss' und ihnen auch die Grenzen aufzeige. Das kann ich dann eher in meiner Rolle als Lehrer, als dass das vielleicht eine Kollegin kann. Von daher habe ich es da manchmal einfacher" (Herr LV 42-44 - 55 Jahre, Grundschule, Sport/Mathematik/Sachunterricht).

Das „Sich-als-Lehrkraft-Durchsetzen" scheint also an Grundschulen im Sportunterricht für Lehrerinnen schwieriger zu sein als für Lehrer, sodass sich allein schon dadurch Belastungsfaktoren ergeben können.

Von Lehrkräften an Hauptschulen wird besonders häufig über belastende Situationen im koedukativen Unterricht berichtet. Diese entstehen insbesondere dann, wenn die Jungen in den Klassen in der Überzahl sind, was an Hauptschulen in der Regel der Fall ist.[42] In dieser Konstellation kann es zu Konflikten kommen, wenn die Lehrkraft versucht, in ihrem Unterricht Inhalte anzubieten, die nicht zu den von Jungen bevorzugten, eher männlich konnotierten Inhalten gehören. Lehrkräfte fühlen sich mit dieser spezifischen Situation, nämlich dass sich die männlichen und weiblichen Sportinteressen im Sportunterricht nicht miteinander vereinbaren lassen, häufig überfordert. Eine Sportlehrerin berichtet:

> „Da hatten wir das erste Halbjahr die Jungen und Mädchen zusammen. Und das ging gar nicht und dann haben wir sie im Februar direkt wieder getrennt. Was war? Die Jungen ‚*posen*' da rum. Bei irgendwelchen Wettkämpfen waren sie überhaupt nicht fair. Die Mädchen hatten keine Lust mehr, keinen Bock mehr. Fühlten sich häufig blamiert. Und dann fing die Eitelkeit an. Man mochte sich vor den Jungen auch nicht mehr so bewegen oder zeigen. Dann kriegte man plötzlich ganz viele Entschuldigungen, es gab ganz viel Stress und Streit untereinander. Und dann war es einfach, das alte Verfahren [monoedukativer Sportunterricht, d. Verf.] musste wieder her" (Frau OM 84 - 44 Jahre, Hauptschule, Sport/Deutsch).

Wie im Beispiel beschrieben, ist die Lösung dann häufig die Rückkehr zum getrenntgeschlechtlichen Sportunterricht. Ein Sportlehrer der Hauptschule berichtet ähnliche Konflikte:

> „Das geht nicht. Wenn die [die Mädchen, die Verf.] irgendwo mitspielen sollen, dann kriegen die keinen Ball, weil die das Tor eh nicht treffen, weil da irgendein Bengel dazwischen springt und die umgrätscht oder den Ball wegschießt oder der ist halt schneller im Basketball und spielt ihr den Ball aus der Hand. Das ist ein riesengroßes Problem" (Herr GL 102 - 45 Jahre, Hauptschule, Sport/Mathematik).

Hier wird das Phänomen des „Nicht-ins-Spiel-Kommens" der Mädchen im Sportunterricht der Sekundarstufe beschrieben. Eine erhöhte Belastung für die Lehrkraft ergibt sich dabei einerseits aus der Notwendigkeit, vermehrt Konflikte regulieren zu müssen, andererseits aus dem erhöhten Planungsaufwand, wenn die Lehrkraft durch ein spezifisches Unterrichtsdesign Konflikte im Vorfeld zu vermeiden sucht. Letzteres trifft auf den im Folgenden zitierten Sportlehrer an einem Gymnasium zu, der die Interaktionsschwierigkeiten zwischen Mädchen und Jungen durch eine spezifische Planung des Unterrichts zu lösen versucht:

> „Zum Beispiel in Ländern wie Bayern, da hat man nie die Koedukation in Sport eingeführt. Und das ist sehr sinnvoll, weil eine weitere Belastung dadurch entsteht. Ich mache im Prinzip zwei Sportstunden. Ich muss was für die Mädchen machen, ich muss was für die Jungen machen" (Herr UF 37 – 52 Jahre, Gymnasium, Sport/Geschichte).

Einige Interviews deuten drauf hin, dass weibliche Sportlehrkräfte sowohl am Gymnasium als auch an der Gesamtschule, „Mut" (Frau AI 47 – 54 Jahre, Gymnasium, Sport/Geschichte) haben oder sich in besonderem Maße anstrengen müssen, um bei den Schülern weiblich konnotierte Inhalte wie Tanzen und Turnen durchzusetzen. Bisweilen wird dies aber als derart belastend empfunden, dass die betroffene Lehrkraft an ihrer Kompetenz zu zweifeln beginnt:

> „Ich habe es dann auch persönlich genommen, wenn was nicht so lief, wie ich das gerne gehabt hätte, oder wenn es mich einfach so stark angestrengt hat, dass ich gedacht habe: ‚Das kann es doch nicht sein!' Also, das hat mich belastet" (Frau QW 17 - 52 Jahre, Gesamtschule, Sport/Deutsch).

---

42 Im Schuljahr 2019/2020 lag die Geschlechterverteilung an den Hauptschulen in Nordrhein-Westfalen bei 42% Mädchen zu 58% Jungen (Ministerium für Schule und Bildung des Landes Nordrhein-Westfalen 2020, S. 229).

Diese Lehrerin berichtet im weiteren Verlauf des Interviews davon, dass sich viele Sportlehrerinnen, sowohl an ihrer Schule als auch an anderen Schulen aufgrund der dargestellten Schwierigkeiten im koedukativen Sportunterricht aus dem Fach Sport zurückgezogen haben, und zwar in Teilen oder sogar vollständig – wie sie selbst auch. Das Belastungsempfinden ist in diesen Fällen offenbar so stark, dass die Aufgabe des Faches Sport als ultima ratio erscheint. Diese befragte Lehrerin berichtet, dass es sie immer wieder große Anstrengung kostete, ihre Idee von einem geschlechtergerechten Sportunterricht bei allen Schülern und Schülerinnen durchzusetzen. Männliche Lehrkräfte berichten dagegen nicht über diese Art von Belastung. Sie unterrichten aufgrund ihrer eigenen Sportinteressen entweder die von Jungen wenig abgelehnten Inhalte gar nicht oder nur vereinzelt und haben somit auch keine derartigen Konflikte zu bewältigen.[43]

Dass der erwähnte Fachausstieg einer Lehrerin bei weitem kein Einzelfall ist, zeigen weitere Hinweise auf dieses Phänomen in verschiedenen Interviews. Beispielhaft hierfür stehen die folgenden Äußerungen zweier männlicher Sportlehrkräfte:

> „Sportlehrerinnen haben sich, zumindest ist das bei uns an der Schule so, wo Koedukationsunterricht geleistet wird, relativ stark aus dem Sportunterricht zurückgezogen, (...) weil die Jungs zu stressig sind“ (Herr QL 95 – 54 Jahre, Gesamtschule, Sport/Erdkunde).

> „Ich weiß, dass es Schulen gibt, dass Frauen da ab der Klasse acht nicht mehr unterrichten im Sport, weil die Jungs da doch zu sehr machohaft, zu dominant auftreten“ (Herr JM 93 – 38 Jahre, Gesamtschule, Sport/Chemie).

Frau JT (Gesamtschule) erklärt im Interview, dass sie wegen des dort in den letzten Jahren markant gestiegenen Jungenanteils keinen Sport mehr in Leistungskursen Sport unterrichten will. Wo der formell zwar noch als koedukativ bezeichnete Sportunterricht quasi zum monoedukativen Unterricht (für Jungen) wird, weil Schülerinnen diese Kurse nicht mehr wählen, wird das Unterrichten für weibliche Sportlehrkräfte noch schwieriger. Eine Konsequenz ist, dass es kaum noch Sportleistungskurse gibt, die von weiblichen Sportlehrkräften unterrichtet werden.[44] Daraus folgt wiederum, dass noch weniger Schülerinnen einen Leistungskurs Sport wählen, bzw. nur jene Schülerinnen, die in männlich konnotierten Sportarten leistungsstark sind und es sich zutrauen, in einem Sportkurs unterrichtet und geprüft zu werden, der nahezu vollständig aus männlichen Schülern besteht und in dem die Inhalte überwiegend männlich konnotiert sind.

Vergleicht man in der Frage der Koedukation die verschiedenen Schulstufen und Schulformen, so erscheint es fast trivial, als Ergebnis herauszustellen, dass die Lehrkräfte der weiterführenden Schulen den koedukativen Sportunterricht als deutlich belastender wahrnehmen als die Lehrkräfte der Grundschulen. Allerdings berichten auch schon Grundschullehrerinnen über diesbezügliche Probleme, insbesondere in der 4. Klasse. Ab Klasse 5 aber scheint das Steuern des Umgangs zwischen den Schülern und Schülerinnen im Sportunterricht deutlich schwieriger zu sein. Aufgrund der Verhaltensweisen vieler Schüler und der offenbar weit verbreiteten Vernachlässigung der Sportartinteressen der Schülerinnen kommt im Sportunterricht

43 Siehe hierzu Kleindienst-Cachay, Kastrup & Cachay (2008); Kastrup & Kleindienst-Cachay (2014).

44 Vgl. hierzu Kleindienst-Cachay, Kastrup & Cachay (2008).

häufig nicht die lehrplanmäßig geforderte gleichberechtigte Interaktion zustande.

Ein Vergleich der beiden Geschlechter in ihrem Belastungserleben in Bezug auf den Faktor „Koedukation“ zeigt, dass sich ein Teil der befragten Sportlehrerinnen dadurch stark belastet fühlt, dass laut Lehrplan weiblich konnotierte Inhalte im Unterricht durchgeführt werden sollten, sie dabei aber ständig mit der Ablehnung dieser Inhalte durch die Jungen rechnen müssen. Derartige Akzeptanzprobleme treten in weiterführenden Schulen gehäuft auf, finden sich aber auch schon in den Aussagen von Lehrerinnen der vierten Klassen an Grundschulen.

#### *7.3.4.3 Belastungen aufgrund der soziokulturellen Heterogenität der Schülerschaft*

*Beschreibung der Kategorie mit Ankerbeispielen*

16 Lehrer/-innen geben an, sich durch Konflikte, die sie auf den unterschiedlichen soziokulturellen Hintergrund der Schüler/-innen zurückführen, belastet zu fühlen. Dieser Aspekt ist eng verknüpft mit den Belastungsfaktoren „Schülerverhalten“ und „Koedukation“, weil sich gerade in Situationen, bei denen Geschlechterunterschiede im Sportunterricht virulent werden, Schüler/-innen mit Migrationshintergrund bisweilen anders verhalten als Autochthone . Vorab ist hinzuzufügen, dass Probleme dieser Art in den Interviews von Sportlehrkräften aller Schulformen vorgebracht wurden, wobei die häufigsten Nennungen an Grund-, Haupt- und Gesamtschulen zu finden sind, also an Schulformen, die oft hohe bis sehr hohe Anteile an Schülern und Schülerinnen mit Migrationshintergrund haben.[45]

Eine Hauptschullehrerin äußert sich zu dieser Problematik wie folgt:

> „'Die Frau hat nichts zu sagen, nur der Mann hat was zu sagen!' Das überträgt sich auch auf die Schule. Da haben wir schon manchmal Probleme, dass gerade die türkischen Jungen die Frauen als Lehrkräfte nicht akzeptieren“ (Frau YM 182 – 44 Jahre, Hauptschule, Sport/Biologie).

Die Äußerung dieser Lehrerin ist kein Einzelfall. Darüber hinaus wird häufig darauf verwiesen, dass Jungen mit Migrationshintergrund ein anderes Verständnis vom Einsatz körperlicher Gewalt haben als autochthone Schüler und stärker dazu neigen, Konflikte im Sportunterricht auch in Form körperlicher Auseinandersetzung auszutragen (Frau RE, Herr GS, Herr GM, Frau RD).[46]

Im Kontext des kulturellen Hintergrundes gibt es auch teilweise Konflikte mit muslimischen Eltern, die ihren Töchtern die Teilnahme am Schwimmunterricht oder sogar am Sportunterricht insgesamt verbieten. Sich dafür einzusetzen, dass die Mädchen trotz der religiösen Über-

---

[45] Der Anteil der Kinder und Jugendlichen mit Migrationshintergrund im Alter bis 20 Jahre lag laut dem 12. Bericht der Beauftragten der Bundesregierung für Migranten, Flüchtlinge und Integration in Deutschland im Schuljahr 2018/19 bei knapp 36 % (vgl. Bericht der Beauftragten 2019, S.21). Diese Schüler/-innen verteilen sich prozentual wie folgt auf die Schulformen: Hauptschule: 20,8 % (zum Vergleich deutsche Schüler/-innen: 6,3%); Gesamtschule: 29,5% (deutsche Schüler/-innen: 21,2 %); Realschule: 16,1% (deutsche Schüler/-innen:16,9%); Gymnasium: 24,7% (deutsche Schüler/-innen: 49,0%), vgl. Bericht der Beauftragten 2019, S.143). Dies sind Durchschnittswerte für ganz Deutschland. In westdeutschen Ballungsgebieten können die Anteile der Schüler/-innen mit Migrationshintergrund in Klassen der Hauptschulen bisweilen nahe an 100 % kommen.

[46] Vgl. zur Beschreibung dieses Phänomens für die Schule allgemein: Kreter 2007; Avci-Werning 2007; Toprak 2008.

zeugungen in ihren Familien mit zum Schwimmen gehen können, oder zu organisieren, dass die Mädchen während der Zeit des Schwimm- bzw. Sportunterrichtes in einer anderen Klasse unterrichtet werden, erfordere immer wieder viel Aufwand so Frau DV. Außerdem empfinden einige Sportlehrer/-innen das Tragen von Kopftüchern im Sportunterricht aufgrund des damit verbundenen Verletzungsrisikos als problematisch.

| | weiblich | männlich | N= |
|---|---|---|---|
| GrS | Frau RD, Frau BT, Frau RS, Frau DV, Frau RE | Herr GS<br>Herr GM | 7 |
| HS | Frau YM | Herr GL | 2 |
| RS | Frau TK | Herr ZN, Herr DC | 3 |
| GeS | Frau FT, Frau JT, Frau RV | | 3 |
| GY | Frau OT | | 1 |
| N= | 11 | 5 | 16 |

Tabelle 37: Belastungen aufgrund der sozio-kulturellen Heterogenität der Schülerschaft

*Interpretation der Aussagen zur sozio-kulturellen Heterogenität der Schülerschaft*

Die Schüler/-innen mit Migrationshintergrund kommen aus verschiedenen Herkunftsländern, mit jeweils unterschiedlichen Werten, Normen und religiösen Praxen, die Einfluss auf die Art und Weise des Sporttreibens nehmen können. Die größte landesspezifische Gruppe bilden Schüler/-innen aus türkischstämmigen Familien gefolgt von Aussiedlern aus verschiedenen osteuropäischen Ländern sowie aus Arbeitsmigrantenfamilien aus Südeuropa. Zu diesen kommen seit einigen Jahren vermehrt Kinder aus Asylbewerberfamilien sowie EU-Einwandererfamilien hinzu. Aufgrund des unterschiedlichen soziokulturellen Hintergrunds der Schüler/-innen kann es, insbesondere bei hohen Zahlen von Schülern und Schülerinnen mit Migrationshintergrund, gerade im Sportunterricht, zu spezifischen Schwierigkeiten kommen.

Eine Sportlehrerin der Grundschule führt das Sozialverhalten von Kindern mit osteuropäischem Migrationshintergrund als Konfliktpotential im Sportunterricht an:

> „Manchmal denke ich das so: Die Polen und Russen, dass die schon wieder noch ein anderes Potential bei uns reinbringen, weil die mit sehr viel Gewalt in die Schule kommen und das auch nicht einsehen, dass das nicht geht. Das ist ihr Grundprinzip sich zu verhalten. Damit habe ich große Probleme. Ein ganz anderes Verhältnis zur Gewalt und das kommt bei uns ganz doll durch" (Frau RE 94-96 – 49 Jahre, Grundschule, Sport/Mathematik/Sachunterricht).

Diese Lehrerin spricht offen von „Gewalt", mit der sie sich durch eine bestimmte Schülergruppe in ihrem Sportunterricht konfrontiert sieht. Besonders belastend für sie scheint zu sein, dass ihre Bemühungen, gewaltfreies Verhalten in ihrem Unterricht zu etablieren, offenbar nicht so erfolgreich sind, wie sie es sich wünscht, denn sie spricht davon, dass sie „sehr große Probleme" damit hat. Etwas moderater sieht der Grundschullehrer Herr GS (116 – 42 Jahre, Grundschule, Sport/Deutsch/Mathematik) die Situation. Er spricht nicht von Gewalt, sondern von der Nichteinhaltung von Regeln, die für ihn „ein größeres und mehr belastendes Problem" darstellen:

> „Die Probleme sehe ich eher im Unterschied im Sozialverhalten. Dass die, die immer querschie-

> ßen, sich nicht an Regeln halten, das sehe ich eigentlich als größeres und mehr belastendes Problem. Oder im Verständnis natürlich, das kommt auch noch dazu. Dass manche gar nicht verstehen: ‚Stell dich auf die Linie', sie stellen sich irgendwo hin in die Halle. Mangelndes Zuhören, aber auch mangelnde Auffassungsgabe und einfach auch nur die deutsche Sprache" (Herr GS 116 – 42 Jahre, Grundschule, Sport/Deutsch/Mathematik).

Belastungen aufgrund des Faktors „sprachliches Verständnis" entstehen u. a. daraus, dass die Lehrkräfte viel mehr Zeit aufwenden müssen, um ein positives Unterrichtsklima aufzubauen, indem es sich effektiv arbeiten lässt. Benötigt man zu Beginn jeder Unterrichtseinheit oder beim Spielen selbst immer wieder eine gewisse Zeit, um grundsätzliche Verhaltensregeln einzuführen, bzw. nochmals auf die festgelegten Regeln hinzuweisen und um das Verstehen der Arbeitsaufgabe sicherzustellen, geht wichtige Zeit für das eigentliche Unterrichten der zu vermittelnden Inhalte verloren. Schwierigkeiten scheinen also nicht nur die grundsätzlichen Verhaltensregeln zu betreffen, sondern auch die sportartspezifischen Regeln, die teilweise nicht erfasst werden können:

> „Ich glaube, es [der Sportunterricht an Hauptschulen, die Verf.] ist auch nicht repräsentativ oder vergleichbar mit Sport an anderen Schulen, weil unsere Klientel keinerlei Regeln versteht, sich an keinerlei Regeln hält, 70% Ausländeranteil. Den Ball in die Mitte und Fußball, aber beim Fußball: Wer den Ball hat, ist der König! Es geht sehr wenig in den Bereich, dass da überhaupt taktisch gespielt wird. Alle anderen Sportspiele sind kaum durchführbar, weil die Regeln einfach viel zu komplex sind und die Schüler das in der Freizeit nie erlernt haben oder sich nie an so Regeln halten müssen, außer irgendwie beim Bolzen auf dem Sportplatz. Das ist eben das große Problem" (Herr GL 12 – 45 Jahre, Hauptschule, Sport/Biologie).

Unter derartigen Bedingungen, nämlich dass grundlegende Fähigkeiten zu einem sozialverträglichen Umgang fehlen und Regeln neuer Spielformen nicht verstanden bzw. nicht eingehalten werden, besteht die Gefahr, dass Sportunterricht inhaltlich einseitig wird (nur Fußball), und dass Lehrkräfte ihre Motivation verlieren, einen vielseitigen, die verschiedenen Inhaltsbereiche und pädagogischen Perspektiven ausgewogen berücksichtigenden Sportunterricht zu planen und durchzuführen. Wenn sich die Lehrkräfte jedoch nicht der Lern- und Leistungssituation innerhalb der Lerngruppe anpassen und wenn sie nicht berücksichtigen, dass die Gruppe neue Regeln nicht einhalten kann oder will, dann ist die Belastung als hoch einzuschätzen, denn die Lehrkräfte werden bei der Durchführung ihrer Unterrichtsvorhaben immer wieder Frustrationen erfahren. Sofern die Lehrkräfte sich jedoch entsprechend des Belastungstyps „Schonhaltung" (vgl. Schaarschmidt, 2005) verhalten und ihre Ansprüche an ihren Sportunterricht drastisch herabsetzen, dürfte sich das Belastungsempfinden reduzieren. Allerdings kann man dann nicht mehr von der Erteilung eines „guten" lehrplangerechten Sportunterrichts sprechen.

Ein weiterer, vor allem von den weiblichen Lehrkräften als Belastung empfundener (und von den männlichen Kollegen bestätigter) Faktor, ist das immer wieder beobachtbare „Machoverhalten" einzelner männlicher Schüler (oft solcher mit Migrationshintergrund) den weiblichen Lehrkräften gegenüber.[47] Eine Lehrerin der Grundschule formuliert dies in folgendem Zitat

---

[47] Vgl. hierzu für die Schule allgemein: Kreter (2007); Avci-Werning (2007) sowie einen Erklärungsversuch von Toprak (2008), der dieses Verhalten (v. a. bei männlichen türkischen Jugendlichen) als Ausdruck spezifischer soziokulturell differenter Auffassungen von Männlichkeit und Ehre sieht.

in einem sehr vorsichtigen Duktus:[48]

> „Vielleicht ist das zu Beginn immer so ein bisschen belastend, dass die Jungen so von sich einfach ein viel größeres Selbstbewusstsein im Sport mitbringen, gerade bei den türkischen Jungen oder bei den ausländischen Jungen" (Frau RD 106 – 37 Jahre, Grundschule, Sport/Mathematik/Deutsch).

Ähnlich argumentiert ein männlicher Sportlehrer, der die Situation der Kolleginnen an seiner Schule folgendermaßen kommentiert:

> „Das sind deutliche Aussagen [der Sportkolleginnen, die Verf.], dass pubertierende Jungs eben zu viele Schwierigkeiten der Sportlehrerin da bereiten. (...) Es kann eben durchaus auch so sein, dass die Jungs immer wieder so hartnäckig da auch gegen diese Weiblichkeit arbeiten – wir haben auch sehr viele ausländische Schüler an der Schule-, so dass das für die Sportlehrerinnen auf Dauer zu nervig ist" (Herr QL 107 – 54 Jahre, Gesamtschule, Sport/Erdkunde).

Dieses Zitat verweist auf den Zusammenhang von Belastung und Fachausstieg: „Auf die Dauer zu nervig", könnte darauf schließen lassen, dass die betreffenden Sportlehrerinnen, von denen die Rede ist, Sport entweder gar nicht mehr oder zumindest nicht mehr in bestimmten Klassenstufen unterrichten.

Eine Lehrerin der Hauptschule kommentiert ihre Erfahrungen bezüglich der Akzeptanz weiblicher Sportlehrkräfte durch männliche Schüler (insbesondere durch Schüler mit Migrationshintergrund) eindeutig und durchaus resignativ:

> „Es wirkt anders, wenn ein Mann einen Schüler streng anspricht, als wenn eine Frau das tut. Das wirkt auf die Schüler anders, zumal unsere Schüler auch soziale Hintergründe haben, die in die Richtung gehen: ‚Die Frau hat nichts zu sagen' (...) Da haben wir schon manchmal Probleme, dass gerade die türkischen Jungen die Frauen als Lehrkräfte nicht akzeptieren. Das erfährt man zum Teil auch im Sportunterricht. Da kann man nur wenig machen" (Frau YM 182-186 – 44 Jahre, Hauptschule, Sport/Biologie).

Weibliche Lehrkräfte haben also in besonderem Maße um Anerkennung und Respekt zu kämpfen, da es für manche Jungen mit Migrationshintergrund nicht selbstverständlich zu sein scheint, eine Frau in der Rolle einer Lehrkraft zu akzeptieren, insbesondere im Sport, der im Alltagsverständnis ohnehin als „Männerdomäne" gilt. Dass Schüler mit Migrationshintergrund aufgrund ihrer Erfahrungen und der Erziehungsgrundsätze in der Familie häufig ein anderes Verständnis über das Verhältnis der Geschlechter zueinander haben, beschreibt Frau FT:

> „Denen fällt das dann schwer, von einer Frau gesagt zu kriegen, was sie jetzt machen sollen" (Frau FT 162 – 60 Jahre, Gesamtschule, Sport/Englisch).

Dieses „Sich-Durchsetzen-Müssen" kann für weibliche Sportlehrkräfte an Schulen mit einem hohen Anteil an männlichen Migrantenjugendlichen, wie dies insbesondere an den Hauptschulen, aber auch manchen Realschulen und Gesamtschulen der Fall ist, zweifellos ein Belastungsfaktor sein (immer vorausgesetzt, dass in der jeweiligen Schülerschaft eben auch schwierige Schüler sind), insbesondere dann, wenn sich derartige Situationen ständig wiederholen. Dies sehen auch die männlichen Sportlehrkräfte so. Aus Sicht einer befragten männlichen Lehrkraft der Hauptschule haben es Frauen bei der Durchsetzung gegenüber männlichen

48 Dies lässt darauf schließen, dass diese Lehrerin Wert darauf legt, Formulierungen zu wählen, die nicht als migrantenfeindlich oder rassistisch interpretiert werden können.

Schülern deutlich schwerer als ihre männlichen Kollegen. Seiner Erfahrung nach werden Männer „gerade an der Hauptschule" teilweise anders angesehen als Frauen. „Da muss man sich als Frau schon mal blöd anmachen lassen" (Herr GL 26 – 45 Jahre, Hauptschule, Sport/Biologie).

Ein weiterer belastender Faktor, der vor allem in der Grund-, Haupt- und Realschule auftritt, bezieht sich auf den Schwimmunterricht mit Kindern mit Migrationshintergrund. Eine Grundschullehrerin berichtet:

> „Da arbeiten wir auch dran. Zumal auch Kinder dabei sind, die am Anfang so am Beckenrand stehen, weil sie in ihrem Leben noch nie im Wasser waren, bis auf die Badewanne. Türkische Kinder. Wo wir auch mittlerweile auch mehr und mehr dagegen ankämpfen müssen, Mädchen überhaupt mitnehmen zu dürfen" (Frau RD 86-88 – 37 Jahre, Grundschule, Sport/Deutsch/Mathematik).

Die Belastung im Unterricht entsteht also nicht nur durch die Notwendigkeit der erhöhten Sorgfalt und differenzierten Vorgehensweise durch mangelnde Wassergewöhnung der Kinder aus bestimmten Herkunftsländern. Als zusätzliche Belastung empfindet die betroffene Lehrkraft, dass die Schülerinnen oftmals nicht die Erlaubnis ihrer Eltern erhalten, am Schwimmunterricht teilzunehmen. Wie aufwändig der „Kampf" um die Teilnahme einer Schülerin mit Migrationshintergrund am Schwimmunterricht sein kann, berichtet eine weitere Sportlehrerin einer anderen Grundschule:

> „Wir hatten ein marokkanisches Mädchen. Die Familie kriegte von meinem Vorgänger immer das Einverständnis, dass sie aus religiösen Gründen nicht mitschwimmen dürfte. Und da habe ich mich gegen gewehrt und habe dann mit Hilfe des interkulturellen Büros, Schulamt und Bezirksregierung und Staatsschutz, der ist da mittlerweile dran, die Eltern auch soweit gekriegt, dass das Kind mitschwimmt" (Frau DV38 – 41 Jahre, Grundschule, Sport/Deutsch/Mathematik).

Diese Lehrkraft zeigt also eine Möglichkeit auf, mit der für sie unbefriedigenden Situation umzugehen und eine Lösung herbeizuführen. Dies kostet *zusätzliche* Zeit und Kraft, aber im Interview zeigt die befragte Lehrerin sichtlich zufrieden, dass ihr die Lösung eines Problems gelungen ist, sie also einen wichtigen Teil ihrer Überzeugungen in der Praxis umsetzen konnte. Wie wichtig ein solcher Erfolg für die Berufszufriedenheit ist, ist schwer zu ermessen. Die Selbstwirksamkeitsforschung weist jedoch seit Jahren darauf hin, dass mangelnde Selbstwirksamkeitserfahrung eine wesentliche Ursache schwerer psychischer Erkrankungen sein kann. Fraglich ist allerdings, ob jede Lehrkraft Zeit und Willenskraft für den Versuch, derartige Probleme zu lösen, aufbringen kann und ob der betriebene Aufwand, insbesondere dann, wenn die Bemühungen scheitern, dann nicht eine noch höhere Belastung darstellt.

Insbesondere für männliche Sportlehrkräfte können aufgrund islamischer *Body Rules*, wie z.B. des wechselseitigen Berührungsverbots der Geschlechter, kritische Situationen im Sportunterricht entstehen. Aus seinen Erfahrungen im Umgang mit muslimischen Schülerinnen berichtet ein Lehrer der Hauptschule:

> „Bei den Mädchen muss man [in Bezug auf Berührungen, die Verf.] sicherlich ein bisschen aufpassen, gerade diese, die so aus dem Bereich Anatolien und Südeuropa kommen, die sehen das sehr, sehr kritisch. Ich hatte da mal ein kritisches Erlebnis. Beim Bockspringen wollte ich Hilfestellung geben und da sagte ein Mädchen: ‚Nein, ich will nicht.' Ich sagte dann: ‚Ich muss es aber machen'. Sie: ‚Nein, ich will nicht'. Ich: ‚Dann machst du es ohne!'. Also, da bin ich vorsichtig. Dann sollen die lieber ohne Hilfestellung springen (…). Da hoffe ich halt darauf, dass da nichts passiert. Da muss man ein bisschen sensibel sein, man muss das Gespür dafür haben, bei wem man das darf und wer nicht will. (…) Aus den Kulturkreisen, die wir haben, ist das ein bisschen schwierig" (Herr GL 122 – 45 Jahre, Hauptschule, Sport/Biologie).

Aus diesem Interview wird deutlich, dass es dieser Lehrer als verunsichernd empfindet, nicht die Hilfestellung geben zu können, die für diese Sprungübung angebracht wäre, denn das Sturzrisiko beim Bocksprung ist, v. a. aufgrund der kleinen Grifffläche beim Bock, erheblich. Mitschülerinnen für die Hilfestellung einzusetzen ist bei dieser Übung meist keine Lösung, weil bei der Grätsche über den Bock nur eine Person sinnvoll Hilfestellung leisten kann und diese sollte Erfahrung mitbringen.

In einzelnen Fällen fühlen sich Lehrkräfte auch dadurch belastet, dass es im Sportunterricht zu Auseinandersetzungen zwischen den Schülern und Schülerinnen aus verschiedenen Kulturkreisen kommt. So berichtet ein Grundschullehrer, dass es für ihn „sehr anstrengend" (Herr GS 126 -134 – 42 Jahre, Grundschule, Sport/Deutsch/Mathe) sei, im Unterricht immer wieder in Konflikten zwischen Schülern und Schülerinnen mit türkischem und aramäischem Hintergrund schlichten zu müssen. Zu dieser Problematik äußert sich auch ein Lehrer der Hauptschule:

> „Oder dann passen die Mannschaften nicht, weil da nur die Russen spielen und dann ist da ein Kurde drin und so was alles. Das ist das Nervige. Das hat man im anderen Unterricht nicht" (Herr GL 26 – 45 Jahre, Hauptschule, Sport/Biologie).

Offensichtlich werden vor allem im Fach Sport Lehrkräfte mit dieser Problematik konfrontiert. Dies ist damit zu erklären, dass andere Fächer wesentlich weniger Konfliktstoff bei der Gruppenbildung bieten. Erfahrungen mit Konkurrenzsituationen bei sportlichen Wettbewerben allgemein und bei Sportspielen, oder die Notwendigkeit der Zusammenarbeit in Kleingruppen, um ein Ziel zu erreichen, sind typische Situationen des Sportunterrichts, die die unterschwellig vorhandenen Spannungen zwischen verschiedenen Gruppen weiter verstärken können.

Fasst man die Ergebnisse der oben aufgeführten Interviews zusammen, dann wird deutlich, dass die Belastungsintensität durch den Sportunterricht in Klassen mit Schülern und Schülerinnen mit Migrationshintergrund in der Wahrnehmung der befragten Sportlehrkräfte erheblich variiert. Das Repertoire reicht von wenig bis stark belastend. Als belastende Situation wird in allen Schulformen das oft als mangelhaft wahrgenommene Sozialverhalten von Schülern mit Migrationshintergrund angeführt, das körperliche Gewalt gegenüber anderen Schülern und Schülerinnen nicht ausschließt und mit Missachtung von Regeln und obstruktivem Verhalten der männlichen Schüler gegenüber weiblichen Lehrkräften einhergehen kann. An allen Schulformen wird es als problematisch empfunden, dass Kinder und Jugendlichen mit Migrationshintergrund oftmals wenig bis gar keine Erfahrungen mit dem Bewegen im Wasser gemacht haben und dass manche Mädchen von ihren Eltern keine Erlaubnis zur Teilnahme am Schwimmunterricht erhalten. Hierbei variiert das Belastungsempfinden allerdings erheblich. Männliche Lehrkräfte fühlen sich bisweilen durch die Einhaltung der muslimischer *Body Rules* belastet, weil manche Mädchen mit Migrationshintergrund auf notwendige Berührungen bei der Hilfestellung durch den Sportlehrer ablehnend reagieren. Das Streitschlichten zwischen den Mitgliedern verschiedener ethnischer Gruppen wird sowohl von männlichen als auch weiblichen Lehrkräften als Belastungsfaktor angegeben.

Konflikte dieser Art werden v.a. von Grund-, Haupt- und Gesamtschulsportlehrkräften berichtet. Dies dürfte sich zum einen durch die Tatsache erklären lassen, dass es an Grundschulen (und dort vor allem an den innerstädtischen Schulen bzw. an jenen in sozialen Brennpunkten) sowie an Haupt- und Gesamtschulen die höchsten Zahlen an Kindern und –Jugendlichen mit Zuwanderungsgeschichte gibt. Zum andern ist aber an Gymnasien und Realschulen auch mit einer stärker leistungs- und disziplinorientierten Schülerklientel zu rechnen. An bestimmten Realschulen sind die Zahlen der Schüler/-innen mit Migrationshintergrund zwar durchaus ebenfalls hoch, aber dort, wie auch an Gymnasien, dürfte aufgrund der Selektionsmaßnahmen das Bildungsaspirationsniveau der Eltern und Schüler/-innen, und damit der Grad der Einhaltung schulischer Regeln, höher sein als etwa an der Hauptschule.

#### *7.3.4.4 Belastungen aufgrund der unterschiedlichen motorischen Leistungsfähigkeit der Schüler/-innen*

*Beschreibung der Kategorie mit Ankerbeispielen*

Die allgemeine motorische Leistungsfähigkeit der Schüler/-innen wird von vielen der befragten Lehrkräfte als schlecht bewertet. Die Kinder werden als „unbeweglich“, „grobmotorisch“, ja sogar als „bewegungsfaul“ beschrieben (Herr GL, Frau AK). Einige Lehrer/-innen sind der Meinung, dass die motorische Leistungsfähigkeit der Kinder in den letzten Jahren stark nachgelassen habe (Herr LT, Frau JT, Herr VL, Frau RE). Bei Frau FQ (Realschule) führt die geringe Leistungsfähigkeit der Schüler/-innen sogar zu Einschränkungen in der Inhaltsauswahl, so dass sie, aufgrund der bestehenden Verletzungsrisiken, kaum noch wagt, die Rückwärtsrolle zu üben. Dazu führt sie folgende Begründung an:

> „Und dazu kommt, dass auch die Leistungsfähigkeit der Schüler stark nachlässt oder man wagt heutzutage kaum noch, die Schüler eine Rolle rückwärts machen zu lassen, weil man hat in einer Klasse mindestens zwei Leute, die sich dabei irgendwie den Nacken verrenken oder auf den Kopf fallen oder [dass, die Verf.] sonst irgendwas passiert“ (Frau FQ 15 – 52 Jahre, Realschule, Sport/Mathematik).

Frau AL ist der Meinung, dass insbesondere die Leistungsheterogenität in den letzten Jahren gestiegen sei. Sie findet es schwierig, den Sportunterricht so zu organisieren, dass die schwächeren und die leistungsstärkeren Schüler/-innen gleichermaßen gefordert und gefördert werden. In der Differenzierung des Unterrichtsangebots aufgrund der heterogenen Leistungsvoraussetzungen sehen auch Frau OQ und Herr ZT einen starken beruflichen Belastungsfaktor.

Insgesamt wird der Belastungsfaktor „mangelnde motorische Leistungsfähigkeit“ von 15 Sportlehrkräften genannt. Von der Real- und Hauptschule gibt jeweils die Hälfte der Befragten diesen Faktor als Belastung an, während dagegen keine einzige Gymnasiallehrerin bzw. kein Gymnasiallehrer diesen Aspekt als belastend wahrnimmt. Weiterhin zeigt sich, dass doppelt so viele Frauen wie Männer diesen Belastungsaspekt nennen.

| | weiblich | männlich | N= |
|---|---|---|---|
| GrS | Frau BT, Frau RE | Herr VL | 3 |
| HS | Frau YM, Frau OQ | Herr GL, Herr NL | 4 |
| RS | Frau FQ, Frau XQ, Frau ZN | Herr LT, Herr ZT | 5 |
| GeS | Frau AK, Frau JT, Frau AL | | 3 |
| N= | 10 | 5 | 15 |

Tabelle 38: Belastungen aufgrund der unterschiedlichen motorischen Leistungsfähigkeit der Schüler/-innen

*Interpretation der Aussagen zur unterschiedlichen motorischen Leistungsfähigkeit*

Belastungen durch Schülerleistungen können einerseits aus schwachen motorischen Leistungen von Schülern und Schülerinnen im Sportunterricht resultieren, andererseits aber auch durch das unterschiedliche Leistungsniveau innerhalb einer Klasse entstehen. Welcher Art diese Belastungen sind, soll im Folgenden etwas differenzierter dargestellt werden.

Auffällig ist, dass viele ältere Lehrkräfte, also solche, die schon über lange Jahre im Schuldienst sind, ähnliche Beobachtungen bezüglich der abnehmenden motorischen Leistungsfähigkeit der heutigen Schülerschaft machen. Dazu die Aussage einer Gesamtschullehrerin, die sich mit Äußerungen anderer älterer Lehrkräfte deckt (6):

> „Was noch dazu kommt, ist, dass das Bewegungsvermögen der Schüler ganz stark nachgelassen hat. Also es gibt in den letzten Jahren immer mehr Schüler, die nicht nur Bewegungsmuffel sind, sondern die können das einfach nicht. Es gibt z. B. Kinder, die können nicht Seilspringen. Unglaublich, aber es ist so. Und mit Bällen können die oft ganz schlecht umgehen, weil sie selten spielen. Also das motorische Verhalten der Kinder wird schwieriger. Und das insgesamt macht es manchmal anstrengend“ (Frau JT 33 - 49 Jahre, Gesamtschule, Sport/Englisch).

Es wird also konstatiert, dass die Schüler/-innen zunehmend weniger Erfahrungen im motorischen Bereich mitbringen. Beherrschten sie früher überwiegend noch grundlegende motorische Fertigkeiten, die für das Handeln im Sportunterricht als selbstverständlich galten, stehen die Lehrer/-innen heute vor der Aufgabe, den Schülern und Schülerinnen immer häufiger basale Bewegungsfertigkeiten vermitteln zu müssen, bevor sie an den eigentlich für die jeweilige Klassenstufe vorgesehenen Stoff gehen können.

Die daraus resultierende Belastung liegt einerseits darin, dass höchst unterschiedliche Aufgaben gestellt und andererseits auch unterschiedliche Ziele des Unterrichts für die verschiedenen Schüler/-innen formuliert werden müssen. Im Sportunterricht muss sehr viel stärker binnendifferenziert werden, als dies früher der Fall war. Das macht das Planungsgeschäft, aber auch das Unterrichten aufwändiger. Die bisher gestellten Erwartungen der Lehrkräfte an die Schüler/-innen werden derzeit nicht mehr durchgängig erfüllt. So berichtet beispielsweise ein Lehrer an einer weiterführenden Schule:

> „Wenn man ein fünftes Schuljahr übernimmt, muss man wirklich sagen, die können nicht mehr das, was die so früher noch konnten“ (Herr LT 24 - 53 Jahre, Realschule, Sport/Mathematik).

Berücksichtigt man auf der anderen Seite, dass die Lehrpläne eindeutige Vorgaben über die zu erbringenden Lernleistungen machen, so wird deutlich, dass Lehrkräfte, ob jung oder alt, unter erheblichem Zugzwang stehen: Sie haben die Aufgabe, Fertigkeiten zu vermitteln, die sie bereits früher hätten erwerben müssen und zu den eigentlich für die jeweilige Schulstufe vorgesehenen Zielen kommen sie nicht. Ältere Lehrkräfte sehen dies deshalb kritischer als jüngere, weil sie auf die früher möglichen Leistungen der Schüler/-innen zurückblicken können, jüngere nehmen dagegen nur den Ist-Zustand wahr.

Die motorischen Schwächen erachten einige der Befragten bereits als so gravierend, dass sie schon gar nicht mehr wagen, bestimmte turnerische Übungen anzubieten, bei denen sich die Schüler/-innen aufgrund fehlender Beweglichkeit, Koordination, Kraft und Körperspannung verletzen könnten.

Um das Verletzungsrisiko zu schmälern, wird auf derartige Inhalte verzichtet. Dadurch setzt sich aber eine Abwärtsspirale der Anforderungen in Gang, durch die das motorische Niveau weiter absinkt.

Mehrere der Befragten verweisen bei dieser Thematik auf die Problematik der hohen Leistungsheterogenität der Schülerschaft, die es ihnen schwer mache, einerseits die Leistungsstärkeren adäquat zu fördern, andererseits die Leistungsschwachen (z. B. auch adipöse Kinder bzw. Jugendliche) mit einzubeziehen:

> „Bei mir an der Schule sind das dann eher die Schüler, die wirklich richtig gut sind, die mich belasten. Also die richtig leistungsstark sind, die muss man auf so ein Niveau runterbrechen, weil ich die richtig Guten oft nie so fördern kann, zum Beispiel Volleyball. Wenn ich Volleyball spiele, und ich habe da zwei Schüler drin...Volleyball ist sowieso so ein Sport, den können die meisten in der Schule nicht. Und dann habe ich aber zwei dabei, die wollen das unbedingt gerne und sind dann nach zwei Stunden völlig frustriert, weil sie merken, das, was sie gerne machen würden, können sie nicht in diesem Rahmen. Also das ist zumindest, was den Unterricht betrifft, manchmal schwer, die richtig Guten einzubeziehen. Oder dann halt das andere Extrem, Schüler, die extrem dick sind da mit reinzukriegen und mitzuziehen, was im Klassenunterricht weniger auffällig ist dann. So eine Leistungsdifferenzierung ist manchmal schwer im Sport" (Frau OQ 28 - 28 Jahre, Hauptschule, Sport/Biologie).

Auslöser für diese Form der Belastung scheint die Frustration der leistungsstarken Schüler/-innen zu sein, die nach Aussage der Lehrkraft stets unter ihrer möglichen Leistungsfähigkeit bleiben. Wie diese Lehrerin empfinden auch einige andere Lehrkräfte (6) den Umgang mit der Leistungsheterogenität mittels interner Differenzierung im Sportunterricht als schwierig. Eine Gesamtschullehrerin findet: es ist ein „Kunststück, dass du die Schwächeren wirklich mit reinkriegst und sich die Bewegungstalentierten nicht langweilen" (Frau AL 23 - 49 Jahre, Gesamtschule, Sport/Englisch). Und eine Realschullehrerin reflektiert darüber, dass es ihr schwer falle, den Sportunterricht so anzulegen, dass sich leistungsschwächere Schüler/-innen ebenfalls anerkannt fühlen und sich mit ihrer Leistung identifizieren können:

> „Es ist schon schwierig manchmal. Weil man natürlich auch mitkriegt, wie Kinder, die nicht so können, wie sie wollen, so ein bisschen hinten anstehen. Und vielfach identifizieren sich die Kinder aber durch ihre Sportlichkeit und über Leistung in diesem Bereich und das finde ich manchmal ein bisschen schwierig. Also dann ein Kind wieder aufzufangen. Das ist nicht so einfach. Es ist ja oft eine körperliche Sache. Dass Kinder einfach nicht so können, weil sie X-Beine haben oder etwas dicker sind. Wie auch immer. Das tut mir bei solchen Kinder schon leid" (Frau ZN 200-202 - 36 Jahre, Realschule, Sport/Deutsch/Mathematik).

Hier wird deutlich, dass die Problematik nicht allein darin liegt, im Unterricht zu differenzieren, sondern auch darin, schwächere Schüler/-innen „wieder aufzufangen" und mit ihnen z.B. über die Abhängigkeit sportlicher Leistung von spezifischen Faktoren, wie den körperlichen Voraussetzungen, den Vorerfahrungen und dem Training zu sprechen.

Zusammenfassend lässt sich festhalten, dass es zwei maßgebliche Ursachen sind, die das Belastungserleben aufgrund zurückgehender Schülerleistungen moderieren: Einerseits die Wahrnehmung einer erheblichen Verschlechterung der Schülerleistungen in den allgemeinen motorischen Fähigkeiten und Fertigkeiten, verbunden mit dem Verzicht auf anspruchsvolle Unterrichtsziele und andererseits die aufgrund der großen Leistungsheterogenität notwendigen aufwändigen Maßnahmen zur inneren Differenzierung im Sportunterricht, die jedoch eher selten zur vollkommenen Zufriedenheit der leistungsstärkeren Schüler/-innen gelingen. Der erste der beiden Aspekte wird hauptsächlich von Lehrkräften wahrgenommen, die schon seit mehr als fünfzehn Jahren im Schuldienst sind, die Problematik der Differenzierung dagegen von jüngeren und älteren Lehrkräften gleichermaßen. Allerdings berichten darüber fast ausschließlich Lehrkräfte weiterführender Schulen. Nur eine Lehrkraft aus der Grundschule gibt an, sich durch diesen Faktor belastet zu fühlen. Ein Grund dafür könnte sein, dass die Sportlehrkräfte an Grundschulen die Notwendigkeit der Differenzierung eher akzeptieren und Maßnahmen zur Differenzierung besser umsetzen können als Lehrkräfte weiterführender Schulen, die an ihren jeweiligen Schulen generell mit Selektionserwartungen konfrontiert sind.

#### *7.3.4.5 Belastungen durch geringere berufliche Anerkennung*

*Beschreibung der Kategorie mit Ankerbeispielen*

Obwohl viele Sportlehrer/-innen einräumen, dass ihr Fach oft „nicht so ernst genommen wird“ (Frau FC, 49 Jahre, Gymnasium, Sport/Erdkunde), äußern nur wenige Lehrer/-innen offen, dass sie dies als wirklichen Belastungsfaktor wahrnehmen (5 Nennungen). So spricht auch die Gymnasiallehrerin Frau RC von einem wahrgenommenen geringen beruflichen Ansehen von Sportlehrer/-innen, das speziell in ihrem Kollegium deutlich zum Ausdruck gebracht werde. Dennoch sagt sie, dass sie sich damit abgefunden habe: „Früher hat mich das schon ein bisschen gestört, dass ich also das Gefühl hatte, dass ich nicht so anerkannt war. Aber, ach, heute nicht mehr“ (Frau RC 155 – 56 Jahre, Gymnasium, Sport/Kunst). Insgesamt lassen sich viele der Befragten diesem Muster zuordnen. Obschon sie das geringe berufliche Ansehen des Sportlehrerberufs stört, geben sie dies aber nicht als spezifischen Belastungsfaktor an. Dabei zeigt sich jedoch ein charakteristischer Unterscheid zwischen den Gymnasien und anderen Schulformen: Während viele der befragten Lehrkräfte an Gymnasien im Interview angeben, dass sie verärgert sind oder sogar darunter leiden, dass sie in der Gesellschaft und im Kollegium mit ihrem Unterrichtsfach Sport weniger Anerkennung erhalten als Lehrkräfte anderer Fächer, haben Grundschullehrer/-innen damit offenbar wenig Probleme. Bezogen auf die Grundschule herrscht die Meinung vor, dass man dort „eher insgesamt als Grundschullehrerin und nicht besonders als Sportlehrerin gesehen“ wird (Frau BL 324 – 39 Jahre, Grundschule, Sport/Deutsch/Mathematik). Grundschullehrer/-innen sind in der Regel gleichzeitig Klassenlehrer/-innen, unterrichten meist mehrere Fächer, darunter Deutsch und/oder Mathematik, und sehen sich daher nicht ausschließlich als Fachlehrer/-in (Herr GS, Herr GU, Frau BT, Herr LV), sondern vielmehr als Pädagogen bzw. Pädagoginnen. Gleichwohl sehen sich diese Lehrer/-innen in ihrer Funktion als „Grundschul-“Lehrer/-innen im Vergleich zu Lehrkräften der Sekundarstufe I abgewertet. Ähnlich ist die Situation an den Hauptschulen: Durch das Klassenlehrerprinzip, das auch an den Hauptschulen vielfach vorherrscht und das

das Unterrichten mehrerer Fächer verlangt, entsteht der Gedanke an den „Sportfachlehrer“ in geringerem Maße. Gleichwohl sehen diese Lehrkräfte sich durch die Abwertung der Hauptschule als „Restschule“ in geringerem Maße anerkannt als die Lehrkräfte der anderen Sekundarschultypen.

| | weiblich | männlich | N= |
|---|---|---|---|
| GrS | Frau RE, Frau DU, Frau ZN | | 3 |
| HS | | | |
| RS | Frau TK | | 1 |
| GeS | Frau LX | | 1 |
| GY | Frau ZG, Frau RV, Frau FC | Herr UF, Herr DL | 5 |
| N= | 8 | 2 | 10 |

Tabelle 39: Belastungen durch geringere berufliche Anerkennung

*Interpretation der Aussagen zur beruflichen Anerkennung*

Das soziale Ansehen der Sportlehrkräfte ergibt sich aus den Rückmeldungen über deren Tätigkeit aus dem allgemeinen öffentlichen Bewusstsein (z. B. über Presse und Massenmedien), vor allem aber durch die Einschätzungen seitens des Kollegiums, seitens der Schülerschaft und der Eltern. Das soziale Ansehen von Sportlehrkräften und daraus u. U. erwachsende Belastungen sind dabei von verschiedenen Faktoren abhängig, die im Folgenden näher erläutert werden.

Die Belastungsfaktoren und die Höhe der Belastungen für Sportlehrkräfte differieren nach Schulform. Ein deutlicher Unterschied lässt sich zwischen der Grundschule und den weiterführenden Schulformen erkennen. Eine Grundschullehrerin berichtet:

> „Sport kann in der Grundschule jeder und das hat mich jahrelang geärgert. Auch wenn Kollegen sagen, ich kann das gar nicht, ich trau mir das nicht zu, dann heißt es, ach, nimm ein paar Rollbretter, ein paar Bälle, dann sind die Kinder glücklich und dann habe ich gedacht, irgendwann muss da in diesem Kapitel noch mal was passieren. Das war für mich ganz schwer. Als eine der wenigen ausgebildeten Sportlehrer, also in der Grundschule sind es meistens nur zwei, wenn es hoch kommt, dann so abgewertet zu werden und zu sagen: ‚Mach mal lieber Musik, das kannst du auch und das können die anderen auch nicht‘, das ist mir immer schwer gefallen“ (Frau RE 22-26 - 49 Jahre, Sport/Mathematik).

Das Fach Sport wird in diesem Fall von Kollegen/Kolleginnen als einfaches und von jedermann zu unterrichtendes Fach dargestellt, dessen Inhalte sich stark reduzieren lassen und dessen Ziel es ist, die Kinder lediglich zu „beschäftigen“. Dieses Bild vom Sportunterricht führt dazu, dass Sportlehrkräfte an Grundschulen häufig für das Unterrichten anderer Fächer herangezogen werden und der Sportunterricht von fachfremden Lehrkräften durchgeführt wird, deren Fächer an der jeweiligen Schule zu einer bestimmten Zeit nicht oder weniger nachgefragt werden. Dies wirkt sich auf die Sportlehrkraft insofern als Belastungsfaktor aus, als dass sie sich und ihre Funktion als leicht austauschbar wahrnimmt und dass in den Augen ihrer Kollegen/Kolleginnen die Qualifikation für das Fach Sport bei jedem anderen Lehrer auch vorliege. D. h., die Lehrkräfte werden in ihrer spezifischen Kompetenz als „Sportlehrkraft“ nicht anerkannt und auch nicht wertgeschätzt. Diese Geringschätzung des Sportlehrerberufes wird noch dadurch verstärkt, dass sich Lehrkräfte an Grundschulen gesellschaftlich geringer wertgeschätzt fühlen, als die Sekundarschullehrkräfte:

> „Der geringe Stellenwert des Berufes ärgert mich wirklich. Man geht auch davon aus: Grundschule unterrichten kann jeder, weil jeder kann das Einmaleins. Grundschullehrerin ist ja einfach!' Das wird auch immer so einfach daher gesagt“ (Frau DU 132-138 - 52 Jahre, Grundschule, Sport/Mathematik).

Neben dem Problem, dass dem Fach Sport innerhalb der Schule wenig Wertschätzung entgegen gebracht wird, fühlen sich einige Sportlehrkräfte noch dadurch belastet, dass ihre Profession insgesamt in der Öffentlichkeit nicht ausreichend akzeptiert zu sein scheint und Vorstellungen bestehen, die ihre Arbeit stark abwerten. Dies bedeutet, dass Grundschullehrkräfte im Allgemeinen glauben, bereits von vornherein ein im Vergleich mit anderen Schulformen geringeres soziales Ansehen zu haben.[49]

Die Problematik des niedrigen Stellenwerts des Faches Sport zeigt sich aber in weit stärkerem Maße an den weiterführenden Schulen, so z. B. an einer Hauptschule, über die eine Sportlehrerin Folgendes berichtet:

> „Es wird immer so gesagt: 'Sport ist zwar wichtig, aber nicht ganz so notwendig', sage ich mal. Hauptsache die Schüler haben Deutsch, Mathe und Englisch. ‚Sport soll mitlaufen, aber wenn du da eine Vier hast, dann ist das nicht so schlimm', sagen jetzt viele Eltern. Der Status von den Lehrern in der Gesellschaft, da brauchen wir ja wohl nicht drüber zu reden, oder? Wir haben ja im Moment einen sehr schlechten Ruf“ (Frau YM 92 - 44 Jahre, Hauptschule, Sport/Biologie).

Auch an dieser Aussage wird deutlich, dass die Lehrkraft glaubt, dass der Lehrerberuf im Allgemeinen kein hohes Ansehen genieße und der Sportunterricht, auch auf dieser Schulform, nur geringfügig akzeptiert werde. Das Wissen über den „schlechten Ruf“ besteht zwar, aber mehrere der befragten Sportlehrer (3) der Hauptschule empfinden dies nicht als besonders belastend:

> „Wenn irgendwo gekürzt wird an Stunden, dann ist es häufig im Sport der Fall, weil zwar jeder sagt: ‚Sport ist Gesundheitserziehung, das muss gemacht werden!', aber das sind für mich erst mal leere Worte und das hat nichts mit dem zu tun, was in der Realität dann wirklich passiert. Insofern sehe ich den Sportlehrer bezogen auf die Akzeptanz nicht sehr weit oben angesiedelt. Und bei den Schülern vielleicht schon, in den anderen Gesellschaftsschichten ‚Nein'. Das ist aber keine Sache, die mich persönlich irgendwie negativ berührt, weil ich habe mich dafür entschieden, bin mit dem, was ich dann mache, überwiegend zufrieden und dadurch kann ich die anderen Dinge für mich weitestgehend ausblenden“ (Herr VI 74 - 46 Jahre, Hauptschule, Deutsch/Sport).

Am Beispiel dieses Hauptschullehrers wird deutlich, dass er sehr wohl das geringe soziale Ansehen seines Berufes in der Gesellschaft wahrnimmt, aber dass ihm der persönliche Sinn seiner Tätigkeit wichtiger ist, den er darin sieht, dass ihn seine Schüler/-innen akzeptieren. Dadurch, so sagt er, sei er mit seiner Tätigkeit durchaus zufrieden. Dieser Hauptschullehrer hat also eine Strategie der Eigenanerkennung entwickelt, die maßgeblich aus einem positiven Feedback der Schülerschaft gespeist wird. Rückmeldungen durch Schüler/-innen können sich allerdings auch negativ auswirken, wie an folgendem Beispiel eines Gymnasiallehrers deut-

---

49 Zur persistierenden Ambivalenz der Grundschullehrkräfte zwischen Selbst- und Fremdwahrnehmung trotz anderslautender empirischer Ergebnisse, vgl. Rothland (2013). Der Autor stellt anhand einer empirischen Untersuchung fest, dass sowohl praktizierende Grundschullehrkräfte als auch Studierende des Grundschullehramts selbst eine überwiegend negative Wahrnehmung ihres gesellschaftlichen Ansehens haben, während die periodisch wiederkehrenden Untersuchungen des Instituts für Demoskopie in Allensbach zum Berufsprestige ein enorm gestiegenes Ansehen der Grundschullehrkräfte nachweisen können (Platz 4, nach den Ärzten, Geistlichen und der Berufsgruppe der Hochschullehrer. Zum Vergleich: Gymnasiallehrkräfte nur Position 14) (Rothland 2013, S. 34).

lich wird:

> „Ich habe das Gefühl, dass ich nicht so ernst genommen werde, dass sozusagen die Wertschätzung meiner Arbeit seitens der anderen Lehrer, seitens der Schüler vor allen Dingen, relativ gering ist. Man bekommt eigentlich zu wenig Anerkennung im Verhältnis zu den Problemen, die man meistern muss" (Herr UF 37 – 52 Jahre, Gymnasium, Sport/Geschichte).

Der Lehrer selbst empfindet seine Arbeit nicht weniger anstrengend als die der anderen Lehrer. Trotzdem muss er realisieren und akzeptieren, dass sein Unterricht nicht die gleiche Akzeptanz bei den Schülern/Schülerinnen und erst recht nicht bei den Kollegen/Kolleginnen erfährt, wie beispielsweise der Unterricht in den Hauptfächern. Mit dieser Diskrepanz zwischen dem eigenen Empfinden der Leistungen, die man selbst im Unterricht erbringt, und der von den Schülern und Schülerinnen und Kollegen/Kolleginnen zugeschriebenen (geringen) Leistung zu leben, scheint ein erheblicher Belastungsfaktor zu sein. Dies vor allem deshalb, weil es um fehlende Anerkennung von gleich zwei der maßgeblichen Bezugsgruppen für Lehrkräfte geht. Insbesondere an der Schulform Gymnasium gibt es relativ viele Lehrkräfte, denen die mangelnde Anerkennung ihres Faches innerhalb des Kollegiums zu schaffen macht. Eine Lehrerin berichtet:

> „Ich glaube schon, dass es eine Rangordnung im Kollegium gibt. Also, das merkt man vielleicht manchmal auch. Also, was uns ja leider häufig nachgesagt wird, ist, dass wir unser zweites Fach nicht können. Also, die Sportler, die können Sport, aber gerade zum Beispiel, wer noch Germanistik als Fach hat, das ist immer ganz problematisch. Und die Anerkennung ist dann größer, wenn die feststellen: ‚Ah, sie kann ihr zweites Fach ganz gut'. Oder: ‚Sie ist eigentlich eher ‚Spanierin' als ‚Sportlerin'. Aber daran sieht man einfach, Sport ist und bleibt für viele keine Wissenschaft. Ist einfach so" (Frau ZG 74 - 40 Jahre, Gymnasium, Sport/Spanisch).

Aus diesem Beispiel geht hervor, dass es innerhalb des Kollegiums eine ungleiche Verteilung der sozialen Anerkennung entlang einer Hierarchie der Fächer gibt. Am Gymnasium scheint die soziale Anerkennung stark über den wissenschaftlichen Status eines Unterrichtsfaches definiert zu werden. Dem als Unterrichtsfach studierten Fach Sport wird offenbar der Status eines wissenschaftlichen Faches aberkannt. „Sport ist kein wissenschaftliches Fach, kein Fach, was im kognitiven Bereich große Anforderungen an die Schüler stellt" (Frau RV 169-171 - 50 Jahre, Gymnasium, Sport/Erdkunde). Dass das Unterrichtsfach Sport wenig Anerkennung erfährt, wirkt sich offenbar abwertend auf die Arbeit der Sportlehrkräfte am Gymnasium aus. Ein weiterer Sportlehrer am Gymnasium äußert sogar, dass er sich als „eine Art Lehrer zweiter Klasse" (Herr DL 30 - 56 Jahre, Gymnasium, Sport/Sozialwissenschaft) fühle. Dies wird untermauert durch eine Reihe von Äußerungen anderer Lehrkräfte: Es gibt „Sportlehrer, die immer wieder bemüht sind, ihr Fach als wissenschaftlich darzustellen. Aber man macht sich eher darüber lustig" (Frau FR 131 – 53, Jahre, Gymnasium, Sport/Sozialwissenschaften).

Deutlich wird, dass die Rolle des zweiten Faches stark zur Moderation dieser Problematik beitragen kann. Wie oben beschrieben, lässt sich eine Nichtanerkennung dadurch heilen, dass sich die Lehrkraft in ihrem zweiten Unterrichtsfach stark engagiert und ihre Leistungsfähigkeit immer wieder sichtbar unter Beweis stellt, so dass sie den ihr von außen zugeschriebenen ‚Mangel', der aus dem Fach Sport resultiert, kompensieren kann. Diese Lösungsmöglichkeit schließt aber ein, dass man sich als Lehrkraft gegenüber seinen Kollegen/Kolleginnen unbedingt beweisen muss, was allein schon als Belastung empfunden werden dürfte. Eine noch höhere Belastung entsteht dann, wenn die negative Bewertung durch Sport auch noch für das zweite Unterrichtsfach gilt und betroffenen Lehrkräften von anderen Kollegen/Kolleginnen die Kompetenz auch in diesem Bereich abgesprochen wird. Dann kann die fehlende Anerkennung im Fach Sport nicht durch das zweite Fach ausgeglichen werden. Eine solche Konstellation beschreibt eine weitere Lehrkraft des Gymnasiums:

> „Es ist nicht unwichtig, ein Hauptfach (...) als Beifach zu Sport zu haben. Denn mit Sport und Erdkunde gilt man doch immer als ein bisschen dumm. Das kommt doch bei manchen Kollegen zum Ausdruck. Ob man vorher ein gutes Abitur gemacht hat oder wie man sein Examen gemacht hat, das ist egal. Aber Sport und Erdkunde wird nicht ernst genommen. Aber das habe ich zum Zeitpunkt der Fächerwahl im Studium natürlich nicht bedacht. Sonst hätte ich mich anders entschieden" (Frau FC 9-11 - 49 Jahre, Gymnasium, Sport/Erdkunde).

Die Kombination der Unterrichtsfächer ist vermutlich ein wesentlicher Gesichtspunkt bezüglich der psychischen Belastung durch Nichtanerkennung. Am Beispiel dieser Lehrerin der Fächer Erdkunde- und Sport wird deutlich, dass man aufgrund geringen Prestiges von zwei Nebenfächern von vornherein schlechtere Möglichkeiten hat, Anerkennung für die Tätigkeit als Lehrerin zu erlangen, weil das Fach Erdkunde einen ähnlich geringen Stellenwert in der Hierarchie der Schulfächer besitzt, wie das Fach Sport. Diese Lehrerin geht sogar so weit, deshalb ihre Studienfachwahl in Frage zu stellen.

Bilanzierend kann gesagt werden: Eine Belastung durch mangelnde Anerkennung des Sportlehrerberufes ist sowohl an der Grundschule als auch den weiterführenden Schulen zu erkennen. Allerdings sind die Ursachen der Nichtanerkennung verschieden.

Auffällig ist, dass die Belastungshäufigkeit und -intensität durch Nichtanerkennung der Leistungen am Gymnasium besonders hoch ist. Die befragten Sportlehrkräfte an Gymnasien fühlen sich in ihrer Rolle wenig bis gar nicht akzeptiert. Dies lässt sich damit erklären, dass am Gymnasium, als der ältesten und traditionsreichsten Bildungseinrichtung, und als derjenigen, die zum höchsten schulischen Bildungsabschluss des Abiturs, also der Berechtigung zum Unterrichtsstudium führt, der gehandelte Wissenschaftsstatus eines Faches den Grad der Anerkennung unter den Kollegen/Kolleginnen bestimmt. Jüngere Wissenschaften, wie die Sportwissenschaft, noch dazu, wenn diese in ein überwiegend praktisches, d.h. handlungsorientiertes Fach in der Schule münden, scheinen noch nicht vollständig etabliert zu sein.[50] Dies führt in vielen Fällen dazu, dass Sportlehrkräfte in ihrer Arbeit weniger wertgeschätzt werden als Lehrkräfte mit einem klassischen Fach des Gymnasiums, wie beispielsweise Deutsch, Mathematik oder einer Fremdsprache. Die Belastung steigt an, wenn das Zweitfach keines der klassischen Schulfächer ist, sondern ebenfalls ein Fach mit niedrigem wissenschaftlichem Status.

#### *7.3.4.6 Belastungen durch Interaktionen innerhalb der Sportfachschaft*

*Beschreibung der Kategorie mit Ankerbeispielen*

Eine gut funktionierende Zusammenarbeit im Sportkollegium stellt für viele Sportlehrkräfte

---

50 Vgl. zu ähnlichen Ergebnissen die Sprint-Studie (2006, S. 246f.).

eine Bereicherung ihrer Tätigkeit dar (Frau BL). Eine mangelhafte Kooperation unter den Fachkollegen/Kolleginnen kann dagegen zum Belastungsfaktor werden. In einem Fall berichtet ein Grundschullehrer, Herr GM, sogar von eigenen leidvollen Erfahrungen mit Mobbing durch Kollegen/Kolleginnen. Solche Extremfälle sind allerdings selten. Häufiger hingegen findet man, dass Kollegen/Kolleginnen untereinander nicht gut oder nicht gut genug kooperieren, worunter die Qualität des Unterrichts leiden aber auch eine Behinderung im Arbeitsprozess resultieren kann. Dies hat verschiedene Gründe, u. a. werden persönliche Antipathien genannt, bisweilen aber auch unterschiedliche Auffassung darüber, was der Sportunterricht leisten soll. Bei den sechs Sportlehrkräften, die diesen Faktor als belastend angeben, wird von allen der Wunsch nach mehr und besserer Kooperation geäußert. Die Befragten sind der Meinung, dass man sich durch Absprachen bestimmte Unannehmlichkeiten ersparen könnte. Als Beispiel nennt Herr UF den „Kampf um die bessere Turnhalle" (Herr UF 33 – 52 Jahre, Gymnasium, Sport/Geschichte). Er ist der Meinung, dass man Probleme dieser Art im Kollegium gemeinsam besser angehen könne, als alleine.

| | weiblich | männlich | N= |
|---|---|---|---|
| GrS | Frau BT | Herr GM | 2 |
| HS | | Herr NL | 1 |
| GeS | Frau QW | | 1 |
| GY | Frau FC | Herr UF | 2 |
| N= | 3 | 3 | 6 |

Tabelle 40: Belastungen durch Interaktionen innerhalb der Sportfachschaft

*Interpretation der Aussagen zu Belastungen durch Interaktionen*

Kooperationsmängel treten in verschiedenen Situationen und in unterschiedlichen personalen Konstellationen auf. Jene, die eine gescheitere Zusammenarbeit bedingen, sollen im Folgenden unter Berücksichtigung der Auswirkungen auf die Intensität der Belastungswahrnehmungen der Lehrkräfte aufgeführt werden,

Auffallend ist, dass mangelnde Kooperation zwischen den Lehrkräften in den Sportfachschaften hauptsächlich am Gymnasium und der Gesamtschule als Belastung empfunden wird. Eine Sportlehrerin des Gymnasiums, die mit drei Frauen und sechs Männern zusammenarbeitet, berichtet geradezu von einer Kooperationsverweigerung in ihrem Kollegium:

> „Ich kann nur mit wenigen Kollegen kooperieren, zum Beispiel wenn wir turnen. Ich bin vom Turnen in der Unterstufe ganz überzeugt und mache das auch weiterhin, und andere Kollegen auch. Und z. B. die neuen Kollegen, die wir jetzt haben, die lehnen das kategorisch ab. Die turnen überhaupt nicht mit ihren Klassen, und das ist natürlich insofern schlecht, denn dann habe ich Pech, wenn ich einen Lehrkollegen vor mir habe, [der Turnen nicht mehr unterrichtet, die Verf.]. Während ich mit einem anderen Kollegen im letzten Jahr immer Stunden hintereinander hatte, und da haben wir die tollsten Sachen gemacht. Super. Also, das hatte wirklich nichts mit dem schnöden Turnunterricht von früher zu tun, sondern das war schon mit ‚etwas wagen' und so. Und wir hatten da mal einen Turnwettkampf initiiert. Und da haben sich diese neuen Kollegen geweigert, da überhaupt was zu machen. Insofern findet da eben keine Kooperation statt. Wir drei Frauen kommen eigentlich gut mit einander aus" (Frau FC 91-99 - 49 Jahre, Gymnasium, Sport/Erdkunde).

Wie das Beispiel zeigt, funktioniert die Kooperation zwischen den männlichen und weiblichen Lehrkräften sowie zwischen älteren und jüngeren hier nur bedingt. Die Belastung resultiert vermutlich einerseits daraus, dass es zwischen dem neuen und alten Kollegenstamm Meinungsverschiedenheiten bezüglich der zu unterrichtenden Inhalte gibt, die so weit gehen, dass der Inhaltsbereich Turnen durch die neuen Lehrkräfte boykottiert wird. Als belastend erweist sich, dass sich die älteren Lehrkräfte für ihre Unterrichtsvorhaben den Jüngeren gegenüber rechtfertigen wollen und zu beweisen versuchen, dass sie, obwohl sie schon länger im Dienst sind, durchaus einen zeitgemäßen Sportunterricht erteilen. Neben den fachlichen Differenzen kommt es bei der Durchführung des Unterrichts zu zusätzlichen Belastungen, die dadurch entstehen, dass Lehrkräfte mehr Auf- und Abbautätigkeiten auszuführen haben, wenn sie aufwändige Geräte in der Turnhalle nicht gemeinsam nutzen. Für die befragte Gymnasiallehrerin hat dies zur Folge, dass sie inzwischen davon absieht, die laut Lehrplan eigentlich vorgeschriebenen, aber in der Organisation aufwändigen, Unterrichtsinhalte im Turnen überhaupt durchzuführen.

Dass sich die Belastung durch mangelnde Kooperation nicht nur an den unterschiedlichen Altersstufen innerhalb eines Kollegiums und dem organisatorischen Aufwand festmachen lässt, verdeutlicht das Beispiel einer anderen Gymnasiallehrerin:

> „Also, es gibt manchmal so ein paar kleine Reibereien. Gut, das hängt von der Persönlichkeit der einzelnen Leute ab. Manche meinen, den ganzen Raum für sich zu beanspruchen. Also ich würde sagen, die, die ein bisschen manchmal etwas zu viel beanspruchen, das sind schon eigentlich immer die Männer, aber nur so einzelne. Bei Frauen habe ich das noch nie erlebt, dass die das für sich beanspruchen. Da wird eigentlich schon immer abgesprochen: ‚Wie ist das denn, kann ich jetzt mal?' Aber (...) das sind vielleicht so ein, zwei Leute, die so ein bisschen meinen, sie wären die ganz tollen. Und die anderen, die Frauen sind eigentlich immer kompromissbereit und versuchen sich abzusprechen" (Frau AH 79-83 - 48 Jahre, Gymnasium, Sport/Biologie).

Die Zusammenarbeit scheint in diesem Beispiel stark durch den Faktor Geschlecht beeinflusst zu sein. Auf der einen Seite stehen die kompromiss- und kooperationsbereiten Frauen, die sich über die zur Verfügung stehenden Mittel anhand von Absprachen organisieren. Auf der anderen Seite stehen einige (nicht alle) männliche Lehrkräfte, die keine Absprachen suchen, sondern stets sehr viele Mittel für sich beanspruchen. Eine andere Lehrerin, die inzwischen keinen Sportunterricht mehr erteilt, beschreibt die Zusammenarbeit mit den männlichen Kollegen folgendermaßen:

> „Die Kooperation war in Sport einfach anders. Ich glaube, es ist ein viel stärker männerdominiertes Feld, mehr männliche Lehrer als weibliche. Ich will überhaupt nicht sagen, dass ich mit Männern nicht kooperiere. Ich habe ganz viel mit männlichen Kollegen zu tun, und es hätte sicherlich einen Kollegen gegeben, dem man hätte sagen können: ‚Pass mal auf, Du kannst doch besonders gut das und das, ich bin da nicht so fit', und der auch nicht gesagt hätte: ‚Oh Gott, oh Gott', also so von oben herab das Ganze betrachtet hätte, sondern für den das irgendwie normal gewesen wäre, dass man das eine oder andere jetzt nicht so beherrscht, der auch mit Rat und Tat zur Seite gestanden hätte. Aber es war insgesamt eben [nicht der Fall, die Verf.]. Ich meine, das ist ja auch ein atmosphärisches Ding. Erstmal gehört ja eine ganze Menge Mut dazu, zuzugeben und zu sagen: ‚Pass mal auf, das und das kann ich nicht so gut, können wir uns da nicht irgendwie abstimmen, absprechen? Das erfordert eine Menge Mut. Und ich hatte immer das Gefühl, die Männer kümmern sich auch nicht so sehr um diese Bereiche, die sie nicht so gut können. Die lösen das immer irgendwie anders. Die unterrichten das dann eben so oder sagen: ‚Na gut, Gymnastik/Tanz habe ich abgedeckt, ich mache immer Aufwärmung, und dann bringe ich mal ein paar Mal einen Kassettenrekorder mit, und dann ist das erledigt" (Frau QW 44-53 - 52 Jahre, Gesamtschule, Sport/Deutsch).

Dieses Beispiel verdeutlicht, dass es insbesondere dann zu Kooperationsschwierigkeiten zwischen männlichen und weiblichen Sportlehrkräften kommt, wenn in einem von Männern dominierten Kollegium, wie dem oben geschilderten, nur wenig Bereitschaft besteht, sich kritisch mit den eigenen Fähigkeiten auseinanderzusetzen und sich über individuelle Schwierigkeiten beim Unterrichten bestimmter Inhalte auszutauschen. Ein wenig verständnisvolles und wenig vertrauensvolles Arbeitsklima, das von befragten Frauen insbesondere jener Schulen berichtet wird, an denen das Sportlehrerteam stark durch Männer dominiert ist, scheint ein Faktor zu sein, der für zusätzliche Belastungen bei den weiblichen Lehrkräften verantwortlich ist. Für die oben zitierte Lehrerin wirken sich diese Rahmenbedingungen so aus, dass sie nicht den Mut hat, über ihre Schwierigkeiten zu sprechen, geschweige denn auch einmal einen männlichen Kollegen um Rat zu fragen.

Neben diesen Kooperationsschwierigkeiten zwischen den Geschlechtern ergeben sich nach Meinung einiger weiterer Lehrkräfte aber noch andere Kooperationsprobleme, die sich belastend auf die Arbeit auswirken können. Eine Lehrerin berichtet:

> „Ich kopiere denen [den Schülern und Schülerinnen, die Verf.] auch häufig Sachen aus ‚Sportpädagogik', die dann hinterher auch angewendet werden, aber es gibt auch immer wieder Diskussionen [im Kollegium, d. Verf.]: ‚Was soll das? Die Schüler müssen bewegt werden, jetzt sollen sie sich ständig über den Sport unterhalten!', so nach dem Motto. (...) Und die 50 und 55 [Jahre alt sind, d. Verf.], als das [die neuen Richtlinien, die Verf.] vor fünf Jahren dann gekommen ist, die haben dann gesagt: ‚Ich habe hier noch 5 oder 10 Jahre, den Schülern hat mein Unterricht immer Spaß gemacht, und das macht es jetzt auch noch, obwohl ich nicht in die neuen Richtlinien reingeguckt habe'. Und solche Zitate habe ich auch schon gehört. Und dann machen die so weiter und kümmern sich um nichts" (Frau KT 47-49 - 42 Jahre, Gymnasium, Sport/Mathematik).

Dieses Beispiel verdeutlicht, dass es aufgrund mangelnden Engagements mancher Sportlehrkräfte kaum zu einer kooperativen Unterrichtplanung, z. B. in der Folge der neuen Richtlinien und Lehrpläne, kommt. Ein weiterer Sportlehrer beschreibt die Situation dergestalt, dass „die Bereitschaft, (neue) Konzepte zu entwickeln, gegen Null tendiert" (Herr EQ 68-69, 58 Jahre, Gymnasium, Sport/Erdkunde). Die Belastung durch die mangelnde fachdidaktische Zusammenarbeit entsteht offenbar dadurch, dass sich nicht alle Kollegen/Kolleginnen damit beschäftigen wollen, die neuen Vorgaben und Richtlinien in ihren Sportunterricht zu integrieren. Dies kann im Hinblick auf das Erleben einer erfolgreichen Lehrleistung im Team an einer Schule durchaus belastend wirken, wenn man bedenkt, dass die Richtlinien für die Lehrkräfte verbindlich sind und die Erstellung von schuleigenen Lehrplänen von der Schulaufsicht erwartet wird. Ohne eine Einigung auf einen schuleigenen Lehrplan ist eine kontinuierliche Lehr-Lernleistung von einer Klassenstufe zur anderen nicht möglich. Auf diese Weise kann das eigene Unterrichten als Sisyphusarbeit erlebt werden, weil man es immer wieder mit Klassen zu tun hat, die ein planmäßiges Unterrichten in Unterrichtseinheiten und mit bestimmten vorab abgesprochenen Jahresstoffverteilungsplänen noch nie erfahren haben. In diesen Fällen weiß man als Lehrkraft nicht, was man als bekannt voraussetzen und worauf man aufbauen kann.

Zur Frage des Boykotts der neuen Lehrpläne äußert sich eine Gesamtschullehrerin folgendermaßen:

> „Es sind ganz viele Lehrkräfte dabei, die immer auf Konferenzen gegen irgendwelche Neuerungen sind, die ganz konservativ sind. Also, wenn da dieser neue Lehrplan zum 180. Mal vorgestellt wird und noch mal besprochen wird, dann verdrehen alle die Augen vorher und wollen sich krank melden und gehen auch nicht hin, wenn es irgendwie geht und lassen das über sich ergehen" (Frau FT 63-80 - 60 Jahre, Gesamtschule, Sport/Englisch).

Festzuhalten ist, dass Belastungen, die sich aufgrund einer mangelnden Kooperation innerhalb des Lehrerkollegiums ergeben, von sehr verschiedenen Faktoren ausgehen. Kooperationsschwierigkeiten ergeben sich aus Geschlechts- und Altersunterschieden sowie aus einem uneinheitlichen Engagement für die Umsetzung der neuen Lehrpläne und Richtlinien. Die Belastungen, die anhand der Beispiele ermittelt werden konnten, wirken sich einschränkend auf die Handlungsoptionen der Lehrkräfte aus, insbesondere auf die Gestaltungsmöglichkeiten des Unterrichts.

Weshalb es an der Grundschule zu deutlich weniger wahrgenommenen Belastungen durch mangelnde Kooperation kommt, könnte in der Tatsache begründet liegen, dass diese Schulform von Frauen dominiert wird und Frauen dort ihr Verständnis von Sport in der Grundschule durchsetzen können. Ferner ist zu berücksichtigen, dass der Sportunterricht in der Grundschule (aufgrund des Alters der Kinder) noch deutlich weniger durch männlich dominierte Sportarten geprägt ist, zumindest in den Klassen 1 und 2. Der Faktor „Geschlecht“, der das Kooperationsverhalten unter den Sportlehrerkolleginnen und -kollegen nachhaltig moderiert, fällt demnach weitgehend weg. Eine mangelnde Kooperationsbereitschaft als Belastungsfaktor liegt also v.a. an den weiterführenden Schulen vor. Es zeigt sich aber, dass Real- und Hauptschulsportlehrkräfte in weit geringerem Maße über mangelnde Kooperation im Kollegium klagen als Lehrkräfte an Gymnasien und Gesamtschulen.

#### *7.3.4.7 Zusammenfassung der Ergebnisse zu den sozialen Bedingungen*

Betrachtet man die fachspezifischen sozialen Bedingungen insgesamt, so wird deutlich, dass dieser Faktor zwar an allen Schulformen Belastungspotential generiert, dass sich aber die einzelnen Belastungsfaktoren an den verschiedenen Schularten höchst unterschiedlich auswirken.

Beim Faktor *Schülerverhalten* wird deutlich, dass dieser in allen Schulformen für ein erhebliches Maß an Belastung bei den Lehrkräften sorgt. Für die Lehrkräfte der Grundschule entstehen Belastungen v. a. aufgrund von Verhaltensauffälligkeiten einzelner Kinder (sowohl aufgrund von Disziplinschwierigkeiten als auch durch problematisches Sozialverhalten). Lehrkräfte der Hauptschule fühlen sich am stärksten durch die mangelnde Motivation der Schüler/-innen bzw. deren Verweigerungshaltung gegenüber dem Sportunterricht sowie durch problematisches Sozialverhalten der Schüler/-innen belastet. Lehrkräfte der Real- und Gesamtschule und des Gymnasiums fühlen sich weniger durch mangelnde Motivation der Schüler/-innen, sondern aufgrund mangelnder Disziplin im Sportunterricht belastet. Auffällig ist, dass gerade die älteren Lehrkräfte betonen, dass ihre Belastung durch das Verhalten der Schüler/-innen in den letzten Jahren stetig zugenommen habe. Ob die Ursache hierfür nun in einer realen Zunahme der Verhaltensauffälligkeiten liegt oder aber in einer geringeren Belastungstoleranz oder in einer verzerrten Wahrnehmung der älter werdenden Sportlehrkräfte, kann durch die vorliegenden Ergebnisse nicht aufgeklärt werden.

Vergleicht man die Antworten auf die Frage nach *Belastungen durch koedukativen Unterricht* im Hinblick auf die verschiedenen Schulstufen und Schulformen, so ist das Ergebnis erwartungsgemäß: Lehrkräfte der weiterführenden Schulen nehmen den koedukativen Sportunterricht als deutlich belastender war, als die Lehrkräfte der Grundschule. Dies hängt mit dem sozialen und biologischen Entwicklungsstand der Schüler/-innen der jeweiligen Klassenstufen zusammen. Ab der vierten Klasse lassen sich allerdings auch in der Grundschule zunehmend (vor)pubertäre Verhaltensweisen bei Schülern und Schülerinnen feststellen, die sich mit zunehmendem Alter verstärken und sich dann in den Klassen 5-9 besonders deutlich auf den Sportunterricht auswirken. Berichtet wird für die Sekundarstufe I vor allem, dass aufgrund der Verhaltensweisen der männlichen Schüler und/oder der erzwungenen Berücksichtigung der Sportinteressen der männlichen Schüler zuungunsten der Interessen der Schülerinnen häufig keine gleichberechtigte Interaktion zustande kommt. Dies wirkt sich für manche Sportlehrkräfte belastend aus, da sie die Ungleichheitsprozesse zwar sehen, ihnen aber offenbar nicht effektiv entgegenwirken können. Es scheint oftmals an spezifischem methodisch-didaktischem Wissen darüber, wie die typischen Problemen des koedukativen Unterrichts in Klassen mit pubertierenden Schülern und Schülerinnen gelöst werden können, zu fehlen. Vergleicht man dabei das Belastungserleben von Sportlehrerinnen mit dem der Sportlehrer, so wird deutlich, dass einige der befragten Sportlehrerinnen sich dadurch besonders stark belastet fühlen, dass sie zwar die im Lehrplan vorgeschriebenen weiblich konnotierten Inhalte im Unterricht durchführen möchten, dabei aber ständig gegen die Ablehnung dieser Inhalte seitens der Jungen (und mancher männlicher Kollegen) kämpfen müssen. Akzeptanzprobleme weiblich konnotierter Inhalte treten auf den weiterführenden Schulen in besonderem Maße auf, sie werden aber bisweilen auch schon von Lehrerinnen an der Grundschule wahrgenommen.

Die Belastungsintensität durch *sozio-kulturelle Heterogenität der Schülerschaft* variiert in der Wahrnehmung der befragten Sportlehrkräfte erheblich. Das Repertoire reicht dabei von wenig bis stark belastend. Dabei tritt dieser Faktor bei den befragten Lehrkräften an Gymnasien gar nicht in Erscheinung. Auch dies ist trivial, sind doch die Zahlen der Schüler/-innen mit Migrationshintergrund an Gymnasien noch immer deutlich geringer als an anderen Schulformen. Verhaltensregulierend wirken dürfte zusätzlich das weit höhere Bildungsaspirationsniveau der dort vertretenen Schülerklientel als jenes der Schüler/-innen an Haupt- und Realschulen. Als schwierig wird in der Grund-, Real- und Gesamtschule, insbesondere aber der Hauptschule, das oft als problematisch wahrgenommene Sozialverhalten mancher Migrantenkinder und -jugendlicher erachtet. Neben sprachlichen Defiziten wird insbesondere das Schlichten von Streitigkeiten zwischen den Mitgliedern verschiedener ethnischer Gruppen als belastend empfunden.

In den eben genannten Schulformen empfinden es die Sportlehrkräfte aller Schulformen als problematisch, dass viele Kinder und Jugendliche mit Migrationshintergrund wenig bis gar keine Erfahrungen mit dem Bewegen im Wasser und mit dem Schwimmen gemacht haben und dass manche Mädchen von ihren Eltern keine Erlaubnis für den Schwimmunterricht erhalten. Männliche Lehrkräfte, vor allem an den weiterführenden Schulen, fühlen sich darüber hinaus verunsichert, weil manche Mädchen mit Migrationshintergrund, aufgrund von Berührungstabus im Islam, keine Berührung durch männliche Lehrkräfte oder Schüler erfahren dürfen, auch nicht bei der Hilfestellung im Sport.

Die Belastungserfahrungen aufgrund geringer Schülerleistungen liegen einerseits in einem beobachtbaren Absinken der motorischen Leistungen und andererseits in der großen Leistungsheterogenität, die viele Maßnahmen der inneren Differenzierung im Sportunterricht nötig macht. Die Belastungsintensität ist bei beiden Aspekten gleich hoch.

Der erste der beiden Belastungsfaktoren, die *stark differierende motorische Leistungsfähigkeit* der Schüler/-innen, wird hauptsächlich von Lehrkräften wahrgenommen, die schon seit mehr als fünfzehn Jahren im Schuldienst sind; die Problematik der Differenzierung dagegen von jüngeren und älteren Lehrkräften gleichermaßen: Allerdings berichten darüber fast ausschließlich Lehrkräfte weiterführender Schulen. Eine mögliche Ursache könnte in der höheren Akzeptanz gegenüber Heterogenität und einer besseren Methodenausbildung und -kenntnis der Grundschullehrer/-innen allgemein liegen. Auch dürfte sich die größere Innovationsbereitschaft der Grundschulen auf die Akzeptanz von Differenzierungsmaßnahmen positiv auswirken. Dort werden seit Jahren methodische Innovationen in umgesetzt, wie z. B. die Individualisierung des Lernens beim Schriftspracherwerb und bei der Förderung elementarer mathematischer Kompetenzen, ferner der Freiarbeit, dem Stationenlernen und verschiedene Formen der Differenzierung in der altersgemischten Eingangsstufe des Primarbereichs. Zieldifferentes Unterrichten aufgrund von Leistungsheterogenität ist in gewissem Umfang an der Grundschule schon immer üblich. Es ist in besonderem Maße gefordert, wenn förderbedürftige Kinder in die Klassen integriert sind. All dies dürfte sich positiv auf Differenzierungsmaßnahmen im Sportunterricht auswirken, so dass es für Sportlehrkräfte an Grundschulen gleichsam die Regel ist, mit Methoden der inneren Differenzierung zu arbeiten.

Eine erhöhte Belastung der Sportlehrkräfte durch *mangelnde soziale Anerkennung* ihrer Unterrichtsleistungen im Fach Sport ist an allen Schulformen zu erkennen. In der Grundschule kommt diese Belastungsform jedoch vermehrt durch fachfremdes Unterrichten zustande, d. h. durch die Wahrnehmung, dass der eigentlich durch Sportlehrkräfte zu erteilende Fachunterricht oft an fachfremd unterrichtende Lehrkräfte vergeben wird. Dies empfinden Sportlehrkräfte als Ausdruck der Geringschätzung ihres Faches und ihrer Expertise. Die an anderen Schulformen, insbesondere an Gymnasien zu beobachtende geringere Anerkennung des Faches Sport im Vergleich zu anderen Schulfächern, und zwar ausgehend vom Kollegium, den Schülern, den Eltern und auch der Schulleitung, ist jedoch an der Grundschule nicht erkennbar. Dies liegt an der Wahrnehmung einer weniger ausgeprägten (gefühlten) Hierarchie der Fächer. Alle Lehrer/-innen unterrichten dort Deutsch und/oder Mathematik. Diese Lehrkräfte geben auf Befragen auch an, sich eher als „Grundschullehrerin bzw. -lehrer“ denn als Fachlehrer, d.h. „Sportlehrerin bzw. Sportlehrer“ zu fühlen. An Haupt- und Realschulen wird die Hierarchie anhand der gefühlten Wertigkeit der Fächer nur vereinzelt als belastend wahrgenommen. Es gibt diese Hierarchie zwar, so berichten einige Lehrkräfte, jedoch spiele sie in der alltäglichen Interaktion zwischen den Kollegen/Kolleginnen kaum eine Rolle.

Resümierend muss man sagen, dass die Belastungsdichte und -intensität durch den sozialen Faktor „geringe berufliche Anerkennung“ an den Gymnasien am höchsten ist. Die befragten Sportlehrkräfte an Gymnasien fühlen sich in ihrer Rolle als Sportlehrkraft wenig akzeptiert. Die wahrgenommene Belastung scheint dann besonders hoch zu sein, wenn eine Sportlehrkraft als Zweitfach noch ein anderes Nebenfach unterrichtet und nicht ein Kernfach mit hohem wissenschaftlichen Status, wie etwa Mathematik, Deutsch oder eine der Fremdsprachen.

Belastungen, die sich aufgrund von spezifischen Interaktionen, speziell einer *mangelnden*

*Kooperation innerhalb des Lehrerkollegiums* ergeben, werden in hohem Maße durch Geschlechts- und Altersunterschiede bedingt. Diese Differenzen im Hinblick auf das Verständnis von „gutem“ bzw. „angemessenem“ Sportunterricht können zu einer höchst unterschiedlichen Ausgestaltung des Sportunterrichts an der jeweiligen Schule führen und das Sportkollegium weiter spalten. Belastungen einzelner Lehrkräfte können sich auch durch ein stark differierendes Engagement einzelner Lehrkräfte innerhalb eines Sportkollegiums ergeben, was sich z. B. bei der korrekten Umsetzung der neuen Lehrpläne und Richtlinien gezeigt hat. Wenn einzelne Kollegen/Kolleginnen nicht lehrplangemäß unterrichten, wirkt sich dies auf den späteren Unterricht anderer Lehrkräfte negativ aus, wenn diese in den Folgejahren Klassen übernehmen müssen, die nicht lehrplangerecht unterrichtet wurden. Diese Lehrkräfte können dann nicht auf eigentlich erwartbaren Kenntnissen, Fähigkeiten und Fertigkeiten aufbauen, sondern müssen Stoff der vorangegangenen Schuljahre nachholen und gleichzeitig den Stoff des laufenden Schuljahres bewältigen. Wenn ein konsequenter Aufbau von Fähigkeiten, Fertigkeiten und Kenntnissen nicht stattgefunden hat, hat dies zur Folge, dass auch der Unterrichtserfolg der im darauffolgenden Schuljahr unterrichtenden Lehrkraft geschmälert wird. Dass dies Einfluss auf die Berufszufriedenheit von Lehrkräften haben dürfte, zeigen die Interviews. Der Belastungsfaktor „mangelnde Kooperation“ wird insbesondere von Gymnasien berichtet und dort v. a. von weiblichen Sportlehrkräften. Da der Belastungsfaktor der geringen beruflichen Anerkennung ein Spezifikum für Sportlehrerkollegien an Gymnasien ist, bedarf dieser Faktor einer weiteren, aber schulformspezifischen Aufklärung.

## 7.4 Die Bedeutung der Belastungsfaktoren im Hinblick auf gesundheitliche Risiken

Folgt man den dieser Untersuchung zugrunde gelegten theoretischen Überlegungen, so ist es angezeigt, anhand der Interviews auch eine Interpretation des subjektiven Gesundheitsempfindens der Sportlehrkräfte vorzunehmen. Gemäß dem Salutogenesemodell ist zu prüfen, wie es mit dem Gesundheits-Krankheits-Kontinuum der befragten Sportlehrkräfte beschaffen ist. Die Frage nach dem tatsächlichen Gesundheitszustand kann die Studie allerdings nicht beantworten. Dies deshalb nicht, weil im Themenbereich des gesundheitlichen Befindens sehr vorsichtig und mit großem Einfühlungsvermögen gefragt werden muss, will man nicht eine Gesprächsblockade riskieren, wodurch der weitere Interviewverlauf negativ beeinflusst werden könnte. Aus Respekt vor den Befragten haben die Interviewerinnen, wenn die Interviewten selbst keine entsprechenden Aussagen tätigten, keine detaillierten Nachfragen zum Gesundheitszustand gestellt. Auch erhielten die Forscherinnen von Seiten der Bildungsverwaltung keine statistischen Angaben über die fachbedingten Berufsausstiege bzw. Fachausstiege von Sportlehrkräften. Jedoch können den Interviewaussagen sowohl psychische als auch physische Belastungen entnommen werden, deren Ursache – nach Aussage der Interviewpartner/-innen– in den unterschiedlichen fachspezifischen Bedingungen liegen. Diese Belastungen sind aus gesundheitlicher Perspektive durchaus als bedenklich einzustufen. In einigen Fällen schildern die Befragten konkrete Krankheiten, die sie auf die Bedingungen ihrer Tätigkeit als Sportlehrkraft zurückführen.

Unter Berücksichtigung der geringen Zahl der Befragten und aufgrund der verwendeten Untersuchungsmethoden (nichtstandardisierte, qualitative Interviews) sind Generalisierungen grundsätzlich nicht möglich. Dennoch ist es vertretbar, auf gewisse Risiken hinzuweisen, denn es zeigen sich bei den von uns befragten Sportlehrkräften Tendenzen zu bestimmten Erkrankungen, die allerdings durch weitere Untersuchungen genauer aufzuklären wären.

Neben verschiedenen körperlichen Beeinträchtigungen, die nach Aussage der Befragten nach einer gewissen Zeit wieder verschwinden, berichten einzelne Befragte von langwierigen und schwerwiegenden Folgen durch die Dauerbeschallung in Turnhallen und Schwimmbädern:

> „Der Lärm macht sich bei mir körperlich bemerkbar. Vorletztes Jahr hatte ich mal einen Hörsturz. Und wenn ich nicht aufpasse, also ich hab jetzt praktisch hier so ein Signal, das ist richtig wie so ein Alarmknopf, das ist gar nicht so leicht auszumachen, aber wenn ich da zu stark belastet bin, krieg ich Ohrgeräusche, dann fängt das an zu piepen. Und dann weiß ich, jetzt muss ich einfach total runterschalten. Auf null eigentlich. Und dann geht das auch wieder weg. Und dann auch aktive Entspannungsübungen machen und so" (Frau AT 147 – 44 Jahre, Gesamtschule, Sport/Kunst).

> „Ich hatte ja einen Hörsturz mit einem Hörverlust. Und da gibt es ja unterschiedliche Ursachen, aber eine Ursache ist eben auch starker Lärm oder Lärmbelästigung. Und das muss ich sagen, ist natürlich im Sportunterricht enorm. Also wir haben so Dreifachhallen und eine doppelte Halle, und das hat schon einen unglaublichen Geräuschpegel. (...) Ich bin operiert worden letztes Jahr im Juli. Und dann war ich praktisch ein dreiviertel Jahr krank, also mit dem Hörverlust auf dem einen Ohr und Tinnitus. Und ich habe nur ganz langsam wieder den Einstig in die Schule wieder geschafft, weil ich dann auch so eine Angst vor dem Lärm entwickelt habe. Und in die Hallen gehe ich heute noch nicht rein" (Frau JT 23-25 – 49 Jahre – Gesamtschule, Sport/Englisch).

Neben dem Krankheitsbild „Hörsturz" führen die Sportlehrkräfte auch Stimmbandprobleme auf den Lärmpegel im Sportunterricht zurück, weil sie stets zu laut sprechen müssen, um sich mit den Schülern und Schülerinnen verständigen zu können:

> „Nach dem Schwimmunterricht bin ich heiser, ja, nach dem normalen Unterricht in der Regel nicht" (Frau RV 25 – 50 Jahre, Gymnasium, Sport/Erdkunde).

> „Ich merke das immer nach den Ferien, dass ich ein, zwei, drei Tage immer Halsschmerzen habe" (Herr QO 31 – 57 Jahre, Gesamtschule, Sport/Sozialwissenschaften).

> „Wenn ich sechs Stunden unterrichtet habe, dann ist meine Stimme belastet. Daran merke ich die Lautstärke auch. Und ich merke selbst, dass ich, wenn die Außengeräusche so groß sind, dass ich dann einfach lauter sprechen muss, als ich das normalerweise gern tun würde" (Herr SN 23 – 30 Jahre, Gymnasium, Sport/Biologie).

> „Die Bedingungen im Hallenbad sind natürlich denkbar schlecht. Da versagt einem komplett die Stimme manchmal. Man muss so laut schreien. Wir sind mit drei Klassen im Hallenbad, wir haben zwei Bahnen für jede Klasse, und ich habe die Mittelbahn. (...) Wenn ich die jetzt zum Beispiel beim Kraulschwimmen korrigiere oder so, dann muss der ein Stück schwimmen, dann schreie ich und wedele schon immer: ‚Mach das, mach jenes, achte darauf!' Also diese Lautstärke, die man auch da über die Stimme anbringen muss, das ist schon heftig. (...) Wenn ich aus dem Schwimmbad komme, habe ich oft keine Stimme mehr" (Frau FC 219 – 49 Jahre, Gymnasium, Sport/Erdkunde).

Die hier geschilderten Beschwerden reichen von Heiserkeit, Halsschmerzen und häufigen Infekten bis hin zum Stimmversagen. Manche Sportlehrkräfte betonen, dass insbesondere der Unterricht im Schwimmbad unter „tropischen Bedingungen" (Herr JM 37 – 38 Jahre, Gesamtschule, Sport/Chemie) dazu führe, dass sich Erkältungen hartnäckig festsetzen. Die hohe stimmliche Belastung macht oft ärztliche Behandlung notwendig:

> „Da hatte ich vor einem Jahr auch große Schwierigkeiten mit meiner Stimme, die dann *ganz* [betont, die Verf.] versagte. Mehrere Wochen. Also dann konnte ich immer nur drei, vier Sätze im Kurs sprechen, und dann war die praktisch weg. Und ich musste mich dann einer längeren Be-

handlung unterziehen, einer logopädischen. Die Logopädin sagte dann natürlich auch, das ist bei Lehrerinnen und Lehrern, die so lange schon arbeiten, und dann eben noch Sport, klar, wo man automatisch lauter sprechen muss, weil in der Regel noch eine Klasse nebenan ist. Ja doch, das finde ich schon, das ist eine echte Belastung, die Stimme. (...) Das ist nicht ganz weg. Also seit dem, das ist genau seit einem Jahr, ist, das merke ich, meine Stimme weniger belastbar. Das habe ich früher nicht gemerkt" (Frau FR 55-57 – 53 Jahre, Gymnasium, Sport/Sozialwissenschaften).

Über Stimmbandbelastungen klagen sowohl Männer als auch Frauen unterschiedlichen Alters, allerdings sind Frauen häufiger und von langwierigeren Krankheitsprozessen betroffen. Die Befragten führen dies selbst auf die unterschiedlichen physischen Voraussetzungen von Männern und Frauen zurück, also auf das in der Regel bei Männern größere Stimmvolumen.[51]

Einige Sportlehrkräfte geben an, dass sie insbesondere unter dem Lärm im Sportunterricht leiden:

„Im Sportunterricht ist das so, da merkt man den Lärm gar nicht so, das merkt man dann nachher. (...) Es geht auf die Nerven. (...) So eine dauerhafte Lärmbelastung, die zerrt einfach an den Nerven" (Frau AH 37 – 48 Jahre, Gymnasium, Sport/Biologie).

„Lärm. (...) Das bleibt nicht einfach nur so in den Knochen hängen. Das hinterlässt Spuren. Ich höre schon auch nicht mehr so gut" (Herr EN – 57 Jahre, Gymnasium, Sport/Religion).

Weitere Sportlehrkräfte berichten von körperlicher Erschöpfung, die sie auf die Anstrengungen im Sportunterricht zurückführen:

„Ich habe also mindestens drei Viertel Sport im Deputat. Da gibt es Tage, da komme ich nach Hause, da lasse ich nur noch die Tasche fallen, weil mich das so geschlaucht hat, dass ich einfach nur noch kaputt bin, so wie es im Klassenraum nicht annähernd wäre" (Herr DL 45 – 56 Jahre, Gymnasium, Sport/Sozialwissenschaft).

„Bei mir merke ich, ich bin sehr angespannt. Und ich merke dieses Angespanntsein in der Verspannung der Muskulatur, der Nackenmuskulatur. Manchmal kriege ich auch Kopfschmerzen (...). Aber ich merke so insgesamt, dass ich körperlich (...) erschlafft dann bin. Und sobald ich dann diesen ganzen Unterricht hinter mir lasse, dass man dann einfach (...) müde wird, (...) kaputt ist" (Frau OT 21 – 35 Jahre, Gymnasium, Sport/Englisch).

Darüber hinaus können körperliche Beeinträchtigungen auftreten, z.B. durch das Geben von Hilfestellungen bei turnerischen Übungen:

„Wenn ich zum Beispiel bei zwei Klassen Hilfestellung gegeben hab´, das hab´ ich jetzt letztens noch, dann halbe Stunde abräumen, dann merke ich danach am nächsten Tag schon, dass die Entzündung wieder losgeht. Dann muss ich halt im Grunde wieder mindestens wieder 3 Wochen komplett aussetzen. Das Problem hätte ich früher nie gehabt" (Frau AT 91 – 44 Jahre, Gesamtschule, Sport/Kunst).

„Je älter Sie werden, denke ich, desto anstrengender wird es entsprechend auch. Und beim Geräteturnen... Wenn Sie Kinder eben haben, die auch über normal, leicht adipös sind, bringen sie mal so einen Koloss dann auch entsprechend rüber. Das ist schon körperlich anstrengend, ne! Also dann können Sie natürlich auch Rückenschmerzen oder so etwas bekommen, wenn Sie da dreißig Leute immer über den Kasten oder so einen Balken heben. Das ist eine körperliche Anstrengung" (Herr ST 38 – 55 Jahre, Gymnasium, Sport/Erdkunde).

An diesen beiden Aussagen wird deutlich, dass die körperlichen Belastungen des Sportlehrer-

51 Die mit stimmlichen Belastungen verbundenen Krankheiten, wie z. B. Sängerknötchen und chronischer Rachen-, Kehlkopf- sowie Luftröhrenkatarrh, bezeichnete schon Wegmann (1953, S. 402) als typische Lehrerkrankheiten. Sie sind es bis heute. Sportlehrkräfte scheinen dafür aufgrund der spezifischen Unterrichtsbedingungen besonders anfällig zu sein.

berufs mit zunehmendem Alter der Sportlehrkräfte stärker empfunden werden und dass der Faktor Alter von den Sportlehrkräften als ein die Belastungen in hohem Maße moderierendes Element empfunden wird.

Ein weiterer Sportlehrer berichtet von „psychosomatischen Auswirkungen“, die er auf seine Tätigkeit als Sportlehrkraft zurückführt:

> „Es ist so das Gefühl: So richtig geachtet wirst du ja nicht. Was willst du hier eigentlich noch? Brauchen die dich überhaupt? Könnte nicht besser der Sportunterricht ausfallen? Ja, manchmal sind es also eben einfach so Magen-Darm Probleme, Kopfschmerzen, Schlaffheit, Demotiviertheit. (...) Das hat eben so eine psychosomatische Auswirkung, dass man also wenig motiviert in die nächste Sportstunde geht bzw. dass man erfreut ist, wenn man jetzt endlich (betont) diese Halle verlassen kann und endlich in den angenehmen Geschichtsunterricht gehen kann“ (Herr UF 41 – 52 Jahre, Gymnasium, Sport/Geschichte).

Die von ihm empfundene geringe Anerkennung seiner Tätigkeit als Sportlehrer führt zu „Demotiviertheit“, wie er es nennt. Diese zieht seiner Meinung nach physische Folgen nach sich, die er als „psychosomatisch“ identifiziert, weil offenbar keine organische Ursache gefunden wurde. Es verwundert daher nicht, dass sich dieser Lehrer danach sehnt die „Halle“ zu verlassen und in den „angenehmen Geschichtsunterricht“ auszuweichen, eine Tendenz, die bei Sportlehrkräften ab dem Alter von etwa Mitte Vierzig vermehrt zu beobachten ist und die schließlich in einem Fachausstieg münden kann.

Insgesamt scheinen insbesondere weibliche Sportlehrkräfte an Gymnasien und Gesamtschulen gesundheitlich hoch belastet zu sein und eine Risikogruppe darzustellen, während die weiblichen Lehrkräfte an anderen Schulformen zwar durchaus auch Belastungserleben zeigen, aber nicht in dieser ausgeprägten Form. Damit bestätigen sich die Ergebnisse von Schaarschmidt (2005). Dagegen zeigen die von uns befragten Sportlehrkräfte an Grundschulen (und zwar sowohl Frauen wie Männer) weniger gesundheitsbeeinträchtigende Belastungen als Sportlehrkräfte anderer Schulformen. Ältere Sportlehrkräfte (und zwar sowohl Frauen als auch Männer) berichten über ein höheres Belastungserleben als jüngere Lehrkräfte. Dies gilt wiederum in besonderem Maße für Lehrkräfte an Gesamtschulen und Gymnasien. Schulformbezogen kann man, bei aller gebotenen Vorsicht, sagen, dass die Sportlehrkräfte an Gymnasien und Gesamtschulen sich in der vorliegenden Studie als die am meisten gesundheitlich belasteten Lehrkräfte gezeigt haben, wobei die weiblichen Sportlehrkräfte davon in noch höherem Maße betroffen sind als die männlichen.

Um Belastungen, also potenziell krankmachende Faktoren, unbeschadet überstehen, vermeiden oder bewältigen zu können und damit eine günstigere Position auf dem Gesundheits-Krankheits-Kontinuum zu erlangen, bedarf es spezifischer Ressourcen. Daher fragt das folgende Kapitel nach spezifischen Gratifikationen, gleichsam den Sonnenseiten des Sportlehrerberufs. Denn es dürfte durchaus auch berufliche Ressourcen geben, die die Sportlehrkräfte dazu bewegen, ihre berufliche Tätigkeit trotz der wahrgenommenen Belastungen weiterhin auszuüben, sogar gerne Sportlehrer/-in zu sein.[52]

---

52 Vgl. hierzu Wolters (2010), die speziell der Frage nachgegangen ist, was Sportlehrer/-innen an ihrem Beruf gefällt.

## 7.5 Berufsbezogene Ressourcen der Sportlehrertätigkeit - Sonnenseiten des Sportlehrerberufs

In diesem Kapitel folgt eine Analyse der Aspekte der Sportlehrertätigkeit, die von den Befragten als positiv empfunden werden, ihr Wohlbefinden im Berufsalltag steigern und zu einer gewissen Zufriedenheit im Beruf führen können. Die Erfahrung positiver Aspekte der Lehrtätigkeit kann fachspezifischen Belastungen entgegenwirken. In der folgenden Darstellung der Ergebnisse aus den Interviews werden solche Sonnenseiten des Sportlehrerberufes als wahrgenommene Ressourcen eingestuft.

Es gibt Sportlehrkräfte, die sie sich über die Motivation ihrer Schüler/-innen im Unterricht freuen. Außerdem schätzen sie es an ihrem Unterrichtsfach, dass es Abwechslung zum Unterricht in den kognitiven Fächern bietet, die für einen psychischen Ausgleich sorgt. Auch erleben sie die Flexibilität der inhaltlichen Gestaltung als Erleichterung. Der oft enge Kontakt zu den Schülern und Schülerinnen im Fach Sport und die besondere Art der Kommunikation unter Sportlehrerkollegen/-kolleginnen werden als angenehm beschrieben. Im Sportunterricht erzeugt die Erreichung spezifischer Erziehungs- und Bildungsziele und die Möglichkeit, jede Schülerin und jeden Schüler individuell mit einem spezifischen Angebot zu erreichen, Zufriedenheit. Gleichzeitig erleben Sportlehrkräfte in ihrem Unterrichtsfach die Erfolgserlebnisse der Schüler/-innen unmittelbar mit und erfahren sich durch die direkte Rückmeldung über ihre Lehrtätigkeit als kompetent. Ebenso stellen Tätigkeiten im außerunterrichtlichen Schulsport und die eigene Neigung zum Sport Motivationsquellen dar. Diese von den Sportlehrkräften in den Interviews benannten positiven Seiten ihrer Berufstätigkeit werden im Folgenden genauer analysiert und interpretiert.

### 7.5.1 Hohe Motivation der Schüler/-innen

Die hohe Motivation der Schüler/-innen für das Fach Sport wird von vielen Sportlehrkräften in den Interviews als Erstes genannt, wenn sie nach positiven Seiten ihrer beruflichen Tätigkeit gefragt werden:

> „Was erstmal schön ist, ist, dass Schüler das [Sport als Schulfach, die Verf.] eben gerne machen. (…) Das ist das beliebteste Fach. Das sagen die ja auch manchmal“ (Frau KT 15 – 42 Jahre, Gymnasium, Sport/Mathematik).

> „Das sind so die Sachen, die ich unheimlich toll am Sport finde. Dass die Kinder von sich aus motiviert sind, also fast alle eigentlich“ (Frau ZN 23 – 36 Jahre, Grundschule, Sport/Deutsch/Mathematik).

Die intrinsische Motivation der Lernenden, die in diesen Zitaten beschrieben wird, ist für die befragten Sportlehrkräfte durch bestimmte Schüleräußerungen und bestimmte Verhaltensweisen wahrnehmbar.

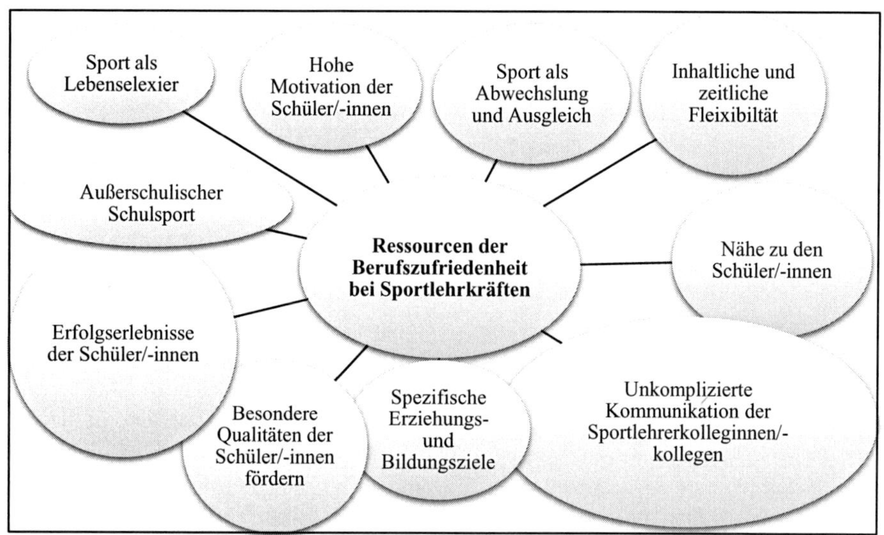


Abbildung 4: Ressourcen der Berufszufriedenheit bei Sportlehrkräften

Spürbar wird den Sportlehrkräften die große Begeisterung der Schüler/-innen für den Sportunterricht insbesondere dann, wenn der Sportunterricht einmal zu spät beginnt oder sogar ausfällt:

> „Sport, finde ich, macht sehr viel Spaß, weil die Kinder unheimlich begeistert sind und sehr gerne Sport machen und sich beschweren, wenn Sport mal ausfällt, aus irgendwelchen Gründen. Finde ich total klasse" (Herr SI 14 – 39 Jahre, Realschule, Sport/Physik).

> „Die holen uns zum Teil aus dem Lehrerzimmer, also wenn dann Leute zu spät kommen: 'Wo ist denn Herr oder Frau Sowieso, wir wollen jetzt Sport machen!' Das ist natürlich erstmal eine Sache, die kennt man aus Mathematik nicht. (…) Das finde ich in Sport total schön" (Frau KT 15 – 42 Jahre, Gymnasium, Sport/Mathematik).

> „Sportunterricht ist den Schülern total wichtig. Also wehe, es fällt eine Stunde aus! (…) Sport, wenn das ausfällt, das ist für die Schüler ganz schlimm. (…) [Sport, die Verf.] ist gekürzt in der 7 bei uns im ersten Halbjahr, also da war schon großes Gejammer angesagt. (…) Wäre Erdkunde ausgefallen, hätte sich kein Mensch drum gekratzt" (Frau FC 209-211 – 49 Jahre, Gymnasium, Sport/Erdkunde).

Diese Besonderheit, dass die meisten Schüler/-innen auf jede Minute des Sportunterrichts pochen und Unterrichtsausfall beklagen, zeichnet das Fach Sport im Unterschied zu anderen Schulfächern aus. Im Sportunterricht hoch motivierte Schüler/-innen zu erleben, stellt für viele Sportlehrkräfte eine bedeutsame Ressource dar. Zufriedenheit und einen gewissen Stolz verspüren die Befragten in solchen Situationen, und sie empfinden diesen motivationalen Schwung als beflügelnd für ihre Arbeit.

Hinzu kommt, dass Sportlehrkräfte die besonderen, positiven Eindrücke, die die Schüler/-innen im Sportunterricht häufig erfahren, wahrnehmen und diese Erlebnisse sich selbst und ihrer Arbeit zuschreiben können:

> „Begeisterte Schüler machen mir Spaß, also das ist schon so, wenn ich merke, die fangen ein bisschen Feuer beim Sport. (…) Das Miteinander, Wettkampf auf eine faire Art und Weise, das Ringen um ein Ergebnis und um Spielsituationen, das macht mir schon sehr Spaß, wenn die Schüler

das dann auch so im Sportunterricht erleben können. Und das gelingt natürlich auch bei solchen, die nicht so einen Zugang zum Sport haben. Das ist dann immer besonders schön. Da gibt es diesen Flow-Effekt (...), der wurde ja auch in den Sport übertragen, dass man sich selbst vergisst und aufgeht in seinem Tun, wenn das so stattfindet im Sportunterricht, das finde ich super" (Herr JM 21 – 38 Jahre, Gesamtschule, Sport/Chemie).

Als besonders wertvoll nimmt dieser Lehrer Situationen wahr, in denen er bei jenen Schülern/Schülerinnen, die außerhalb der Schule keinen Zugang zum Sport finden, ein Aufgehen im Tun erlebt, eine Art von Flow-Erleben.

In vielerlei Hinsicht wird das Unterrichtsfach Sport aufgrund der Motivation der Schüler/-innen als „Selbstläufer" wahrgenommen:

„Sport ist ein Selbstläufer. Die haben Lust, sich zu bewegen. Das Gros der Schüler ist schon bereit sich zu bewegen, und die haben auch Spaß daran" (Herr ZN 12 – 44 Jahre, Realschule, Sport/Musik).

Die positive Grundhaltung der Schüler/-innen, ihre Bewegungslust und ihre hohe Motivation, miteinander Sport zu treiben, sind der Grund dafür, dass dieser Sportlehrkraft langwierige und als anstrengend empfundene Maßnahmen zur Motivierung der Schüler/-innen, wie sie in anderen Fächern häufig notwendig sind, weitgehend erspart bleiben.[53] Die in vielen Fällen bestehende hohe Motivation der Schüler/-innen in Bezug auf den Sportunterricht wird daher als wertvoll, bereichernd und damit als Ressource der Sportlehrertätigkeit wahrgenommen, die die Zufriedenheit mit der Tätigkeit erhöht. Zu erleben, dass die Schüler/-innen jede Minute des Unterrichts auskosten wollen, völlig in der sportlichen Aktivität aufgehen und das sportliche Miteinander genießen, kann als Ressource gewertet werden, die einen wichtigen Aspekt zur Erhaltung der Berufszufriedenheit darstellt.

Angetrieben durch die Begeisterung, den Spaß und die Motivation der zu unterrichtenden Schüler/-innen äußert eine Reihe der befragten Sportlehrkräfte, dass sie gerne Sport unterrichtet. Dazu trägt die „optimistische Grundeinstellung" der Schüler/-innen bezüglich des Faches Sport (Herr ST 192 – 52 Jahre, Gymnasium, Sport/Erdkunde) offenbar erheblich bei. So deutlich positiv wie Frau ZN, die sagt, sie sei „mit dem Fach Sport sehr zufrieden" (Frau ZN 22 – 36 Jahre, Grundschule, Sport/Deutsch/Mathematik), äußern sich allerdings nur wenige. Ein Teil der Befragten neigt dagegen der Auffassung von Herrn ST zu, nämlich dass „Sport (...) schon ein schönes Fach (sei)" (Herr ST 192 – 52 Jahre, Gymnasium, Sport/Erdkunde), wobei das Wort „schon" bereits eine gewisse Distanzierung signalisiert, im Sinne eines „Ja, aber". Diese ambivalente Haltung dürfte den dargelegten Belastungen durch das Fach Sport geschuldet sein, die es u.U. den Befragten schwer, wenn nicht unmöglich machen, die Sonnenseiten überhaupt wahrzunehmen. Außerdem ist zu berücksichtigen, dass die Befragten in unterschiedlicher Intensität und in verschiedener Weise den beschriebenen Belastungsfaktoren ausgesetzt sind.

---

53 Dies zeigt sich allerdings schulformabhängig. Hauptschullehrkräfte berichten in den Interviews vermehrt über Motivationsprobleme, die sie als belastend empfinden.

### 7.5.2 Sport unterrichten als Abwechslung und Ausgleich zu sonstigen Lehrertätigkeiten

Die Sportlehrkräfte sehen einen weiteren Attraktivitätsfaktor des Faches Sport darin, dass es als praktisches, handlungsorientiertes Fach eine Abwechslung zum Unterrichten der theoretischen Fächer darstelle:

> „Ich finde die Abwechslung zwischen motorischen Leistungen und Denkarbeiten [im Spanischen, die Verf.] gut. Also nicht, dass man im Sport nicht denken würde, aber ich finde das einfach eine sehr schöne Verbindung" (Frau ZG 19 – 40 Jahre, Gymnasium, Sport/Spanisch).

> „Im Schulalltag, auch wenn es mal so richtig anstrengend ist mit Konferenzen und allem, Sport mache ich richtig gerne. (...) Sport einmal zwischen den anderen Fächern, das ist für mich wie eine kleine Oase. Ich mache es richtig gerne. So ein Ausgleich zwischen kognitiven Fächern (...). So erlebe ich es" (Herr GM 301-303 – 54 Jahre, Grundschule, Sport/Deutsch/Sachunterricht).

Einige der Befragten empfinden die Differenz zwischen den spezifischen motorischen und organisatorischen Anforderungen beim Unterrichten des Faches offenbar den Sport und den kognitiven Anforderungen in anderen Unterrichtsfächern als anregend. Sie nehmen Sportunterricht als Alternative zu ihren sonstigen Tätigkeiten im Rahmen des Lehrerberufs wahr. Aus diesem Wechsel der Tätigkeiten schöpfen sie Kraft.

Die Befragten beschreiben eine kompensierende Wirkung in psychischer und physischer Hinsicht. Nach der aktiven Teilnahme am Sportunterricht, erleben einzelne Lehrkräfte eine „angenehme Erschöpfung" (Herr JM 17 – 38 Jahre, Gesamtschule, Sport/Chemie) bzw. gehen „ziemlich beschwingt" (Herr JM 17 – 38 Jahre, Gesamtschule, Sport/Chemie) aus dem Sportunterricht heraus. Diese „Beschwingtheit" rührt nach Aussagen dieses Sportlehrers auch daher, dass er die positive Gestimmtheit der Schüler/-innen dahingehend interpretiert, dass diese seinen Sportunterricht gut finden, dass also er als Lehrer Verursacher dieser positiven Emotionen ist.

Ähnlich sieht dies ein Grundschullehrer:

> „Der Hauptgrund [für die Bereitschaft, noch einmal Sportlehrer zu werden, die Verf.] ist schlicht und einfach, dass ich es da nicht nur mit hoch geistigen Prozessen zu tun habe, sondern mit Dingen, die den Kindern Spaß machen" (Herr GU 334 - 62 Jahre, Grundschule, Sport/Mathe/Sachunterricht).

Gleichzeitig wird positiv erlebt, dass man als Lehrkraft die Schüler/-innen im Kontext des Faches Sport auf eine andere Weise erleben kann:

> „Das finde ich einfach sehr schön, auch die Kinder in einem anderen Umfeld zu sehen, als nur in ihren Bänken sitzend (...) Und wenn sie sagen: 'Ich kann das überhaupt nicht', und man dann feststellt, dafür kann der andere Sachen ganz großartig, das ist einfach auch schön, im Rahmen von Schule diesen Wechsel zu erleben" (Frau ZG 19 – 40 Jahre, Gymnasium, Sport/Spanisch).

Wie bereits bei den Ausführungen zur Kategorie „Hohe Motivation der Schüler/-innen" beschrieben, bekommen die Lehrkräfte im Sportunterricht oft ein völlig anderes Bild von Schülern und Schülerinnen, als in anderen Schulfächern. Der dadurch mögliche, eher ganzheitliche Blick auf die Schüler/-innen, wird als bereichernd erfahren.

In der hier durchgeführten Studie verweisen die Sportlehrkräfte darüber hinaus auf den Aspekt des Ortswechsels durch den Sportunterricht hin, der nicht nur als Belastung, sondern auch als positiv im Sinne einer Abwechslung erlebt werden kann:

> „Wenn ich dann einmal vormittags in die Halle komme, ist es doch immer wieder schön. Denn nur den normalen Unterricht in der Klasse, vor der Klasse… Ist für mich dann auch mal wieder schön in die Halle zu gehen oder mal ins Hallenbad, das ist dann auch mal wieder was anderes, ein bisschen Abwechslung“ (Herr LT 258 – 53 Jahre, Realschule, Sport/Mathematik).

Das Unterrichten in verschiedenen Räumen, beziehungsweise an verschiedenen Orten, nehmen also manche der Befragten als willkommene Abwechslung im sonst routinierten Tagesablauf zwischen Klassenräumen und Lehrerzimmer wahr. Das Unterrichten unter freiem Himmel „in der schönen Umgebung an der Schule“ (Frau AH 21 – 48 Jahre, Gymnasium, Sport/Biologie) wird hochgeschätzt. Diese Abwechslung durch einen sichtbaren Ortswechsel empfinden einige der Sportlehrkräfte regelrecht als Privileg ihres Faches. Für den Realschullehrer Herrn LT ist dies sogar der wichtigste Grund dafür, den Sportlehrerberuf noch einmal zu ergreifen (vgl. Herr LT 257 – 53 Jahre, Realschule, Sport/Mathematik). Mit der Aussage „Sport ist für mich das Salz in der Suppe“ und „mein Leib und Magenfach“ beschreibt der Grundschullehrer Herr GM (298 – 54 Jahre, Grundschule, Sport/Deutsch/Sachunterricht) den hohen Stellenwert, den das Unterrichten des Faches Sport für ihn hat.

Abschließend lässt sich festhalten, dass der Sportlehrerberuf den Befragten auf unterschiedliche Weise Abwechslung bringen kann: Zum einen ist es der Ausgleich durch den Wechsel zwischen kognitiven und motorischen sowie organisatorischen Anforderungen. Zum anderen ist es der Ortswechsel, den Sportlehrkräfte im Tagesablauf durch den Wechsel zwischen Klassenräumen und verschiedenen Sportstätten erleben. Darüber hinaus wird die Wahrnehmung unterschiedlicher Kompetenzen und des unterschiedlichen Lernverhaltens mancher Schüler/-innen im Sportunterricht im Vergleich zu anderen Schulfächern als interessant und bereichernd erlebt. All diese Aspekte können als Ressourcen im Berufsalltag erachtet werden. Durch den psychischen Ausgleich, der daraus resultiert, kann der Sportunterricht bisweilen sogar als „Oase“ in der Schullandschaft (Herr GM 301-303 – 54 Jahre, Grundschule, Sport/Deutsch/Sachunterricht) empfunden werden.

### 7.5.3 Mehr inhaltliche und zeitliche Flexibilität als in anderen Schulfächern

Einige der befragten Sportlehrkräfte genießen auch den Freiraum, den sie bei der inhaltlichen Gestaltung des Sportunterrichts haben und den sie als einen besonderen Vorteil des Faches Sport erachten:

> „Dass es auch ein bisschen freier ist, also ich finde, dass man manches auch mal einfach so machen kann. Das ist im Fach Sport ja nicht ganz so festgelegt, dass man in einer Stunde oder in ein paar Wochen das und das unbedingt schaffen muss, so dass man da vielleicht auch mal ein bisschen flexibler ist, das finde ich ganz gut“ (Frau AH 21- 48 Jahre, Gymnasium, Sport/Biologie).

Gerade im Unterrichtsfach Sport – so die Aussage der Befragten – bieten der Lehrplan und der Umstand, dass zentrale Abschlussprüfungen fehlen, die Möglichkeit, die Ziele des Unterrichts und den Zeitrahmen „flexibler“ zu gestalten. Aus Sicht der Sportlehrkräfte ist im Fach Sport der in anderen Fächern spürbare Druck, Inhalte in einem strikten Zeitplan zu behandeln und Kenntnisse und Fertigkeiten an alle Schüler/-innen in derselben Zeit zu vermitteln, abgeschwächt. Aus diesem Grund kann auch einmal spontan auf die Bedürfnisse der Schüler/-innen eingegangen werden:

> „Dass man die Bedürfnisse der Schüler auch ein bisschen mehr berücksichtigen kann als in anderen Fächern. Wenn die jetzt mal so ganz durch den Wind sind. Gut, das kann man in einem ande-

> ren Fach auch, aber beim Sport finde ich schon das Freie gut. Das ist ja bei anderen Fächern nicht so. (...) Das finde ich schon einen Vorteil bei Sport" (Frau AH 21- 48 Jahre, Gymnasium, Sport/ Biologie).

Und Frau KT führt aus, dass sie je nach Tagesform der Schüler/-innen die inhaltliche Gestaltung des Sportunterrichts flexibel und spontan variieren kann, z. B. wenn die Schüler/-innen unmittelbar vor der Sportstunde eine Klassenarbeit geschrieben haben (Frau KT 15). Diese geringere Verbindlichkeit bietet Vorzüge für die Schüler/-innen, aber auch für die unterrichtenden Sportlehrkräfte, die es z.B. auch schätzen, wenn sie bei schönem Wetter spontan den Unterricht nach draußen verlegen können (vgl. Frau AH 21).

Inhaltliche Flexibilität bietet in den Augen der Befragten das Fach Sport auch dadurch, dass es der Lehrplan zulässt, neue Sporttrends spontan in den Stoffverteilungsplan aufzunehmen:

> „Die Kinder haben sich geändert, neue Trends sind dazu gekommen, der Lehrplan hat sich geändert, und das ist einfach für mich immer spannend gewesen, neue Dinge, die ich dann natürlich auch immer gut fand, einzubringen, sich drauf einzustellen" (Herr QO 13 – 57 Jahre, Gesamtschule, Sport/Sozialwissenschaften).

Herr QO nimmt derartige Veränderungen offenbar als Herausforderung an, findet es spannend darauf zu reagieren und bewertet es insgesamt positiv, dass „das Fach Sport ein Fach ist, das sprichwörtlich immer in Bewegung ist" (Herr QO 13 – 57 Jahre, Gesamtschule, Sport/Sozialwissenschaften).

### 7.5.4 Das besondere pädagogische Verhältnis der Lehrkraft zu den Schülern und Schülerinnen

Viele der befragten Sportlehrkräfte heben die spezifische Beziehung zu ihren Schülern und Schülerinnen im Sport, die es in keinem anderen Fach in dieser Form gibt, als besonders positiv hervor:

> „Im Sport, da kriegt man einen deutlich engeren Draht oder eine bessere Beziehung oder einen engeren Kontakt auch zu den Schülern. (...) Auf jeden Fall hat man im Sport auch mal die Gelegenheit, mit einem Schüler anders zu reden. Das ist eine lockere Unterrichtsatmosphäre. Ja, das ist eigentlich so das Positive" (Frau FQ 13 – 52 Jahre, Realschule, Sport/Mathematik).

> „Der Zugang zu den Schülern ist natürlich über das Fach Sport ein ganz anderer. Das ist auch das, was eigentlich sehr viel Spaß macht, weil man (...) sehr viel über sie erfährt, [viel, die Verf.] mit ihnen macht, zu Wettkämpfen fährt" (Frau KT 11 – 42 Jahre, Gymnasium, Sport/Mathematik).

Ein deutlich „engerer Draht" zu den Schülern und Schülerinnen bietet die Möglichkeit, im Sportunterricht eine andere Art der Beziehung zwischen Lehrkraft und Schülern und Schülerinnen aufzubauen. In der spezifischen, durch mehr Körperlichkeit und mehr Emotionalität geprägten Unterrichtsatmosphäre, ist es Sportlehrkräften möglich, ihre Schüler/-innen intensiver kennenzulernen und sie auf eine andere Art anzusprechen. Dies ist insbesondere dann der Fall, wenn man schulische Sportwettkampfmannschaften betreut und z. B. durch Fahrten zu Schulwettkämpfen noch mehr Zeit mit ihnen verbringt. Auf diese Weise kann sich zwischen Lehrkraft und Schülern und Schülerinnen ein persönlicheres Verhältnis entwickeln, was Frau DT als „wirkliche Domäne" des Faches Sport erachtet:

> „Was ich im Sport ganz wichtig finde, ist, dass man die Schüler auf einer ganz anderen Ebene kennenlernt, dass es ein viel persönlicherer Bezug ist. (...) Der Kontakt zu den Schülern ist ein ganz anderer und wesentlich inniger, als wenn man das in einem anderen Fach hat. Das würde ich so als wirkliche Domäne des Faches Sport ansehen" (Frau DT 25 - 46 Jahre, Gesamtschule,

Sport/Chemie).

Als Sportlehrerin bzw. Sportlehrer ist man „emotional näher an den Schülern", so die Realschullehrerin Frau TK (62 – 49 Jahre, Sport/Mathematik). Sie sieht dies darin begründet, dass sie „alle Schüler schon in der kurzen Hose und Schweiß gesehen" habe (Frau TK 62 – 49 Jahre, Realschule, Sport/Mathematik). Sie betont damit die räumliche Nähe und den Wegfall gewisser Intimitätsschranken. Ähnlich argumentieren auch zwei weitere Lehrkräfte, die die Nähe im Sport betonen und mit der Situation in ihrem anderen Unterrichtsfach vergleichen:

> „Im Matheunterricht ist man ja doch distanzierter, zumindest in dem klassischen Stil des Frontalunterrichts" (Frau FQ 13 – 52 Jahre, Realschule, Sport/Mathematik).
>
> „In Mathe ist da immer mehr noch so ein Abstand" (Frau TT 8 – 60 Jahre, Realschule, Sport/Mathematik).

Durch den Unterricht in der Sporthalle oder in der Schwimmhalle scheint also eine gewisse Distanz abgebaut zu werden, die im Klassenzimmer schon allein durch den Ordnungsrahmen der feststehenden Tische und Stühle geschaffen wird. Hinzu kommt eine körperliche Nähe zwischen den Schülern und Schülerinnen untereinander und zur Lehrkraft, wie man sie in keinem anderen Unterrichtsfach erlebt. Dadurch ergibt sich vielfach eine Atmosphäre, die als „locker" beschrieben wird:

> „Im Sportbereich läuft das lockerer, da ist der Umgangston anders und das merken die Schüler halt auch: ‚Mensch, sie ist nicht nur die Mathelehrerin, sondern sie macht auch Witze, sie macht auch Spaß, da können wir auch lachen.' Im Sportbereich ist einfach der Ton anders" (Frau TT 8 – 60 Jahre, Realschule, Sport/Mathematik).

Die „lockere Atmosphäre" ( so auch Frau RV 13 – 50 Jahre, Gymnasium, Sport/Erdkunde), der „freiere Umgang und dass man freier kommunizieren kann" (Herr JM 182 – 38 Jahre, Gesamtschule, Sport/Chemie), und der andere Umgangston führen insgesamt zu einem aus Sicht der befragten Sportlehrkräfte positiven Verhältnis zu den Schülern und Schülerinnen, dass als „enger", „intensiver", „inniger" und „persönlicher" bezeichnet wird. Die Bewertungen dieses Lehrer-Schüler-Verhältnisses und die dadurch entstehende Atmosphäre im Unterricht ist bei vielen Befragten positiv besetzt, was folgende Aussagen unterstreichen: „Das macht sehr viel Spaß" (Frau KT 11 – 42 Jahre, Gymnasium, Sport/Mathematik), „das ist das Positive" (Frau FQ 13 - 52 Jahre, Realschule, Sport/Mathematik), „das find ich schon ganz schön. Das ist ein größerer Vorteil" (Frau RV 15 – 50 Jahre, Gymnasium, Sport/Erdkunde). Dass der Sportunterricht sowohl für die Sportlehrkräfte als auch für die Schüler/-innen als etwas Besonderes im Unterrichtsalltag der Schule empfunden wird, das beschreibt ein Lehrer als „das Faszinierende gerade beim Sport" (Herr LO 13 – 47 Jahre, Gesamtschule, Sport/Englisch).

Viele Befragte genießen den intensiveren Austausch und den anderen Umgangston im Sportunterricht, wobei sie die Erfahrung, Schüler/-innen sowohl im Klassenunterricht als auch in der Sporthalle zu erleben, als besonders bereichernd hervorheben:

> „Darum ist es so schön, wenn man eine Klasse in mehreren Fächern hat und im Sport, dass ich die von einer ganz anderen Seite her kennenlerne. Und dieses Körperbetonte ist ja etwas ganz anderes als dieses intellektuell Betonte. Und dadurch habe ich zwei Komponenten in dem Wesen, und dann finde ich das einfach spannend und schön. Klassen, die ich auch im Sport habe, zu denen habe ich immer sehr viel schneller ein richtig enges Gruppenverhältnis" (Frau FC 19 – 49 Jahre, Gymnasium, Sport/Erdkunde).

> „In Deutsch hat man ein anderes Verhältnis zu den Schülern als im Sport. Im Sport ist das einfach irgendwie lockerer und die Schüler aus beiden Richtungen oder aus beiden Perspektiven zu kennen, das ist sehr gut“ (Frau QT 14 – 52 Jahre, Realschule, Sport/Deutsch).

Frau FC betont, dass auch der Unterricht im Klassenzimmer von dem spezifischen Interaktionsstil zwischen Lehrkraft und Schülern und Schülerinnen, der im Sportunterricht entstandenen ist, profitiert: Denn durch den Sportunterricht entsteht offenbar in der Klasse eine besondere Gruppendynamik, die von der Lehrerin als positiv empfunden wird. Aufgrund dieser Aussagen kann das besondere Lehrer-Schüler-Verhältnis im Sportunterricht als arbeitsbedingte Ressource des Sportlehrerberufs gewertet werden. Die große Bedeutung, die dieser Ressource zukommt, ist sowohl anhand der Häufigkeit der Nennungen (18 von insgesamt 71 Lehrkräften äußern sich dazu) zu erkennen, als auch durch die positiven Emotionen, die sich in der Wortwahl der Interviewten zeigen.

### 7.5.5 Die besondere Kommunikation unter Sportlehrerkolleginnen und -kollegen

> „Der Kontakt untereinander ist einfach toll. Unter den Sportkollegen, der ist einfach anders als wenn ich im Lehrerzimmer sitze, wo andere Kollegen sitzen, das ist einfach [so, die Verf.], Unter Sportlern ist ein anderer Ton“ (Herr QO 145 - 57 Jahre, Gesamtschule, Sport/Sozialwissenschaften).

Im direkten Vergleich zu den übrigen Kollegen/Kolleginnen herrscht nach Ansicht dieses Sportlehrers unter Sportlehrerkolleginnen und -kollegen ein „anderer Ton“. Diese Besonderheit spiegelt sich offenbar auch in den Kontakten mit Sportlehrkräften anderer Schulen wider:

> „Wenn ich an Schulen komme und komme mit Sportlern zusammen, dann ist gleich ein freundliches 'Du' und 'Hallo' und 'Was machst Du?' und so. Also das ist einfach die Atmosphäre, die ich mag und die ich toll finde“ (Herr QO 145 - 57 Jahre, Gesamtschule, Sport/Sozialwissenschaften).

Kontaktfreudigkeit und das „ganz andere Verhältnis zueinander“ (Frau RE 530 – 49 Jahre, Grundschule, Sport/Mathematik) führen nicht nur zu einem angenehmen Berufsklima, sondern steigern der folgenden Aussage zufolge auch die Akzeptanz der Sportlehrkräfte bei den Schülern und Schülerinnen:

> „Sportlehrer sind einfach beliebter, das ist so. Aber das liegt vielleicht auch natürlich an unserer Art, weil wir einfach auch kommunikativer sind. Ja, wir sind kommunikativer, sehe ich ja im Studium auch, Sportstudenten sind kommunikativer als die Deutschstudenten. Und das bleibt auch in der Schule so. Ich habe zu meinen Sportkollegen mehr Kontakt als zu meinen Deutschkollegen. Und wir sind einfach kommunikativer, und das zeigen wir auch nach außen. Und aus dem Grunde denken die Schüler, dass wir vielleicht netter sind“ (Herr KC 76-78 – 34 Jahre, Gymnasium, Sport/Deutsch).

Eine positive Atmosphäre im Fachkollegium Sport, wie sie hier geschildert wird, ist als eine wesentliche gesundheitliche Ressource zu erachten, denn sie kann erheblich zur Steigerung der Berufszufriedenheit beitragen.

### 7.5.6 Spezifische Erziehungs- und Bildungsziele des Faches Sport

Einige der befragten Sportlehrkräfte schätzen am Fach Sport insbesondere seine spezifischen erzieherischen Potentiale. Erwähnt wird in diesem Zusammenhang z. B. der Erwerb sozialer Kompetenzen, der Aufbau von Selbstbewusstsein, die Entwicklung von Teamfähigkeit und Rücksichtnahme sowie das Erlernen disziplinierten Arbeitens:

> „Natürlich kann man die Schüler gerade durch den Sportunterricht besonders gut erziehen. Man kann ihnen besser Ordnung beibringen oder so was… Oder Miteinander“ (Frau OC 58 – 30 Jahre,

Gymnasium, Sport/Englisch).

Von einigen Lehrer/-innen wird gerade dieser Aspekt ihrer Berufstätigkeit als besondere Chance und Herausforderung erachtet:

> „Natürlich gibt es eben auch Möglichkeiten, Fehlverhalten zu korrigieren, Einsichten zu gewinnen, und, ja, wenn man so will, dann auch junge Menschen dazu zu erziehen, dass ein Miteinander auch funktionieren kann. (...) Ein Miteinander kann da funktionieren. Und wenn dieses funktioniert, möglichst vernetzt mit möglichst vielen Aspekten also noch, dann gefällt mir das" (Herr QL 23 - 54 Jahre, Gesamtschule, Sport/Erdkunde).

Für Herrn QL bilden die Ergebnisse dieser Erziehungsarbeit einen besonderen Reiz des Sportunterrichts. Das Gefühl, ein „Miteinander" geschaffen zu haben und „Fehlverhalten zu korrigieren", erfüllt ihn mit Zufriedenheit.

Insgesamt schätzen zehn der befragten Lehrkräfte die erzieherische Komponente im Fach Sport in besonderem Maße und bewerten sie als „enorm große Chance des Faches" (Herr JF 19 – 55 Jahre, Gymnasium, Sport/Mathematik).

### 7.5.7 Erfolgserlebnisse und positive Rückmeldungen der Schüler/-innen

In den Interviews heben einige der befragten Sportlehrkräfte hervor, dass sie es in hohem Maße schätzen, die Lernerfolge ihrer Schüler/-innen unmittelbar zu erleben:

> „Ich finde es unheimlich gut zu sehen, wenn Kinder und Jugendliche Bewegungsfortschritte machen, wenn sie irgendwelche Fertigkeiten neu lernen, Erfolgserlebnisse haben" (Herr OS 31 - 32 Jahre, Gymnasium, Sport/Pädagogik).

> „Wenn Sie das Lachen oder diese Freude von den Kindern sehen, oder sie haben jetzt eine bestimmte Übung im Geräteturnen geschafft, sind sie ja glücklich und freuen sich und wollen das noch mal machen" (Herr ST 138 - 52 Jahre, Gymnasium, Sport/Erdkunde).

Im Vergleich zu anderen Schulfächern werden die Lernfortschritte der Schüler/-innen im Sportunterricht durch den körperlichen Vollzug der Handlung deutlicher sichtbar. Sofern Übungen, um die sich einzelne Schüler/-innen in besonderem Maße bemüht haben, gelingen und wenn sie beispielsweise „endlich mal das Durchhocken geschafft (haben)" (Herr JM 17 – 38 Jahre, Gesamtschule, Sport/Chemie), erleben diese Schüler/-innen ihren Erfolg unmittelbar im Anschluss an den Vollzug. Wenn sie in solchen Momenten „vor Freude aufstrahlen" (Herr JM 17 – 38 Jahre, Gesamtschule, Sport/Chemie), können die unterrichtenden Sportlehrkräfte dies als Gratifikation für ihre Unterrichtsarbeit verbuchen.

Solche Erfolgsmomente der Lernenden erfahren Sportlehrkräfte als motivierend und empfinden dann „am Ende einer Unterrichtsreihe ein bisschen Stolz oder Zufriedenheit" (Herr OS 31 – 32 Jahre, Gymnasium, Sport/Pädagogik). Aufgrund derartiger Aussagen kann die Wahrnehmung von Erfolgserlebnissen im Sportunterricht als arbeitsbedingte Ressource der Sportlehrkräfte interpretiert werden. Fünf der Befragten führen diesen Aspekt im Interview weiter aus und einige der Sportlehrkräfte bringen im Interview deutlich zum Ausdruck, dass solche Glücksmomente der Schüler/-innen „einen dann für manche Probleme (...) entschädigen" (Herr SN 19 – 30 Jahre, Gymnasium, Sport/Biologie). Damit stellt Herr SN den Bezug zwischen den Belastungen durch den Sportunterricht und den Ressourcen im Interview selbst her.

An den Aussagen der befragten Sportlehrkräfte wird deutlich, dass Erfolgserlebnisse oft mit positiven verbalen Rückmeldungen der Schüler/-innen an die Lehrkraft einhergehen:

> „Wenn Schülern etwas gelingt, sie vorwärts kommen, da gibt es die Rückmeldung: ‚Mensch das hätte ich nie gedacht, dass ich das mal hinbekomme'. Oder: ‚Hier habe ich das gelernt'. (…) Die Rückmeldungen sind viel extremer, also die Begeisterung sticht viel mehr durch, als wenn es um ein rein kognitives Fach geht (...) Aber ich glaube, im Sport ist das einfach noch eine größere Begeisterung, mit Leib und Seele ist man eben dabei, wie es so schön heißt. Ja, und das ist genial, wenn das klappt" (Herr SN 19 - 30 Jahre, Gymnasium, Sport/Biologie).

Solche Rückmeldungen stellen im Vergleich zu kognitiven Unterrichtsfächern eine Besonderheit dar, denn sie offenbaren eine emotionale Beteiligung der Schüler/-innen, wie sie in den kognitiven Fächern nur selten vorkommt. Sportlehrkräfte können dies als „Momente, wo man ziemlich viel draus ziehen kann" (Herr SN 19 – 30 Jahre, Gymnasium, Sport/Biologie) erfahren. Auch wird berichtet, dass die Schüler/-innen bisweilen nach der Stunde zu ihnen kommen und sagen: „Heute war das aber toll" (Herr JM 19 – 38 Jahre, Gesamtschule, Sport/Chemie) oder „Das war aber eine tolle Stunde" (Herr ST 138 – 52 Jahre, Gymnasium, Sport/Erdkunde), so dass „der Lehrer, der den Unterricht leitet, auch ein positives Feedback bekommt" (Herr VI 10 – 46 Jahre, Hauptschule, Sport/Deutsch).

Darüber hinaus ermöglicht der Sportunterricht den Sportlehrerinnen und Sportlehrer ein unmittelbares Feedback bezüglich ihrer Vermittlungsmethoden, wenn sie die Schüler/-innen im motorischen Vollzug genau beobachten und daraus Schlussfolgerungen ziehen:

> „Ich kann Sachen erproben und ich sehe genau rein körperlich schon, was ich für einen Lernerfolg habe. Viele Dinge, die sonst in anderen Fächern nur in der Theorie stattfinden, kann ich gleich in der Praxis erproben. Und dann sehe ich gleich meinen Erfolg. Und das macht einfach Spaß, das zu sehen" (Herr KC 18 - 34 Jahre, Gymnasium, Sport/Deutsch).

In der Unmittelbarkeit des Feedbacks sehen Sportlehrkräfte einen erheblichen Vorteil ihres Faches im Vergleich mit den rein kognitiven Fächern:

> „Was die Kinder (uns) wiedergeben, das haben [wir, die Verf.] im anderen Unterricht ja eigentlich nicht. (…) Also, was man von den Kindern da schon so wiederkriegt, da merken Sie auch schon, ob Sie einen vernünftigen Sportunterricht machen, wenn sie lachen und sich freuen, oder ob Sie den halt nicht machen." (Herr ST 138 - 52 Jahre, Gymnasium, Sport/Erdkunde).

Ein solch unaufgefordert gegebenes, gutes Feedback durch die Schüler/-innen, wie es von einigen der Befragten berichtet wird, ist als wichtige Rückmeldung für die Lehrkräfte einzuschätzen und kann positive Emotionen bei den Lehrer/-innen wecken. Das Feedback kann sich dabei sowohl auf die Inhalte des Unterrichts als auch auf die spezifischen Aufgabenstellungen beziehen, wie dies in der folgenden anerkennenden Schüleräußerung zum Ausdruck kommt: „Wow, Herr S., geben sie mir noch eine Aufgabe" (Herr ST 138,- 52 Jahre, Gymnasium, Sport/Erdkunde).

Derartig emotional positiv besetzte Situationen gebe es im Unterricht in kognitiven Fächern eher nicht:

> „Das habe ich in Erdkunde nicht [lacht, die Verf.], dass die dann sagen [lachend, die Verf.]: \`Das war aber eine tolle Stunde!´ Oder: \`Eine geile Klausur!´" (Herr ST 138 – 52 Jahre, Gymnasium, Sport/Erdkunde).

Festzuhalten ist, dass sowohl die Lernfortschritte der Schüler/-innen und deren Freude über ihren Erfolg (direktes Feedback an die Lehrkraft) als auch die indirekten Feedbacks zu den angewandten Vermittlungsmethoden als Vorteile des Faches Sports gegenüber anderen Fächern genannt werden. Diese Faktoren werden von 10 der befragten Lehrkräfte im Interview angesprochen. Eine Vielzahl der Befragten sieht allerdings diese Sonnenseiten des Sportlehrerberufes nicht bzw. kann sie u.U. nicht (mehr) wahrnehmen. Welche Ursachen dafür verantwortlich sind, kann allerdings an Hand der vorliegenden Daten nicht erklärt werden.[54]

### 7.5.8 Besondere Qualitäten der Schüler/-innen entdecken

Oft haben Lehrer/-innen im Klassenraum Schwierigkeiten, alle Schüler/-innen gleichermaßen mit ihrem Angebot zu erreichen. Dem Fach Sport wird in diesem Zusammenhang eine kompensierende Funktion zugesprochen:

> „Da ist [der Sportunterricht, die Verf.] auch ganz gut, wenn man an alle Schüler gleichermaßen heran kommen [will, die Verf.]. Und dazu ist Sport unbedingt ein Mittel" (Frau LX 17 – 48 Jahre, Gesamtschule, Sport/Englisch).

D.h., wenn es im kognitiven Fach nicht gelingt, einen positiven pädagogischen Bezug zu einem Schüler/einer Schülerin herzustellen, dann besteht immerhin im Sportunterricht, aufgrund der dort herrschenden andersartigen Bedingungen, die Möglichkeit, einen Zugang zu bestimmten Schülern und Schülerinnen zu finden. Und „das gelingt natürlich auch bei solchen, die nicht so einen Zugang zu Sport haben" (Herr JM 18 – 38 Jahre, Gesamtschule, Sport/Chemie). Diese Möglichkeit benennen auch noch zwei andere Befragte:

> „Ich liebe es eben auch in Klassen, wo ich Sachunterricht oder Mathe oder Deutsch unterrichte auch Sport zu unterrichten, weil ich immer finde, dann kann man auch noch Qualitäten von Kindern herausstellen, die vielleicht in anderen Fächern nicht so gut sind, also, dass so ein ganzheitliches [Bild entsteht, die Verf.] das reizt mich einfach sehr daran. Oder die dann einfach nochmal besonders hervorheben zu können. Es sind ja häufig schon Kinder, die schon sportlich gut sind oder auch eine Menge Vorteile haben, die sie vielleicht in der Klasse jetzt nicht so haben, wo sie immer der Buhmann sind und immer diejenigen sind, die den Ärger kriegen"(Frau RD 48 – 37 Jahre, Grundschule, Sport/Deutsch/Mathe).

> „Das finde ich einfach sehr schön, auch die Kinder in einem anderen Umfeld zu sehen. (…) Und wenn sie [z. B. im Klassenunterricht, die Verf.] sagen: `Ich kann das überhaupt nicht´, und man dann feststellt, dafür kann der andere Sachen [im Sportunterricht, die Verf.] ganz großartig, das ist einfach auch schön" (Frau ZG 19 – 40 Jahre, Gymnasium, Sport/Spanisch).

Hinzu kommt, dass im Sportunterricht, anders als in den anderen Fächern, der Bildungshintergrund der Lernenden und etwaige Defizite in der deutschen Sprache kaum eine Rolle spielen. Diesen Vorteil betonen vor allem Lehrkräfte an Haupt-, Real- und Gesamtschulen:

> „Auch hier gibt es ja viele Kinder aus bildungsfernen Schichten, die sind aber in Sport dabei. Also wenn die mit einem Einrad über Hindernisse rüber fahren und die Kinder strahlen oder haben das Einradfahren erlernt, die können [in anderer Hinsicht, die Verf.] noch so schwach sein oder die deutsche Sprache noch nicht können, aber sie können [im Sport, die Verf.] etwas, sie haben etwas gelernt. Und das ist immer schön, wenn die Kinder strahlen und wenn sie sich freuen und (...) in den Zusammenhängen glücklich werden und angenommen werden, das ist das Tolle" (Herr QO 13 - 53 Jahre, Gesamtschule, Sport/Erdkunde).

Es kann Sportlehrkräfte mit Zufriedenheit und Stolz erfüllen, im Sportunterricht Schüler/-innen, deren Leistungen in anderen Schulfächern eher schwach sind, die Chance zu bieten, in

54 Eine mögliche Ursache könnte in der Menge und der Intensität der Belastungen liegen, die es unmöglich macht, positive Emotionen in Situationen des Sportunterrichts wahrzunehmen. Aus der Depressionsforschung ist bekannt, dass emotionale Zuwendung durch andere von vielen Erkrankten subjektiv nicht mehr wahrgenommen wird, obwohl diese – objektiv betrachtet – vorhanden ist. Es überwiegen dann in der Wahrnehmung negative Ereignisse. Dadurch stellt sich eine Abwärtsspirale im emotionalen Erleben ein, die nur noch schwer zu durchbrechen ist (Wright & Beck 1986, S. 130) ff).

der Schule Erfolgserlebnisse zu haben, ihren Status in der Klasse durch ihr Können im Sport zu verbessern sowie einen Zugang zum Sport als einem Interessenfeld zu finden.

### 7.5.9 Tätigkeiten im außerunterrichtlichen Schulsport

Die Befragung zeigt, dass für einige Sportlehrkräfte das Engagement im außerunterrichtlichen Bereich des Schulsports ein attraktiver Aspekt der Sportlehrertätigkeit ist:

> „Erfahrungen sammeln, mit den Kindern Wanderfahrten machen, einen Schulverein gründen und dann an Wettkämpfen teilnehmen und größere Fahrten machen [das finde ich gut, die Verf.]" (Herr QO 13 - 57 Jahre, Gesamtschule, Sport/Sozialwissenschaften).

> „Dadurch [durch den außerunterrichtlichen AG-Bereich, die Verf.] ist es immer interessant und vielseitig. Man hat immer wieder etwas vorzubereiten: mal einen Auftritt mit der Tanz-AG, so ist es immer etwas Besonderes, was dazu kommt" (Frau AH 115 - 48 Jahre, Gymnasium, Sport/Biologie).

Ob es schulübergreifende Sportwettkämpfe sind oder die Betreuung von Arbeitsgemeinschaften oder Exkursionen: Sportlehrkräfte erleben diese Tätigkeiten als etwas Besonderes, das Abwechslung in die Alltagsroutine bringt. Frau KT schreibt insbesondere außerunterrichtlichen Projekten Bedeutung zu, wenn es um ihre Berufszufriedenheit geht:

> „Unterricht kann auch Spaß machen, aber ich denke, (...) dass mich das zufriedenstellt, das ist dann schon eher da, wenn ich dann so ein Event habe, wo ich auch länger für gearbeitet habe. Und bei uns wären das, wenn man so über Zufriedenheit spricht, das ist dann schon, wenn wir so Sachen machen: ein schönes Sportfest oder irgendwie wieder ein nettes Projekt mit der Uni, im Prinzip schon die außerunterrichtlichen Sachen" (Frau KT 25 - 42 Jahre, Gymnasium, Sport/Mathematik).

Die Arbeit an längerfristigen Projekten im außerunterrichtlichen Bereich des Schulsports trägt auch deshalb zur Zufriedenheit bei, weil Derartiges als „interessant und vielseitig" (Frau AH) wahrgenommen wird. Die Herausforderungen, die dadurch neben dem Berufsalltag entstehen, tragen zur Steigerung der Motivation der Sportlehrkräfte bei und erfüllen, wenn sie gemeistert werden, auch mit Stolz:

> „Ich habe die AGs irgendwie nebenher gemacht, da war das schon einfach eine wichtige Sache, weil, wir sind dann auch gleich Stadtmeister geworden, dann war das auch gleich so ein Erfolg. Das stand auch gleich in der Zeitung, die Schulleitung wurde auf einen irgendwie aufmerksam, und, ja, es gibt einem selber natürlich auch so eine gute Rückmeldung für die Arbeit. Das fand ich für die Zufriedenheit, vielleicht auch so einfach die Selbstzufriedenheit und Selbstbestätigung, eine ganz wichtige Sache" (Frau KT 25 - 42 Jahre, Gymnasium, Sport/Mathematik).

Erfolge mit den Schülern und Schülerinnen können bei derartigen Anlässen, anders als im alltäglichen Sportunterricht, durch Medien oder Präsentationen im öffentlichen Raum nach außen getragen werden und die verantwortliche Sportlehrkraft bekommt so eine gewisse Publizität, was die Anerkennung für ihre geleistete Arbeit steigern kann.

Zusammenfassend kann festgehalten werden, dass das Engagement im außerunterrichtlichen Bereich des Schulsports von einigen befragten Sportlehrkräften nicht als weitere Belastung, sondern vielmehr als - im positiven Sinne - herausfordernde Aufgabe gesehen wird, die ihnen Ankerkennung im Kollegium, in der Schüler- und Elternschaft sowie in einer größeren Öffentlichkeit verschafft. Dies kann zu einer Verbesserung der Berufszufriedenheit und zur Steigerung der Motivation führen. Voraussetzung dafür ist allerdings, dass diese außerunterrichtlichen Aktivitäten selbstbestimmt und interessengeleitet sind. Allerdings geben nur fünf der Befragten diesen Faktor an.

### 7.5.10 Die persönliche Affinität zu Bewegung, Spiel und Sport im Unterricht ausleben - Sport als Lebenselixier

„Ich konnte mein Hobby im Prinzip auch berufsmäßig umsetzen" (Herr QL 17 – 54 Jahre, Gesamtschule, Sport/Erdkunde), und „ich habe immer gerne Sport gemacht" (Herr LU 17 – 38 Jahre, Gesamtschule, Sport/Pädagogik). Solche Aussagen von Sportlehrkräften werden von Außenstehenden meist belächelt und verstärken das „Traumjob"-Klischee des Sportlehrerberufs. Betrachtet man aber angesichts der vielfältigen Belastungen, denen Sportlehrkräfte ausgesetzt sind, die berufsbezogenen Ressourcen der Sportlehrkräfte genauer, so kommt diesem Aspekt eine besondere Bedeutung zu:

> „Ich bin ein Bewegungsmensch (…). Und wenn man den Sport mal so erlebt hat als Lebenselixier, sage ich jetzt mal, so ein bisschen überspitzt, dann gibt es einem zum einen die Möglichkeit auch mal die Insel aufzusuchen und zu sagen, jetzt schalte ich völlig ab. Und zum anderen gibt es auch die Kraft zu sagen, so, jetzt helfe ich aus oder ich packe neue Ziele an. Und das ist schon so ein Stück Zufriedenheit mit dem, was man schafft und tut dieses auch, was man selber im Sport erfahren hat, das auch weiterzugeben an die jüngeren Schüler/-innen. Das ist schon eine tolle Geschichte" (Herr LV 24 - 55 Jahre, Grundschule, Sport/Deutsch/Sachunterricht).

Das positive physische und psychische Erleben, das die Sportlehrkräfte im Rahmen ihres Sporttreibens selbst erfahren haben, und die daraus resultierende Zufriedenheit, das „Lebenselixier", wie Herr LV es bezeichnet, dies an die Schüler/-innen weiterzugeben, ist ein wesentliches Motiv bei Herrn LV für den Sportlehrerberuf. Die Idee, den Schülern und Schülerinnen aufzuzeigen, welche Rolle Sport in ihrem Leben spielen kann, motiviert und erfüllt ihn gleichermaßen. Herr QL sieht dies ähnlich, wenn er davon spricht, dass er den Schülern/Schülerinnen vermitteln möchte, dass das Sporttreiben im Verbund mit anderen „den Horizont in einer ganz vielfältigen Art und Weise" (Herr QL 18 – 54 Jahre, Gesamtschule, Sport/Erdkunde) erweitert.

Da viele der befragten Sportlehrkräfte in ihrer Freizeit immer noch selbst gerne aktiv Sport treiben, lassen es sich einige nicht nehmen, auch am Sportunterricht aktiv teilzunehmen. Ihre persönlichen Interessen mit einzubringen und als „Bewegungsfanatiker" (Frau OM 15 – 44 Jahre, Hauptschule, Sport/Deutsch) immer mitzumachen, das gefällt vielen „sehr gut" (Frau OM 15 – 44 Jahre, Hauptschule, Sport/Deutsch). Zudem schätzen sie den Nebeneffekt, „durch das Mitmachen auch ein klein wenig fit zu bleiben" (Herr UF 147 – 52 Jahre, Gymnasium, Sport/Geschichte). Aus Sicht vieler Befragter „ist es wichtig, dass man als Lehrer mitmacht" (Frau FC 15 – 49 Jahre, Gymnasium, Sport/Erdkunde) (zumindest in manchen Teilen der Sportstunde), um die Schüler/-innen im Sportunterricht zu motivieren und die eigene Verbundenheit mit dem Sport zu zeigen.

Die aktive Teilnahme am Sportunterricht trägt bei manchen Befragten auch deshalb zur Berufszufriedenheit bei, weil sie durch Bewegungsdemonstrationen ihre Fitness unter Beweis stellen und damit (nach eigener Aussage) auch ihre Vorbildfunktion für ein lebenslanges Sporttreiben erfüllen können. Durch das Mitmachen glauben diese Sportlehrkräfte von den Schülern und Schülerinnen in besonderem Maße anerkannt zu werden und empfinden dies als Bestätigung ihrer Leistungen im Sportlehrerberuf:

> „Ich mache normalerweise ausgesucht so verschiedene Sachen mit, wo ich durchaus auch mal so den Willen habe, dann meine Fähigkeiten zu zeigen. So Badminton oder so, da kriegt eben jeder eine Eins, der mich schlägt, ne. Gut, das ist einerseits eine Motivation für die, andererseits dann

> wieder auch nicht [lacht, die Verf.]“ (Herr QL 53 – 54 Jahre, Gesamtschule, Sport/Erdkunde).
>
> „Ich mache so viel, wie möglich ist. Z. B. habe ich immer die besten Badmintonspieler herausgefordert. Ich wollte mich schon messen. Früher habe ich auch Fußball immer mitgespielt“ (Herr GI 65 – 51 Jahre, Gymnasium, Sport/Sozialwissenschaft).

Durch die Herausforderung zu kleineren Wettkämpfen gegen die Schüler/-innen scheinen diese beiden Sportlehrer eine Bestätigung ihrer eigenen sportlichen Leistungsfähigkeit zu bekommen, was sie teilweise mit Stolz erfüllt, weil sie von den Schülern und Schülerinnen dafür auch etwas bewundert werden.

Die Begeisterung und Leidenschaft, die Sportlehrkräfte für ihr Unterrichtsfach mitbringen, verbunden mit der Erfahrung der eigenen Leistungsfähigkeit tragen bei einem gewissen Teil der Lehrkräfte zur Berufszufriedenheit bei.[55] Dieser Zusammenhang darf jedoch nicht im Sinne eines Automatismus verstanden werden. Vielmehr müssen beim jeweiligen Individuum auch die Bereitschaft und die Fähigkeit vorhanden sein, derartige positive Feedbacks, die im eigenen sportlichen Tun liegen, wahrzunehmen. Diese Fähigkeiten können jedoch ab einem gewissen Grad an Überforderung durch berufliche Belastungen, durch die abnehmende Leistungsfähigkeit im Alter oder verletzungsbedingt bisweilen nicht mehr vorhanden sein. Sie stellen deshalb eine eher vergängliche Ressource dar, die vermutlich nicht über ein langes Sportlehrer/-innenleben hinweg zur Verfügung stehen wird. D.h. als Sportlehrer/-in wird man u.U. in die Lage kommen, akzeptieren zu müssen, dass diese Ressource nicht mehr in vollem Umfang zur Verfügung steht.

## 7.6 Diskussion der Ergebnisse: Reduktion der Belastungswahrnehmung durch berufsbezogene Ressourcen des Sportlehrerberufs?

Insgesamt konnten elf Kategorien identifiziert werden, die von den befragten Sportlehrkräften als arbeitsinhärente Ressourcen wahrgenommen werden. Diese Ressourcen können den alltäglichen fachspezifischen Belastungen der Sportlehrertätigkeit entgegenwirken und werden von einer Reihe von Befragten als Gründe dafür angeführt, warum sie ihren Beruf, trotz aller Belastungen, gerne ausüben.

Betrachtet man diese Ressourcen, so sticht die Kategorie „Hochmotivierte Schüler/-innen“ besonders hervor. Sowohl die Anzahl (15) als auch die Qualität der Aussagen verdeutlicht, in welch hohem Maße die Begeisterung und Motivation der Schüler/-innen die Sportlehrkräfte für wahrgenommene Belastungen entschädigen und sie gleichzeitig in ihrer eigenen Motivation, das Fach Sport zu unterrichten, bestärken kann. Schon Wolters konnte durch ihre Studie zeigen, dass die „Freude und Motivation“ (Wolters 2010, S. 30) der Schüler/-innen und ihr „Spaß“ an Sport und Bewegung dazu führen, dass auch die Lehrkräfte mehr „Spaß“ haben, und zwar am Unterrichten. Jedoch spricht Wolters nicht von der Eigenmotivation, die seitens der Sportlehrkräfte dadurch entstehen kann.

Im Vergleich zu anderen Schulfächern ist darüber hinaus die weniger angespannte, als „locker“ und persönlich empfundene Atmosphäre sowie der intensive Kontakt zu den Schülern

55 Immerhin erwähnen 12 der befragten Lehrkräfte, mehrheitlich männliche, diesen Aspekt.

und Schülerinnen, der zu einem besonderen pädagogischen Verhältnis zwischen Sportlehrkräften und Lernenden führt, positiv hervorzuheben. Viele der befragten Sportlehrkräfte (18) empfinden dies als Spezifikum des Unterrichtsfaches Sport und genießen den andersartigen Umgang mit den Schülern und Schülerinnen: Deshalb ist dieser Aspekt als wichtig für die Berufszufriedenheit zu bewerten.[56] Die von den Sportlehrkräften wahrgenommene Ressource „Erfolgserlebnisse und besondere Rückmeldung der Schüler/-innen“ steht im engen Zusammenhang mit der Motivation und dem andersartigen Kontakt zwischen Sportlehrkraft und Schülern/Schülerinnen. Die Kombination aus den sichtbaren Erfolgserlebnissen der Schülerschaft und den daraus resultierenden positiven Rückmeldungen über den Sportunterricht wird von insgesamt zehn der befragten Lehrerinnen und Lehrer explizit als positive Seite des Faches Sport benannt.

In besonderem Maße scheint die „Abwechslung“, die das Fach Sport im Vergleich mit anderen Fächern bietet, zur Zufriedenheit im beruflichen Alltag beizutragen. Die Abwechslung zwischen den Anforderungen im Unterricht der sonstigen Schulfächer und dem Sportunterricht sowie der Wechsel zwischen Klassenraum und den Unterrichtsstätten des Sports scheinen für die befragten Sportlehrkräften positive Aspekte ihrer Berufstätigkeit zu sein und wirken offenbar entlastend.[57]

Ferner tragen aus Sicht der Befragten die inhaltlichen Freiräume, die der Lehrplan bietet sowie die fehlenden zentralen Abschlussprüfungen zur Zufriedenheit der Lehrkräfte bei. Aus gesundheitlicher Perspektive wird diese inhaltliche und zeitliche Flexibilität im sonst stressigen Schulalltag von einigen Sportlehrkräften explizit als Ressource benannt, diese Flexibilität wirke Belastungen entgegen.[58]

In enger Verbindung mit der Kategorie Sport als Abwechslung und Ausgleich stehen die Tätigkeiten im außerunterrichtlichen Schulsport. Die Besonderheit, in außerunterrichtlichen Projekten Herausforderungen zu erleben und Anerkennung zu erfahren, stellt für einige Sportlehrkräfte eine zusätzliche arbeitsinhärente Ressource dar.[59] Dass gerade im Fach Sport spezifische Erziehungs- und Bildungsziele verfolgt werden können, empfinden einige Lehrkräfte als einen besonders reizvollen Aspekt der Sportlehrertätigkeit.[60]

Eine weitere Besonderheit des Unterrichtsfaches Sport zeigt sich in der Chance, über den Sport alle Schüler/-innen, unabhängig von ihrer Leistungsfähigkeit in anderen Schulfächern, erreichen zu können. Insbesondere jene Schüler/-innen als leistungsfähig und sozialintegrativ zu erleben, die dies im sonstigen Schulalltag nicht erfahren, empfinden einige der befragten Sportlehrkräfte als besonders positiven Aspekt ihres Faches.

---

56 Den besonderen Umgangsstil zwischen Lernenden im Sportunterricht und Sportlehrkräften bezeichnen die bei Wolters Befragten als „kumpelhaft“ und „intensiv“ (2010, S. 33).

57 Vgl. ähnlich Wolters (2010, S. 33).

58 Ähnlich: Wolters (2010, S. 32; 34).

59 Diese Kategorien sind in Wolters Studie nicht enthalten.

60 Ähnlich: Wolters (2010, S. 33).

Bei der Frage nach den Ressourcen des Sportlehrerberufes rückt auch die Kategorie der „Kommunikation unter Sportlehrerkolleginnen und -kollegen“ in den Blick. Die meist als unkompliziert und freundlich erfahrene Atmosphäre unter Sportlehrerkolleginnen und -kollegen wird als einzigartig wahrgenommen und scheint durchaus zum Wohlbefinden einiger der befragten Lehrkräfte beizutragen. Vor dem Hintergrund der Forschungsergebnisse von Rothland (2007), die besagen, dass soziale Unterstützung und ein angenehmes Kommunikationsklima als bedeutsame Ressource für Berufszufriedenheit und Gesundheit im Lehrerberuf zu erachten sind, dürften die durch die Interviews aufgezeigten Ambivalenzen, die sich in manchen Sportlehrer-Kollegin zeigen, von besonderer Bedeutung für Maßnahmen der Gesundheitsförderung sein.

Darüber hinaus konnte die Erfahrung des „Sports als Lebenselixier“ als Ressource identifiziert werden. Mit zum Teil breit ausgeführten Beiträgen bestätigen 12 der interviewten Sportlehrkräfte, dass sie es schätzen, ihre persönliche Leidenschaft und Begeisterung für den Sport im Sportunterricht zu vermitteln und sich durch eine aktive Teilnahme selbst fit halten zu können. Auch dies scheint für das eigene Wohlbefinden und die Zufriedenheit im Sportlehrerberuf eine wichtige Rolle zu spielen.[61]

Die beschriebenen verschiedenen Ressourcen sind vor dem Hintergrund des Belastungs-Bewältigungs-Paradigmas als wichtige Quelle der Gesundheitserhaltung von Sportlehrkräften zu erachten. Sie können, wenn sie aktiviert werden, bei den befragten Sportlehrkräften ein Gefühl der Berufszufriedenheit erzeugen, das für ihr Wohlbefinden im Beruf nicht hoch genug einzuschätzen ist, weil sie als arbeitsinhärente Ressourcen die fachspezifischen Belastungen der Sportlehrertätigkeit aufwiegen oder die Belastungen zumindest erträglich machen können. Sie können insgesamt dafür sorgen, dass die Befragten ihre Tätigkeit als Sportlehrer/-in im Großen und Ganzen gerne ausüben und sie als zufriedenstellend wahrnehmen.

Betrachtet man die von den Sportlehrkräften wahrgenommenen inhaltlichen und zeitlichen Freiräume aus gesundheitlicher Perspektive, so tragen auch diese erheblich zur Entlastung im häufig stressigen Schulalltag bei und fungieren als weitere gesundheitliche Ressource, die den Belastungen des beruflichen Alltags entgegenwirken kann.[62]

Fragt man nach der Wahrnehmung und Nutzung der zehn verschiedenen Arten von Ressourcen, die zu Gesundheit und Wohlbefinden im Berufsalltag beitragen, so zeigt sich an Hand

61 Ähnlich Wolters, die feststellt, dass Sportlehrkräfte ihre Berufswahl häufig aus der „leiblich verankerten Begeisterung für den Sport“ (Wolters, 2010, S. 31) treffen und auf Befrage angeben, selbst gerne aktiv am Sportunterricht teilzunehmen.

62 Wolters zieht allerdings in ihrer Studie zu den Sonnenseiten des Sportlehrerberufs eine eher negative Bilanz. Sie sieht einige der Ergebnisse aus professionstheoretischer Perspektive sehr kritisch. Insbesondere in der Haltung der Lehrkräfte, von geplanten bzw. curricular angedachten Lehrzielen abzuweichen (Kategorie „Sport als Freiraum“), sieht Wolters (2010, S. 32) einen „Ausbruch“ aus dem System Schule, der vor dem Hintergrund der Selektionsfunktion der Schule, an der sich auch die Sportlehrkräfte beteiligen müssen, nicht zu akzeptieren sei. Als kritisch ist ihrer Meinung nach auch die Haltung einiger der von ihr Befragten einzuschätzen: diese bewerteten die fehlende Einbindung des Faches Sport in das Abitur aufgrund dadurch wegfallender Korrekturarbeiten als durchweg positiv.

der Interviews, dass diese Ressourcen von den Lehrkräften in sehr unterschiedlicher Weise genutzt werden. Manche Ressourcen werden individuell nicht wahrgenommen bzw. können u.U. nicht genutzt werden. Der maßgebliche Grund hierfür liegt in den unterschiedlichen strukturellen Bedingungen an den Schulen, den verschiedenen Schulformen sowie den individuell verschiedenen Voraussetzungen der einzelnen Lehrkräfte. Aus der Perspektive des Belastungs-Bewältigungs-Paradigmas sind die dargestellten arbeitsinhärenten Ressourcen aber durchaus geeignet, im jeweiligen Einzelfall zur Abschwächung der fachspezifischen beruflichen Belastungen beizutragen und dadurch insgesamt eine Stärkung des Wohlbefindens im Beruf zu bewirken. Allerdings müssen die Bedingungen für die wirkungsvolle Nutzung dieser Ressourcen verbessert bzw. erst noch geschaffen werden. Dies ist sowohl Aufgabe der Schulen und der Bildungspolitik als auch (zumindest in mancher Hinsicht) der betroffenen Lehrkräfte selbst.

## 7.7 Strategien der Sportlehrkräfte zur Bewältigung von Belastungen

Über die Frage nach den dem Sportlehrerberuf inhärenten Ressourcen hinaus ist unter gesundheitspsychologischer Fragestellung auch zu untersuchen, welche unterschiedlichen Strategien Sportlehrkräfte zur Reduzierung von berufsbedingten Belastungen selbst anwenden? Werden bestimmte Strategien bevorzugt? Wenden Sportlehrkräfte der verschiedenen Schulformen unterschiedliche Strategien an? Sind diese Unterschiede vom Alter und Geschlecht der Sportlehrkraft abhängig? Im Folgenden wird zunächst ein Überblick über die aus den Interviews genannten Strategien gegeben. Im weiteren Verlauf werden die einzelnen Strategien dann genauer erläutert und durch Interviewausschnitte belegt.

Bei der Analyse der Interviews konnten drei übergeordnete Bewältigungsstrategien herausgearbeitet werden: Resignation, Vermeidung der offensive Bewältigung. Letztere zeichnet sich durch ein proaktives Handeln aus.

### 7.7.1 Resignation und Vermeidung

Ausschließlich über resignative bzw. vermeidende Strategien im Umgang mit Belastungen berichten lediglich vier der insgesamt 71 befragten Sportlehrkräfte.[63] Diese vier Lehrkräfte verzichten ganz auf den Versuch, aktiv etwas an einer belastenden Situation zu verändern bzw. sie versuchen solche Situationen gar nicht erst aufkommen zu lassen, indem sie sie meiden und z.B. bestimmte unterrichtliche Aufgaben nicht wahrnehmen. Die übrigen Befragten wenden sowohl aktive Bewältigungsstrategien als auch resignierende und vermeidende an.

Eine der befragten Lehrerinnen gibt an, dass sich ihr Umgang mit Belastungen im Beruf im Laufe ihrer Berufstätigkeit in eine ganz bestimmte Richtung hin verschoben habe:

---

63 Die Frage, ob dieses Zahlenverhältnis (4:67) Ergebnis sozialer Erwünschtheit in den Antworten im Interview oder aber der Stichprobenziehung geschuldet ist (die Befragten meldeten sich freiwillig zu dieser Untersuchung, so dass Probanden mit resignativer bzw. vermeidender Haltung von einer Teilnahme eventuell abgesehen haben, kann anhand der vorliegenden Daten nicht beantwortet werden. Es liegt jedoch nahe und ist durch Ergebnisse aus anderen Forschungsarbeiten zur Lehrerbelastung (vgl. z.B. Schaarschmidt 2004) belegt, dass der Anteil der Resignativen bzw. Vermeidenden deutlich höher liegt.

> „Also, ich habe mich früher mehr geärgert, doch schon auch mehr geärgert, mittlerweile nimmt man viele Sachen, 'ja, das ist halt so', und da kann man auch ganz gut mit umgehen. Das, denke ich, ist auch ganz wichtig, weil sonst überlebt man den Job auch nicht“ (Frau KT 107 – 42 Jahre, Gymnasium, Sport/Mathematik).

Frau KT ist also mit bestimmten Situationen nicht zufrieden, hat aber in gewissem Maße den Versuch aufgegeben, solche Situationen aktiv zu beeinflussen. Sie ist zudem davon überzeugt, dass diese Haltung nicht nur auf sie selbst zutrifft, sondern auch auf andere Sportlehrkräfte.

Auf Problemsituationen, z. B. in der Interaktion mit Eltern ihrer Schüler/-innen, reagiert eine andere Befragte in ähnlicher Weise:

> „Ich kann es versuchen zu lösen, wenn da ein Problem jetzt auftritt. Ich kann aber auch gleichzeitig sagen: 'So ist die Welt.' Ich kann die Eltern nicht auch noch miterziehen, also ich kann bestimmte Probleme reduzieren für mich, auch gedanklich. Das lehne ich dann einfach ab“ (Frau JT 75 – 49 Jahre, Gymnasium, Sport/Englisch).

Diese Lehrkraft unternimmt bei bestimmten Problemen schon nicht einmal mehr den Versuch, diese zu lösen. Ihr passives Verhalten rechtfertigt sie mit den Worten: „So ist die Welt“. Das eigentliche Problem wird dadurch allerdings nicht behoben.

Durch fachspezifische Gegebenheiten besteht im Sportunterricht auch die Möglichkeit, bestimmte Belastungssituationen zu vermeiden bzw. zu minimieren:

> „Also sobald man körperlich nicht ganz fit ist, dann wird es schwieriger. Aber da hat man im Sportunterricht eigentlich auch immer die Chance, Stunden einzuschieben, die so Selbstläufer sind, wo man eben nicht so aktiv stimmlich auftreten muss, das geht im anderen Unterricht, ja, geht auch, aber nicht ganz so gut“ (Frau AI 55 – 54 Jahre, Gymnasium, Sport/Englisch).

Frau AI berichtet von so genannten „Selbstläuferstunden“ im Sportunterricht, die dazu dienen, Belastungen erst gar nicht aufkommen zu lassen. Dies dient vor allem der persönlichen Schonung, z. B. im Fall einer drohenden Stimmbandentzündung. In diesem Fall „schiebt“ Frau AJ eine Sportstunde „ein“, die nach ihrer Meinung ganz von selbst läuft, d.h. in der sie als Lehrkraft nur minimal verbal oder durch Zeichen den Unterricht steuern muss, also etwa eine Spielstunde mit einem bereits bekannten Spiel, das dann von den Schülern und Schülerinnen der Sek I oder Sek II selbst organisiert und auch geregelt wird.

### 7.7.2 Rückzug aus dem Fach

Eine radikale Bewältigungsform beruflichen Stresses, das Aus-dem Felde-Gehen, zeigt sich bei Sportlehrkräften in Form eines partiellen oder vollständigen Rückzugs aus dem Fach Sport.

Auf die Frage, ob sie selbst schon an einen teilweisen oder vollständigen Rückzug gedacht hätten oder ob sie Rückzugstendenzen in ihrem Kollegium beobachteten, antwortet ein große Zahl der Befragten mit „ja“, es zeige sich eine „deutliche Tendenz“ in den Kollegien (Herr LO 35 – 47 Jahre, Gesamtschule ,Sport/Englisch). Auch eine Schulleiterin sieht den Wunsch, zumindest nach einem Teilrückzug, unter den Kollegen und Kolleginnen weit verbreitet (Frau DV 242-244 – 41 Jahre).

Viele der befragten Sportlehrkräfte wünschen für sich selbst eine Reduktion ihrer Sportstunden oder haben ihre Stundenzahl schon verringert. Einige sind bereits ganz aus dem Fach ausgestiegen. Auch wird von Kollegen und Kolleginnen, die reduzieren bzw. reduzieren wollen oder sogar schon ganz ausgestiegen sind, berichtet.[64] Herr UF, der zum Zeitpunkt des Interviews selbst nur noch sechs Wochenstunden Sport unterrichtet, wünscht sich, aus gesundheitlichen Gründen, dringend einen Totalausstieg und damit einen vollständigen Wechsel in sein zweites Fach (Geschichte), weiß aber, dass dies für die Schulleitung zur Zeit nicht machbar ist, da es an seiner Schule an Sportlehrkräften mangelt (Herr UF, 53 -52 Jahre, Gymnasium, Sport/Geschichte). In diesem Dilemma stecken viele der Befragten. Sie versuchen deshalb, von Schuljahr zu Schuljahr ihre Schulleitungen dazu zu bewegen, ihnen etwas weniger Sportstunden zuzuteilen.

Als Gründe für den Ausstiegswunsch werden an erster Stelle körperliche Beschwerden genannt: Rückenschmerzen, Bandscheiben- bzw. Knieprobleme, allgemeine körperliche Erschöpfung, Stimmbanderkrankungen, rheumatische Beschwerden, einmal wird sogar von einem Hörsturz, einmal von erheblichen Beschwerden während der Schwangerschaft, die das Unterrichten von Sport unmöglich gemacht hätten, berichtet. Aber auch der Stress, der mit dem hohen Lärmpegel einhergeht, der immense Organisationsaufwand und die unruhige Schülerschaft, bei der es schwieriger geworden sei, sich durchzusetzen, werden genannt (Herr UF; Frau RS; Frau XQ, Herr LT; Frau JT; Frau LX; Frau TK). Sport ist einfach ein „Nerven beanspruchender Unterricht" und wird dementsprechend als „anstrengend empfunden", so bringt es Frau QW auf den Punkt (Frau QW 171 – 52 Jahre, Gesamtschule, Sport/Deutsch/Philosophie). Und Frau DV berichtet, dass sie um jede Stunde Sport froh sei, die sie nicht unterrichten müsse, denn es ist „eine unheimliche körperliche Anstrengung (...), der Sportunterricht " (Frau DV 18 – 20 – 41 Jahre, Grundschule, Sport/Deutsch/Mathe).

Als kontrastierender Vergleich wird immer wieder der eher geräuscharme Unterricht im Klassenzimmer herangezogen, der als entspannter wahrgenommen und deshalb dem Sportunterricht vorgezogen wird:

> „[Ich kann eben, die Verf.] in meinem Klassenverband [d.h. im Klassenunterricht, die Verf.] genau sagen: ‚Da wird jetzt Gruppenarbeit gemacht', und da habe ich einfach mal eine Phase, wo ich ruhigeres Arbeiten habe" (Herr JF 127– 55 Jahre, Gymnasium, Sport/Mathematik).

Ähnlich äußert sich auch Frau DV:

> „Ich liebe den Mathematikunterricht. Da sind so ruhige Phasen drin. (...). Und Sport ist immer verbunden mit einem immensen Geräuschpegel. Und das ist einfach Stress. (...) [Es ist nicht so, die Verf.], dass es mir keinen Spaß macht, aber es ist unendlich anstrengend" (Frau DV 18-20 – 41 Jahre, Grundschule, Sport/Deutsch/Mathe).

Als Fazit, am Schluss ihrer zahlreichen Begründungen, zieht Frau JT, die ihr Sportstundendeputat bereits erheblich reduziert hat, folgendes Resümee:

> „Also Sport ist einfach ein ganz, ganz stressiges Fach. Und da sagen viele Kollegen: 'Nein, da haben wir keine Lust mehr zu.' Und da versuchen die über ihr zweites oder ein drittes Fach, praktisch aus dem Sportunterricht wegzukommen. (Frau JT 109-111 – 49 Jahre, Gesamtschule, Sport/Englisch).

Mit zunehmendem Alter wird der Wunsch nach Reduktion der Sportstunden stärker (Herr LO 35 - 47 Jahre, Gesamtschule, Sport/Englisch; Frau QW 119-121 – 42 Jahre, Gesamtschule,

---

[64] Vgl. z. B. die Interviews mit Herrn UF; Herrn LO; Herrn QO. Herrn LT; Herrn JF; Frau QW; Frau TK; Frau QT; Frau RS; Frau XQ; Frau FR; Frau JT; Frau LX; Frau FQ.

Sport/Deutsch/Philosophie; Frau TK 24 – 49 Jahre, Sport/Mathematik; Herr QO 17 – 57 Jahre, Gesamtschule, Sport/Sowi).

Herr LT schildert diesen Prozess wie folgt:

> „Das kommt so im Laufe der Dienstjahre. Die ersten Jahre war das eigentlich nicht so belastend, aber dann, wenn man älter wird, so irgendwann, so mit Mitte 40, hab ich gesagt, jetzt muss ich nicht mehr so viel Sport haben (Herr LT 41 – 45 – 53 Jahre, Realschule, Sport/Mathematik).

Manche Äußerungen zeigen allerdings, dass das Fach Sport offenbar auch in jüngeren Jahren schon als sehr anstrengend empfunden wird und dass eine allmähliche Reduktion bereits lebensgeschichtlich früh beginnt:

> „Also am Anfang meiner Berufstätigkeit, als ich voll unterrichtet habe, war das etwas mehr Sport als Deutsch, also von 24 Stunden hatte ich 12 oder 14 Stunden Sport. Das habe ich dann etwas reduziert, dass es nicht mehr als acht Stunden die Woche wurden. Und es ging immer weiter runter, so dass ich dann nur noch eine Sportklasse gehabt habe, also drei Stunden. (...) Also, ich fand die Belastung immer schon hoch, auch als ich noch so jung war. (...) Das war immer anstrengender als die Deutschstunden. (Frau QW 119-121 – 42 Jahre, Gesamtschule, Sport/Deutsch/Philosophie).

In den Interviews wird jedoch deutlich, dass der Wunsch nach Reduktion oder gar einem Fachausstieg nicht auf alle älteren Lehrkräfte gleichermaßen zutrifft: Schulleiterin DV (Grundschule) betont, dass Lehrkräfte, die selbst noch sportlich aktiv sind und z. B. in ihrer Freizeit Sportgruppen leiten, weniger Rückzugstendenzen zeigen (Frau DV 242-244 – 41 Jahre). Dies wird von einigen Befragten bestätigt und damit erklärt, dass eine besondere sportliche Fitness diejenigen Sportlehrkräfte kennzeichne, die auch im höheren Alter noch Sport unterrichten wollen. Dabei scheint es sogar eine sehr kleine Gruppe von Sportlehrkräften zu geben, die besonders viele Sportstunden, ja sogar ihr ganzes Deputat, im Fach Sport erteilen wollen. Es handelt sich dabei überwiegend um männliche Sportlehrkräfte, die sich wiederum durch ein spezifisches Persönlichkeitsprofil auszeichnen, zumindest sieht dies eine der befragten Sportlehrerinnen so:

> „Und bei *den* Kollegen, (...) die (...) dazu neigen, mehr Sport zu machen [zu unterrichten, die Verf.], und die sich selber für top fit halten, die neigen auch (...) dazu, alle ihre Stunden im Sportunterricht zu halten. Ich sage mal, die wissen, dass sie sich im Sportunterricht profilieren können, falls sie selber gut drauf sind, wo sie viel Anerkennung von Schülern haben. Die unterrichten mehr Sport" (Frau JT 109-11-48 Jahre, Gesamtschule. Sport/Englisch).

Es gibt also offenbar eine kleine Gruppe von Sportlehrkräften, die durch die Erteilung einer hohen Zahl an Sportunterrichtsstunden ihr Bedürfnis nach Anerkennung zu befriedigen sucht. Diese Strategie macht es diesen Lehrkräften offenbar möglich, berufliche Zufriedenheit zu erlangen, selbst dann, wenn dies im anderen Fach weniger gelingt.

Der Wunsch nach Reduktion der Sportstunden betrifft etwas häufiger weibliche Sportlehrkräfte, v.a. der Sekundarstufe. Darin sind sich alle Befragten einig. Dies führe an manchen Schulen bereits dazu, dass es für den Sportunterricht, der im Befragungsraum Nordrhein-Westfalen koedukativ erteilt wird, an manchen weiterführenden Schulen kaum noch Lehre*rinnen* gebe. Frau JT, die bereits den Unterricht im Fach Sport selbst quittiert hat, führt dazu aus:

> Also, ich schätze jetzt mal, dass bei uns an der Schule 15 bis 20 Kolleginnen die Fakultas für Sport haben. Aber es unterrichten (...) zur Zeit nur noch zwei Sportlehrerinnen. Also der Trend, dass

> Kolleginnen aus dem Sportunterricht rausgehen, der ist seit Jahren eindeutig" (Frau JT 109-111-49 Jahre, Gesamtschule Sport/Englisch).

Ähnlich sehen dies auch Herr QO und Frau LX, die Folgendes ausführt:

> „Also zumindest für meine Schule kann ich sagen, dass das ein allgemeiner Trend ist. Es ist so, dass sich Sportlehrerinnen tendenziell rausziehen, ja, versuchen, das, was sie an Sportunterricht haben, sage ich mal, zu begrenzen auf ein paar Stunden, die man dann eben ganz gut geben kann und die dann ganz okay sind, aber eben nicht in dem Umfang und in dem Maße, wie man das früher vielleicht gemacht hätte" (Frau LX 21 – 48 Jahre, Gesamtschule, Sport/Englisch). [65]

Herr QO bestätigt diesen Trend bei Sportlehrerinnen, insbesondere den älteren, aber er sieht Ausstiegswünsche auch bei vielen männlichen Kollegen, die sagen:

> „Nur noch meine eigene Klasse, diesen Stress tue ich mir nicht an!" (Herr QO 17 – 57 Jahre, Gesamtschule, Sport/Sowi).

Hier wie auch in weiteren Interviews wird deutlich, dass sich die gewünschte Zahl der Sportstunden sowohl bei Frauen als auch bei Männern, die ihr Sportdeputat reduzieren möchten, im Bereich von drei bis maximal acht Stunden bewegt. Optimal wäre es, wenn es drei Sportstunden wären (also ein Lehrauftrag in einer Klasse). Und diese Stunden möchte man dann am liebsten in der eigenen Klasse erteilen:

> „Also meine Klasse möchte ich gerne auch noch im Sport unterrichten, aber ansonsten möchte ich aus dem Sport am liebsten raus. Und da bin ich nicht die Einzige, die das sagt" (Frau FQ 43 – 52 Jahre, Realschule, Sport/Mathematik).

Der Wunsch, dass die verbleibenden Sportstunden in der eigenen Klasse erfolgen sollen, erklärt sich daraus, dass man als Klassenlehrer/-in die Schüler/-innen besser kennt und diese wohl auch schon auf bestimmte Regeln, die im Unterricht generell einzuhalten sind, verpflichtet hat. Dadurch reduziert sich der Steuerungsaufwand für die Lehrkraft im Sportunterricht und in der Folge der Stress, vor allem die stimmliche Belastung, in erheblichem Maße.

Dass Ausstiegswünsche bei Frauen stärker vertreten sind als bei Männern, dürfte auch damit zusammenhängen, dass Frauen erheblich mehr unter den körperlichen Belastungen des Sportunterrichts leiden. Sie klagen häufiger über die „unheimliche körperliche Anstrengung" im Sportlehrerberuf (Frau DV 18 – 20 – 41 Jahre, Grundschule, Sport/Deutsch/Mathe). Dabei wird immer wieder auf den Lärm in den Dreifachsporthallen und die fehlenden stimmlichen Voraussetzungen verwiesen:

> "Es ist schwierig da [in der Dreifachhalle, die Verf.] was rüberzubringen, meine Stimme reicht nicht, um alle zu übertönen" (Frau LX 26-29- 48 Jahre, Gesamtschule, Sport/Englisch).

Darüber hinaus zeigt sich in den Interviews auch, dass weibliche Sportlehrkräfte das Nachlassen der eigenen sportlichen Leistungsfähigkeit als hoch problematisch für ihre Rolle als Sportlehrerin empfinden. Sie fühlen sich körperlich nicht mehr so fit und den Anforderungen des Sportunterrichts offenbar nicht mehr gewachsen, wie dies wohl in früheren Jahren der Fall

65 Dass die befragten Sportlehrerinnen diesen Trend bedenklich finden, zeigt sich an der folgenden Ausführung von Frau QW: „Den Zustand, dass sich alle Frauen zurückziehen, finde ich nicht gut. Also ich habe im letzten Jahr im Deutschunterricht mit den Schülern/Schülerinnen das Thema 'gemeinsamer Sportunterricht - ja oder nein?' sehr kontrovers diskutiert. Und ganz viele Mädchen waren der Meinung, sie möchten eine Sportlehrerin haben (…). Das Bedürfnis der Mädchen, das war eine 9. Klasse, das ist offenbar. Da war ich auch erstaunt, dass die das so deutlich formuliert hatten (Frau QW 61 – 52 Jahre, Gesamtschule, Sport/Deutsch/Philosophie).

war (Frau TK 24 – 49 Jahre, Realschule, Sport/Mathematik).

Herr JF gibt dazu die folgende Äußerung einer Kollegin wieder, die aus einem persönlichen Gespräch stammt:

> „Ich bin eben einfach nicht mehr fit, und dann fühle ich mich auch den Schülern gegenüber mehr als die ‚alte Tante', die dann nicht mehr so dominieren kann. Und ich möchte mich nicht so der Lächerlichkeit der Schülergruppen in einem bestimmten Alter preisgeben.[66] Dann wäre es mir doch lieber, ich mache lieber das [andere Fach, die Verf.] weiter, da ist es nicht so. Da bin ich kompetent, da geht es nicht um die körperliche Fitness, da geht es um die geistige Fitness und methodische Möglichkeiten" (Herr JF 127– 55 Jahre, Gymnasium, Sport/Mathematik).

Herr JF fügt ergänzend noch hinzu:

> „Und bei Männern, glaube ich, ist das, also jedenfalls bei uns im Kollegium, ist das ein anderer Punkt. Da kann das eher sein, dass man irgendwann sagt: ‚Ich möchte lieber Pause [vom Sportunterricht, die Verf.] haben, weil ich mit diesem Lärmpegel im organisatorischen Rahmen nicht mehr so viel zu tun haben möchte.' (Herr JF 127– 55 Jahre, Gymnasium, Sport/Mathematik).

In Bezug auf den Ausstieg weiblicher Sportlehrkräfte kommen hier neue Fakten zur Sprache, durch die das Erteilen von Sportunterricht, einem körpernahen und körperbetonten Fach, mit zunehmendem Alter, schwindender sportlicher Fitness sowie abnehmender körperlicher Attraktivität für eine Frau zur Qual werden kann. Die Selbstabwertung, die aus dem obigen Zitat und der Formulierung „alte Tante" spricht sowie die empfundene fehlende Autorität in der Funktionsrolle „Lehrerin" gegenüber den Schülern und Schülerinnen der Sekundarstufe, zeigen, dass sich diese Sportlehrerin im Sportunterricht nur noch als alte Frau, wahrgenommen sieht und nicht mehr als die Lehrerin. Sie spürt, dass sie in ihrer Berufsrolle von den Schülern und Schülerinnen im Sportunterricht (eventuell auch von den Sportlehrerkollegen) nicht mehr voll akzeptiert wird. Deshalb möchte sie nur noch in ihrem anderen Schulfach unterrichten, denn dort erfährt sie Anerkennung aufgrund ihrer pädagogischen Erfahrung und ihrer fachlichen Kompetenz. Deshalb kann sie sich dort, weil die sportive Körperlichkeit nicht bedeutsam ist, wieder als „Lehrerin" erfahren und somit Berufszufriedenheit erlangen[67].

Offensichtlich gibt es also bei den weiblichen Sportlehrkräften noch weitere Gründe, sich aus dem Fach Sport zurückzuziehen, zuzüglich derer, die auch auf männliche Sportlehrkräfte zutreffen. Diese Gründe sind eher im psychischen Bereich zu verorten. Sie stehen in Zusammenhang mit dem (geschlechter)differenten Verständnis von Sport in unserer Gesellschaft und zeigen sich v.a. in der Sportpraxis (Leistung und Überbietung einerseits versus Wohlbefinden, Geselligkeit und Ausdruck andererseits). Sie sind zwar nicht ausschließlich auf sozial

---

66 Vgl. ähnlich die Äußerung von Frau FR, die besagt, dass sie in ihrem Alter keinen Sportunterricht in der Sekundarstufe I mehr erteilen möchte (Frau FR 27 – 53 Jahre, Gymnasium, Sport/Sozialwissenschaften/Gesundheitswissenschaft).

67 Diese mit dem Alter zunehmende Form psychischer Belastung weiblicher Sportlehrkräfte dürfte jene Lehrerinnen, die nicht aus männlich konnotierten Sportarten kommen (also nicht aus Kampfsport sowie Ballsport, insbesondere Fußball), noch stärker treffen, insbesondere dann, wenn sie ihren sportiven Hintergrund explizit in kompositorischen Sportarten haben. Denn Sportlerinnen aus diesen Sportarten sind in der öffentlichen Wahrnehmung eigentlich „Fremde" in der männlich dominierten Welt des Sports (vgl. Kleindienst-Cachay & Kunzendorf 2003, S. 114ff).

konstruierte Geschlechterdifferenzen zurückzuführen, vielmehr beziehen sie sich auch auf andere Gruppierungsmerkmale (Alter, Behinderung), aber sie zeigen sich immer noch am deutlichsten in den Sportpraxen von Frauen und Männern. Dementsprechend schlagen sich diese Differenzen auch im schulischen Sportunterricht nieder.

Schließlich dürfte aber noch ein weiterer Grund für den Wunsch nach Ausstieg aus dem Fach Sport eine Rolle spielen, einer, der sowohl für männliche als auch weibliche Sportlehrkräfte gilt. Dieser zeigt sich an der Antwort auf die Frage an Herrn JF, ob denn der Wunsch nach Rückzug auch in Bezug auf andere Schulfächer geäußert werde. Herr JF verneint dies und begründet das wie folgt:

> „Nein, das glaube ich (…) nicht. Das habe ich jedenfalls bisher nie gehört. Also, einmal gibt es ja die körperlich anstrengenden Faktoren nicht. Aber, was auch wichtig ist, das ist die Frage: Welchen Stellenwert hat das Fach? Deutsch muss jeder machen. Ich glaube kaum, dass die Deutsch-Leute da rausgehen wollen, weil sie wissen, da sind die Schüler auf jeden Fall in dem Fach Deutsch drin. Erdkunde in der Oberstufe ist wieder die Frage, ist es ein Kurs, der Abiturrelevanz besitzt oder nicht ist. Man unterrichtet natürlich lieber Fächer, die anderen Leuten, den Kollegen, Eltern, Schülern, wichtig sind“ (Herr JF 129 – 55 Jahre, Gymnasium, Sport/Mathematik).

Herr JF spricht hier den geringeren Stellenwert des Nebenfaches Sport in der Hierarchie der Schulfächer an, der mit dafür verantwortlich sei, dass Sportlehrkräfte, wenn es zu Overloadproblemen komme, dazu tendieren, lieber das andere Fach zu unterrichten, das in der Regel mehr Prestige hat, insbesondere dann, wenn es sich um ein Hauptfach handelt.

Was nun die Art des Rückzugs aus dem Fach betrifft, so ist dies bei weiblichen und männlichen Sportlehrkräften ähnlich: Es erfolgt der völlige oder teilweise Rückzug in das zweite Unterrichtsfach (Herr UF; Herr LT; Frau DV; Frau FQ), mit oder ohne Einstieg in ein weiteres, neues Unterrichtsfach. Im letzteren Fall wird das neue Fach meist fachfremd unterrichtet (Herr LT 41-45 – 53 Jahre, Realschule, Sport/Mathematik; Frau DV 18-20 – 41 Jahre, Grundschule, Sport/Deutsch/Mathe; Frau FQ 43 – 52 Jahre, Realschule, Sport/Mathematik). In einem weiteren Fall wird die Fakultas für ein Drittfach durch gezielte Nachqualifizierung erworben, so dass wieder in zwei Fächern fachlich voll ausgebildet unterrichtet werden kann (Fr QW 33 – 52 Jahre, Gesamtschule, Sport/Deutsch/Philosophie). Eine solche Nachqualifizierung in einem Drittfach verbessert die individuelle Position bei der Vergabe der Lehraufträge durch die Schulleitung ganz erheblich, denn dann muss im Falle eines Überangebots an Lehrdeputat im Erstfach (das nicht Sport ist), das eigene Deputat nicht mit dem (wenig geliebten) Fach Sport aufgefüllt werden.

Insgesamt betrachtet betrifft innerhalb der untersuchten Gruppe der Wunsch nach Reduktion oder gar Fachausstieg die Lehrkräfte der Sekundarstufe I stärker als die der Grundschule und der Sekundarstufe II. Der Unterricht bei dieser Altersgruppe von Schülern und Schülerinnen wird als besonders voraussetzungsvoll, bzw. anstrengend erachtet. Ältere Sportlehrkräfte im Allgemeinen und weibliche Sportlehrkräfte im Besonderen tendieren stärker zum Rückzug aus dem Fach als jüngere oder männliche Lehrkräfte. Treffen die beiden letztgenannten Merkmale, also höheres Lebensalter und weibliches Geschlecht zusammen, ergeben sich negative Additionseffekte, wodurch die Belastungssituation für die betreffende Lehrerin u. U. als nicht mehr tragbar empfunden wird und für sie nur noch der Fachausstieg als Bewältigungsstrategie in Frage kommt.

### 7.7.3 Offensive Bewältigungsstrategien

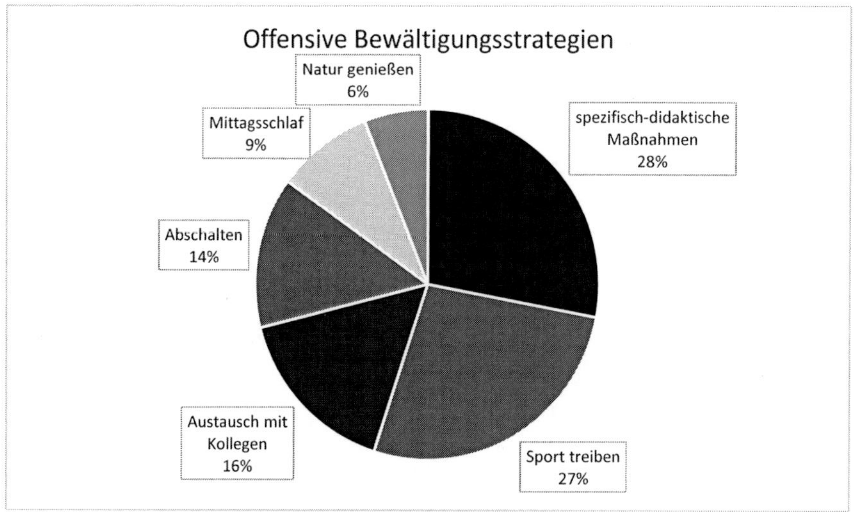


Abbildung 4: Offensive Bewältigungsstrategien

Die Strategie „Sport treiben“ wird von 21 Sportlehrkräften genannt und ist damit die am zweithäufigsten angewandte offensive Bewältigungsstrategie. Sie zählt zu den rekreativen Bewältigungsstrategien. Damit sind solche Strategien gemeint, die auf eine Wiederherstellung der persönlichen Energien abzielen und so vor allem das Wohlbefinden verbessern. Ebenfalls zu den rekreativen Bewältigungsformen zählen die Strategien „Abschalten“, „Natur genießen“ und „Mittagsschlaf“, die in dieser Reihenfolge von elf, sieben bzw. fünf Interviewpartnern benannt werden.

Für 13 Sportlehrkräfte ist der „Austausch mit Kollegen/Kolleginnen“ eine effektive Bewältigungsstrategie. Hierbei werden vor allem soziale Ressourcen genutzt, was insofern eine Besonderheit darstellt, als dies in keiner anderen offensiven Bewältigungsstrategie der Fall ist. Der „Austausch mit Kollegen/Kolleginnen“ ist mit 13 Nennungen die dritthäufigste offensive Strategie. Die am häufigsten genannte Strategie zur Belastungsreduktion ist jedoch das Ergreifen spezifischer didaktischer Maßnahmen (22 Nennungen).

In den folgenden Teilkapiteln werden die einzelnen Strategien nach der Häufigkeit ihrer Nennungen behandelt.

*Didaktische Maßnahmen*

Die „didaktischen Maßnahmen“ beziehen sie sich zum einen auf den Geräteaufbau oder -abbau, zum anderen auf Regeln und Rituale. Was den Geräteaufbau und -abbau betrifft, so scheint dies bereits in der Grundschule angeregt werden zu können:

> „Ich sage mal, ich habe gelernt im Laufe der Jahre einfach die Schüler schon ab der ersten Klasse gut mit einzubinden, mit Geräteaufbau. Erstklässler können auch zu sechst eine Bank tragen oder

> auch zu viert eine schwere Matte oder zu acht einen großen Weichboden transportieren. Das geht (...) Aber man muss es gut anleiten" (Herr GM 30 – 54 Jahre, Grundschule, Sport/Deutsch/Sachunterricht).

Herr GM schafft so klare Strukturen, die den Kindern bekannt sind und auf die er in der weiteren Schullaufbahn der von ihm unterrichteten Klassen dann zurückgreifen kann. Er reduziert dadurch seine Belastung während einer Sportstunde auf mehreren Ebenen: Zum einen muss er die Geräte nicht alle alleine tragen und auf- und abbauen, was zu einer geringeren körperlichen Belastung führt. Zum anderen spart er Zeit und stimmliche Kraft, wenn die Schüler/-innen gelernt haben, wie ein bestimmter Geräteaufbau zu erfolgen hat. Darüber hinaus hat er auf diese Weise gleichzeitig alle Schüler/-innen beschäftigt und verhindert damit Störungen aufgrund von Langeweile.

Zu einem ähnlichen Schluss kommt auch Herr VI (34 – 46 Jahre, Hauptschule, Sport/Deutsch), der allerdings darauf verweist, dass dieses Einbinden der Schüler/-innen nicht auf Anhieb funktioniere, sondern dass man eine gewisse Vorlaufzeit einplanen müsse, damit die Schüler/-innen auch verstehen können, wie ein bestimmter Aufbau zu bewerkstelligen ist. Frau BT bringt dies auf den Entlastungsfaktor der Einbeziehung der Schüler/-innen in den Geräteaufbau und -abbau Punkt, indem sie resümierend feststellt: „Je mehr ich die Kinder zu Selbstständigkeit erziehe, desto mehr kann ich mich zurückziehen" (Frau BT 96 – 36 Jahre, Grundschule, Sport/Mathe/Deutsch).

Den zweiten Aspekt der didaktischen Maßnahmen bildet die Einführung bestimmter klasseninterner Regeln und Rituale für den Sportunterricht:

> „Das ist überlebenswichtig. Ich mache das, obwohl mir das nicht liegt. Sonst kriegt man irgendwann keine Linie rein. Und gerade so Rituale, das machen wir so und das machen wir so, das wissen die Schüler. Und dann stellen sie das auch gar nicht mehr in Frage. Also, Rituale heißt: zu Anfang in den Kreis sitzen lassen oder andere Verhaltensweisen besprechen, aufstellen, laufen, Paarübungen, solche Sachen einfach" (Frau LX 57 – 48 Jahre, Gesamtschule, Sport/Englisch).

Wie beim Geräteaufbau schafft man durch klare Regeln oder Rituale feste Strukturen, an die sich die Schüler/-innen halten sollen. Für Frau LX ist dies von großer Bedeutung, ja sogar „überlebenswichtig". Dabei verweist sie speziell auf Rituale, die von den Schülern und Schülerinnen nach einiger Zeit gar nicht mehr in Frage gestellt werden. Dadurch erhält sie für die unterrichtliche Durchführung die nötige Planungssicherheit.

Frau DV gibt an, sich der Musik als regulierendes Moment zu bedienen:

> „Ich mache das mit Musik, weil es für mich entlastend ist. Ich habe so die Regel, die Kinder kommen rein. Wenn die Musik an ist, wird sich bewegt. Ist die Musik aus, treffen wir uns im Kreis. Dadurch kann ich meine Stimme schonen und ich merke, dass für die Kinder interessante Musik die Motivation fördert" (Frau DV 72 – 41 Jahre, Grundschule, Sport/Deutsch/Mathematik).

Durch den Einsatz von Musik und der damit verbundenen Regeln schafft es Frau DV, ihre Belastung zur verringern, zum einen indem ihre Stimme geschont wird, und zum anderen dadurch, dass die Schüler-/innen durch die Musik die Bewegungsaufgaben motivierter angehen, wodurch weniger Ansprache, Aktivierung oder Mitvollzug der Bewegungen durch die Lehrkraft nötig ist.

Dass jedoch Konsequenz im Umgang mit solchen Regeln oder Ritualen gefordert ist, wird von einigen Lehrkräften eigens betont:

„Das war eine Zeit lang eine große Belastung, bis ich wirklich noch mal mir das bewusst gemacht habe, dass ich viel konsequenter sein muss, nicht dagegen anzureden. (…) Da bin ich relativ rigoros gegen vorgegangen und habe den Kindern einfach noch mal genau erklärt, ich schreie nicht dagegen an, ich erklär auch nicht weiter, wenn irgendwie jemand dazwischen..., das klappt mittlerweile“ (Frau RD 64 – 37 Jahre, Grundschule, Sport/Deutsch/Mathematik).

„Also Lärm, lästiger Lärm im Sport, ist ja für mich so zum Beispiel, wenn ich es nicht schaffe, aus einer Spielsituation, wenn man sich dann wieder im Kreis zusammenfindet, dass die dann ruhig werden oder mit Bällen rumdaddeln und Ähnliches. Da gibt es klare Regeln. Und das geht, und die fordere ich auch sehr massiv ein. Ich finde das auch ganz wichtig, dass man so was lernen muss“ (Frau DT 119 – 46 Jahre, Gesamtschule, Sport/Chemie).

Im Hinblick auf die Lärmbelastung wird von anderen Befragten durch ein spezifisches methodisches Vorgehen gegengesteuert:

„Man kriegt auch so seine Kniffe und Tricks raus, wie man das so ein bisschen besser händeln kann. Wenn man schwierige Klassen hat, muss man bewusst auch mal Ruhephasen, vielleicht auch mehr Gesprächsphasen noch mal einbauen oder eben dann mal wirkliche Powerphasen, wo dann auch geschrien werden darf“ (Herr OS 79 – 32 Jahre, Gymnasium, Sport/Pädagogik).

Eine Lärmentwicklung wird durch derartige Maßnahmen zwar nicht völlig verhindert, aber immerhin etwas reduziert.

Die von den Befragten beschriebenen didaktischen Strategien beschränken sich auf den Bereich „Disziplinierung der Schüler/-innen“. An keiner Stelle in den Interviews wird über Bedingungen, die die Akustik der Lehreransprache betreffen, gesprochen, also z.B. darüber, wie sich die Lehrkraft optimal in der Sporthalle positionieren und wie sie die Schülerschaft räumlich platzieren sollte, damit das gesprochene Wort möglichst optimal bei den Adressaten ankommt und die Stimme der Lehrkraft - unter Verwendung einer angemessenen Lautstärke - geschont werden kann.[68]

*Eigene sportliche Betätigung in der Freizeit*

Das aktive Sporttreiben in der Freizeit als Belastungsbewältigung wurde von den interviewten Sportlehrerinnen und Sportlehrern fast genauso häufig genannt wie didaktische Maßnahmen. Es ist damit eine zweite wichtige offensive Stressbewältigungsstrategie. Das Sporttreiben soll im Sinne eines Time-Out-Effekts vor allem der Distanzierung vom Schulalltag und damit der psychischen Entlastung dienen:

„Meine Strategie ist, ich treibe dann erstmal selber Sport, um mich selber erstmal wieder psychisch zu entlasten. Dazu brauche ich den Sport, weil das die einzige Möglichkeit ist, richtig abzuschalten. Ich würde mich also nicht aufs Sofa legen, sondern ich mache irgendetwas anderes Aktives“ (Frau RE 136 – 49 Jahre, Grundschule, Sport/Mathematik).

Auch für Herrn AT spielt das Sporttreiben, und zwar in organisatorischen Form als des Trainings, in Bezug auf die Bewältigung des beruflichen Stresses eine wichtige Rolle:

„Ja, das war irgendwie auch ein bisschen Ablenkung vom Beruf. Also, das war für mich, ich meine, es gibt ja unterschiedliche Typen, die mit Stress so oder so fertig werden (…). Das war für mich so eine Stressbewältigungsstrategie. Wenn ich also zum Training ging und hab‘ da richtig rumgekeult und war hinterher platt wie 'ne Flunder, dann war ich aber auch am nächsten Tag irgendwo..., also der Kopf war frei, das hat mir dann also nicht mehr so viel ausgemacht. Das war eigentlich der Grund“ (Herr AT 63 – 55 Jahre, Gymnasium, Sport/Mathematik).

---

68 Siehe zu diesbezüglichen Hinweisen: Wegener, M., Wegener, M. & Kastrup, V. (2012).

Herr AT nutzt also den Sport einerseits, um sich von den Anforderungen des Berufs abzulenken, andrerseits aber auch um durch physische Aktivität, die bis zur Erschöpfung führen kann, zu einer auch psychischen Entspannung zu gelangen. Er spricht davon, dass er am nächsten Tag den „Kopf frei" habe und sich den Alltagsbelastungen weniger ausgeliefert fühle. So kann er die beruflichen Anforderungen leichter bewältigen.

Diese Art der Belastungsbewältigung zeigt sich auch bei anderen Interviewten. Auch bei ihnen steht eine Art von Auspowern im Vordergrund, was als „sehr wohltuend" empfunden wird (vgl. Frau TT 26 – 60 Jahre, Realschule, Sport/Mathematik; Herr JF 81 – 55 Jahre, Gymnasium, Sport/Mathematik):

> „An der F. Schule gab es nämlich einen wunderbaren Tartanplatz damals, von dem Direktor angelegt noch, und dann haben wir [die Kollegen/Kolleginnen, d. Verf.] erstmal draufgesemmelt, sag ich mal ‚auf Teufel komm raus', so allen Frust, wie man so sagt ‚rausgespielt'. Dann sind wir zum Tennisclub nach J. gegangen und haben das auch nach der Schule gemacht und wir hatten immer (…) den Eindruck ‚ein Spiel wo jemand gewinnt, wo jemand zählt oder verliert' oder so was, ‚einfach Ball nehmen und drauf kloppen' so richtig! Das haben wir (…) immer als sehr wohltuend empfunden und hatten da Spaß und hatten uns durch die Gegend gejagt und wenn wir dann nach anderthalb Stunden gingen, dann war es gut" (Frau TT 26 – 60 Jahre, Realschule, Sport/Mathematik).

Herr JF konkretisiert diese Art von Praxis noch etwas weitergehend, indem er auf die Ausgleichsfunktion körperlicher Tätigkeit verweist:

> „Ja, das ist für mich ein Ventil. Also durch Korrekturen oder jetzt Examensarbeiten lesen usw., also durch geistige Tätigkeit, ist man eben (…) durchaus irgendwo dann erschöpft. Muss mich zum Teil zwingen dazu. Weiß aber, dass das Ventil der sportlichen Betätigung ganz wichtig ist, ganz bedeutsam ist, dass man sich wirklich manchmal abends zu einem Trainingstermin (…) zwingt. Aber wenn man erst dabei ist, und der Motor ist an, und man ist hinterher in einer Art von glücklicher Erschöpfung, so nenne ich das mal, ist man wirklich zufrieden, dass man das gemacht hat" (Herr JF 81 – 55 Jahre, Gymnasium, Sport/Mathematik).

Die von Herrn JF gewählte Formulierung „glückliche Erschöpfung" beschreibt treffend, was auch andere Sportlehrer/-innen in Bezug auf die sportliche Betätigung als ein Mittel zur Reduktion der Belastung empfinden. Anders als bei den oben beschriebenen didaktischen Maßnahmen, die vor allem auf eine Vermeidung von belastenden Situationen im Unterricht abzielen, können durch das Sporttreiben die bereits erfahrenen Folgen von Stress abgebaut und so das eigene Wohlbefinden gesteigert werden. Diese Strategie wird gleichermaßen von weiblichen wie auch männlichen Sportlehrkräften, unabhängig von der Schulform, angewendet.

*Kollegialer Austausch*

Diese Strategie der Stressbewältigung kommt mit 13 Nennungen hinter den zwei zuvor erläuterten Strategien „didaktische Maßnahmen" und „Sport treiben". Dabei geht es zunächst darum, etwas „loszuwerden", was einem widerfahren ist und einen beschäftigt (vgl. Frau RC 203- 56 Jahre, Gymnasium, Sport/Kunst; Frau AI 143 – 54 Jahre, Gymnasium, Sport/Englisch; Frau HT 141 – 56 Jahre, Gesamtschule, Sport/Mathematik).

> „Manches Mal genügt es auch einfach, dass man sich so ausspricht mit Kollegen, Sportkollegen: 'Ach, jetzt war diese Klasse wieder', so dass man einfach mal alles loswird. Dann kriegt man von der anderen Seite die Zustimmung dann auch, und irgendwie fühl' ich mich dann auch erleichtert, [lachend, die Verf.] wenn ich es dann nur losgeworden bin. Manchmal reicht das schon" (Frau RC 203- 56 Jahre, Gymnasium, Sport/Kunst).

Frau AI verweist allerdings dabei auf ihr besonders kooperatives Kollegium und schränkt ein, dass dies wohl nicht an allen Schulen so sei. So ist der Austausch mit Kolleginnen und Kollegen zwar eine wichtige offensive Bewältigungsstrategie für viele Interviewte, aber diese Strategie setzt gewisse soziale Ressourcen voraus, damit eine solche Kommunikation mit Kollegen/Kolleginnen überhaupt aufgenommen und positiv verlaufen kann, sodass er zum positiven Ergebnis der Belastungsbewältigung führt.

In den Interviews geben mehr Frauen an, den Austausch mit Kollegen/Kolleginnen zur Belastungsbewältigung zu nutzen als Männer. Dieses Ergebnis ist wiederum unabhängig von der jeweiligen Schulform. Sportlehrerinnen scheinen also die Ressource Austausch mit Kolleginnen und Kollegen häufiger zu nutzen als Sportlehrer.

*Strategien des „Abschaltens"*

Die folgende Kategorie bezieht sich auf Strategien der Ablenkung vom Schulalltag und einer damit verbundenen Abstandsgewinnung, die entlastend wirken kann. Die befragten Sportlehrkräfte tun dies in ganz unterschiedlicher Weise:

> „Und wenn das so ein richtig anstrengender Tag war, wo ich abends dann noch vorbereite, dann ist (...) Fernsehen gucken (...) für mich so eine Art Entspannung, weil ich mich nicht mehr konzentrieren muss, [etwas, die Verf.], was ich nicht mehr beeinflussen muss, sondern ich kann das so laufen lassen" (Herr JM 123 – 38 Jahre, Gesamtschule, Sport/Chemie).

Während Herr JM das Medium „Fernsehen" ganz gezielt zum Abschalten nutzen kann, lehnt Frau AI für das Entspannen durch „Abschalten" jedwede Beschallung durch Medien ab. Sie brauche zum Abschalten absolute Ruhe:

> „Ja, z. B. als erstes Radio aus, das ist so. Heute war das auch so, heute Mittag gerade, dass ich zu meinem Mann sagte: ‚Ich kann jetzt keinen Lärm mehr um mich haben'. Ich mache einfach Radio aus. Sich mal irgendwo hinsetzen, in Ruhe die Zeitung vielleicht lesen, ja, Mittag essen und dann einfach mal einen Moment abschalten" (Frau AI 91 – 54 Jahre, Gymnasium, Sport/Englisch).

Frau AT führt dagegen an, dass ihr zum Abschalten ein Gang durch die Stadt guttut:

> „Also zum Beispiel durch die Stadt bummeln kann unheimlich gut tun. Also ohne, dass man jetzt irgendwas braucht. Einfach nur da durch schlendern und einfach nur Bummeln" (Frau AT 135 – 44 Jahre, Gesamtschule, Sport/Kunst).

Sogar Arbeiten im Haushalt können, weil sie als etwas Kontrastierendes empfunden werden, zum Abschalten beitragen:

> „Wenn ich nach Hause komme, dann ruhe ich mich schon ein bisschen aus oder mache etwas anderes, im Haushalt irgendetwas" (Frau AH 109 – 48 Jahre, Gymnasium, Sport/Biologie).

D.h., die Strategie „Abschalten" wird von den Sportlehrer/-innen höchst unterschiedlich umgesetzt. Gemeinsam ist ihnen, dass konträre Akzente zum Schulalltag gesetzt werden. Auch bei dieser Strategie zeigten sich keine signifikanten Unterschiede bezüglich weiblicher oder männlicher Sportlehrkräfte und in Bezug auf eine bestimmte Schulform.

*Mittagsschlaf und Natur genießen*

Die Strategien „Mittagsschlaf" und „Spaziergang in der Natur" werden im Folgenden nur kurz erläutert, da sie mit sieben bzw. fünf Nennungen eher selten genannt wurden:

> „Also wenn ich dann nach Hause komme, gehe ich gerade noch eine Stunde mit dem Hund. Das ist für mich dann schon Entspannung und danach trinke ich meinen Tee und halte ein Schläfchen auf dem Sofa" (Frau BL 176 – 39 Jahre, Grundschule, Sport/Deutsch/Mathematik).

Der von Frau BL – neben Spaziergang mit dem Hund - erwähnte Mittagsschlaf wird von mehreren Lehrkräften als Erholungsstrategie angeführt, einfach weil die Arbeit in der Schule mit vielen Ansprechpartnern und vielen verschiedenen Anforderungen als sehr anstrengend empfunden wird:

> „Und danach [nach der Schule, die Verf.] bin ich einfach erstmal fertig, da muss ich erstmal mich eine halbe Stunde hinlegen und entspannen" (Herr QO 15 – 57 Jahre, Gesamtschule, Sport/Sozialwissenschaft).

Auch Herr JM nennt den Mittagsschlaf als eine Praxis, an die er sich, seit er Lehrer ist, gewöhnt habe:

> „Also seitdem ich Lehrer bin, mache ich häufiger mal einen Mittagsschlaf, das habe ich früher nie gemacht, auch als Student nicht, aber seitdem ich Lehrer bin, so zweimal die Woche bestimmt mal" (Herr JM 123 – 38 Jahre, Gesamtschule, Sport/Chemie).

Beide Strategien, also Mittagsschlaf wie auch Spaziergang, finden bei den Befragten Verwendung, wenn auch nicht in besonders ausgeprägter Form. Es kommt auch hier wieder auf die individuellen Bedürfnisse, aber darüber hinaus auch auf die strukturellen Voraussetzungen an: Schulen im Ganztagsbetrieb ermöglichen es nicht, einen Mittagsschlaf oder einen entspannenden Spaziergang am Mittag einzuschieben, sondern erfordern Präsenz, in der Regel bis mindestens 15 Uhr.

### 7.7.4 Zusammenfassung der Ergebnisse zur Belastungsbewältigung

Die meisten der befragten Sportlehrer/-innen versuchen, Belastungen mit Hilfe aktiver Strategien abzubauen. Deutlich weniger Personen hingegen verwenden resignative oder vermeidende Strategien an. Als bedenklich zu erachten ist allerdings, dass der teilweise bzw. vollständige Rückzug aus dem Fach von einer großen Zahl Befragter, wenn nicht gewünscht so doch bereits einmal in Erwägung gezogen wurde. Auch wird mehrfach vom Fachausstieg bzw. von Stundenreduktionen in erheblichem Umfang durch Kolleginnen bzw. Kollegen an der eigenen Schule berichtet. Eine solche Lösung der Belastungsbewältigung, wenn sie in größerer Zahl erfolgt, führt, obwohl aus individuelle Perspektive verständlich, letztendlich zu erheblichen strukturellen Problemen bei der Versorgung der Schulen mit Sportlehrkräften. Gleichzeitig dürfte bei einer Verknappung von Sportlehrer/-innen in den Kollegien die Belastung der verbleibenden Kollegen /Kolleginnen noch weiter steigen.

Bei der Wahl der Bewältigungsstrategien zeigen sich meist keine signifikanten Unterschiede zwischen Sportlehrkräften unterschiedlicher Schulformen und auch nicht zwischen weiblichen oder männlichen Sportlehrkräften. Lediglich der „Austausch mit Kollegen/Kolleginnen" wurde von mehr weiblichen Sportlehrkräften als von männlichen als Bewältigungsstrategie benannt. Und etwas mehr weibliche als männliche Sportlehrkräfte neigen zu Strategien, die dem Muster „Resignation und Vermeidung" zuzuordnen sind.

Bei den aktiven Bewältigungsstrategien im Besonderen spielen „didaktische Maßnahmen" eine entscheidende Rolle. Diese beziehen sich auf die Unterrichtsplanung und -durchführung. Dabei bietet das Fach Sport durch seine spezifischen Gegebenheiten ein weites Feld für eine vielfältige Umsetzung derartiger Maßnahmen. Dies reicht vom entlastenden gemeinsamen Aufbauen von Geräten bis zur festen Vereinbarung von Regeln und Ritualen. So erfolgt bei den Schülern und Schülerinnen eine gewisse Erziehung zur Selbstständigkeit und Eigenverantwortung im Sportunterricht, von der die Lehrkräfte langfristig durch eine Erleichterung des Unterrichtsgeschäfts profitieren können.

## 7.8 Vergleichende Betrachtung: Belastungen, Ressourcen und Bewältigungsstrategien im Hinblick auf Schulform, Alter und Geschlecht

Wie schon anhand des Salutogenesemodells erklärt wurde, werden Belastungen unterschiedlich wahrgenommen. Dies hängt nicht nur von den jeweiligen schulischen Bedingungen ab, sondern ist auch auf das individuelle Belastungsempfinden sowie die Wirksamkeit von Bewältigungsstrategien zurückzuführen.

Am häufigsten wurde der Faktor „Lärm“ als Belastung genannt (N=49). Danach folgen die Faktoren „Schülerverhalten“ (N=32) und „Ordnungsrahmen“ (N=32). Auch die Rahmenbedingungen im Schwimmbad (N=30) führen bei vielen Sportlehrkräften zu einem erhöhten Anstrengungsempfinden. Allgemein physische (N=28), insbesondere stimmliche Anstrengungen (N=21) während des Sportunterrichts werden von den Sportlehrer/-innen als erhebliche Belastung wahrgenommen und in besonderem Maße betont. Auf diese Art der Belastungen haben individuelle Strategien der Belastungsbewältigung nur wenig Einfluss.

Mit den angegebenen Werten muss allerdings bei der Interpretation vorsichtig umgegangen werden, da die Ergebnisse auf einer qualitativen und nicht auf einer quantitativen Studie beruhen. Die Studie verfügt zwar über eine für eine qualitative Studie recht große Probandenzahl (N=71), aber diese Zahl ist doch wiederum recht klein, wenn man ihr die große Zahl der in Nordrhein-Westfalen tätigen Sportlehrkräfte gegenüberstellt. Die vorliegende Studie versteht sich denn auch eher als eine Pilotstudie, der weitere Studien folgen sollten. Auch ist die bloße Nennung einzelner Faktoren kaum aussagekräftig im Hinblick auf die Belastungsintensität. Viel wichtiger ist hier die Breite der Darstellung im Interview und die emotionale Beteiligung der interviewten Person bei der Schilderung der jeweiligen Belastungen. Dies ist insbesondere bedeutsam im Hinblick auf die Gewichtung der Belastungen, die durch die spezifischen sozialen Bedingungen hervorgerufen werden. Dass sich gerade durch diesen Faktor ein hohes psychisches Belastungspotential aufbauen kann, ist an den Aussagen in den Interviews ablesbar.

Besonders deutlich wird dies bei der Schilderung der sozialen Belastungsfaktoren durch das Schülerverhalten, insbesondere im koedukativen Unterricht in der Sekundarstufe I. Dort zeigen sich viele Sportlehrkräfte stark belastet durch die konflikthaften Auseinandersetzungen zwischen Schülern und Schülerinnen und durch allgemeine Disziplinprobleme. Dies betrifft in höherem Maße weibliche Lehrkräfte, die sich in der Auseinandersetzung mit schwierigen männlichen Schülern vielfach bis zur Erschöpfung verausgaben. Fachrückzug und sogar Fachausstieg bei Frauen aus diesem Grund sind häufig berichtete Phänomene.

Ähnlich gravierend zeigen sich die Belastungen, die sich aus dem Faktor „geringe Anerkennung“ der schulischen Arbeit ergeben. Darunter leiden vor allem Sportlehrkräfte an Gymnasien, und zwar sowohl Männer als auch Frauen. Sie fühlen sich in vielfältiger Weise durch ihre Arbeit in zu geringem Maße wertgeschätzt oder sogar abgewertet. An Gymnasien zeigt sich noch ein weiteres Belastungspotential, das die weiblichen Sportlehrkräfte betrifft: Diese sehen sich nämlich in Sportlehrkräftekollegien von ihren männlichen Kollegen bisweilen unkollegial behandelt: so werde mit Lehrerinnen kaum kooperiert, weiblich konnotierte Inhaltsbereiche des Sportunterrichts würden abgewertet, bisweilen sogar die Lehrperson, die solche Inhalte unterrichtet. Auch würde den Lehrerinnen vielfach die Fachkompetenz, ja sogar die Fähigkeit zu professionellem Sportlehrerhandeln insgesamt, abgesprochen. Unter dieser Situation leiden am meisten ältere Kolleginnen sowie jene, die kompositorische Sportarten als Schwerpunkt haben. Es scheint naheliegend anzunehmen, dass sich die in Lehrerkollegien an Gymnasien bisweilen zu beobachtende hierarchische Ordnung in der Lehrerschaft, die analog zum zugeschriebenen wissenschaftlichen Status der Fächer verläuft, im Sportlehrerkollegium fortsetzt: Weibliche Sportlehrkräfte scheinen in manchen Kollegien die Untersten in der Hierarchie „hegemonialer Männlichkeit" zu sein.[69] Dazu passt auch, dass in der vorliegenden Studie weibliche Sportlehrkräfte an Gymnasien und Gesamtschulen als die am stärksten belastete Gruppe identifiziert werden konnten.[70]

Betrachtet man nochmals die Verteilung sowie die Intensität der Belastungswahrnehmung, so ist als ein wesentliches Ergebnis herauszustellen, dass sich knapp ein Drittel der befragten Sportlehrkräfte stark bzw. sehr stark belastet fühlt. Dies ist wegen der zu erwartenden gesundheitlichen Folgen höchst problematisch. Wesentliche Faktoren für die Wahrnehmung von Belastung sind die Zahl der zu unterrichtenden Sportstunden und das Alter der Lehrkraft. Ergeben sich aus diesen beiden Faktoren Additionseffekte (hohe Stundenzahl bei hohem Alter), so ist es aus der Perspektive der schulischen Gesundheitsförderung höchst bedenklich, wenn, wie dies oft der Fall zu sein scheint, aus schulorganisatorischen Gründen dem Wunsch nach Stundenreduktion im Fach Sport nicht entsprochen werden kann.

Des Weiteren zeigt sich im Rahmen der Umfrage, dass nach anfänglich höherer Belastungswahrnehmung bei den Berufseinsteigern das Belastungsempfinden im mittleren Lehreralter absinkt, um mit zunehmendem Alter wieder zu steigen. Eine kritische Phase stellt wohl der Übergang des mittleren Berufsalters zur Phase des älteren Berufsalters dar, das bei Sportlehrkräften offenbar schon etwa ab dem 40. Lebensjahr einsetzt. Aus salutogenetischer Perspektive ergibt sich deshalb aus den vorliegenden Ergebnissen ein erheblicher Handlungsbedarf für die dritte Phase der Lehrerbildung. In Form von Aufklärung, Beratung und Fortbildung sollte für die Lehrkräfte frühzeitig ein Unterstützungsangebot bereitgestellt werden, um ihnen Möglichkeiten zur eigenen Verhaltenssteuerung zu geben

Der Vergleich des Belastungsempfindens von Sportlehrkräften verschiedener Schulformen zeigt, dass sich Grundschulsportlehrkräfte, obwohl auch sie sich erheblich belastet fühlen, und zwar durch Lärm, schlechte räumliche Bedingungen und z. T. schwierige Schülerschaft, insgesamt eine geringere Belastungsintensität wahrnehmen, als die übrigen Gruppen. Die Sportlehrer/-innen der Gymnasien und Gesamtschulen geben bei weitem das höchste Belastungs-

---

69 Vgl. zum Begriff und zur Darstellung des Phänomens der „hegemonialen Männlichkeit": Connell (2000). In Bezug auf den Sport: Kleindienst-Cachay & Kunzendorf (2003, S. 114ff.).

70 Vgl. zu einem ähnlichen Ergebnis Schaarschmidt (2005).

empfinden an. Dies dürfte einerseits daran liegen, dass das, was der Sportlehrerberuf an salutogenetischen Ressourcen bereithält, an Grundschulen weit besser zum Tragen kommt als an Gymnasien und Gesamtschulen (wenn man z.B. an positives Feedback durch die Schüler/-innen denkt). Andererseits scheint es gerade an Gymnasien spezifische Belastungsformen für Sportlehrkräfte zu geben, die es an anderen Schulformen nicht oder nur in geringem Maße gibt. Zu denken ist hier an das geringe soziale Ansehen des Fachs Sport im Kanon der Schulfächer.

Vergleicht man nun die Ergebnisse dieser Arbeit mit anderen Belastungsstudien, so kann man sowohl einige Gemeinsamkeiten, als auch Unterschiede erkennen: Während die „unangemessenen curricularen Vorgaben" bei Miethling und Brand (2004) den höchsten Mittelwert und bei Heim und Klimek (1999) den zweithöchsten Mittelwert aufweisen, ist dieser Belastungsfaktor in der vorgestellten Studie von geringer Bedeutung (nur sieben Nennungen). Auch den Problemen bei der Interaktion mit den Kollegen/Kolleginnen wird in der hier vorliegenden Studie, im Gegensatz zu Miethling und Brand (2004) sowie Heim und Klimek (1999), eine geringere Bedeutung im Belastungsempfinden beigemessen. Dieses Problem tritt, wie oben geschildert, in der vorliegenden Studie vorwiegend an Gymnasien auf und dort verschärft im Hinblick auf weibliche Sportlehrkräfte, nicht aber generell über alle Schularten hinweg.

Das hohe Belastungsempfinden, das mit den Faktoren „Rahmenbedingungen" und „Schülerverhalten" in der vorliegenden Studie deutlich herausgearbeitet werden konnte, spiegelt sich in der auf Koedukation bezogenen Studie von Kleindienst-Cachay, Kastrup & Cachay (2008) wider.

Abschließend ist mit Nachdruck darauf hinzuweisen, dass die einzelnen Faktoren nicht isoliert betrachtet werden dürfen. Diese stehen vielmehr in Wechselwirkung zueinander. Durch ein solches Zusammenwirken dürfte sich im Einzelfall durch Additionseffekte ein noch deutlich höheres Belastungsempfinden ergeben.

Die meisten Faktoren, die in den Interviews von den Sportlehrkräften als belastend aufgezeigt wurden, sind den besonderen Bedingungen des Sportunterrichts geschuldet, Bedingungen, die andere Unterrichtsfächer nicht aufweisen. Es handelt sich also um genuine Belastungsfaktoren des *Sport*lehrerberufs, die nur durch Änderungen in diesem spezifischen Feld zu beheben sind. Daraus folgt, dass Sportlehrkräfte, was das Belastungserleben betrifft, eine besondere Stellung unter den Lehrkräften einnehmen und besonderer Interventionen zur Förderung der Berufszufriedenheit und des gesundheitlichen Status bedürfen.

# TEIL V RESÜMEE UND AUSBLICK

## 8 Zusammenfassende Betrachtung der Ergebnisse

**Vorbemerkung**

Die vorliegende Studie zum Zusammenhang von subjektivem Belastungserleben bei Sportlehrkräften und spezifischen strukturellen Merkmalen konnte zeigen, dass sich die Anzahl der zu unterrichteten Sportstunden, das Alter, die Schulform und das Geschlecht der Sportlehrer/-innen erheblich auf das individuelle Empfinden physischer und psychischer Belastungen auswirken. Generell ist zu sagen, dass das Belastungsempfinden der Lehrkräfte an allen Schulformen und beiderlei Geschlechts mit steigender Sportstundenanzahl deutlich zunimmt. Die sehr geringe Zahl der Sportlehrkräfte, die in unserer Untersuchung angeben, möglichst viele Stunden im Fach Sport unterrichten zu wollen, deutet darauf hin, dass die in der öffentlichen Meinung vorherrschende Ansicht vom Unterrichten im Fach Sport als einer Tätigkeit, die nicht weiter belastet, offensichtlich falsch ist. Ein Traumjob, in diesem Sinne, ist der Sportlehrerberuf keinesfalls! Ferner zeigte es sich, dass nach anfänglich höherer Belastungswahrnehmung beim Berufseinstieg das Belastungsempfinden mit zunehmender Berufserfahrung absinkt, um dann mit höherem Lebensalter anzusteigen. Dieses Ergebnis war insofern zu erwarten, als dies für den Lehrerberuf allgemein gilt, allerdings steigt das Belastungsempfinden bei Sportlehrern und Sportlehrerinnen mit zunehmendem Alter bisweilen so stark, dass ein Teil- oder sogar Totalausstieg aus dem Fach vollzogen, beantragt (aber nicht genehmigt) oder zumindest in Erwägung gezogen wird. Der gewünschte teilweise Rückzug aus dem Fach ist allerdings nicht realisierbar, wenn es an der betreffenden Schule an Sportlehrkräften mangelt, während im zweiten Unterrichtsfach der betreffenden Lehrkraft u. U. ein Überhang besteht.

### 8.1 Physische und psychische Belastungen

*Belastungen durch sachliche Bedingungen*

Die physische Beanspruchung wird von allen Befragten als hoch beschrieben. Sie ergibt sich z. B. in der Erwärmungsphase durch das Mitvollziehen der Bewegungen durch die Lehrkraft, um die Schüler/-innen zum Mitmachen zu motivieren, bei Übungen im Hauptteil der Stunden z. B. durch das Mitspielen bei Sportspielen und durch die häufig notwendigen Lehrerdemonstrationen beim motorischen Lernprozess sowie durch die von der Lehrkraft vorzunehmende Hilfestellung. Auch der Geräteaufbau und -abbau und vor allem das langanhaltende Stehen in den Hallen und Schwimmbädern werden vielfach als körperlich sehr anstrengend erfahren. Die Lehrer/-innen äußern sich dahingehend, dass das Unterrichten des Sportunterrichts für sie wie „körperliche Arbeit" wirke, die am Ende eines Schultags oft als totale Erschöpfung wahrgenommen wird. Frauen sind aufgrund ihrer körperlich meist schwächeren Konstitution davon deutlich stärker betroffen als männliche Sportlehrkräfte, ältere Sportlehrkräfte mehr als jüngere, weil zum einen die körperlichen Kräfte mit zunehmendem Alter schwinden, zum anderen, weil bestimmte Bewegungsdemonstrationen nicht mehr so flüssig vonstattengehen wie in jüngeren Jahren.

Zu den sachlichen Faktoren gehören auch der große Lärm im Sportunterricht und die dadurch resultierende stimmliche Belastung. Beides wird durchweg von allen Befragten als erheblich eingestuft. Dabei konnten keine schulartspezifischen Unterschiede festgestellt werden, wohl aber geschlechtstypische. Die befragten Frauen äußern häufiger Schwierigkeiten mit dem Stimmapparat als die männlichen Befragten, was an der weiblichen Stimmlage und dem Stimmvolumen liegen dürfte. Es zeigt sich eine deutliche Abhängigkeit der Zunahme der Beschwerden von der erteilten Stundenzahl: Je höher die Zahl pro Woche ist, desto stärker ist die Belastung der Stimme, die sich bei vielen Befragten in rezidivierenden Stimmband- und Atemwegserkrankungen niederschlägt.

Im Vergleich zu den physischen Belastungen scheinen die psychischen eine etwas geringere Rolle zu spielen. In diesem Zusammenhang zeigen sich allerdings wiederum charakteristische geschlechtstypische Unterschiede: Während weibliche Sportlehrkräfte häufig die Verletzungsgefahr der Schüler/-innen als Belastungsfaktor erachten, sind es bei männlichen Sportlehrkräften eher körperliche Berührungen im Sportunterricht und damit verbundene antizipierte Verdächtigungen auf sexualisierte Übergriffe.

Einen weiteren erheblichen Belastungsfaktor durch die sachlichen Bedingungen bilden die zusätzlichen Aufgaben, die die Sportlehrkräfte in zunehmendem Maße zu erfüllen haben. Als physisch und psychisch belastend werden hierbei v. a. die zu erbringenden Arbeitsleistungen an jenen Nachmittagen, an denen Schulsportveranstaltungen auszurichten bzw. mit Schüler/-innen zu besuchen sind, erfahren. Darüber hinaus wird auf die fehlenden Erholungszeiten aufgrund der dadurch notwendigen Verlagerung der Unterrichtsvorbereitung in die Abendstunden oder ins Wochenende verwiesen.

*Belastungen durch räumliche Bedingungen*

Im Gegensatz zum Unterrichten im Klassenraum werden beim Erteilen von Sportunterricht in den verschiedenen Sportstätten Lärm, klimatische Schwankungen zwischen Kälte und Hitze, aber auch schlechte Luft sowie Feuchtigkeit verstärkt als Belastungsfaktoren wahrgenommen. Das Unterrichten im Schwimmbad wird aufgrund des hohen Lärmpegels und der besonderen klimatischen Bedingungen sowie der geringen räumlichen Kapazität für große Klassen von den Befragten als erschöpfend, ja sogar als „katastrophal" beschrieben.

Die Sporthalle als Unterrichtsstätte wird von den Befragten im Vergleich zum Klassenunterricht als deutlich anstrengender empfunden: Die spezifischen Organisationsformen im Sportunterricht führen zu Unruhe, weil sich die Schüler/-innen ständig an anderen Orten in der Sportstätte befinden (also keine Sitzordnung wie im Klassenzimmer besteht). Der organisatorische Aufwand für Lernprozesse ist dementsprechend hoch und macht eine permanente Aufmerksamkeit der Lehrkraft zur Sicherung des Lernerfolgs, aber auch zur Vermeidung von Unfällen, erforderlich.

Das Unterrichten in Mehrfachsporthallen wird aufgrund des Lärmpegels durch drei gleichzeitig unterrichtete Klassen als besonders belastend eingestuft, weil Ansagen nur unter erheblichem Stimmaufwand der Lehrkraft bei den Schülern und Schülerinnen ankommen und konzentriertes Arbeiten in Phasen kognitiven Unterrichts behindert wird oder sogar gänzlich unmöglich ist. Für viele Unterrichtsinhalte sei das zugeteilte Hallendrittel, mit Blick auf die Bewegungsmöglichkeiten von bis zu 33 Schülern/Schülerinnen, viel zu klein, so dass bestimmte Themen im Sportunterricht gar nicht angeboten werden könnten.

In Bezug auf die Ausstattung der Sportstätten wird von Lehrkräften aller Schulformen bemängelt, dass bestimmte Inhaltsbereiche, aufgrund fehlender oder defekter Materialien, gar nicht oder nur mit erheblichen Einschränkungen unterrichtet werden können. Einige der Befragten berichten von fehlenden oder zu kleinen Umkleideräumen bzw. Waschräumen sowohl für die Schüler/-innen als auch die Lehrkräfte. Hinzu kommt, dass die hygienischen Zustände in diesen Räumlichkeiten vielfach unzumutbar seien.

Die vorliegende Untersuchung kann zwar keinen direkten Zusammenhang zwischen den ungenügenden räumlichen Bedingungen und spezifischen Erkrankungen herstellen, aber es gibt in den Interviews mehrere Hinweise darauf, dass Sportlehrkräfte als Folge der erlebten Belastungen vermehrt unter Kopfschmerzen, Heiserkeit, Erkältungskrankheiten und - wie bereits oben dargestellt - rezidivierenden bzw. chronischen Atemwegserkrankungen leiden. In einigen Fällen wurde sogar von einem erlittenen Hörsturz berichtet, der das Erteilen von Sportunterricht nicht mehr oder nur in eingeschränktem Maße zulasse.

*Belastungen durch zeitliche Bedingungen*

Die zeitlichen Rahmenbedingungen des Sportlehrerberufs bergen ebenfalls Belastungspotenziale. So müssen in den Pausen die Hallen, die Umkleideräume, Ballschränke und andere Geräteräumlichkeiten auf- bzw. abgeschlossen und das Aufräumen der Materialien kontrolliert werden. Im selben Zeitfenster müssen sich die Lehrkräfte aber auch umziehen bzw. Wegstrecken zu den Sportstätten zurücklegen. Dadurch verkürzen sich die Pausen im Schultag drastisch oder sind u. U. gar nicht mehr vorhanden.

Diese zeitlichen Belastungen reduzieren sich nach Aussagen der Sportlehrkräfte in dem Maße, als stundenplanorganisatorisch mehrere Sportstunden hintereinander unterrichtet werden können, so dass den Sportlehrkräften mehrfaches Umkleiden und mehrfaches Zurücklegen von Wegen erspart bleibt. Aufgrund der Erteilung von Fachunterricht in anderen Fächern ist dies stundenplantechnisch jedoch meist nicht möglich.

Insgesamt gesehen ist zu beobachten, dass mit dem Problem der zeitlichen Belastung individuell höchst unterschiedlich umgegangen wird. Eine geringe Belastung in zeitlicher Hinsicht nehmen jene Sportlehrkräfte wahr, die dazu übergegangen sind, die Sportstunden nur verkürzt zu unterrichten, damit sie sich in Ruhe umkleiden sowie die Materialien wegschließen können, um dann noch ein wenig Zeit für eine Pause zu haben. Manche Sportlehrkräfte lösen das Zeitproblem dadurch, dass sie sich für den Sportunterricht lediglich Sportschuhe, nicht aber Sportkleidung anziehen, um die Zeit für das Umkleiden zu sparen. Andere Sportlehrkräfte hingegen nehmen eine starke Belastung durch ständige Zeitknappheit und permanentes Hasten wahr, weil sie die Sportstunde in vollem Umfang unterrichten und dadurch in ständiger Eile sind, um pünktlich zur nächsten Unterrichtsstunde ins Schulgebäude zu kommen. Die auf diese Weise fehlenden Regenerationsphasen während eines Arbeitstages können schwere gesundheitliche Folgen nach sich ziehen, wie aktuelle Forschungen bei verschiedenen Berufsgruppen zeigen.[71]

*Belastungen durch soziale Bedingungen*

Konflikthafte soziale Beziehungen im Sportlehrerberuf sorgen – sofern sie vorhanden sind - an allen Schulformen für erhebliches Belastungspotential. Allerdings wirkt sich dies an den verschiedenen Schularten höchst unterschiedlich aus:

Im Bereich des Schülerverhaltens entstehen für Lehrkräfte an Hauptschulen Belastungen vorwiegend durch geringe Motiviertheit der Schüler/-innen, die bis zu einer Verweigerungshaltung dem Sportunterricht gegenüber gehen kann. Mangelnde Rücksichtnahme der Schüler/-innen untereinander wird an allen Schulformen als belastend erfahren. Auffallend ist, dass gerade ältere Lehrkräfte betonen, dass ihre Belastung durch inadäquates Schülerverhalten in den letzten Jahren stetig zugenommen habe.

Durch koedukativen Unterricht fühlen sich die Lehrkräfte der weiterführenden Schulen deutlich belasteter als Lehrkräfte der Grundschule, was mit der geschlechtsbezogenen Sozialisation und dem Fortschreiten des biologischen Entwicklungsstands der Schüler/-innen in der Sekundarstufe I zusammenhängen dürfte. Berichtet wird, dass aufgrund unfairer Verhaltensweisen männlicher Schüler oder der erzwungenen ausschließlichen Berücksichtigung von deren Sportinteressen zu Lasten der Interessen der Schülerinnen keine gleichberechtigte Interaktion zustande komme, was eine Förderung der Sportinteressen der Schülerinnen erschwere, wenn nicht sogar unmöglich mache. Vergleicht man dabei das Belastungserleben von Sportlehrerinnen und Sportlehrern, so wird deutlich, dass einige der befragten Sportlehrerinnen sich besonders stark dadurch belastet fühlen, dass sie bei dem Versuch, weiblich konnotierte Inhalte im Unterricht anzubieten, ständig gegen die Ablehnung dieser Inhalte durch die Jungen (und auch mancher männlicher Kollegen) kämpfen müssen. Diese Ungleichheitsprozesse zwischen Jungen und Mädchen im Sportunterricht wirken sich für manche Lehrerinnen auch deshalb so belastend aus, weil sie dieses Problem zwar sehen, aber ihm offenbar nicht entgegensteuern können und sich in dieser Situation zunehmend hilflos fühlen.[72]

Insgesamt betrachtet scheinen die im Sportunterricht der Sekundarstufen I und II vorkommenden Bekundungen des Missfallens einzelner Schüler/-innen - im Hinblick auf das von den Lehrkräften gestaltete Unterrichtsangebot - das Belastungserleben der Sportlehrkräfte erheblich zu beeinflussen. Durch derartige Ablehnungsprozesse reduzieren sich die behandelten Unterrichtsinhalte bei vielen Befragten auf einige wenige Sportarten. D.h., es wird auf das

[71] Vgl. hierzu in Bezug auf den Lehrerberuf: Krause, Dorsemagen & Baeriswyl (2013, S. 100) sowie Baur (2019, S. 157), die in den fehlenden Pausen im Laufe eines Schulvormittages, bedingt durch den 45 Minuten Takt der Unterrichtsstunden, einen erheblichen Belastungsfaktor für Lehrkräfte sehen. Eine empirische Untersuchung in Pflegeberufen, einer Berufsgruppe, die überhäufig von ausfallenden Pause betroffen ist, ergab ein deutlich höheres Risiko für körperliche und vor allem psychosomatische Beschwerden bei jenen Studienteilnehmern, die angaben, Pausen einzusparen, um für die Pflegearbeit zusätzliche Zeit zu gewinnen (vgl. Lohmann-Halslah, et.al. 2019, 435).

[72] Vgl. hierzu Handbuch Lehrergesundheit (DAK 2012, S. 30). Dort werden Gefühle der Hilflosigkeit im Lehrerberuf als potenziell pathogene Faktoren beschrieben.

Erteilen eines die verschiedenen Inhaltsbereiche ausgewogen berücksichtigenden, lehrplangerechten Sportunterrichts verzichtet. Einige Sportlehrkräfte kämpfen zwar gegen diese Umstände an, andere haben jedoch längst resigniert. Manche haben ein Berufsverständnis, das sich in der Rechtfertigung erschöpft, dass es im Sportunterricht doch ausreiche, wenn sich die Schüler/-innen einfach mal „austoben". Eine solche Auffassung von Sportunterricht dürfte wohl kaum zu einer wirklichen Berufszufriedenheit bei Lehrerinnen und Lehrern, die im Sportunterricht Bildungs- und Erziehungsziele erreichen wollen, führen. Berufszufriedenheit ist aber wiederum eine der wichtigsten gesundheitlichen Ressourcen im Lehrerberuf!

Betrachtet man die Belastungsintensitäten in Klassen mit hohen Anteilen von Schülerinnen/Schülern mit Migrationshintergrund, so ist festzuhalten, dass Sportlehrkräfte in der Grund-, Real- und Gesamtschule, insbesondere aber der Hauptschule, das als mangelhaft wahrgenommene Sozialverhalten mancher männlichen Kinder und Jugendlichen mit Migrationsgeschichte als belastend anführen, ebenso sprachliche Defizite, die Verständigungsschwierigkeiten im Sportunterricht bedingen. In der Hauptschule wird insbesondere das Schlichten von Streitigkeiten zwischen den Mitgliedern verschiedener ethnischer Gruppen im Sportunterricht als belastend empfunden. Konflikte, wie sie in Sportspielen häufig vorkommen, werden bisweilen ethnisiert und können dann in hohem Maße eskalieren. Lehrkräfte der oben genannten Schulformen führen als besonders problematisch an, dass Kinder und Jugendliche mit Migrationshintergrund oftmals wenig bis gar keine Erfahrung mit dem Bewegen im Wasser haben, wodurch der Betreuungsaufwand (aufgrund der Gefahren im Wasser) in erheblichem Maße steige. Hinzu kommen immer wieder auch Konflikte mit Eltern, weil muslimische Schülerinnen (bisweilen) keine Erlaubnis für die Teilnahme am Schwimmunterricht erhalten. Männliche Lehrkräfte fühlen sich darüber hinaus verunsichert, weil bei manchen Mädchen mit Migrationshintergrund (z. B. aufgrund des Berührungstabus im Islam) keinerlei körperliche Berührungen durch männliche Schüler sowie männliche Lehrkräfte erfolgen dürfen, auch nicht bei der Hilfestellung.

Eine erhöhte Belastungswahrnehmung durch geringe Anerkennung des Faches ist an allen Schulformen zu erkennen. In der Grundschule kommt diese Belastungsform jedoch v. a. dadurch zustande, dass fachfremdes Unterrichten, d. h. das Erteilen von Sportunterricht ohne akademische Ausbildung im Fach Sport, häufiger auftritt als an anderen Schulformen, was bisweilen Gefühle der Abwertung und Frustration unter den akademisch ausgebildeten Sportlehrkräften hervorruft. Der an anderen Schulformen, insbesondere an Gymnasien, zu beobachtende niedrigere Status des Faches Sport im Vergleich zu anderen Schulfächern, und zwar im Kollegium, unter der Schülerschaft und den Eltern sowie bisweilen auch bei der Schulleitung, ist jedoch an der Grundschule kaum erkennbar: Dort gibt es keine solch ausgeprägte Hierarchie der Fächer. Hinzu kommt, dass an Grundschulen alle Lehrer/-innen auch Deutsch und Mathematik, die beiden im Hinblick auf den Übergang in die Sekundarstufe I als besonders wichtig erachteten Fächer an der Grundschule, studiert haben und zumindest eines der beiden Fächer auch unterrichten. An der Haupt- und Realschule werden von den Befragten Hierarchien anhand der wissenschaftlichen Wertigkeit der Fächer nur vereinzelt als belastend wahrgenommen.

Resümierend ist festzuhalten, dass die Belastung durch den Faktor „geringe berufliche Anerkennung“ an den Gymnasien am höchsten ist. Viele der befragten Sportlehrkräfte an Gymnasien fühlen sich in ihrer Rolle als Sportlehrkraft wenig bis gar nicht akzeptiert. Dies lässt sich damit erklären, dass am Gymnasium, als der ältesten und traditionsreichsten Bildungseinrichtung in Deutschland, die noch dazuhin zum höchsten schulischen Bildungsabschluss, der Allgemeinen Hochschulreife, führt, der zugeschriebene Wissenschaftsstatus eines Faches den Grad der Anerkennung unter den Kollegen/Kolleginnen wesentlich mitbestimmt. Eine Wissenschaft, wie die Sportwissenschaft, ist hier kaum konkurrenzfähig, zumal das Fach in der Schule meist als ein rein praktisches, handlungsorientiertes Fach wahrgenommen wird.[73] Dies kann dazu führen, dass Sportlehrkräfte in ihrer Arbeit weniger wertgeschätzt werden als Lehrkräfte mit einem Fach des traditionellen Bildungskanons, wie beispielsweise Deutsch, Mathematik oder Fremdsprachen. Die Belastung der Sportlehrkräfte durch diesen Faktor kann u. U. noch steigen, wenn das Zweitfach ein weniger wichtig erachtetes Nebenfach ist.

Darüber hinaus zeigt die vorliegende Studie, dass weibliche Sportlehrkräfte an Gymnasien und Gesamtschulen die am meisten belastete Gruppe sind. Die Befragten führen als Ursachen zum einen die geringe Anerkennung weiblich konnotierter Unterrichtsinhalte an (z. B. Gestaltungssportarten), zum anderen die Erfahrung, dass Sportlehrerinnen durch männliche Schüler (und bisweilen auch männliche Kollegen) die Fachkompetenz im Sport abgesprochen wird, und zwar vor allem in Bezug auf Kenntnisse, Fähigkeiten und Fertigkeiten in den Mannschaftsspielen.

## 8.2 Wahrgenommene gesundheitliche Lage, Ressourcen und Bewältigungsstrategien

*Gesundheitliche Lage*

Bezieht man die vorliegenden Ergebnisse auf das Salutogenesemodell nach Antonovsky, so stellen die räumlichen Bedingungen, unter denen viele Sportlehrkräfte arbeiten, wichtige fachspezifische Stressoren dar, die die individuelle gesundheitliche Position auf dem Gesundheits-Krankheits-Kontinuum entscheidend negativ beeinflussen. In der Folge kann es zu schwerwiegenden gesundheitlichen Folgen wie z.B. chronischen Atemwegserkrankungen sowie psychosomatischen Beschwerden oder sogar Burnout kommen, sofern den Sportlehrkräften nicht genügend Widerstandsressourcen zur Verfügung stehen.

Die Frage nach dem Gesundheitszustand der Sportlehrerschaft kann die vorliegende Studie allerdings nicht annähernd beantworten, weil dazu die notwendige Datengrundlage fehlt, denn die Befragten konnten im Interview selbst entscheiden, wie viel sie über ihre eigene gesundheitliche Situation berichten wollten. Die Schulverwaltung gewährt in die Daten zu Krank-

---

73 Dieses Phänomen zeigt sich auch an der Disziplin „Sportwissenschaft“ an den Universitäten. In der Berichterstattung über das CHE-Hochschulranking der sportwissenschaftlichen Institute in der Wochenzeitung DIE ZEIT wird über die Vorurteile an den Universitäten gegenüber der Sportwissenschaft berichtet: “Zu wenig Wissenschaft, zu viel Sport ist der unausgesprochene Vorwurf, der durch die Universität geistert: Professionalisierte Hobbysportler und Sportlehrer, ist das alles, was die deutsche Sportwissenschaft hervorbringen kann?“ (vgl. DIE ZEIT Nr. 21,14. Mai 2009, 94). Das Fach hat es offenbar auch innerhalb der scientific community schwer, wissenschaftliche Reputation zu erlangen.

meldungen und Fachausstiegen von Lehrkräften keinen Einblick. Allerdings sind den Interviewaussagen deutliche Zeichen sowohl psychischer als auch physischer Belastung zu entnehmen, deren hauptsächliche Ursachen in den fachspezifischen Bedingungen des Sportunterrichts liegen und die aus gesundheitlicher Perspektive als bedenklich einzustufen sind. So berichten viele der Befragten über massive Kopfschmerzen im Anschluss an das Abhalten mehrerer Stunden Sportunterricht bzw. Schwimmunterricht. Sie beklagen auch körperliche Abgeschlagenheit, bis hin zu starker Erschöpfung nach einem Schultag mit mehreren Stunden Sportunterricht. Einige der Befragten geben sogar an, in den letzten Jahren einen Hörsturz erlitten zu haben.

Unter Berücksichtigung der eingeschränkten Zahl der Befragten (71 Lehrkräfte) und aufgrund der verwendeten Untersuchungsmethode (qualitative Interviews) sind Generalisierungen nicht möglich. Dennoch ist es vertretbar, anhand der vorliegenden Ergebnisse, auf Risikogruppen hinzuweisen. So scheinen insbesondere die weiblichen Sportlehrkräfte an Gymnasien und Gesamtschulen hoch belastet zu sein und eine Risikogruppe darzustellen, während die weiblichen Lehrkräfte an anderen Schulformen zwar auch belastet sind, aber kein derart hohes Belastungserleben aufweisen. Sportlehrkräfte an Grundschulen zeigen wiederum weniger gesundheitsbeeinträchtigende Belastungen als Sportlehrkräfte anderer Schulformen. Dies gilt für beide Geschlechter. Ältere Sportlehrkräfte (und zwar sowohl Frauen als auch Männer) berichten über alle Schularten hinweg über eine höhere Belastung als jüngere. Dies gilt wiederum in besonderem Maße für Lehrkräfte an Gesamtschulen und Gymnasien. Man kann deshalb, bei aller gebotenen Vorsicht, sagen, dass sich die Sportlehrkräfte an Gymnasien und Gesamtschulen in der vorliegenden Studie als die mit den meisten gesundheitlichen Risiken behafteten gezeigt haben, wobei die weiblichen Sportlehrkräfte davon in noch höherem Maße betroffen sind als die männlichen und ältere Lehrkräfte wiederum mehr als jüngere.

*Ressourcen und Bewältigungsstrategien*

Um Belastungen, also potenziell krankmachende Faktoren, unbeschadet überstehen, bewältigen oder im Vorfeld vermeiden zu können, bedarf es spezifischer Ressourcen und geeigneter Strategien.

Als der Sportlehrertätigkeit immanente Ressource nannten die Befragten insbesondere die – im Vergleich zu anderen Schulfächern - hohe Motivation der Schüler/-innen und das als besonders positiv empfundene Verhältnis zwischen Lehrkraft und Schülern und Schülerinnen. Aspekte wie, Sport unterrichten als Abwechslung und Ausgleich zu rein kognitiven Fächern, das Erreichen spezifischer Erziehungs- und Bildungsziele sowie Erfolgserlebnisse und positive Rückmeldungen der Schüler/-innen werden ebenfalls als bedeutsame fachimmanente Ressourcen wahrgenommen. D. h., aus diesen Bedingungen des Faches Sport können Sportlehrer/-innen Kraft schöpfen.

Betrachtet man unter diesem Aspekt die verschiedenen Schulformen, so zeigt sich, dass Sportlehrkräfte an der Grundschule das positive Feedback ihrer Schüler/-innen und deren Zufriedenheit mit dem Unterricht, die häufig spontan und hoch emotional gezeigt wird, sowie den Zuwachs an Können, der sich in einer raschen Entwicklung der motorischen, sozialen und kognitiven Fähigkeiten in dieser Altersstufe zeigt, als persönliche Unterrichtserfolge verbuchen. Lehrkräfte anderer Schulformen geben diese Faktoren in geringerem Maße als Quellen ihrer Berufszufriedenheit an.

Was nun spezielle Bewältigungsstrategien in Bezug auf unterschiedliche Belastungsformen betrifft, so zeigen sich - vereinfacht dargestellt - drei maßgebliche Formen:

*Erstens*: Die Mehrzahl der befragten Sportlehrkräfte versucht, durch spezifische didaktisch-methodische Maßnahmen besondere Belastungssituationen schon im Vorfeld des Unterrichts zu vermeiden. Dies bezieht sich v.a. auf die individuelle Unterrichtsplanung und -durchführung, beinhaltet aber auch Absprachen und Kooperationen mit Kollegen/Kolleginnen. Diese reichen vom gemeinsamen Aufbau von Geräten oder Geräteparcours bis hin zur Vereinbarung allgemeingültiger Regeln und Rituale in der Interaktion mit den Schülern und Schülerinnen.

Darüber hinaus wenden die Befragten eine Reihe von stressreduzierenden und individuell als wohltuend empfundenen Praktiken der Stressreduktion an. Auffällig ist, dass die Teilnahme an spezifischen Kursen oder Lehrerweiterbildungsveranstaltungen zur Gesundheitsförderung allgemein oder zur Stressreduktion nicht genannt wird.

*Zweitens*: Eine bestimmte Gruppe von Sportlehrkräften versucht Belastungssituationen zu umgehen, d. h. spezifische Probleme, aus denen Belastungen resultieren, erst gar nicht entstehen zu lassen, indem sie bestimmte Inhalte, deren Thematisierung, z. B. aufgrund mangelnder Motivation oder sogar offener Obstruktion der Schüler/-innen, als besonders belastend empfunden wird, erst gar nicht unterrichtet.

*Drittens*: Eine weitere Gruppe der befragten Sportlehrkräfte radikalisiert die Form der Problemvermeidung, indem sie sich aus dem Fach Sport teilweise oder sogar vollständig zurückzieht. Diese Sportlehrkräfte haben resigniert und sehen ihr „Überleben" in der Schule nur noch in der Flucht aus dem Fach Sport.

Beim Einsatz der meisten dieser Bewältigungsstrategien zeigen sich nur geringe Unterschiede zwischen den Schulformen, dem Alter und dem Geschlecht der Lehrkräfte. Allerdings ist der Fachrückzug bzw. -ausstieg vermehrt bei weiblichen Lehrkräften an Gymnasien und Gesamtschulen zu beobachten.

Auch wenn sämtliche beschriebenen Strategien der Belastungsreduzierung aus subjektiver Sicht der Lehrkräfte Sinn ergeben, weil sie dem Erhalt oder der Wiederherstellung der physischen und psychischen Gesundheit dienen, sind Strategien, die zu einer Vermeidung bestimmter Unterrichtsinhalte bzw. einer Reduzierung des unterrichtlichen Engagements führen, aus sport- und schulpädagogischer Perspektive nicht zu akzeptieren. Ein solches Verhalten negiert den Bildungsauftrag des Faches Sport und schadet damit nicht nur den Schülern und Schülerinnen, sondern auch den Sportkollegen/-kolleginnen sowie dem Ansehen des Schulfaches Sport insgesamt. Hier zeigt sich in besonderem Maße, dass die berufliche Belastung der Sportlehrkräfte negative Auswirkungen auf die Unterrichtsqualität des Sportunterrichts haben kann.[74]

Sowohl die Wahrnehmung und Empfindung der beruflichen Belastung durch den Sportlehrerberuf als auch die Möglichkeiten der Anwendung verschiedener Bewältigungsstrategien sind von der jeweiligen individuellen Situation der Lehrkräfte abhängig. Eine zentrale Rolle bei der Belastungswahrnehmung kommt den personalen und sozialen Ressourcen zu, die wiederum bei jedem Einzelnen in verschiedener Weise vorhanden bzw. ausgeprägt sind. Auch sind die Bedingungen, unter denen unterrichtet wird, von Schule zu Schule verschieden, so dass es sich verbietet, generalisierende Aussagen zu machen. Trotz dieser Einschränkungen erscheint es uns aufgrund der Authentizität der Daten, die durch z. T. mehrstündige Interviews mit einer sehr großen Zahl von Sportlehrkräften verschiedener Altersgruppen, beider Geschlechter und unterschiedlicher Schulformen, gewonnen wurden, gerechtfertigt, aus den Ergebnissen einige Empfehlungen für Veränderungen abzuleiten, um die gesundheitliche Situation der Sportlehrkräfte zu verbessern.

# 9. Konsequenzen und Hinweise zur Implementierung der Forschungsergebnisse

Reflektiert man die Ergebnisse der vorliegenden, theoriegeleiteten Untersuchung, dann zeigen sich zwei große Handlungsfelder, in denen zur Verbesserung der Lage der Sportlehrkräfte Veränderungen notwendig sind. Zum einen das Handlungsfeld, das die Belastungsreduzierung im Alltag der Sportlehrkräfte betrifft und zum anderen das der Stärkung der gesundheitsbezogenen Ressourcen der Lehrer/-innen.. In Bezug auf die Belastungsreduzierung im Alltag sind vor allem infrastrukturelle und organisatorische Veränderungen gefordert, für die die Bildungspolitik, die Bildungsverwaltungen und die Kommunen, aber auch die Schulleitungen verantwortlich sind. Zur Ressourcenstärkung, die an der Person der Lehrkraft selbst ansetzt, sind verhaltensbezogene Determinanten in den Blick zu nehmen. Hier sind inhaltliche Veränderungen in der Aus-und Weiterbildung der Sportlehrkräfte nötig, für die wiederum die Bildungspolitik spezielle Voraussetzungen zu schaffen hat, die aber in ihrer konkreten Ausführung die Universitäten und die Seminare für schulpraktische Ausbildung sowie die verschiedenen Lehrerweiterbildungseinrichtungen betreffen. Im Folgenden werden zunächst die notwendigen verhaltensbezogenen Veränderungen im Handlungsfeld Ressourcenstärkung, erörtert, anschließend die infrastrukturellen und organisatorischen Veränderungen im Schulalltag. Für beide Handlungsfelder gibt es dann jeweils Empfehlungen, gerichtet an die verantwortlichen Akteure.

*Ressourcenstärkung durch Veränderungen in der Aus-und Weiterbildung von Sportlehrkräften*

Erkenntnisse aus Studien zur gesundheitlichen Lage von Sportlehrkräften, wie der vorliegenden sollten in die Curricula der lehrerbildenden Studiengänge an Universitäten und an den

74 Vgl. zur Gefahr der Beeinträchtigung der Qualität des Unterrichts durch Überlastung der Sportlehrkraft Miethling & Sohnsmeyer (2009, S. 56ff) sowie Wolters (2010).

Seminaren für schulpraktische Ausbildung integriert werden, ebenso wie in die Fortbildungen der dritten Phase der Lehrerbildung und in diverse Ausbildungsgänge von Fachsportlehrerinnen-und -lehrern an Fachschulen.

An die Bildungspolitik, die Bildungsverwaltung sowie die Universitäten ist deshalb die Forderung zu richten, dass bereits *angehende* Sportlehrkräfte, also Studierende sowie Referendare, aufgrund des hohen potenziellen Belastungsrisikos in ihrem künftigen Beruf, mit den Stressoren, die dem Fach inhärent sind, vertraut gemacht und auf pädagogisch sinnvolle und verantwortbare Strategien des Umgang mit den spezifischen Belastungen hingewiesen werden. Dazu ist es nötig, auch theoretisches gesundheitspädagogisches Wissen zu vermitteln, wie etwa Kenntnisse über das Belastungs-Bewältigungs-Paradigma, das u.a. in das Salutogenesenmodell von Antonovsky Eingang gefunden hat, um eine bessere kognitive Strukturierung des Wissens sowie die spätere Anwendung der Erkenntnisse auf die je individuelle Situation zu erleichtern. Ziel sollte es sein, bei den angehenden Lehrern/Lehrerinnen ein reflexives Verhältnis zum eigenen professionellen Handeln, dessen Bedingungen und Konsequenzen, in Bezug auf die gesundheitlichen Belastungen und Ressourcen des Sportlehrerberufs anzubahnen.

Reflektiert man die dargestellten gesundheitlichen Probleme speziell im Hinblick auf den Faktor Alter, so ist es in besonderem Maße wichtig, dass sich gerade junge bzw. angehende Sportlehrkräften mit diesem speziellen Themenbereich auseinandersetzen, denn die mit dem Alter zunehmenden Belastungen im Sportlehrerberuf sind jungen Menschen naturgemäß kaum bewusst. Zwar dürfte die Zunahme des Belastungsempfindens im Verlauf eines Lehrerlebens vielen bekannt sein, weniger bewusst ist allerdings eine Besonderheit des Sportlehrerberufes, die in der Körperbezogenheit des Faches Sport liegt: Während Lehrkräfte anderer Fächer mit zunehmendem Alter vielfach einen Anstieg ihrer fachlichen Kompetenzen wahrnehmen, ist bei Sportlehrkräften ein umgekehrter Prozess festzustellen: Mit zunehmendem Alter nehmen diese ihre fachlichen Kompetenzen, zumindest was die physische Seite betrifft, als eher schwindend wahr. Studierende, Referendare/Referendarinnen und auch praktizierende jüngere Sportlehrkräfte sind im Zusammenhang mit dieser Problematik darauf aufmerksam zu machen, welch große Bedeutung der eigenen körperlichen Fitness und Unversehrtheit in ihrem Beruf zukommt.

Da der Rückgang sportmotorischer Kompetenzen aufgrund des Alterungsprozesses jedoch unausweichlich ist, d.h. die Demonstrationsfähigkeit in bestimmten Inhaltsbereichen nicht in vollem Umfang bis zum Ender der Berufslaufbahn aufrechterhalten werden kann, ist angehenden bzw. jungen Sportlehrkräften in besonderem Maße bewusst zu machen, dass Alternativen zur Lehrerdemonstration gefunden werden müssen, um mit zunehmenden Berufsjahren auch weiterhin als fachlich kompetent wahrgenommen zu werden. Die Nutzung solcher Alternativen ist allerdings nur möglich, wenn man sein methodisches Wissen über verschiedene (individuell zu variierende) Lehrverfahren ständig aktualisiert, mit den eigenen Lehrerfahrungen abgleicht und so allmählich über eine gewisse Varianz an Lehrwegen verfügt.

Diesen Faktoren, nämlich körperliche Leistungsfähigkeit und zeitgemäßes methodisch-didaktisches Wissen, das auch die ständigen Veränderungen der Sportkultur einschließt, kann eine moderierende Funktion bei der Entstehung belastender Situationen im Beruf zugesprochen werden. Deshalb sollte es in der Ausbildung von Sportlehrkräften in der Ersten und Zweiten Phase Pflicht werden, über die Bedeutung dieser Faktoren hinreichend zu informieren.

Darüber hinaus gilt es im Hinblick auf die Ressourcenstärkung von Sportlehrkräften zwei weitere Themenfelder in der Aus- und Weiterbildung stärker als bisher zu berücksichtigen: Da die Motivation der Schüler/-innen für den Sportunterricht und der enge pädagogische Bezug zwischen Lehrkraft und Schülerinnen/Schülern sehr häufig als positive Faktoren des Sportlehrerberufes genannt wurden, ist davon auszugehen, dass diese beiden Faktoren einen besonders hohen Stellenwert für die Berufszufriedenheit von Sportlehrkräften, also Ressourcencharakter haben. Dagegen wurden als besonders häufig auftretende Stressoren Konflikte zwischen verschiedenen Schülergruppen bzw. zwischen Schülern/Schülerinnen und Lehrkraft genannt. Spannungen dieser Art sind bisweilen auch die Folge einer zunehmend kulturell heterogener werdenden Schülerschaft. Angesichts dieser Sachlage erscheint es angezeigt, einerseits die Kompetenzen der Lehrkräfte zur Förderung und Erhaltung der Motivation der Schüler/-innen zu stärken sowie andererseits die Fähigkeiten zur pädagogischen Steuerung von Gruppen - unter den besonderen Bedingungen von Kooperation und Konkurrenz im Sport - zu fördern, letzteres insbesondere um Konflikte im Zusammenhang mit kultureller Vielfalt zu reduzieren bzw. sachgerecht lösen zu können. Auf diese Weise könnten Sportlehrkräfte wirkungsvoll dabei unterstützt werden, in den Sportklassen ein emotional positiv besetztes Lehr-Lernklima zu erzeugen, was wiederum ihrer eigenen Berufszufriedenheit zugutekommen dürfte. [75]

Auf der Basis der genannten Wissensgrundlagen und vor dem Hintergrund eigener, reflektierter Berufserfahrungen besteht dann die Möglichkeit, dass die einzelne Sportlehrkraft, in Auseinandersetzung mit der spezifischen Umwelt, ihre jeweilige berufliche Situation und die damit verbundenen Belastungen besser einschätzen lernt und früh darauf reagieren kann. Damit ist gemeint, dass man eine gewisse Achtsamkeit sich selbst gegenüber im Hinblick auf berufliche Stressoren, aber auch berufliche Ressourcen entwickelt. Es gilt dann aber darüber hinaus individuell Wege zu finden, wie man die jeweilige Situation und den pädagogischen Alltag, unter Erfüllung des beruflichen Auftrags und unter Erreichung der selbst gesetzten pädagogischen Ziele, meistern kann, ohne gesundheitliche Beeinträchtigungen davonzutragen. Dies heißt nichts weniger, als dass das Wissen um das Zusammenspiel von Belastungen und Ressourcen, verbunden mit der Reflexion der eigenen beruflichen Situation, Bestandteil des professionellen Selbst eines Sportlehrers/einer Sportlehrerin werden müssen, damit - trotz aller Schwierigkeiten im Berufsalltag - die positive Einstellung zum gewählten Beruf und die Fä-

75 Vgl. in diesem Zusammenhang auch Giess-Stüber & Grimminger (2007), die vor dem Hintergrund der besonderen sportpädagogischen Herausforderungen durch eine multikulturelle Schülerschaft für die Ausbildung interkultureller Kompetenz von Sportlehrkräften plädieren.

higkeit, einen qualifizierten Unterricht zu erteilen, erhalten bleibt.[76]

Was nun die Gruppe der praktizierenden Sportlehrkräfte betrifft, so sind Bildungspolitik und Bildungsverwaltung in die Pflicht zu nehmen, die in Studium und Referendariat angebahnten Entwicklungsprozesse in Richtung auf ein stabiles professionelles Selbst weiter zu fördern. Zu denken ist hier zunächst einmal an die Aufnahme von Themen aus der beruflichen Gesundheitsförderung in die Programme der Lehrerweiterbildung. Dort sind solche Themen nämlich bislang kaum vertreten.[77] Damit derartige Fortbildungen jedoch wirksam werden können, muss von Schulverwaltungsseite sichergestellt werden, dass die Sportlehrer/-innen für den Besuch von derartigen Fortbildungsveranstaltungen auch tatsächlich vom Unterricht freigestellt werden.

Darüber hinaus fehlt es an berufsbegleitenden Unterstützungssystemen,[78] die geeignet sind, auf berufsphasenspezifische Problemlagen bestimmter Fachlehrergruppen zu reagieren, etwa durch Einrichtung regelmäßiger Rückmeldungen zur beruflichen Wirksamkeit oder durch Bildung spezifischer Arbeitsgruppen, die kollegiale Fallarbeit bzw. biographische Reflexion betreiben oder sich einer regelrechten beruflichen Supervision unterziehen. Durch Fortbildung mehrerer Kollegen/Kolleginnen aus einer Schule bzw. ganzer Fachschaften kann darüber hinaus die Bildung einer wichtigen sozialen Ressource, die in einem vertrauensvollen und durch Kooperation getragenen Klima eines Lehrerkollegiums besteht, wirkungsvoll unterstützt werden. Allerdings ist bei all diesen proaktiv wirkenden Unterstützungssystemen zu beachten, dass eine Wirkung nur zu erwarten ist, wenn es sich um längerfristige Weiterbildungen handelt (vgl. Herzog, 2007, S. 416).

Wichtig erscheint uns darüber hinaus, dass bereits angehende Sportlehrkräfte auf derartige Weiterbildungen und Unterstützungssysteme für praktizierende Sportlehrkräfte hingewiesen werden. So könnte schon in den beiden ersten Ausbildungsphasen ein Bewusstsein für die Notwendigkeit einer permanenten persönlichen Weiterentwicklung zum Zwecke der Gesunderhaltung entwickelt werden.

*Belastungsreduzierung durch strukturelle und organisationale Veränderungen*

Da sachliche, räumliche, zeitliche und soziale Bedingungen des Unterrichtens im Fach Sport ursächlich an der Entstehung von Belastungen beteiligt sind, ist es unumgänglich, neben verhaltensbezogenen Determinanten (Einstellungsänderung und Kompetenzstärkung der Sportlehrkräfte durch Aus- und Weiterbildung) auch die infrastrukturellen Bedingungen, unter denen Sportlehrkräfte arbeiten, in den Blick zu nehmen, um Verbesserungen zu erreichen. Was

76 Vgl. zu dieser Forderung der Integration gesundheitsbezogenenen Wissens und Verhaltens in das professionelle Selbst eines Lehrers/einer Lehrerin: Herzog (2007, S. 418). Zum professionellen Selbst im Sportlehrerberuf unter den Aspekten der Gesunderhaltung und Berufszufriedenheit: Wolters (2010, S.23). sowie Miethling/Gieß-Stüber (2007).

77 Herzog kann an Hand seiner Daten zeigen, dass Lehr –und Weiterbildungsveranstaltungen, die die Beanspruchung im Lehrerberuf sowie Strategien zur Bewältigung thematisieren, bislang kaum bzw.“ wenig nachhaltig“ (S.409) stattfinden. Spezifische Fachlehrergruppen finden bislang gar keine Berücksichtigung.

78 Vgl. zu dieser Forderung Miethling & Sohnsmeyer (2009, S. 183) unter Bezug auf Terhart (2001).

diesbezügliche Konsequenzen aus den vorliegenden Ergebnissen betrifft, so sind hier in erster Linie die Arbeitgeber mit ihrer Fürsorgepflicht gegenüber dem Personal angesprochen d.h., die für die Schulpolitik und -verwaltung Verantwortlichen, einschließlich der Schulleiterinnen und Schulleiter, aber auch die Verantwortlichen in den Kommunen, die für die räumliche und materielle Ausstattung der Übungsstätten verantwortlich sind. Hier ergibt sich auch ein weites Betätigungsfeld für die berufsständischen Vertretungen der Sportlehrerschaft.

Zu den dringend gebotenen strukturellen Veränderungen gehörten die flexible Anpassung der Stundendeputate und eine Neufassung von Arbeitszeitregularien. Die bisher diskutierten oder bereits eingeführten Arbeitszeitmodelle für Lehrer/-innen müssen im Hinblick auf Sportlehrkräfte neu reflektiert und überarbeitet werden. Es ist aufgrund der Ergebnisse der vorliegenden Studie dringend zu empfehlen, die spezifischen Belastungsfaktoren des Faches Sport in die Betrachtung einzubeziehen und nicht nur die Faktoren „Stundenvolumen" und „Belastung durch Korrekturen". Allein diese Faktoren zur Bewertung der Arbeit von Lehrerinnen und Lehrern heranzuziehen, scheint nach der vorliegenden Untersuchung für den Sportlehrerberuf unangemessen. Ein „Punktemodell", wie es zum Beispiel in Hamburg verwendet wird, das nur die geschätzten Arbeitszeiten berücksichtigt und die räumlichen, zeitlichen, sachbezogenen und sozialen Bedingungen des Arbeitsumfeldes der Lehrkräfte ausblendet, wird von den Sportlehrkräften zurecht als realitätsfremd und extrem ungerecht empfunden. Wenn das Erteilen von Sportunterricht tatsächlich ein Kinderspiel wäre, dann würden sich nicht so viele Lehrkräfte, insbesondere Frauen, aus dem Fach zurückziehen oder ihm durch vollständigen Ausstieg und Wechsel in ein anderes Fach gänzlich den Rücken kehren. Die vorliegende Studie unterstützt deshalb die Forderung nach Beibehaltung des bisherigen Pflichtstundenmodells und hält eine differenzierte empirische Untersuchung der Belastungsfaktoren für notwendig.[79]

Darüber hinaus sollte ein besonderer Nachdruck auf der Förderung der beruflichen Mobilität von Sportlehrkräften gelegt werden. Hier sind die Arbeitgeber gefordert, d.h. die Bildungspolitik und die Bildungsverwaltungen der Länder sowie in gewissem Maße auch die Schulleitungen. Dies betrifft zunächst erst einmal die Reduzierung der zu erteilenden Sportstundenzahl im Rahmen des gesamten Deputats[80] und den Ausgleich durch vermehrten Einsatz im anderen Fach, sofern dies aus Gründen der physischen bzw. psychischen Gesundheit erforderlich ist. Darüber hinaus muss gesundheitlich gefährdeten bzw. beeinträchtigten Sportlehrern/Sportlehrerinnen verstärkt die Möglichkeit zur beruflichen Weiterqualifizierung eröffnet werden, z. B. in einem weiteren Schulfach oder für schulverwaltungsbezogene Rollen oder im Bereich der pädagogischen Beratung, damit ein Fachrückzug oder gar -ausstieg realisiert werden kann. Da diese Maßnahmen zu einem Mehrbedarf an Sportlehrkräften führen, stellt sich der Bildungspolitik die Aufgabe, mehr Lehrkräfte mit Fakultas im Fach Sport einzustellen, mehr Werbung für den Sportlehrerberuf zu machen und darüber hinaus für die Einrichtung

79 Vgl. zu dieser Forderung auch Busch-Ostermann & Vogel (2005).

80 Immerhin ein Drittel der in der vorliegenden quantitativen Studie befragten Sportlehrkräfte wünscht sich eine Reduzierung der zu erteilenden Sportstunden im Rahmen ihres Deputats.

von Studiengängen zu sorgen, die das Studium der Sportwissenschaft als Drittfach attraktiv machen, um auf diese Weise mehr fachlich qualifizierte Sportlehrkräfte zu gewinnen.

Was die Frage des Sportlehrermangels betrifft, so ist von der Bildungspolitik und -verwaltung dringend die Offenlegung der Daten zum Rückzug bzw. Fachausstieg von Sportlehrkräften zu fordern, damit durch unabhängige wissenschaftliche Forschung dokumentiert werden kann, in welchem Maße es realiter zu Verlusten an Sportlehrkräften an den Schulen kommt, und zwar spezifiziert nach weiblichen und männlichen Lehrkräften und nach Schulformen[81]. Solche Daten werden von den meisten Ländern derzeit nicht erhoben, zumindest werden die entsprechenden Daten der Forschung nicht zur Verfügung gestellt. Alle Anzeichen sprechen dafür, dass Lehrkräfte in der Schulstatistik auch dann noch als volle Lehrkräfte für Sport geführt werden, wenn sich diese teilweise oder sogar ganz aus dem Fach zurückgezogen haben. Auf diese Weise bleibt z. B. der Mangel an Sportlehrkräften an den Schulen der Sekundarstufe I und II, insbesondere der Mangel an weiblichen Lehrkräften, der Öffentlichkeit verborgen. Letzteres führt zu einer erheblichen Benachteiligung der Schülerinnen, denn diese haben Anspruch auf Unterricht auch durch weibliche Lehrkräfte. Hinzu kommt, dass durch den Mangel an Sportlehrerinnen an den Schulen wichtige weibliche Vorbilder für einen sportiven Lebensstil und das Sporttreiben von Mädchen und Frauen fehlen. Dies ist mit Blick auf die zunehmende Zahl von Schülerinnen mit Migrationsgeschichte von höchster Bedeutung.

Schließlich sind die Kommunen als die finanziellen Träger der öffentlichen Schulen in die Pflicht zu nehmen, wenn es um die Reduzierung von Belastungen durch räumliche, akustische, raumklimatische und hygienische sowie materielle Bedingungen des Sportunterrichts geht. Die Bedingungen in den Sportstätten sind so zu gestalten, dass diesbezügliche Belastungen für Sportlehrkräfte entfallen oder zumindest weitgehend reduziert werden. Dazu gehört auch, dass Beanstandungen durch betroffene Lehrkräfte von den zuständigen Stellen zur Kenntnis genommen und die Missstände zügig beseitigt werden. Hier ergibt sich ein weites Feld für die Arbeit der Sportfachschaften an den einzelnen Schulen, unterstützt durch die jeweiligen Schulleitungen.

Aufklärung und Wissen allein helfen allerdings nicht, die Belastungen im Sportlehrerberuf zu beseitigen und die gesundheitliche Lage der Sportlehrkräfte zu verbessern. Wissen ist allenfalls eine notwendige, aber nicht hinreichende Bedingung für Veränderungen. Hinzukommen muss bei allen am Handlungsfeld „Arbeitsbedingungen von Sportlehrkräften" beteiligten Akteuren der Wille zur Veränderung. Dies gilt zum einen für die Sportlehrkräfte selbst, zum anderen aber in hohem Maße für Politik und Verwaltung, denn sehr viele der in der vorliegenden Untersuchung identifizierten Belastungsfaktoren können durch individuelle Maßnahmen einzelner Lehrkräfte nicht beeinflusst werden.

Durchschlagende Veränderungen werden jedoch nur möglich sein, wenn auch im öffentlichen Bewusstsein die spezifischen Belastungen im Sportlehrerberuf angekommen sind und eine größere Akzeptanz für diese Problematik besteht. Bislang wurden die Belastungen dieser Gruppe von Lehrern/Lehrerinnen ja gar nicht zur Kenntnis genommen, sondern im Gegenteil,

81 Vgl. zu dieser Forderung bereits Cachay (2003, S. 33).

durch Etikettierungen, wie die Bezeichnung des Sportlehrerberufs als „Traumjob“ oder die Bezeichnung des Schulfachs Sport als „Hobbyfach“, konterkariert. Vielleicht kann die vorliegende Studie zum Umdenken anregen, weil sie den Betroffenen erstmals in größerem Umfang eine Stimme gibt.

# Literatur


Allmer, H. (1982). Zur psychischen Beanspruchung des Lehrers im Sportunterricht. In H. Allmer & J. Bielefeld (Hrsg.), *Sportlehrerverhalten* (S. 61-75). Schorndorf: Hofmann.

Antonovsky, A. (1979). *Health, stress and coping. New perspectives on mental and physical well-being.* San Francisco: Jossey-Bass.

Antonovsky, A. (1987). *Unravelling the mystery of health. How people manage stress and stay well.* San Francisco: Jossey Bass.

Antonovsky, A. (1997). *Salutogenese: Zur Entmystifizierung der Gesundheit.* Deutsche erweiterte Ausgabe von Alexa Franke. Tübingen: DGVT.

Avci-Werning, M. (2007). Zugänge zu schwierigen (muslimischen) Jungen. Vorschläge einer Schulpsychologin. *Schüler. Themenheft Jungen,* 120-121.

Barth, A.-R. (1992). *Burnout bei Lehrern: Theoretische Aspekte und Ergebnisse einer Untersuchung.* Göttingen: Hogrefe.

Bauer, J. F. (2019). *Personale Gesundheitsressourcen in Studium und Arbeitsleben - Transaktionales Rahmenmodell und Anwendung auf das Lehramt.* Wiesbaden: Springer Extras Online.

Bauer, J. (2008). *Generation Burnout.* Zugriff am 02.03.2011 unter http://www.uniklinik-freiburg.de/onlinemagazin/live/behandlungsmethoden/burnout_de.html.pdf (2 Seiten)

Baur, J. (1982). Zur Perzeption des beruflichen Status von Sportlehrern. *Sportwissenschaft, 12*(4), 407-420.

Bengel, J. (2001). *Was erhält Menschen gesund? Antonovskys Modell der Salutogenese. Diskussionsstand und Stellenwert. Forschung und Praxis der Gesundheitsförderung, Band 6. Eine Expertise von Jürgen Bengel, Regine Strittmacher und Hildegard Willmann im Auftrag der BZgA* (Erw. Neuaufl). Köln: Bundeszentrale für gesundheitliche Aufklärung.

Bericht der Beauftragten der Bundesregierung für Migration, Flüchtlinge und Integration (2019). *Zwölfter Bericht der Beauftragten der Bundesregierung für Migration, Flüchtlinge und Integration.* Abruf unter https://www.integrationsbeauftragte.de/resource/blob/89600/1699390/98e849dd7baa9d2358553dbc6aa1d946/lagebericht-12-data.pdf

Bieri, T. (2002). *Die berufliche Situation aus der Sicht der Lehrperson. Zufriedenheit, Belastung, Wohlbefinden und Kündigungen im Lehrberuf.* Dissertation, Eberhard-Karls-Universität Tübingen.

Böhm-Kasper, O., Bos, W., Körner, S. C., Weishaupt, H. (2001). *Sind 12 Schuljahre stressiger? Belastung und Beanspruchung von Lehrern und Schülern am Gymnasium.* Weinheim, München: Juventa.

Bourdieu, P. (2005). *Die männliche Herrschaft.* Frankfurt a. M.: Suhrkamp Verlag.

Brinkhoff, K.-P. (1998). *Sport und Sozialisation im Jugendalter: Entwicklung, soziale Unterstützung und Gesundheit.* Weinheim, München: Juventa.

Bründel, H. & Hurrelmann, K. (1994). Bewältigungsstrategien deutscher und ausländischer Jugendlicher. *Zeitschrift für Sozialisationsforschung und Erziehungssoziologie, 14*(1), 2-19.

Burisch, M. (1994). *Das Burnout-Syndrom – Theorie der inneren Erschöpfung* (2. Aufl.). Berlin: Springer.

Burke, R. J., Greenglass, E. R. & Schwarzer, R. (1996). Predicting teacher burnout over time: Effects of work stress, social support, and self-doubts on burnout and its consequences. *Anxiety, Stress and Coping: An International Journal, 9,* 261-275.

Busch-Ostermann, E. & Vogel, W. (2005). Gegen Ausweitung der Arbeitszeit! Für die Gleichwertigkeit aller Fächer! Zur Arbeitszeit und Arbeitsbelastung von Lehrkräften. *DDS. Zeitschrift der Gewerkschaft Erziehung und Wissenschaft Landesverband Bayern,*

6, 10-12. Abruf unter https://www.gew-bayern.de/index.php?eID=dumpFile&t=f&f=39116&token=b17b1c8ee640c91c7623689537c6549e22950be5&sdownload=&n=DDS2005-06.pdf

Butkus, T. & Miethling, W.-D. (2005). Belastungen und Widerstandsressourcen bei Sportlehrerinnen und Sportlehrern. *Betrifft Sport, 27*(4), 3-9.

Byrne, B. M. (1994). Burnout: Testing for the validity, replication, and invariance of causal structure across elementary, intermediate, and secondary teachers. *American Educational Research Journal, 31*(3), 645-673.

Cachay, K. (2003). Brennpunkt. Traumjob Sportlehrer? *sportunterricht, 52*(2), 33.

Connell, R. W. (2000). *Der gemachte Mann. Konstruktion und Krise von Männlichkeiten.* Opladen: Verlag für Sozialwissenschaften.

Czerwenka, K. (1996). Belastungen im Lehrerberuf und ihre Bewältigung. *Bildung und Erziehung, 49*(3), 295-316.

DAK-Gesundheit & Unfallkasse NRW (Hrsg.) (2012). *Handbuch Lehrergesundheit – Impulse für die Entwicklung guter gesunder Schulen.* Köln: Carl Link. Abruf unter http://www.handbuch-lehrergesundheit.de/downloads/Handbuch-Lehrergesundheit.pdf

Dauber, H. & Vollstädt, W. (2004). Psychosoziale Belastungen im Lehramt. Empirische Befunde zur Frühpensionierung hessischer Lehrer. *Die Deutsche Schule, 3,* 359-369.

Dauber, H. & Döring-Seipel, E. (2010). Salutogenese in Lehrerberuf und Schule. Konzeption und Befunde des Projekts SALUS. *Pädagogik, 62*(10), 32-35.

Dausien, B. (1996). *Biographie und Geschlecht. Zur biographischen Konstruktion sozialer Wirklichkeit in Frauenlebensgeschichten.* Bremen: Donat.

Deutscher Sportbund (Hrsg.) (2006). *DSB-SPRINT-Studie. Eine Untersuchung zur Situation des Schulsports in Deutschland.* Frankfurt am Main: Meyer& Meyer.

Döring-Seipel, E. & Dauber, H. (2013). *Was Lehrerinnen und Lehrer gesund hält. Empirische Ergebnisse zur Bedeutung psychosozialer Ressourcen im Lehrerberuf.* Kölner Reihe – Materialien zu Supervision und Beratung, Bd.4. Göttingen: Vandenhoeck & Ruprecht.

Fejgin, N., Ephrety, N. & Ben-Sira, D. (1995). Work environment and burnout of physical education teachers. *Journal of Teaching in Physical Education, 15*(1), 64-78.

Firley-Lorenz, M. (1994). Sportlehrerinnen in der Schule – ein kritischer Beitrag zu einem vernachlässigten Thema. *sportunterricht, 43*(4), 148-157.

Firley-Lorenz, M. (1998). Situation von Sportlehrerinnen an der Schule. In Landesinstitut für Schule und Weiterbildung (Hrsg.), *Mädchen und Jungen im Schulsport. Landesweite Fachtagung im Rahmen des Landesprogramms der Landesregierung NRW „Mehr Chancen für Mädchen und Frauen im Sport“* (S. 96-108). Soest: Kettler.

Firley-Lorenz, M. (2004). *Gender im Sportlehrberuf. Sozialisation und Berufstätigkeit von Sportlehrerinnen in der Schule.* Butzbach-Griedel: Afra.

Flick, U., von Kardorff, E. & Steinke, I. (Hrsg.) (2003). *Qualitative Forschung. Ein Handbuch* (2. Aufl.). Hamburg: Rowohlt.

Franke, R., Kroll, R., Spinnler, E., Boehnke, K. & Golz, N. (1984). Zur Struktur der subjektiven Problemwahrnehmung von Sportlehrern. In W.-D. Brettschneider (Hrsg.), *Alltagsbewusstsein und Handlungsorientierungen von Sportlehrern* (S. 156-177). Schorndorf: Hofmann.

Friebertshäuser, B. (1997). Interviewtechniken – ein Überblick. In B. Friebertshäuser & A. Prengel (Hrsg.), *Handbuch Qualitative Forschungsmethoden in der Erziehungswissenschaft* (S. 371-395). Weinheim, München: Juventa.

Garske, U. & Holtz, U. (1985). Zur Arbeitsbelastung und den Arbeitsbedingungen von Sportlehrern. *sportunterricht, 34*(9), 329-340.

Gehrmann, A. (2007). Zufriedenheit trotz beruflicher Beanspruchungen? Anmerkungen zu den Befunden der Lehrerbelastungsforschung. In M. Rothland (Hrsg.), *Belastung und Beanspruchung im Lehrerberuf. Modelle, Befunde, Interventionen* (S. 185-203). Wiesbaden: VS Verlag für Sozialwissenschaften.

Giess-Stüber, P. & Grimminger, E. (2007). Sportpädagogische Herausforderungen durch eine multikulturelle Schülerschaft– Plädoyer für die Ausbildung interkultureller Kompetenz von Sportlehrkräften In W.-D. Miethling,. & P. Giess-Stüber (Hrsg.), *Beruf: Sportlehrer/in. Über Persönlichkeit, Kompetenzen und professionelles Selbst von Sport-und Bewegungslehrern* (S. 1 10 – 133). Baltmannsweiler: Schneider-Verlag Hohengehren.

Größing, S. (2007). *Einführung in die Sportdidaktik. Lehren und Lernen im Sportunterricht* (9. Aufl.). Stuttgart: UTB.

Hackfort, D. & Schwenkmezger, P. (1982). Psychologische Aspekte zur Angst im Sportunterricht. *sportunterricht, 31*(11), 409-419.

Haney, C.J. & Long, B.C. (1989). Role Stress, Doping effectiveness and health concerns of physical education teachers. *Educational Research Quarterly, 13*(4), 34-42.

Heim, R. & Gerlach, E. (1998). Burnout- Auch ein Thema im Sportlehrerberuf? *Körpererziehung, 48*(10), 330-337.

Heim, R. & Klimek, G. (1999). Arbeitsbelastungen im Sportlehrerberuf – Entwicklung eines Instruments zur Erfassung fachunterrichtlicher Stressoren. *Psychologie und Sport, 6*(2), 35-45.

Helfferich, C. (2005). *Die Qualität qualitativer Daten. Manual für die Durchführung qualitativer Interviews* (2. Aufl.). Wiesbaden: VS Verlag für Sozialwissenschaften.

Helfferich, C. (2011). *Die Qualität qualitativer Daten. Manual für die Durchführung qualitativer Interviews* (4. Aufl.). Wiesbaden: Springer VS.

Herzog, S. (2007). *Beanspruchung und Bewältigung im Lehrerberuf. Eine salutogenetische und biografische Untersuchung im Kontext unterschiedlicher Karriereverläufe*. Münster u.a.: Waxmann.

Hurrelmann, K. (1988). *Sozialisation und Gesundheit: somatische, psychische, und soziale Risikofaktoren im Lebenslauf.* Weinheim [u. a.]: Juventa.

Janke, W. & Erdmann, G. (1997). *Der Stressverarbeitungsbogen (SVF 120). Kurzbeschreibung und grundlegende Kennwerte.* Göttingen: Hogrefe.

Jehle, P. & Schmitz, E. (2007). Innere Kündigung und vorzeitige Pensionierung von Lehrkräften. In M. Rothland (Hrsg.), *Belastung und Beanspruchung im Lehrerberuf. Modelle, Befunde, Interventionen* (S. 160-184). Wiesbaden: VS Verlag für Sozialwissenschaften.

Jerusalem, M. (1990). *Persönliche Ressourcen, Vulnerabilität und Stresserleben.* Göttingen: Hogrefe.

Kastrup, V. (2007). Die Bedeutung des Alters für die Experten-Laien-Differenz bei Sportlehrkräften. In V. Scheid (Hrsg.), *Sport und Bewegung vermitteln. Jahrestagung der dvs-Sektion Sportpädagogik vom 15.-17. Juni 2006 in Kassel* (S. 294-297). Hamburg: Czwalina.

Kastrup, V. (2009). *Der Sportlehrerberuf als Profession. Eine empirische Studie zur Bedeutung des Sportlehrerberufs*. Schorndorf: Hofmann.

Kastrup, V., Dornseifer, A. & Kleindienst-Cachay, C. (2008). Belastungswahrnehmung von Sportlehrkräften verschiedener Schulformen. *sportunterricht, 57(10)*, 307-313.

Kastrup, V. & Kleindienst-Cachay (2014). 'Reflective co-education' or maleoriented physical education? Teachers' views about activities in co-educational PE classes at German secondary schools. *Sport, Education and Society, 21*(7), 963-984. https://doi.org/10.1080/13573322.2014.984673.

Kastrup, V. & Lohre, J. (2016). Sportlehrkräfte in der "Gratifikationskrise": eine empirische Studie zur wahrgenommenen beruflichen Verausgabung und Belohnung von Sportlehrkräften. *Zeitschrift Für Sportpädagogische Forschung, 4*(1), 41-60.

Kelle, U. & Kluge, S. (1999). *Vom Einzelfall zum Typus. Fallvergleich und Fallkontrastierung in der qualitativen Sozialforschung*. Opladen: Leske + Budrich.

Kleindienst-Cachay, C., Kastrup, V. & Cachay, K. (2008). Koedukation im Sportunterricht – ernüchternde Realität einer löblichen Idee. *sportunterricht, 57*(4), 99-104.

Kleindienst-Cachay, C. & Kunzendorf, A. (2003). ‚Männlicher' Sport – ‚weibliche' Identität? Hochleistungssportlerinnen in männlich dominierten Sportarten. In I. Hartmann-Tews, P. Gieß-Stüber, M.-L. Klein, C. Kleindienst-Cachay & K. Petry (Hrsg.), *Soziale Konstruktion von Geschlecht im Sport* (S. 109-150). Opladen: Leske + Budrich.

Kloos, G., Köster, R. & Weiss, H. (2016). *Ratgeber für Sportlehrerinnen und Sportlehrer* (4. Aufl.). Schorndorf: Hofmann.

König, S. (2004). Belastungen für Lehrkräfte im Sportunterricht. Ein Beitrag zur empirisch-analytischen Sportunterrichtsforschung. *Sportwissenschaft, 34*(2), 152-165.

Körner, S. C. (2002). *Das Phänomen Burnout am Arbeitsplatz Schule. Ein empirischer Beitrag zur Beschreibung des Burnout-Syndroms und seiner Verbreitung sowie zur Analyse von Zusammenhängen und potentiellen Einflussfaktoren auf das Ausbrennen von Gymnasiallehrern.* Dissertation, Universität Erfurt.

Kraus, M. F. (1987). *Sporttreiben und psychische Gesundheit.* Berlin: Institut für Sportwissenschaft der Freien Universität Berlin.

Krause, A., Dorsemagen, C. & Baeriswyl, S. (2013). Zur Arbeitssituation von Lehrerinnen und Lehrern: Ein Einstieg in die Lehrerbelastungs- und –gesundheitsforschung. In M. Rothland (Hrsg.), *Belastung und Beanspruchung im Lehrerberuf - Modelle, Befunde, Interventionen* (2., vollständig überarbeitete Aufl.) (S. 61-80). Wiesbaden: Springer Fachmedien.

Kreter, G. (2007). Respektlosigkeiten und Attacken nicht hinnehmen. Plädoyer für eine einschreitende Pädagogik. *Schüler. Themenheft Jungen*, 118-119.

Kröner, S. (1992). Frauenforschung in der Sportwissenschaft der Bundesrepublik Deutschland. Historischer Rückblick und Bestandsaufnahme. In S. Kröner & G. Pfister (Hrsg.), *Frauen-Räume. Körper und Identität im Sport* (S. 30-40). Pfaffenweiler: Centaurus.

Kuckartz, U. (1999). *Computergestützte Analyse qualitativer Daten. Eine Einführung in Methoden und Arbeitstechniken.* Opladen: Westdeutscher Verlag.

Kurz & N. Schulz (Hrsg.) (2010). *Sport im Abitur. Ein Schulfach auf dem Prüfstand.* Aachen: Meyer& Meyer.

Lamnek, S. (1993a). *Qualitative Sozialforschung. Band 1: Methodologie.* Weinheim: Beltz.

Lamnek, S. (1993b). *Qualitative Sozialforschung, Band 2. Methoden und Techniken.* Weinheim: Beltz.

Lazarus, R. S. (1981). Stress und Stressbewältigung – Ein Paradigma. In S.-H. Filipp (Hrsg.), *Kritische Lebensereignisse* (S. 216-220). München [u.a.]: Urban und Schwarzenberg.

Lazarus, R. S. & Launier, R. (1981). Stressbezogene Transaktion zwischen Person und Umwelt. In J. R. Nitsch (Hrsg.), *Stress – Theorie, Untersuchungen, Maßnahmen* (S. 213-259). Bern: Huber.

Liebold, R. & Trinczek, R. (2002). Experteninterview. In S. Kühl & P. Strodtholz (Hrsg.), *Methoden der Organisationsforschung. Ein Handbuch* (S. 33-71). Reinbek bei Hamburg: Rowohlt.

Lohmann-Haislah, A., Wendsche, J.,Schulz, A., Schöllgen, I. & Escobar Pinzon, L. C. (2019). *Einflussfaktoren und Folgen des Ausfalls gesetzlicher Ruhepausen bei Pflegekräften in Deutschland. Zeitschrift für Arbeitswissenschaft, 73*(4), 418-438.

Mayring, P. (2002). *Einführung in die qualitative Sozialforschung.* Weinheim, Basel: Beltz.

Mayring, P. (2003). Qualitative Inhaltsanalyse. In U. Flick, E. von Kardorff & I. Steinke (Hrsg.), *Qualitative Forschung. Ein Handbuch* (2. Aufl.) (S. 468-475). Hamburg: Rowohlt.

Menze-Sonneck, A. (2001). Schulsport in Brandenburg und Nordrhein-Westfalen. Ausgewählte Aspekte einer komparativen Schule. *sportunterricht, 50*(9), 259-266.

Merz, J. (1979). *Berufszufriedenheit von Lehrern.* Weinheim: Beltz.

Meuser, M. & Nagel, U. (1991). ExpertInneninterviews – vielfach erprobt, wenig bedacht. In D. Garz (Hrsg.), *Qualitativ-empirische Sozialforschung* (S. 441-471). Opladen: Westdeutscher Verlag.

Meuser, M. & Nagel, U. (1997). Das ExpertInneninterview – Wissenssoziologische Voraussetzungen und methodische Durchführung. In B. Friebertshäuser & A. Prengel, (Hrsg.), *Handbuch Qualitative Forschungsmethoden in der Erziehungswissenschaft* (S. 481-491). Weinheim, München: Juventa.

Miethling, W.-D. (1986). *Belastungssituationen im Selbstverständnis junger Sportlehrer. Ein Beitrag zur Praxisforschung im Sportunterricht*. Schorndorf: Hofmann.

Miethling, W.-D. (1989). Belastungssituationen und ihre Bewältigung bei Sportlehrern. *Sport Praxis*, *30*(1), 3-5.

Miethling, W.-D. (2002). Der lange Arm des Berufs – Zur biographischen Entwicklung von Sportlehrern. In P. Elflein, P. Giess-Stüber, R. Laging & W.-D. Miethling (Hrsg.), *Qualitative Ansätze und Biographieforschung in der Bewegungs- und Sportpädagogik. Jahrbuch Bewegungs- und Sportpädagogik in Theorie und Forschung, Band 1* (S. 50-71). Butzbach-Griedel: Afra.

Miethling, W.-D. (2003). *Zur beruflichen Entwicklung von SportlehrerInnen oder Wie aus jungen Lehrern alte werden*. Kiel (unveröff. Manuskript).

Miethling, W.- D. & Brand, R. (2004). Stressoren im Sportunterricht und psychische Widerstandsressourcen bei Sportlehrerinnen und Sportlehrern in der ersten Berufsphase. *Spectrum*, *16*(1), 48-67.

Miethling, W.-D. & Gieß-Stüber, P. (2007). Beruf: Sportlehrer/-in – Über Persönlichkeit, Kompetenzen und Professionelles Selbst von Sport- und Bewegungslehrern. In W.-D. Miethling, & P. Giess-Stüber (Hrsg.), *Beruf: Sportlehrer/in. Über Persönlichkeit, Kompetenzen und professionelles Selbst von Sport-und Bewegungslehrern* (S. 1 - 24). Baltmannsweiler: Schneider-Verlag Hohengehren.

Miethling, W.-D. & Gieß-Stüber, P. (2007). *Beruf: Sportlehrer/-in – Über Persönlichkeit, Kompetenzen und Professionelles Selbst von Sport- und Bewegungslehrern.* Baltmannsweiler: Schneider-Verlag Hohengehren.

Miethling, W.-D. & Sohnsmeyer, J. (2009). Belastungsmuster im Sportlehrerberuf. *Spectrum der Sportwissenschaften*, *21*(2), 43-62.

Miethling, W.-D. & Sohnsmeyer, J. (2010). Sportunterrichtliche Belastungen als professionelles Entwicklungsproblem. In P. Frei & S. Körner (Hrsg.), *Ungewissheit - Sportpädagogische Felder im Wandel. Jahrestagung der dvs-Sektion Sportpädagogik vom 11.-13. Juni 2009 in Hildesheim* (S. 159-164). Hamburg: Czwalina.

Ministerium für Schule, Jugend und Kinder des Landes Nordrhein-Westfalen (2003). *Richtlinien und Lehrpläne für die Grundschule in Nordrhein-Westfalen. Sport*. Frechen: Ritterbach.

Ministerium für Schule, Jugend und Kinder des Landes Nordrhein-Westfalen (2003). *Richtlinien und Lehrpläne für Realschulen in Nordrhein-Westfalen. Sport.* Frechen: Ritterbach.

Ministerium für Schule und Bildung des Landes Nordrhein-Westfalen (2020). *Das Schulwesen in Nordrhein-Westfalen aus quantitativer Sicht. 2019/20.* Statistische Übersicht Nr. 408. Abruf unter http://www.schulministerium.nrw/system/files/media/document/file/quantita_2019.pdf.

Ministerium für Schule und Weiterbildung des Landes Nordrhein-Westfalen (2008). *Richtlinien und Lehrpläne für die Grundschule in Nordrhein-Westfalen*. Düsseldorf. Frechen: Ritterbach.

Ministerium für Schule und Weiterbildung des Landes Nordrhein-Westfalen (2008). *Kompetenzorientierung, eine veränderte Sichtweise auf das Lehren und Lernen in der Grundschule.* Abruf unter http://bvbr.bib-bvb.de:8991/exlibris/aleph/a22_1/apache_media/

BLGC9H52TLXTNGFR1BHMYH47FVC4G5.pdf

Ministerium für Schule und Weiterbildung des Landes Nordrhein-Westfalen (2011). *Kernlehrplan für das Gymnasium – Sekundarstufe I in Nordrhein-Westfalen. Sport.* Düsseldorf. *Frechen: Ritterbach.*

Ministerium für Schule und Weiterbildung des Landes Nordrhein-Westfalen (2013). *Kernlehrplan für die Hauptschule in Nordrhein-Westfalen. Sport. Düsseldorf. Frechen: Ritterbach.*

Monka, M. (2008). *Statistik am PC* (5., aktualisierte und erw. Aufl.). München: Hanser.

Mummert + Partner (1999). *Untersuchung zur Ermittlung, Bewertung und Bemessung der Arbeitszeit der Lehrerinnen und Lehrer im Land Nordrhein-Westfalen.* Band I Bericht/ Band II Anlagen. Hamburg.

Oesterreich, C. (2008). Arbeitsbedingungen von Sportlehrkräften. *Sportunterricht, 57*(9), 282-288.

Poschkamp, T. (2011). *Ausgebrannt! Burnout erkennen, heilen, verhindern.* Paderborn: Schöningh.

Rohnstock, D. (2000). Belastungsschwerpunkte im Sportlehreralltag und Anregungen für gezielte Entlastungen. *sportunterricht, 49*(4), 108-115.

Rothland, M. (2007). Soziale Unterstützung. Bedeutung und Bedingungen im Berufsalltag von Lehrerinnen und Lehrern. In M. Rothland (Hrsg.), *Belastung und Beanspruchung im Lehrerberuf. Modelle, Befunde, Interventionen* (S. 249-266). Wiesbaden: VS Verlag für Sozialwissenschaften.

Rothland, M. (2013). Beruf: Lehrer/Lehrerin – Arbeitsplatz: Schule - Charakteristika der Arbeitstätigkeit und Bedingungen der Berufssituation. In M. Rothmann (Hrsg.), *Belastung und Beanspruchung im Lehrerberuf - Modelle, Befunde, Interventionen* (2., vollständig überarbeitete Aufl.) (S. 21-39). Wiesbaden: Springer Fachmedien.

Saupe, R. & Möller, H. (1981). *Psychomentale Belastungen im Lehrerberuf. Ergebnisse einer Studie in Berlin-West.* Berlin: Gewerkschaft Erziehung und Wissenschaft.

Schaarschmidt, U. (2004). *Halbtagsjobber? Psychische Gesundheit im Lehrerberuf – Analyse eines veränderungsbedürftigen Zustandes.* Weinheim: Beltz.

Schaarschmidt, U. (2005). Psychische Belastung im Lehrerberuf. Und wie sieht es für die Sportlehrkräfte aus? *sportunterricht, 54*(5), 132-140.

Schaarschmidt, U. & Kieschke, U. (2007). Beanspruchungsmuster im Lehrerberuf. Ergebnisse und Schlussfolgerungen aus der Potsdamer Lehrerstudie. In M. Rothland (Hrsg.), *Belastung und Beanspruchung im Lehrerberuf. Modelle, Befunde, Interventionen* (S. 81-98). Wiesbaden: VS Verlag für Sozialwissenschaften.

Scheffel, H. & Palzkill, B. (1994). Macht und Ohnmacht von Sportlehrerinnen im koedukativen Sportunterricht. *sportunterricht, 43*(4), 159-166.

Schweihofen, C. & Menze-Sonneck, A. (2010). Die Schüler/-innen: Wer findet Zugang zum 4. Abiturfach Sport? In D. Kurz & N. Schulz (Hrsg.), *Sport im Abitur. Ein Schulfach auf dem Prüfstand* (S. 104-119). Aachen: Meyer& Meyer.

Seiffge-Krenke, I. (1989a). Bewältigung alltäglicher Problemsituationen: Ein Coping-Fragebogen für Jugendliche. *Zeitschrift für Differentielle und Diagnostische Psychologie, 10*(4), 201-220.

Seiffge-Krenke, I. (1989b). Gesundheitsbezogenes Verhalten und Krankheitsbewältigung: Entwicklungspsychologische Befunde an Jugendlichen. *Zeitschrift für Sozialisationsforschung und Erziehungssoziologie, 9*(4), 247-263.

Sieland, B. (2007). Wie gehen Lehrkräfte mit Belastungen um? Belastungsregulierung zwischen Entwicklungsbedarf und Änderungsresistenz. In M. Rothland (Hrsg.), *Belastung und Beanspruchung im Lehrerberuf. Modelle, Befunde, Interventionen* (S. 206-226). Wiesbaden: VS Verlag für Sozialwissenschaften.

Statistisches Bundesamt (2010). *Pressemitteilung Nr. 434* vom 25.11.2010.

Staatskanzlei Nordrhein-Westfalen (Hrsg.) (2019). *Duale Karriere in Nordrhein-Westfalen. Orientierungsleitfaden für eine erfolgreiche schulische/berufliche und sportliche Laufbahn.* Abruf unter http://www.sportland.nrw.de/fileadmin/nachwuchsfoerderung/download/Broschuere_Duale_Karriere_ND_Internet.pdf

Stranzinger, J., Floether, H. & Ginhold, K. (2007). *Jahresbericht 2006. Betriebsärztliche Betreuung der Behörde für Bildung und Sport.* Hamburg: Arbeitsmedizinischer Dienst beim Senat der Freien und Hansestadt Hamburg.

Strauss, A. L. (1991). *Grundlagen qualitativer Sozialforschung – Datenanalyse, Theoriebildung in er empirischen soziologischen Forschung.* München: Fink.

Strauss, A. L. (1994). *Grundlagen qualitativer Sozialforschung. Datenanalyse und Theoriebildung in der empirischen soziologischen Forschung.* München: Fink.

Strauss, A. L. & Corbin, J. (1996). *Grounded Theory: Grundlagen Qualitativer Sozialforschung.* Weinheim: Beltz.

Strodtholz, P. & Kühl, P. (2002). Qualitative Methoden der Organisationsforschung – ein Überblick. In S. Kühl & P. Strodtholz (Hrsg.), *Methoden der Organisationsforschung. Ein Handbuch* (S. 11-29). Reinbek bei Hamburg: Rowohlt.

Terhart, E. (2001). Lehrerprofessionalität: Ein Literaturbericht. In E. Terhart (Hrsg.), *Lehrerberuf und Lehrerbildung. Forschungsbefunde, Problemanalysen, Reformkonzepte* (S.40-89). Weinheim: Beltz.

Toprak, A. (2008). Freundschaft, Ehre und Männlichkeit. Die Bedeutung der interkulturellen Kompetenz in der sozialen Arbeit am Beispiel gewaltbereiter jugendlicher Migranten. In M. Kuhnert-Zier & M. Krannich (Hrsg.), *Vom Geschlechterquatsch zum Genderparcours* (S. 123-131). Frankfurt: Klartext.

Volkamer, M. (1972). Zur Sozialpsychologie des Leibeserziehers. In M. Volkamer (Hrsg.), *Experimente in der Sportpsychologie* (S. 96-112). Schorndorf: Hofmann.

Voltmann-Hummes, I. (2008). *Traumjob Sportlehrer/in? Belastungserleben und Selbstwirksamkeitserwartung von Schulsportlehrkräften.* Göttingen: Cuvillier Verlag.

Wegener, M., Wegener, M. & Kastrup, V. (2012). Akustische Aspekte des Sportunterrichts: leiser statt heiser. *Sportunterricht, 61*(9), S. 258-264.

Wegmann, R. (1953). Berufskrankheiten des Lehrers. *Pädagogische Welt, 7*(8), 402-407.

Wendt, W. (2001). *Belastung von Lehrkräften. Fakten zu Schwerpunkten, Strukturen und Belastungstypen. Eine repräsentative Befragung von Berliner Lehrerinnen und Lehrern.* Landau: Verlag Empirische Pädagogik.

Witzel, A. (1982). *Verfahren der qualitativen Sozialforschung.* Frankfurt am Main: Campus-Verlag.

Witzel, A. (1985). Das problemzentrierte Interview. In G. Jüttemann (Hrsg.), *Qualitative Forschung in der Psychologie* (S. 227-254). Weinheim: Beltz.

Wolters, P. (2010). Was Sportlehrer(innen) an ihrem Beruf gefällt. *Spektrum der Sportwissenschaften, 22*(1), 21-40.

Wortmann, E. (2005). Zu jüngsten Entwicklungen des Faches Pädagogik in der Gymnasialen Oberstufe. Fakten und Fragen. *Pädagogikunterricht, 1*, 45-49.

Wright, J. H. & Beck, A. T. (1986). Kognitive Therapie. In S. K. D. Sulz (Hrsg.), *Verständnis und Therapie der Depression* (S. 124-148). München: Ernst Reinhardt.

## Abbildungsverzeichnis



## Tabellenverzeichnis

# Autorinnen

Dr. Kastrup, Valerie, Professorin für Sportpädagogik und -didaktik an der Universität Bielefeld, Abteilung Sportwissenschaft. Forschungsschwerpunkte: Professionalisierung der Sportlehrerrolle, Gesundheit von Sportlehrkräften, Forschendes Lernen in der Sportlehrerbildung, soziale Ungleichheit, Sport und Geschlecht, didaktische Fragen des Schulsports verschiedener Schulstufen, empirische Schulsportforschung, Kommunikation im Sportunterricht, Umgang mit Heterogenität, Inklusion.

Universität Bielefeld, Fakultät für Psychologie und Sportwissenschaft, Abteilung Sportwissenschaft, Universitätsstraße 25, 33615 Bielefeld, valerie.kastrup@uni-bielefeld.de

Dr. Kleindienst-Cachay, Christa, Professorin für Sportpädagogik/-didaktik an der Universität Bielefeld, Abteilung Sportwissenschaft (i.R.). Forschungsschwerpunkte: Didaktische Fragen des Schulsports, insbesondere Umgang mit Heterogenität, Soziales Lernen, Koedukation, Inklusion; Anforderungsprofil und berufliche Belastungen von Sportlehrkräften; Migration und Integration in und durch den Sport.

Universität Bielefeld, Fakultät für Psychologie und Sportwissenschaft, Abteilung Sportwissenschaft, Universitätsstr. 25, 33615 Bielefeld, christa.cachay@uni-bielefeld.de